영화 DVD의 추억, 그 오디세이

The Wonderful Experiences of Film DVDs
다시 보고 싶은 고전영화 51편

영화 DVD의 추억, 그 오디세이

최양묵 지음

W미디어

머리말

나는 영화 전문가가 아니다. 그러나 영화를 끔찍이 좋아한다. 즉 영화 애호가이다. 물론 영화를 즐기지 않는 사람은 드물 것이다. 필자는 그 정도가 지나치다는 이야기다. 오늘날 극장에서 상영되는 영화를 많이 보기도 하지만, 오히려 과거의 영화에 더 가치를 두고 애정을 쏟으며 집착하고 있다. 그래서 '영화 DVD'의 콜렉터가 되어 버렸다. 베스트 필름으로 꼽히는 것들의 수집이 약 1,700개가 넘었는데, DVD 상점에서 들은 말로는 3천 개 이상으로 갖고 있는 'DVD 재벌'도 여러 명을 알고 있다고 한다. 나는 아직도 구하고 싶고 다시 보고자 하는 타이틀이 수없이 많은데, 그들은 그것들을 어떻게 구했으며, 소수로 제작돼 판매됐을 DVD들은 도대체 어디 숨어 있다는 말인가?

필자는 소위 명작 DVD를 구하고 싶어 허기가 지고 여전히 배가 고픈 상황인데 2~3년 전에 우리나라에서 출시된 영화들조차 지금은 살 수가 없는 경우가 많다. 심지어 2012년 8월 28일에 발매된 〈몰락-히틀러와 제3제국의 종말〉은 우리나라 어디에서도 구할 수 없다(2014. 3. 26. 〈다운폴〉이라는 새 제목으로 슬그머니 나타났다). '일시품절', '판매 중지', '절판' 등의 이유로 그런 작품들은 한국에서 족적이 사라지고, 심지어 중고 가게나 사이트에서도 흔적조차 발견할 길이 없다. 따라서 그런 영화들은 신문기사나 인쇄물로만 존재할 뿐 '다시 보기'는 불가능한 것이다.

우리나라에서 출시된 영화 DVD의 족보는 존재하지 않는 것으로 이해하고 있다. 그것을 정리해보고 싶은 것이 필자의 책 집필의도 중 하나이기도 하다. 특히 '영화의 역사'에 열광하는 젊은 층이나 또는 나이가 지긋한 연륜의 실버들은 그들 청춘시절 깊은 인상을 받았던 흘러간 명화의 추억을 떠올리며 자주 상념에 젖는 경우가 허다할 것이다. 따라서 한국에서 찾을 수 있는 영화 DVD 타이틀의 거명(擧名)은 그 자체만으로도 의미가 크고 또한 실제로 활용하는데 상당한 가치가 발생할 것이라고 생각한다.

우리가 바흐나 모차르트, 브람스, 베토벤의 고전음악을 들으면 마음의 평안을 얻게 될 뿐만 아니라 때로는 어떤 힘과 용기, 희망을 갖게 된다. 영화는 이들보다 몇 배 또는 그 이상으로 인생, 사랑, 열정, 이상(理想), 도전, 좌절, 갈등, 극복, 화해의 메시지를 가장 설득력 있는 방법으로 우리에게 선사해 주고 있음은 우리가 익히 알고 있는 바이다. 이렇게 영화는 인간이 창조하고, 만들어내고, 또 저지르는 온갖 일들을 두루두루 품고 있어 갈등과 고통을 해소하고 있다. 세상사의 파노라마라고 봐도 무방하다.

때문에 영화는 현대사회에 있어 매우 중요한 '인문학'(人文學)이라고 해도 결코 지나치지 않다. 특히 영화관을 한 번 지나가면 다시는 볼 수 없었던 그 작품들을 다시 감상하게 해주는 '영화 DVD'는 오늘날 세상 사람들에게 이 얼마나 운수 좋은 축복을 내려주고 있는 것인가? 극장에서 상영했던 영화는 과거형이지만 DVD로 제작된 영화는 현재형이다. 따라서 우리가 지금까지 보아왔던 그 많은 영화들 중에서 다시 기억해내고 추억하고 싶은 영화 DVD들을 가려내어 그 작품성과 인성에 도움이 되는 것들을 이야기 식으로 엮어 느끼게 하며, 훌륭한 영화를 통한 가치를 분별해내고 싶은 것이다. 이런 것들이 '영화 DVD'의 탐구 이유이다.

차례

영화 DVD의 추억, 그 오디세이
_ 다시 보고 싶은 고전영화들

모든 영화는 핑크이다

영화를 보면서 계속해서 느끼는 것은 거의 모든 영화들의 내용이 '사랑'에 관한 이야기라는 사실이다. 따라서 연애를 빼면 영화의 존재는 불가능하다고 말해도 지나치지 않다. 물론 치열하고 긴박한 전쟁영화는 예외일 수도 있다. 그러나 전쟁터의 전투만 묘사한다면 작품의 당도(糖度)가 떨어지기 때문에 주인공의 사랑 이야기를 삽입하는 경우가 많다. 이렇게 보면 인간의 사랑은 늘 마셔야 하는 물보다도, 또 매일 먹지 않으면 목숨을 잃는 밥(빵)에 비해 몇 십, 몇 백 배 중요하다는 사실을 우리는 많은 역사적 사실, 소설, 실화, 영화들을 통해 인식하게 된다. 이것은 아마도 동서고금을 막론하고 부정할 수 없는 인간에게 학습된 하나의 본능, 본질, 관습, 전통이라고도 할 수 있겠다. 이 문제를 그냥 쉽게 '핑크'(Pink)라고 이름 지어 보자.

그러면 누가 영화에 '핑크'라는 단어를 사용했을까? '핑크'가 영화 용어에 붙어 등장한 것은 소위 '네오리얼리즘'과 관련이 있다. 네오리얼리즘의 색깔은 칙칙한 회색인데, 여기에 어떻게 최상의 아름다운 색조인 핑크가 조합되었는지? 좀 사리에 안 맞는다고 느껴지지만, 그 시기는 네오리얼리즘이 쇠퇴하면서부터라고 영화사(史)는 기록하고 있다. '네오리얼리즘'은 제2차 세계대전 이후 이탈리아의 참담한 경제적 현실을 있는 그대로 묘사한 '극사실주의'를 말하는데, 이 네오리얼리즘이 시간이 경과함에 따라 변형되어 가면서 '핑크네오리얼리즘'으로 나타났다. 사실 네오리얼리즘과 핑크의 이런 결합은 잘 어울리지 않아 보이는 것이 사실이다.

그러나 그럴 만한 이유가 있다. 이탈리아의 경제 사정이 호전되자 '어둡고 가난한' 또 '골치 아프기만 한' 네오리얼리즘 대신 소위 '핑크 네오리얼리즘(Pink Neorealism)'이 나타나 자리를 잡았다는 것이다. 이것은 소피아 로렌(Sophia Loren), 실바나 망가노(Silvana Mangano), 지나 롤로브리지다(Gina Lollobrigida), 클라우디아 카르디날레(Claudia Cardinale), 실바나 팜파니니(Silvana Pampanini), 루시아 보세(Lucia Bosie), 엘리오노라 로시 드라고(Eleonora Rossi Drago), 그리고 스테파냐 샌드렐리(Stefania Sandrelli) 등 섹시 여배우들이 속속 등장하고 그녀들의 명성이 핑크 네오리얼리즘 영화에서 한 몫을 단단히 해냈다는 것이다. 이렇게 이탈리아인들의 삶이 개선되자 1950년대 중반부터 이탈리아 영화들의 톤이 부드러워지고 연애 등 부수적 경향을 나타내었는데, 이것이 네오리얼리스모 로사(Neorealismo Rosa-장밋빛)이다. 극영화뿐만 아니라 코미디 역시 이런 유행을 따랐다. 배부르고 등 따습게 되어 먹고사는 일이 좋아졌는데 구질구질하고 군색한 얘기를 되뇔 필요가 있겠는가? 더구나 얼굴은 엘리자베스 테일러와 막상막하로 예쁘고, 몸매는 브리지트 바르도도 울고 갈 정도의 글래머 스타들이 풍성한 관능미를 풍기며 줄줄이 나왔는데 기죽을 일 없지 않은가! 전쟁

으로 움츠렸던 마음을 열고 연애의 감정으로 보상받는다면 그 얼마나
행복한 일인가? 이런 관점에서 '핑크'는 인간에게 있어 너무나도 좋은
축복의 색깔이다.

:: 핑크 대신 섹스, 그래서 고전명화가 더 귀중하다

오늘날 많은 책들이 죽어가고 있고, 신문들도 적지 아니 병들었으
며, 영화와 TV는 상당히 미쳐가고 있다는 진단도 많다. 보통사람들
이 이런 느낌 속에 살고 있다. 21세기가 겨우 1/10 조금 넘었을 뿐인
데 이 지경이니 앞으로 이런 증상은 더욱 심화될 전망이다. 앞으로 이
런 상황을 통한 사고와 행동은 과연 어떤 것인지 석학의 지혜가 꼭 필
요한 상황이다. 현재의 시점에서의 영화들은 순박하고 도덕적인 사람
들에게 정서를 함양하고 인문학적 관점을 강조하기보다 오히려 '과다
(過多) 섹스' 등 잘못된 생활관습을 과외공부하듯 전파시킨다는 지적을
피할 수 없다. 물론 시대적인 이유가 없는 것은 아니다. 즉 남녀의 사
랑, 인간의 사랑도 20세기 이후 지구상에 자본주의가 확산되고 많은
국가가 기아로부터 벗어나게 됨으로써 그 양태가 빠른 속도로 변화되
고 있는 것도 사실이다.

이 책에서 다루어지는 1940년 전후 영화들은 영롱한 별빛 같은 사
랑의 아름다움, 여기에 수반되는 갈등, 비애를 수 놓듯이 아로새겨 우
리의 가슴을 설레게 하고, 오래도록 기억하게 하는 '점잖은 진본(眞本)
핑크' 작품들이 많다. 그래서 그 영화들의 사랑을 에둘러서 묘사하고
간접적으로 표현하는 것이 당연한 구성 · 연출 방법이었다. 러브신도
얇은 커튼 건너편에서 일어나게 만들고 키스신조차도 매우 고전적 방

법으로 순화·포장되었다. 그것은 소위 사랑의 정신적 가치가 강조되던 '플라토닉 러브' 시대의 이야기다. 20세기 후반에서 21세기에 들어와서는 인간 세상의 모든 가치는 돈(금전)으로 계산되고 있다. 사랑도 돈으로 사고 팔 수 있어 키 큰 꽃미남, 얼굴 작고 S라인의 여성을 선호·집착하게 된다. 결혼정보업체가 바로 그런 인간관계를 파는 상점들이다.

흔히들 '건축은 시대를 담는 그릇이다'라는 말이 쓰이듯이 '영화 또한 시대를 담는 그릇' 임에 틀림없다. 영화는 순수한 사랑 대신 육체적 쾌락을 극도로 탐닉하는 진한 섹스를 담는 그릇의 역할을 수행해야 생존할 수 있는 모양이다. 오늘날의 영화는 '사랑' 장르가 진화되어 사랑 대신 섹스, 더 나아가 섹스를 통한 불륜, 이혼, 최양질(最良質)의 섹스만을 노골적으로 그리고 있다. 그러니까 '핑크 시대'에서 '섹스 시대'로 바뀐 것이다.

순수 연애영화들이 360도 회전되어서 변태, 도착 등 기형적으로 변형된 것은 절대 바람직하지 않은 현상이지만 현실임을 부정하기는 어렵다. 다음과 같이 이러한 사례들을 예시하는 것은 영화의 섹스 시대에 대한 불안과 안타까움 때문이다.

실제로도 한 국가의 대통령이나 수상도 불륜 대열에 무수히, 또 거침없이 동참하고 있다. 비록 사생활일지라도 높은 도덕성을 갖추어 국민의 본보기가 되고 모범을 보여야 할 지도자들이 오히려 일반시민들을 깜짝 놀라게 만든다. 저런 사람들도 그러는데 '나라고 안 될 일 있을까?' 하면서 적지 않은 사람들이 주저하지 않고 또 거침없이 그들을 따라하게 된다. 미국, 영국, 프랑스, 러시아, 중국, 쿠바의 사례를 살펴보고자 한다.

- 연합군과 나치의 전쟁이 긴박하고 엄혹하게 진행되던 제2차 세계대전 시절 연합군 총사령관인 아이젠하워(Dwight Eisenhower 1890~1969, 미국 34대 대통령(1953~1961)) 장군도 부하 여군과 사랑놀이를 벌였다는 이야기도 있고, 다 아는 대로 미국의 케네디 대통령과 마릴린 먼로의 애정행각, 클린턴 대통령은 신성한 집무실에서 르윈스키라는 인턴 여성과 일을 벌인 바 있다.

- 2014년 프랑스의 제24대 현(現) 올랑드 대통령은 '발레리 트리에르바일레르' 라는 긴 이름의 여성과 엘리제궁에 동거하면서 영화배우 '줄리 가예트'(Julie Gayet 43세)와도 바람피운 사실이 밝혀져 구설수와 비난에 휩싸였다. 또 제23대 사르코지 전(前) 대통령도 친구 부인과 바람을 피우고 그녀를 두 번째 아내로 맞았고, 또 가수 칼라 브루니(Carla Bruni)를 세 번째 아내로 삼을 만큼 여성을 탐하기에 열정을 쏟았다. 브루니는 가수 믹 재거, 기타리스트 에릭 클랩턴(Eric Clapton), 외교부 장관, 철학자 등과 관계가 있었던 남성 편력의 전문가로도 유명하다.

  자크 시라크 전 대통령(1995~2007 재임)도 일본인 애인이 있었고, 제21대 미테랑은 대통령으로 재임(1981~1995)하면서 대통령궁 근처에 또 다른 부인을 두고 딸 '마자린 팽조'(소설가)를 낳기도 했다. 근래의 프랑스 대통령들은 줄줄이 불륜(不倫) 대열에 속속 합류하고 있다고 해도 잘못된 말은 아니다. 그 원인은 프랑스에서는 '정치인의 벨트 아래 문제는 관대하게 다루고 있다'는 소위 톨레랑스(tolerance-관용) 때문에 이런 정말 영화 같은 최고위층의 사생활(불륜)들을 생산하고 있는 것이 아닌가도 여겨진다.

- 제2차 대전시 전쟁 영웅으로 1963년 영국 육군 장관이 됐던 존

프로퓨모(John Profumo)는 당시 19세에 불과했던 '크리스틴 킬러'라는 콜걸과 섹스 스캔들을 일으켰고, 프로퓨모는 영국 정·재계의 실력자 33인에게 킬러를 소개했다는 소문도 있었다. 살인자와 음이 같은 '킬러' 양은 주(駐) 영국 소련대사관 소속 해군무관의 애인이어서 영국 사회를 발칵 뒤집어 놓았고, 당시 영국 맥밀런 보수당 정권을 붕괴시켰다.

영국의 토니 블레어 전 총리가 미디어 재벌 '머독'(Rupert Murdoch)의 전 부인인 웬디 덩(鄧文迪 Wendi Deng)과 불륜관계였다는 미국의 여성지 〈베니티페어(Vanity Fair)〉의 보도가 나와 (2014.2.) 세간의 관심을 유발했다.

「영국 엘리자베스 2세 여왕의 차남으로 왕위 계승 서열 5위인 앤드루(54) 왕자가 미성년자를 성적으로 착취한 가해자로 지목됐다. 피해 여성으로 알려진 버지니아 로버츠(30)는 "10대 시절 (미국 억만장자 금융인) 제프리 엡스타인(61)의 강요로 앤드루 왕자와 세 차례 성관계를 맺었다"고 주장했다고 영국 BBC방송이 4일 보도했다. 영국 왕실은 앤드루 왕자에 대한 의혹을 전면 부인하는 성명을 발표했지만 논란은 사그라지지 않고 있다.」(2015.1.5)

● 푸틴 러시아 대통령이 32세나 어린 리듬 체조 선수 출신의 국회의원 '알리나 카바예바'와 재혼설로 러시아가 떠들썩하다.(2014.2.) 카바예바는 금발머리에 푸른 눈과 육감적인 몸매를 가진 전형적인 러시아 미녀로 카바예바는 푸틴의 후원으로 국회의원으로 정계에 진출했다. 한걸음 더 나아가 언론계 경험이 전무한 그녀가 러시아 최대 민간 언론사인 '내셔널 미디어 그룹'의 회장직을 맡았다. 유력 신문사 2개와 TV채널 3개 등을 소유한

내셔널 미디어 그룹은 푸틴의 '돈줄'로 불리는 친여 성향 기업인이 소유한 언론사이다. 물론 푸틴의 입김이 작용했다는 소문이 나온다.(2014.9.)

● 「피델 카스트로(88)의 경호원을 지낸 쿠바의 전직 육군 중령 후안 레이날도 산체스가 지난 5월 펴낸 〈피델 카스트로의 숨겨진 삶〉이라는 책에서 "비서·승무원·통역사 등과 내연 관계를 맺는 등 여성 편력이 심했다"고 폭로했다. 카스트로는 1955년 첫 부인과 이혼 뒤 재혼했지만 두 명의 정식 부인 외에도 4명의 여성과 관계를 맺었다. 확인된 자녀수만 혼외자 포함 8명이다.」 (2014.12.) 사회주의 국가 쿠바를 49년간 통치한 바 있는 그는 '검소한 국부(國父)' 이미지가 강했지만, 호화 저택과 요트를 소유하고 미국에 코카인 밀수출을 꾀하기도 하는 등 실상은 딴판이었다. 그러나 종전 이 여성문제 종목 최강자는 이탈리아의 실비오 베를루스코니(Silvio Berlusconi) 전 수상이었지만 최근 새로운 챔피언이 중국에서 탄생했다. 많은 국가 지도자들의 사생활은 정말 요지경 속이다.

● 모택동의 엽색(獵色-여자와의 육체적 관계 따위를 지나치게 좋음) 이야기는 너무 오래 전 이야기이다. 중국 당국은 전 정치국 상무위원 저우융캉(周永康) 혐의로 간통·매춘을 적시하면서 "권력과 금전을 매개로 다수의 여성과 관계했다"고 밝혔다. 미국에 서버를 둔 중화권 매체 보쉰은 "저우융캉 별명이 백계왕(百鷄王·100마리 암탉의 왕)"이라며 그의 여성 편력을 고발했다. 저우융캉이 CCTV 앵커 등 29명의 정부(情婦)를 거느렸으며, 400여 명의 여성과 잠자리를 했다는 것이다.[1]

사실 인구 13억5천만 명의 사회주의 국가 중국의 사정은 참으로 짐작조차 하기 어렵다. 그러나 하나의 자료가 있다.

「중국 광둥(廣東) 성 둥관(東莞) 시는 중국 경제의 상징이다. 1978년 개혁·개방 이후 제조업 기지로 변신했다. 이곳은 '성도(性都)'로도 불린다. 성매매 여성 30만 명이 있다. 2월 둥관 공안이 일제 단속에 나섰을 때 조사 대상이 1만8,372곳에 달했다. 유흥주점과 사우나, 안마시술소에서 공공연하게 성매매가 발생한다. 공자(孔子)의 나라 중국이 경제개발 과정에서 치르고 있는 홍역이다.

런민(人民)대 사회학연구소 판수이밍(潘綏銘) 소장과 황잉잉(黃盈盈) 부소장이 지난해 7월 내놓은 〈성의 변화(性之變)〉는 중국의 은밀한 속살을 드러냈다. '21세기 중국인의 성생활'이라는 부제가 붙은 이 책은 2000년과 2006년, 2010년 매회 1만여 명을 설문조사해 작성한 '중국판 킨제이 보고서'다. 저자들은 21세기 중국이 '성화시대(性化時代·sexualized era)'로 진입했다고 규정한다. 사회주의 중국 성립(1949년) 이후 문화혁명을 거치면서 중국은 '무성(無性) 문화'가 지배했다. 개혁·개방은 투자와 생산뿐 아니라 성의 소비 인식과 양태도 바꿨다.

'윤락녀가 단속에 걸리면 5,000위안(약 85만3,000원)의 벌금과 15일 구류, 가족에 통지하는 처벌에 대한 판단'을 묻는 질문에 2000년에는 13.3%가 '과도하다'고 답했다. 2010년에는 이 비중이 26%로 늘었다.

'얼나이(二奶)'라고 불리는 미혼 첩에 대한 인식도 바뀌었다. '남자가 얼나이를 데리고 살거나, 여자가 얼나이가 되는 데 대한 평가'에서 18~29세 응답자의 40%가 '지지 또는 이해한다'고 말했다. 대졸자 이상에선 45%였다. 응답자 전체에선 11%에 그친다는 점을 감안하면 젊고 고학력일수록 혼외 성관계에 관대하다. 중국은 일부일처제 국가다. 혼전 성관계도 급격히 늘고 있다. 결혼 전에 2명 이상과 성관계를 맺은 비율은 남자가 2000년 16.7%에서 2010년 47.8%로, 여자는 2.8%에서 32.3%로 증가했다. 혼전 성관계와 동거는 개발의 부산물이다. 중국에는 2억6,900만 명(2013년 말)의 농민공이 있다. 몸뚱이 하나만 믿고 시골에서 도시로 돈 벌러 온 사람들이다. 이들은 주거비를 줄이려 일부러 동거를 한다. 동거를 않더라도 젊은 농민공은 성욕을 해소할 출구가 필요하다.

가족 간 유대가 느슨해지는 것도 이런 풍조를 가속화한다. '부부가 서로 사랑한다'는 응답은 2000년 81.6%에서 2010년 52%로 줄었다. 반면 성생활은 늘었다. 매주 2번 이상 섹스를 한다는 응답은 34.8%에서 41.2%로 증가했다. 배우자와의 섹스는 물론이고 혼외정사까지 포함한 수치다. 저자들은 이런 이유로 중국의 성매매 산업을 근절하기 어렵다고 분석한다. 당국의 단속이 아무리 엄해도 '색담(色膽·색욕의 대담함)'이 '적담(賊膽·도둑질할 담력)'보다 크기 때문이다. 2010년 조사에서 평균 화대(花代)는 140.72위안(약 2만4000원)이었다."[2]

앞의 세태를 볼 때, 20세기 후반에서 21세기 이후는 모두 '섹스의 시대'로 진입하는 경향이 더욱 강도를 더해갈 것이라는 전망도 가능하다. 일부일처(一夫一妻) 제도가 붕괴과정에 있는 것인지, 아니면 일부다녀(一夫多女) 또는 일부다남(一婦多男) 시스템이 확산되는 것인지에 대한 예측은 불가능하다. 이혼제도는 스포츠 경기의 룰과 같아 어느 정도 합리성이 있다. 따라서 불륜(不倫)은 반칙이다. 정륜(正倫)과 불륜(不倫)을 법의 잣대로 판단하는 것도 매우 미묘하고 복잡한 문제이다. 일시적 사랑이든 해로(偕老-부부가 평생을 같이 삶)하는 애정이든 남녀

간의 문제는 세상에서 가장 풀기 어려운 방정식이다.

이런 저런 세계적인 시류(時流)를 확인하면서, 영화는 '섹스 시대의 첨병(尖兵)'으로 기능을 충분히 수행할 것이라는 거북한 생각을 지울 수 없다. 즉 오늘날의 영화들 중 일부는 불륜의 공범(共犯)이라는 생각을 하게 된다.

:: 할리우드는 성(性)의 해방구? 최고봉은 엘리자베스 테일러

이 책에 언급한 51편의 영화에 등장하는 많은 남녀 배우들의 이력을 살펴보면서 참으로 여러 번 결혼과 이혼을 반복했고 연애도 수없이 했음을 알게 되어 놀랄 수밖에 없다. 배우들의 결혼, 이혼, 또 다시 재혼, 이러한 다혼(多婚)은 명배우 반열(班列)에 오르는 수습과정인지 지름길인지 의문을 품게 한다. 결혼과 이혼, 재혼과 다혼, 외도와 불륜, 치정(癡情)과 추문(醜聞), 그 장르야 어떻든 간에 결국 '할리우드는 성의 해방구'이다. 성을 무기로 주연(主演) 자리를 탐하고 미남·미녀 배우 자도 차지한다. 또 요란한 소문으로 덤이지만 흥행과 인기도 얻게 된다. 할리우드는 예술적 포장으로 가려져 있지만 사실은 가장 첨단화된 성의 공급도시며 동시에 소비도시인 성의 해방구임이 틀림없다.

그곳에서의 사랑, 연애, 결혼이 모두 고도의 연기인지 잘 구별이 안 된다. 상대가 싫증나면 또 바꾸고 다른 사람을 찾는다. 이런 행위들이 그저 자판기에서 커피 한 잔 뽑아 마시는 것인지, 그냥 그런 기분인지 그들 사이에서 태어난 자녀들은 불행할지 모르지만 그들은 행복한 모양이다. 우리로서는 쉽게 이해가 어려운 패턴이다.

그러면 사랑과 연애가 무수히 등장하는 영화에서 명(明)연기의 핵심

논리는 무엇일까? 스타니슬랍스키 시스템식 훈련, 즉 배우가 직감·상상력·체험 등을 동원하여 배역과 동일화한 내면 연기인가, 아니면 이것을 더욱 확장시킨 미국의 리 스트라스버그(Lee Strasberg) 식 방법이 더 중요한가? 산술문제가 아니기 때문에 그 판단은 고등수학에 속한다.

그러나 연애 연기 부문에서는 연기자의 체험이 가장 핵심의 요소가 아닌가 하는 관점에 더욱 무게를 둘 수 있다. 이런 전제에서 보면, 최고의 스타는 몇 번 이혼하고 또 결혼했는가를 따져 자격과 조건으로 판단할 수 있다는 억지 생각을 해볼 수 있다. 왜냐하면 남녀 불문하고 명배우는 모두 미남 미녀이기 때문에 그들의 팔자소관과 관계없이 결혼하고 또 이혼할 수밖에 없는 운명을 타고나지 않았겠는가? 영화사(史) 상 '숨 막히게 아름다운 엘리자베스 테일러의 미모'는 결코 견줄 수 있는 대상이 없다는 것이 모든 전문가들의 일치된 견해이다. 그녀가 이혼하기를 기다리는 남자들이 줄을 섰다고 해도 과언이 아닌 것이다. 그러니까 8회나 결혼을 할 수 있는 것이었고, 그것이 연기에 자양분이 되고, 또 화제가 되어 영화의 저명성과 흥행에 막대한 도움이 되었을 것이 아닌가 하는 생각도 든다. 엘리자베스 테일러는 '피빛 핑크'의 챔피언이고 에베레스트 같은 최고봉임을 도저히 부인할 수가 없다.

1. 영화 DVD에 대하여

영화는 흘러간다. 마치 '흐르는 강물처럼' 말이다. 그래서 수백만

편인지 또는 수천만 편인지 알 수 없는 거대한 영화의 물결이 매일같이 흘러서 가고 또 밀물처럼 흘러온다. 동쪽에서 서쪽으로, 아니면 북쪽에서 남쪽으로 영화의 강물은 멈추지를 않는다. 할리우드 영화, 유럽 영화, 아시아 영화, 중동 영화 등 각기 지역과 국적이 다른 작품들이 쉬지 않고 한국을 찾아온다. 따라서 의식하든 안 하든 간에 영화는 현대인들에게 오락적인 또는 정신적인 차원에서 매일 세 끼씩 일용하는 양식(糧食)과 같은 의미를 지니고 있다. 그래서 아침 배달되는 조간신문처럼, 저녁이 되면 틀림없이 나타나는 텔레비전의 연속극과 같이 영화는 늘 우리 눈앞에 서 있다. 마치 끊기 어려운 마약(痲藥)과 유사한 성격이다. 레코드에 녹음된 최고의 음악을 우리는 명반(名盤)이라고 부르고, 영화는 명화(名畵)라고 지칭한다.

영화 이야기를 시작하자면 '우리는 영화를 왜 보는가?'에서부터 출발하는 것이 옳지 않을까 생각된다. 상식적 차원에서 보면 청춘 시절 남녀가 연애할 때 주로 극장을 자주 찾은 경험을 모두 갖고 있을 것이다. 이 경우는 영화가 오락적 요소, 즉 멜로 드라마적 특성을 풍부하게 지니고 있기 때문일 것으로 이해할 수 있다. 연애영화가 많은 것도 이런 원인이 작용한 것이 아닌가 추측을 해본다. 이런 초년의 학습이 영화 선호(選好)의 단초가 되었을 것이다. 세월이 흘러 '중년 여성'이라는 고개마루턱에 오르면 그녀들은 삼삼오오 여고 동창, 대학 동창들과 어울려 시네큐브나 모모, 시네코드 선재, 스폰지 하우스(조선일보 옆), 인디스페이스(충정로) 같은 극장에 모여든다. 이번에는 재미도 추구하지만 어떤 사유(思惟)도 동반하게 될 것이다.

더욱 영화를 가까이 하는 또 다른 계층도 존재한다. 아마도 시대적 변화로 인한 복합적인 원인으로 사회에서 퇴출된 나이든 남성이 아닐까 꼽아볼 수도 있다. 상품성이 떨어져 퇴임하자마자 그들은 곧바로 뒷방 노인신세로 전락한다. 수입이 적거나 거의 없고 시간은 남아돈다. 다르게 말하면 사는 것은 시간을 소모하는 것이다. 거기에는 반드시 비용이 수반된다. 골프나 여행 등 다른 레저에 비해 요금이 저렴한 영화보기는 이때 중년 이상 노년층의 절친(切親)이 될 수 있다. 만약 실버 계층이라면 영화관 입장료도 상당히 할인을 받아 단돈 몇 천 원으로 영화를 관람하게 된다. 그러나 오늘날 영화들은 젊은 층 관객을 대상으로 만들어지기 때문에 대부분 액션이나 로맨스, 판타지, 코미디, SF 등이 주를 이룬다. 따라서 이들은 영화 선택에서도 소외된다. 부득이 젊음과 추억이 깃든 과거의 소위 흘러간 명화(名畵)들을 찾아 나설 수밖에 없다.

그러나 영화는 극장에서 한 번 상영하면 그것으로 끝이고 다시 볼 수 없다. 그런 안타까움을 채우기 위해 DVD가 발명되었다. 1995년경부터 출현한 '영화 DVD'는 우리 주변에도 넘쳐난다. 새로 나온 타이틀은 한 편에 19,800원, 흘러간 명화라도 정품을 4~5장에 1만 원 정도면 살 수 있다. 하지만 무엇이 소위 '명화'이고 어떤 영화적 가치를 지니고 있는지를 판단하기는 그리 쉽지 않다. 또한 이미 흘러간 영화, 자취를 감춘 영화를 만날 수 있는 방법은 드물다. 다만 DVD만을 통해 우리는 영화를 감상할 수 있다. 따라서 영화 DVD의 족보(族譜)를 따져보고 그 가치를 확인하는 의미는 매우 크다고 할 수 있다.

과거의 영화들이 DVD 형태로 나오는 것은 어떤 방식이나 규칙이 따로 없는 듯하다. 최신작들은 제작사들의 수익을 위해 그래도 빨리 출시(出市)되지만, 명화들은 들이가 없다. 예컨대 다큐멘터리 영화의 시조(始祖)로 불리는 〈북극의 나누크(Nanook of the North 1922)〉는 진즉에 나왔지만, 우리나라에서 1957년 개봉된 이탈리아 영화 〈애정(哀情)의 쌀(Riso Amaro, 1952)〉(주세페 데 산티스 감독, 실바나 망가노, 라프 발로네 주연)은 언제 나올지 기약이 없다. 또 비디오나 DVD로 잠시 나왔다가도 절판되어 종적을 감춘 영화들도 적지 않다. '마카로니 웨스턴'이니 '스파게티 웨스턴'이니 하는 별칭으로 한 유파(流波)를 이루었던 〈황야의 무법자(A Fistful of Dollars 1964)〉(세르지오 레오네 감독, 클린트 이스트우드 주연)도 한국에서는 찾을 수 없는 미아(迷兒)가 된 지 오래다. FM 방송이나 카페에서는 이 영화의 음악을 작곡한 엔니오 모리꼬네의 그 유명한 '방랑(放浪)의 휘파람'이 자주 흘러나오는데도 그 원본 DVD는 찾을 길이 없다. 그만큼 소위 영화 DVD의 세계는 아주 이상한 동굴의 탐험과도 같다고 할 수 있다. 대학생이건 젊은 회사원이건 주부, 노년에게도 '재미와 작품성'이 있다고 평가된 영화는 좋은 책을 읽는 것처럼 우리 인생에서 귀중한 가치를 제공해 주고 있다.

2. 영화 DVD를 통해 무엇을 찾을 것인가?

사람들은 어떤 행위를 하면서 무엇인가를 얻기를 기대하는 습성이 있다. 장사를 하면 돈을 벌 수 있고, 공부를 열심히 하면 유식해지고 좋은 학교에 갈 수 있고, 운동에 매진하면 건강이 증진되며 재능이 뛰어나다면 류현진, 강정호, 손흥민 같은 스포츠 스타가 되어 명성과 부를 거머쥘 수 있다. DVD를 이용해 영화를 보면 어떤 덕을 볼 수 있을까? 첫째는 물론 재미이다. 재미가 좋은 것은 우리들의 정서를 안정시켜 스트레스를 감소시키는 효과가 있다는 것을 누구나 잘 알고 있다. 둘째는 연령의 고하를 막론하고 영화 속의 주인공과 그 스토리를 통해 많은 사람들의 '인생'을 직ㆍ간접 경험함으로써, 설득적으로 좋은 점을 이해하게 되는 과정에서 얻게 되는 긍정적 효과를 꼽을 수 있다.

그러나 여기서 거론하는 내용의 대부분은 과거, 즉 아날로그 시대의 삶에 관한 것들이다. 21세기를 전후해 세상은 초(超)스피드로 변하고 있지 않은가? 엊그제 아이폰4가 나왔는데 몇 달도 안 되어 어느새 5가 나오고 곧 6도 나올 것 같으니 놀라지 않을 수 없다. 영화의 진화 속도도 아이폰보다는 느리지만 상당한 스피드로 달려가고 있다. 그러나 이 책에서 다룰 영화들은 '다시 보고 싶은 영화', '고전영화' 등의 범주에 속해 있는 소위 '아날로그 영화'라는 점을 이해해 주었으면 하는 바람이다.

'다시 보고 싶은 영화'란 무엇인가? 거두절미한다면, 한 마디로 템포가 느리고 로맨틱한 연애영화들이다. 사랑은 인생의 '봄'에 싹이 튼다. 그래서 인간의 봄은 사랑이다. 하지만 봄도, 사랑도 아지랑이이다. 다만 그것들이 모두 아른거리는 그림자이기 때문에 손에 잡히지 않고 안개 낀 기억으로만 남아 있어 애달프고 안타깝기 그지없다. 연애영화들은 모두 형형색색의 아련한 사랑을 노래하고 있어 나이 불문하고 그 사랑 얘기를 잊지 못하고 그리워한다. 수많은 세월이 흘러간 지금, 스토리가 각기 다른 연애영화들을 반추해 보는 것은 하나의 작은 행복이리라.

이 책이 영화를 두루두루 살피는 목적도 비록 적은 수의 사람들만이라도 쉬운 표현으로 '아날로그로의 귀환'에 목적과 의도를 기대하고 있기 때문이다. 아날로그는 결국 인문학(人文學)이라고 주장해도 아주 잘못된 해석은 아닐 것이다.

그러나 오늘날 인문학은 심하게 표현하면 이미 사망했거나 아니면 죽기 일보 전인 빈사 상태에 이르고 있다는 정황들이 곳곳에 나타나고 있다. 특히 지금의 영화들은 파리 한 마리를 죽이는 것과 같은 살인과 피범벅이 된 비현실적인 과도한 액션, 거침없이 적나라한 섹스, 어처구니없는 코미디, 판타지 등이 그래픽(CG)으로 가득 찬 3차원 영상을 통해 그 정점(頂点)을 향해 치닫고 있다고 해도 과언이 아니다.

인간이 지닌 가치관, 세계관, 하느님이 내려주신 고귀한 본성들은 한 줌 연기(煙氣)가 되어 사라지고 있는 중이 아닌가 하는 의문에 빠지게 된다. 그것들은 '자본'과 '본능'에 패배해서 두 손을 높이 쳐드는 항복의 순간을 맞고 있다는 느낌을 받고 있다. 단지 잘 먹고 명품 시계와 핸드백으로 치장하면서 육체적 쾌락에 깊이 빠지는 것이 대세(大勢)이다. 또 일부 영화 장사꾼들은 이런 삐뚤어진 세태에 대항해 자본을 저주하고 좌파주의적 이념을 추종하는 것을 브랜드로 삼아 돈벌이에 재미를 톡톡히 보는 소위 '사회적 영화'들도 찾아내기 어렵지 않다.

그러면 21세기 영화들은 이런 탁류(흙탕물)에 그대로 휩쓸려가고 말아야 하는가? 매우 위태롭고 위험스러운 경향이다. 비록 오락성과 수익성을 감안하더라도 '인문학'의 개념과 가치체계를 영화가 내팽개친다는 것은 매우 불쾌하고 불행한 사태이기 때문이다.

2007년 5월 22일 오후 제60회 칸 영화제 기자회견장을 찾은 미국의 거장 마틴 스코세지(Scorsese) 감독은 세계영화재단(World Cinema Foundation) 창립을 선언했다. 이 비영리재단은 전 세계에 흩어져 있는 훌륭한 고전영화들을 복원하고 보존하기 위한 목적 아래 출범한 것이다.

스코세지 감독은 「내 부모님은 가난한 노동자였습니다. 책이라곤 읽어 본 적이 없죠. 덕분에 난 어렸을 때 TV나 영화만 봐야 했습니다. 그리고 좋은 영화로부터 내가 알아야 할 모든 것을 배웠습니다. 영화는 오락이지만, 동시에 교육입니다. 그것이 우리가 훌륭한 고전영화를 지켜야 하는 이유죠.」[3]라고 말했다.

그의 말대로 영화는 오락인 동시에 인문학의 회복과 전파(傳播)하는 교육의 중요 수단이라는 점을 강조하고자 한다. 이런 의식이 영화 DVD(특히 고전영화, 아날로그 영화)를 집필하게 된 동기이고 배경이다.

책의 부제목에 'film'이라는 단어를 사용한 것에 대해서도 설명이 필요할 것 같다. 「영화를 지칭하는 용어로는 필름(film), 무비(movie), 시네마(cinema), 모션 픽처(motion picture), 무빙 픽처(moving picture), 무빙 포토그래피(moving photography) 등이 있다. 독일어권과 러시아에서는 키노(kino), 일본과 한국은 영화(映畵), 중국은 전영(電影)이라고 쓴다. '필름'은 가장 일반적이고 중립적인 용어로 쓰이는 반면, 영화라는 예술 또는 진지한 형태로서의 예술을 뜻하는 '시네마'와는 달리 영화작품 또는 정치적 이데올로기적 측면을 가리키기도 한다. '무비'는 대중적인 오락 · 산업 · 상품으로서의 경제적 측면을 뜻하며, '모션 픽처'나 '무빙 픽처'는 움직이는 그림 · 제작상의 과정 · 대형산업 등을 내포한다.」[4]라고 학자들은 정리하고 있다. 따라서 일반적인 고전영화를 지칭하는 '필름'이라는 단어를 이 책에서 선택한 것은 적절하지 않나 생각된다.

3. 영화의 탄생

영화는 지금부터 120년 전인 1895년 말에 세상에 태어났다. 그 기원을 요약하면 다음과 같다.

- 일시: 1895년 12월 28일 밤 9시
- 장소: 프랑스 파리 카퓌신 가(街) 14번지, 그랑 카페 지하 '인디언 살롱'
- 주최자: 뤼미에르 형제(Auguste and Louis Lumiere)와 흥행사 클레망 모리스
- 내용: ①시네마토그라프(뤼미에르 형제가 발명한 최초의 촬영 및 영사기) 1대 ②스크린에 해당하는 천 조각 하나 ③의자 100개(관객용) ④입장료 1프랑(현재 '프랑'은 사용하지 않고, 1유로는 현재 1,500원 내외) ⑤입장객 33명 ⑥상영영화는 〈리옹 뤼미에르 공장 노동자의 퇴근〉, 〈라 시오타(La Ciotat) 역에 도착하는 기차〉(마르세유 프로방스 메트로폴리탄 지역의 항구 도시). 열차가 관객들을 향해 달려오는 줄 알고 비명을 지르며 밖으로 뛰쳐나가는 사람도 있었다. ⑦그들은 20여 분 동안에 10여 편 정도의 초(超)단편 영화들을 보았다. ⑧입소문으로 며칠 후 관객은 2,000명을 넘어섰고, 질서정리를 위해 기마경찰이 동원되었다. ⑨이 영화들은 미국에 수출되어 1896년 6월 29일 뉴욕에서 상영되었고, 뒤이어 러시아, 중국, 일본 등지에 진출했다. 이렇게 영화는 애시 당초 수출품이었다.

원래 영화를 처음 만든 사람은 에디슨이었다. 그러나 에디슨의 영사기는 한 사람씩만 구멍 속을 들여다봐야 하고, 천문학적인

가격에다 크기가 방 한 칸 정도로 장소를 크게 차지하는 치명적인 약점이 있었다.

1894년 뤼미에르 형제의 아버지 '앙트완'이 에디슨이 발명한 동영상 기계인 '키네토스코프'를 구경하고 그 내용을 아들들에게 설명했다. 아버지가 사진사였던 뤼미에르 형제는 실험을 거듭한 끝에 재봉틀의 원리를 이용해 필름에 구멍을 뚫은 후, 그 구멍에 톱니바퀴 같은 기계를 장착했다. 이것을 일정한 속도로 돌아가게 하면 1초에 16장의 사진을 찍을 수 있는 세계 최초의 촬영과 영사 겸용 카메라인 시네마토그라프(Cinematographe)를 발명했다. 시네마토그라프는 '움직임을 기록한다'는 뜻이다. 뤼미에르 형제는 이후에 약 400여 편의 단편영화를 만들었다. 퇴근하는 노동자, 대장장이, 아기에게 젖먹이는 엄마의 모습 등이다. 그러나 그들은 "영화는 참 미래가 암담한 발명품이다"라는 말을 남기고 영화제작을 중단했다. 영화를 창안한 사람의 전망치고는 한 치 앞도 내다보지 못한 어이없는 생각이 아닐까 한다. 이렇게 영화는 장래가 불투명한 장르였지만 영화를 중요시하고 이것을 산업화한 할리우드는 미국을 영화의 강국으로 만들었고, 수천억 달러의 수입도 올리고 있다.[5]

4. 영화는 왜 보는가?

영화는 무엇보다도 재미가 있어야 하고, 이것이 영화의 오락기능을 나타내는 핵심요소이다. 이렇게 볼 때, 우리는 '어떤 재미'를 찾아 영화관에 가는 것이다. 물론 입장료를 지불하기 때문에 영화 흥미의 정도가 아주 높아야 한다. 사실 영화의 이론은 상상 외로 복잡하고 다양하다. 뿐만 아니라 현학적이고도 수사학적 비유로 이야기하는 경우가 많아 이해가 어려울 경우도 많다. 여기서는 우리가 영화를 보는 이유를 두 가지 관련 이론을 압축해 설명해 보고자 한다.

첫 번째는 '현실도피주의(現實逃避主義)'와의 연관성이다. 오늘날, 또는 어느 시대이거나 세상을 살아가는 일은 사람들을 힘들게 하고 또 지치게 한다. 따라서 어떤 사람은 술을 마시고 또는 여행을 떠나 산천경개(山川景槪)를 구경하며 시름을 잊기도 한다. 이와 유사한 기능이 영화의 현실도피주의이다. 8,000원 정도를 내고 극장에 들어가 영화라는 강물 속에 깊이 빠져들어 유유히 수영하는 것 같은 기쁨을 얻고 번잡스러운 일상의 고뇌를 2시간 가까이 잊으면서 중단하고 싶어한다.

「현실도피주의는 여성들이 극장에 가는 이유로 가장 자주 이용되는 것들 가운데 하나이다. 이는 리처드 다이어(Richard Dyer 1945~, 영국출신 영화학자)가 1940년대와 1950년대 영국 여성들에게 할리우드 영화가 유토피아일 수 있었던 가능성을 설명하기 위한 것이었다. (중략) 편지와 설문지에 따르면 영화의 쾌락은 언제나 영화 텍스트가 안겨주는 시각적 · 청각적 쾌락 그 이상이라는 것이 분명했다. 상영에 동참하는 의식, 관객이 공유하는 상상이나 경험, 그리고 비교적 안락함을 안겨주는 화려한 극장 건물 자체는 영화의 쾌락에 포함되어 있다. 영화의 쾌락이 오로지 할리우드의 육체파 여배우를 즐기는 것만은 결코 아니다.(중략)

극장의 물리적 공간은 극장 밖의 일상생활과 바야흐로 펼쳐질 할리우드의 환상적 세계 사이를 오가는 이행공간을 제공했다. 그 공간의 설계나 장식들은 현실 도피를 더욱 조장(助長)하고 여성관객들은 그것을 즐겼다. 이렇듯 극장은 꿈의 궁전이었으며, 그것은 단지 그들이 할리우드 판타지의 상연(上演)에 빠져 있다는 점에서만 그런 것이 아니라, 매혹적이고 신비스러운 분위기를 자아내는 극장의 공간 설계와 장식이 할리우드 영화를 문화적으로 소비하는데 안성맞춤이었기 때문이기도 하다.

역사적으로 현실도피주의는 언제나 양면성을 지니고 있다. 여성들은 극장의 사치스러움과 할리우드의 매력 속으로 도피하면서, 또한 전시(戰時) 상태인 영국의 고뇌와 위험, 속박으로부터 도피하고 있었다. 할리우드의 매력과 그리고 전쟁의 여파로 겪었던 결핍과 희생에 비해 상대적으로 사치스러운 극장 내부 장식이 혼연일체가 되어 현실도피주의의 다층적(多層的) 의미들을 만들어 낸 것이다.」6

여기서 할리우드 영화를 거론했지만 현대 영화는 미국 자본주의의 일환으로 탄생했음을 부정하기 어렵다. 이것이 할리우드식 영화, 즉 할리우드 표준 제작방식(Hollywood Standard)이고, 이것은 영화의 대량생산과 대량소비를 통해 이윤을 극대화하기 위한 전략이다. 따라서 미국을 비롯한 세계 모든 영화들을 할리우드 방식으로 영화를 제작하고 있는 것이 현실이기 때문에 현실도피주의와는 끈끈한 연결고리를 걸고 있다고 해도 지나치지 않다. 즉, 사람들은 심심함, 무료함과 현실을 잠시 잊기 위해 영화를 관람하는 것이다. 영화제작자들은 영화를 소비하는 관람자의 욕망과 기호, 태도 등을 잘 파악해 공급하게 된다.

영화를 보는 두 번째 이유로 '환영주의'(幻影主義)를 들고 있다. 「할리우드 영화의 전통은 편집의 흔적을 없앰으로써 영화가 영화라는 흔적 자체를 지워 버리는 것이다. 그렇게 함으로써 관객은 영화의 이미지가 마치 현실의 인상(印象)인 것처럼 착각하게 한다. 이것은 환상적(幻想的)인 이미지를 현실로 착각하게 만드는 일종의 '환영주의'(illusionism) 장치이다. 원래 '환영주의'라는 말은 르네상스 시기의 회화를 특징짓기 위해 사용한 미술사(史) 용어이다. 이 시기의 회화는 '원근법'(perspective)이라는 독특한 장치를 통해 평면에 창조된 회화의 이미지를 마치 현실의 3차원적인 공간의 이미지처럼 착각하게 만듦으로써 효과를 창출했다. 미술사가(美術史家)들은 이런 효과를 환영주의라고 부른다.

그런데 영화에 있어서는 이러한 환영주의는 관객을 철저하게 수동적인 관찰자로 전락시키는 결과를 낳았다. (중략) 이미 할리우드 편집이론을 선구적으로 개척한 20세기 초반, 소련 영화감독이자 이론가인 푸도프킨(Vsevolod Pudovkin 1893~1953)은 환영주의가 갖는 인위적 특성을 잘 보여준다. 그는 편집이야 말로 영화를 영화답게 하는 요소라고 생각했다. 그에게 훌륭한 영화는 편집을 얼마나 잘 했는가가 관건이었는데, 잘하는 편집이란 가장 자연스러운 편집을 의미했다. 그런데 가장 자연스러운 편집을 위해 그는 가장 이상적인 관찰자(ideal observer)가 필요하다는 사실을 내세웠다. 이상적인 관찰자란 어떤 현상을 적절하게 관찰하는 것을 의미한다. (중략) 즉 카메라는 이상적인 관찰자의 시선이 되어야 하며, 편집은 그러한 시선을 적절하게 담아내야 한다는 것이다.

적절한 진행순서로 촬영해 편집할 경우 극적인 긴장감이 살아난다. 이러한 편집은 관객을 긴장시키며 그를 영화 속으로 끌어 들인다. 이상적인 관찰과 편집은 철저하게 계획된 것이며 인위적으로 조작된 것이다. 관객이 아무런 저항 없이 이미지들을 수용하게 하기 위해 행해지는 것이다. 자연스럽도록 가공(加工)하는 것이야 말로 환영주의의 가장 큰 특징이다.」[7]

위의 이론은 간단히 표현해 영화가 현실 그 자체처럼, 아니면 진짜 일어나는 일과 똑같이 만들어야 관객들은 영화에서 즐거움을 찾게 된다는 의미이다. 우리가 전쟁영화를 보면 자신이 직접 총탄이 빗발치는 전장(戰場) 속에 있다는 느낌을 받도록 만들어야 한다는 것이다. 스필버그 감독의 〈라이언 일병 구하기〉의 도입부는 이런 사실을 증명해 준다. 또 2014년 겨울에 개봉된 브래드 피트 주연의 〈퓨리(Fury)〉, 우리나라의 〈명량〉, 2015년 1월에 나온 크린트 이스트우드 감독의 〈아메리칸 스나이퍼〉도 마찬가지이다. 따라서 이상적인 관찰자, 즉 주인공의 시선 또는 카메라를 통해 자연스러운 편집을 강조하고 있는 것이다. 영화의 내용은 말할 것도 없지만 시간을 보내고 현실을 잊게 해주는 영화, 또한 진짜 같은 영화가 관객에 어필할 수 있고 또 그런 점이 영화에서 필수불가결의 요소이다.

5. 서사(敍事)영화

우리는 영화를 생각하면서 서사영화에 대하여 이해할 필요가 있다. 그렇다면 '서사'란 무엇인가? 우리 국어사전은, 서사를 '사실을 있는 그대로 적음'이라고 정의하고 있다. 이것을 크게 보면 '역사'에 해당된다. 따라서 사극(史劇), 역사적 사실에 바탕을 둔 영화들이 서사 장르에 포함된다.

서사시는 일반적으로 발흥기·재건기의 민족이나 국가의 웅대한 정신을 신(神)이나 영웅을 중심으로 하여 읊은 시(詩)를 지칭하지만, 현재는 '이야기 시'(詩)를 의미한다. 「서사영화의 경우는, 일반적으로 인물보다는 플롯에, 영웅적인 미덕보다는 영웅적인 행동을 중요시하며, 규모나 스펙터클이 크고, 액션이 많은 작품으로 정의된다. 주인공은 영웅적인 인물, 귀족의 전사(戰士), 열정적인 구애자인 경우가 많다. 영화에서 영웅은 대단한 삶을 살아가는 인물이기는 하지만 할리우드가 만든 영화의 영웅은 특유의 단순함과 감상주의, 비현실성을 지닌 캐릭터이다.」[8] 즉 이야기 중심의 영화가 서사영화를 뜻한다. 쉽게 구분하면 전쟁영화나 역사영화들이 이런 범주에 포함된다고 하겠다.

좀 전문적인 설명을 보태면, 「시네마(cinema), 필름(film), 모션 픽쳐(motion picture), 무비(movie)는 사람들에게 스토리를 전달한다는 점에서 모두 같은 말이다. 여기에서 스토리란 일단 이야기(tale)의 전제(前提)가 설정되기만 하면 그럴 듯한 상황에서 행동을 주고받는 가공인물에 관한 허구를 말한다. 그래서 스토리는 극영화의 내용이 된다. (중략) 하지만 플롯(plot)은 특정한 서사 안에서 특수하게 사건을 배열하는 것이다. 그것은 누군가가 어떤 목적을 가지고 순서를 만드는 것이다. (중략) 서사구조는 어떤 하나의 관점에서 스토리를 이야기하는 표준적인 관점을 말한다. (중략) 시작하고 끝맺는 방법이 바로 서사구조이다. (중략) 서사구조는 또한 여러 다른 결말도 만들어 낼 수 있다.」[9] 스토리(story)는 사건들이 일어난 시간 순서대로 나열한 것이고, 플롯(plot)은 외적·심리적인 것으로서 작품 속에서 어떤 질서를 유지하게 된다.

6. 장르 영화와 비(非)장르 영화

'장르(genre) 영화'라는 말도 자주 쓰는데 그 개념은 다음과 같다. 「서부극 · 공포영화 · 코미디 영화처럼 분류 가능한 형식과 줄거리를 갖춘 영화를 말한다. 그러나 다른 예술 분야와는 달리 영화에서의 장르는 그 구분이 매우 모호하며 또한 계속적으로 변화하고 있다. 일반적으로 장르 영화라 함은 할리우드 중심의 상업영화로 대변(代辯)된다. 할리우드는 자본의 논리로 영화를 이해했고 이윤을 남기는 특징적인 관습들을 반복하면서 장르의 역사를 시작했다. 그러나 서부극의 존 포드(John Ford)나 스릴러의 알프레드 히치콕(Alfred Hitchcock)과 같이 장르의 원칙을 따르면서도 진정한 작가정신을 가진 감독들이 출현하기도 했다. 장르는 보통 이야기와 스타일에 따라 구분되는데 가장 중요한 것은 기승전결(起承轉結)의 구조이다. 대체로 할리우드 영화들이 철저하게 기승전결에 따라 이루어진 반면 유럽 영화들은 그것을 벗어나는 것이 많다. 그런 뜻에서 할리우드 영화와 유럽 영화를 '장르 영화'와 '작가주의 영화'라는 이분법적인 시각으로 나누는 비평가들도 있다.」[10]

미국의 영화학자 소벅(Thomas Sobchack) 부부의 설명은 보다 세부적이다. 「어떤 영화는 극도로 신선한 상황과 인물을 담고 있는 반면, 다른 영화는 공식적인 플롯과 도식화된 인물에 의존하는 일군(一群)의 영화, 즉 장르(genre)에 속한 듯이 보인다. 오슨 웰스의 〈시민 케인 (1941)〉 같은 비 장르(nongenre) 영화는 보통 등장인물과 상황이 개성적이기 때문에 관객에게 새롭고 신선한 경험을 제공한다. 비 장르 영화는 평범한 사고에 도전하는 복잡하고 모호한 주제를 취하는 경향이 있다. 이에 반해 장르 영화는 보통 뚜렷하게 구분된 선과 악 사이에서 일어나는 선명한 갈등을 다루는 경우가 많다. 비 장르 영화에서 얻는 즐거움이 '독창성과 놀라움'을 주는 능력에서 오는 것이라면, 장르 영화의 즐거움은 '친숙함과 효과적인 방법'으로 우리의 기대를 만족시켜 주는 데서 나온다.」[11]

장르 영화의 큰 줄기는 멜로드라마와 코미디로 구분할 수 있다. 코미디도 넘어지고 쓰러지는 슬랩스틱 코미디, 로맨틱 코미디, 뮤지컬 코미디도 있고, 서부영화, 모험영화, 공포영화, 공상과학영화, 범죄영화, 가족영화 등도 모두 장르 영화의 영역 안에 존재한다. 이렇게 보면, 영화는 소설이나 시, 음악이나 미술 못지 않게 심오하고 복잡하고 골치 아픈 예술이다. 그러나 영화 작가들은 재미와 흥미, 인간과 철학, 시대와 변화, 메시지와 이미지를 적절히 조화시키기 위해 오늘도 밤잠을 설치고 있을 것이 틀림없다. 따라서 언제나 영화를 기대하고 고대해도 우리는 실망하지 않을 것이라는 희망과 열망을 가질 수 있다.

7. 베스트 필름 선정 기준

우리가 회상하고 추억해야 할 영화들을 선정하는 일은 대단히 어려운 작업이다. 일반적으로 최고의 것을 뽑아내는 일은 어느 분야나 모두 어려움이 존재한다.

이 책에 소개하는 영화는 1930~50년대에 생산된 작품 중에서 골랐고, 특히 점잖은 로맨스 장르가 주요 대상이 되고 있다. 영화의 성공을 위해서는 인간의 사랑, 연애만큼 애초에 죽고 못 사는 테마는 없다. 남녀의 연애 이야기를 극장에 걸어야 관객이 밀려들어오는 것을 세계 영화계는 일찍이 경험으로 터득한 바 있다.

　이 영화들은 대체로 1940년대, 1950년대, 1960년대 등 소위 고전기(古典期)의 영화들 가운데서 나오게 된다. 특히 고전적 할리우드 양식(classical Hollywood style)의 영화들과 프랑스, 이탈리아, 영국 등 유럽 영화들이 많다. 이들이 주류를 이루게 되는 이유 중에는 한국전쟁이 끝난 지극히 피폐한 시기인 1950년대 중반 이후에 우리가 경험하지 못했던 여러 가지 스토리로 심금(心琴)을 울린 기억이 아직도 생생하게 뇌리에 남아 있기 때문일 것이다. 물론 지금 다시 보면 느린 템포에 유치하게 느껴지는 측면도 있으리라. 그러면 어떤가, 옛날은 모두 소중하다는 것은 어느 누구도 부인하기 어렵다.

　여기서 영화 선정에 있어 필자의 주관적이거나 자의적(恣意的) 판단도 문제가 발생할 수 있다는 점을 알고 있다. 객관적(客觀的)은 자기와의 관계에서 벗어나 제삼자의 입장에서 사물을 보거나 생각하는 것을 의미하고, 반대로 주관적(主觀的)은 자기의 견해나 관점을 기초로 하는 것을 말한다. 이 때 주관적은 많은 경우 오류의 요소가 적지 않다.

　예컨대 〈살바도르 달리가 매긴 화가들의 성적표〉를 보면, 기법/영감/색조/데생 등 9개 부문 평균점수는 ①베르메르 드 델프트(네덜란드/진주 귀고리를 한 소녀)-19.9 ②라파엘로-19.5 ③벨라스케스-19.2 ④레오나르도 다빈치-18.4 ⑤달리-16.4 ⑥피카소-11.9 ⑦앵그르-10.5 ⑧메소니에(Ernest Meissonier 1815~1891 프랑스)-5.2 ⑨마네-4.1 ⑩몬드리안-0.6. 이런 극히 주관적 평가를 내놓았다. 미켈란젤로도 없고, 세잔도 빠졌다. 그런데 자기, 즉 달리는 5위이다. 이렇게 객관과 주관의 간극은 매우 넓고 그 위험성도 천야만야한 절벽 아래처럼 깊다는 것을 필자가 느끼고 영화 선정에 고민을 거듭했음을 전제하면서 다음 자료를 참고했음을 밝힌다.

①「시청자가 뽑은 다시 보고 싶은 영화 50」-이것은 KBS가 1997년 2월, 시청자 총 1만1,064건의 신청을 집계한 결과이다. ②AFI(미국영화연구소) 선정 「20세기 100대 영화」. ③2007 AFI 선정 「영화사 100년, Top 100 명작영화」. ④야후 -「죽기 전에 꼭 봐야 할 영화 100편」. ⑤미국 -「투표로 선정한 Top 250」. ⑥「위대한 미국 영화 연도별 400편」. ⑦「또 다른 100대 영화」. ⑧「역대 아카데미상 작품상 수상작」. ⑨「역대 칸 영화제 황금종려상」,「베니스 영화제」,「베를린 영화제」수상작품 등. ⑩「고전 명작 100선」. ⑪2012 영국 영화전문지 'Sight & Sound' 선정 -「위대한 영화 50」.

영화 DVD의 추억, 그 오디세이

– 다시 보고 싶은 고전영화들

'오디세이'(odyssey)라고 표현하면 '경험이 가득한 긴 여정(旅程-여행길)'을 말하지만, 여기서는 여정(旅情-여행할 때 느끼게 되는 감정)도 포함된다. 직설적으로는 '영화 DVD의 여행'이다.

이 책에 소개하는 51편의 영화들은 대체로 1930~50년대 작품들이므로 적어도 60세 이상 시니어 애호가들의 관심 대상이 될 것이다. 젊은 관객들은 대체로 영화제목조차도 들은 적이 없을 줄로 추측된다. 다만 대학생층이라도 요즘은 매니아들이 많아 소위 고전영화를 알고 있는 사람들도 적지 않을 것으로 생각된다. 당시의 영화들은 거의 흑백 필름이기 때문에 영화를 멋있게 만들자면 화면을 꿈속처럼 환상적으로 처리한 것들이 적지 않다. 이것이 오히려 우리가 그 영화를 추억하고 기억하는 요인이 아닌가도 여겨진다.

이들 작품들은 한마디로 '노스탤지어 필름(Nostalgia Film)'들이라고 정의할 수 있다. 영화 숫자의 배분 상 1930~50년대까지 생산된 작품 51편으로 한정하고자 한다. 또한 필자가 영화전공 교수가 되기 위해 유학을 하거나 영화 업종에 종사한 경험이 없어 다양한 자료를 축적하지 못해 영화서적이나 기타 자료를 출전(出典)을 적고 활용했음도 미리 밝히는 바이다. 추억의 명화들은 대부분 할리우드가 공급한 것이므로 미국 영화가 많다는 점과 영화에 따라 소개의 내용이 길고 짧음이 있음에 대하여 독자 여러분의 이해있기를 바란다. 또한 ☆표는 미국 아카데미 시상식에서 수상했음을 알린다.

아울러 본문에 소개하고 있는 영화들의 'DVD 재킷 사진 51장'을 준비했으나, 그것들을 게재하지 못해 아쉽고 안타까운 심정 이루 말할 수 없다. 영화를 추억함에 있어 한 장의 사진이 때로는 매우 중요한 역할을 한다는 점을 잘 알고 있지만, 그것으로 인해 문제의 소지가 있을 수도 있기에 필자와 출판사는 고심 끝에 싣지 않는 쪽으로 결론에 이르렀음을 밝히며, 독자 여러분께 넓은 이해를 부탁드리고자 한다.

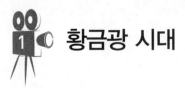

황금광 시대

1925년 작. 미국 영화. 72분. 흑백 무성영화
원제: The Gold Rush
감독: 찰리 채플린
출연: 찰리 채플린, 맥 스웨인, 톰 머레이, 조지아 헤일 외
음악: Max Terr(1942년 판)

희로애락의 인생에는 항상 '기쁨·웃음'과 '슬픔·눈물'이 있다. 채플린은 일찍이 두 가지 요소를 버무린 폭소탄(爆笑彈)을 영화의 소재로 삼은 감독 겸 배우이다. 그는 웃음을 강조하면서도 미소와 웃음 구석구석에 눈물과 슬픔의 페이소스(悲哀)를 깔아 스토리를 끌어간 최초의 '코미디' 발명가 겸 개발자라 해야 할 것이다. 아이디어와 창의성이 누구보다도 뛰어나고, 영화 속에서 늘 약자 편에 섰던 예술가로 평가된다.

'골드러시'(The Gold Rush)는 1848년경 캘리포니아 주(州)에서 발견된 금을 캐 일확천금을 잡겠다고 모여든 사람들을 일컫는 말이다. 1849년 당시 미국·유럽 등지에서 약 10만여 명이나 몰려왔었다. 이후 캘리포니아 골드러시가 쇠퇴하자 이번엔 알라스카로 옮겨졌다. 알라스카는 1867년 러시아로부터 미국이 720만 달러, 에이커 당 2센트에 사들인 당시 '큰 아이스박스'라고 불린 불모의 땅이었다. 1897년 유콘 강(Yukon River) 기슭에서 금광이 발견돼 두 번째 골드러시가 불붙었다.

준비 없이 달려든 사람들은 추위와 식량 부족으로 굶어죽는 일이 다반사였다. 이런 사실이 이 영화의 배경이다.

채플린은 이 영화에서 제작 · 감독 · 주연 · 각색 등 1인 4역을 수행하면서 황금을 좇아 불나방처럼 달려드는 인간군상을 조롱하고 웃겨서 새로운 영화미학을 완성한다. 〈황금광 시대〉는 미국 영화위원회(AFI)에서 선정한 [100대 영화]에서 74위(1988년 리스트)와 2007년 새로운 리스트에는 58위로 상승해 비록 코미디 장르지만 더욱 진가를 인정받은 바 있다. 이런 공로로 채플린은 1975년 영국 엘리자베스 여왕으로부터 작위를 수여받았다. 또 1929년 제1회 아카데미 시상식 특별상을 수상했다.

▶ **리뷰:** 트램프(찰리 채플린), 블랙 라슨(살인마), 빅 짐(괜찮은 사람), 이들은 금광을 찾아 알라스카에 도착해 살인범 라슨의 오두막에서 모두 만난다. 눈보라에 갇혀 배고픔을 견디지 못한 살인마 라슨은 오두막을 떠나고 찰리(트램프)는 양초를 씹어 삼키고 자신의 구두를 삶아먹는다. 덩치 큰 빅 짐은 지독한 배고픔 때문에 정신이 이상해져 찰리를 큰 닭(또는 칠면조 느낌)으로 보고 잡아먹으려 든다. 둘은 헤어지고 빅 짐은 자신이 알고 있는 금이 묻혀 있는 장소를 찾아가지만, 살인마 라슨은 그 장소에 미리와 있다가 빅 짐을 죽이고(실은 기절했다) 도망치다가 낭떠러지에서 떨어져서 사망한다.

마을에 도착한 찰리는 댄스홀 아가씨 '조지아'(조지아 헤일)를 짝사랑하지만, 돈 많고 거만한 남자의 구애를 벗어나려 조지아는 떠돌이 찰리를 좋아하는 척 한다. 부상에서 깨어난 빅 짐은 자기가 아는 금이 묻힌 곳을 기억하지 못하자 가까스로 찰리를 술집에서 찾아내어 그의 기억으로 금을 찾아 둘은 로또복권에 당첨된 것처럼 백만장자로 변신한다. 고향으로 가는 배에서 찰리는 밀항자로 오인되지만 그 때 조지아가 나타나 찰리를 도와주면서 그들은 해피엔딩을 만끽한다. 권선징악(勸善懲惡) 구조이다.

▶ **찰리 채플린**(Charles Chaplin 1889~1977) **감독:**「그는 영국에서 뮤직홀 연예인의 부모에게서 태어났다. 이들의 이혼으로 어머니를 따라 5살에 첫무대에 섰고, 10살 때 희극단에 입단했으며, 1912년 미국에 초청을 받는 기회를 잡았다. 대본, 연기, 연출 등 여러 작업을 거쳐 〈소나기 사이에서(Between Showers 1914)〉, 〈황금광 시대(The Gold Rush 1925)〉, 〈도시의 불빛(City Light 1931)〉(이 작품으로 프랑스 정부로부터 레지옹 도뇌르 훈장을 수여 받았다), 〈모던 타임스(Modern Times 1936)〉, 〈위대한 독재자(The Great Dictator 1940)〉, 〈살인광 시대(Monsieur Verdoux 1947)〉, 〈라임라이트(Limelight 1952)〉 등 주옥같은 작품들을 쏟아냈다.

그는 콧수염, 실크해트, 모닝코트, 지팡이 등을 이용한 '거지 신사'(떠돌이 The Tramp)의 성격과 의상을 구현해냈는데, 이것은 데뷔 초기부터 1910년대 말까지 진화되어온 것이다. 그는 역경 속에서도 명랑함과 위엄을 잃지 않고 순진하고 교묘하게 승리를 이루어 모든 관객들의 마음을 사로잡게 되었다. 이러한 페이소스적 요소를 담기에 충분한 입체적·복합적 인물의 창조를 덧붙여 채플린은 그의 독특한 무언극의 품위를 개발시켜 나갔다. 채플린의 탁월한 연기력이 키스톤 영화사의 맥 세넷(Mack Sennett 1880~1960) 사장의 눈에 띄었던 것이다. (1913년 두 번째 미국 순회공연 때) 채플린은 키스톤 사와 영화 출연 계약을 맺고, 그 해 12월부터 주급 150달러를 받고 영화에 출연하게 되었다. 그는 어떤 캐릭터를 만들어내야 할지 고민했다. 맥 세넷은 "아무거나 좋으니 우스운 분장을 하고 나와 보게"라고 말했다.

분장실로 가면서 헐렁한 바지와 커다란 구두, 지팡이에 중산모(꼭대기가 둥글고 높은 서양 모자)를 쓰기로 했다. 헐렁한 바지에 위에 꽉 끼는 상의를 입고 작은 모자와는 극단적인 대조를 이루는 큰 구두를 신어 과장된 스타일을 연출했다. 여기에 나이가 조금 들어 보이게 작은 콧수염을 붙여 '뜨내기'가 탄생된 것이다.」[12]

「그는 잘난 체하는 사람, 난폭한 자들을 극중에서 때려 눕혀 관객의 열등의식을 해소시켰다. 왜소한 체구(키 165cm)의 찰리는 매를 맞고 쓰러지지만, 용수철처럼 발딱 일어나는 모습에서 관객들은 웃음을 자아냈다. 다른 배우들이 관객을 웃기기 위해 부딪칠 때, 그는 모자를 들어 나무에 사과하는 식으로 웃음을 유발했다. 그는 인류에게 '코미디'라는 장르를 선물한 최초의 영화인이다. 그의 트레이드마크는 눈물과 웃음, 유머와 페이소스였는데 후반기에는 '사회적 풍자'와 '비판적 내용'을 다루었다.

〈살인광 시대〉에서 제국주의 전쟁의 범죄설(說)을 파헤쳤기 때문에 1950~54년 미국을 휩쓴 '매카시 선풍'은 그를 공산주의자로 몰았다. 에드거 후버(J. Edgar Hoover) 국장이 불법적으로 채플린의 사생활을 캔, FBI의 채플린 파일(Charlie's FBI file)은 무려 1,900페이지로 대량이었다. 〈라임라이트〉 시사를 위해 가족과 함께 영국으로 가던 중, 여객선이 아직 대서양을 항해하고 있을 때, 미국 정부가 채플린의 시민권을 박탈했다는 소식이 전해졌다. 영국으로 건너간 것을 계기로 미국으로 돌아올 수 없자 유럽에서 활동하며 스위스 '브베'(Vevey)에 정착해 생을 마쳤다.」[13] 채플린의 이야기가 계속된다.

「1920년 〈키드〉가 편집 단계에 들어설 무렵 퍼스트내셔널 영화사와 다툼이 있었다. 당시 채플린은 배우 밀드레드 해리스(Mildred Harris)와 이혼절차를 밟고 있었다. 영화사는 밀드레드를 이용해 〈키드〉를 이혼 위자료조로 압류할 생각이었다. 채플린은 영화사의 눈을 피해 솔트레이크시티로 가서 편집 작업을 했다. 40만 피트(120킬로미터)가 넘는 필름은 자그마치 500롤이나 되었다. 채플린 일행은 솔트레이크 호텔에 방을 잡고 침실 하나에 필름을 늘어놓았다. 선반, 찬장, 서랍 속까지 호텔방 전체가 필름으로 뒤덮였다. 편집시설 하나 갖춰지지 않은 곳에서 그들은 편집 작업을 마치고, 수건에 투사해서 영화를 보았다. 채플린의 눈에서는 저절로 눈물이 나왔다. 장장 15개월 간의 기나긴 작업이었다.」[14] 그는 영화에서 뿐만 아니라 영화제작에서도 상당히 엉뚱하고 기상천외하게 일했다.

어려움 가득한 영화계에서 성공했음에도 그의 개인적인 삶은 결코 순탄치 않았다. 어린 시절의 고생은 말할 것도 없고, 성인이 된 후에도 파란만장했다. 그는 네 번이나 결혼했다. 자신의 영화에서 주연을 맡았던 밀드레드 해리스(1918), 리타 그레이(1924), 폴레트 고다드(1936) 등과 혼인했으나 모두 오래가지 못했다. 마지막으로 1943년 극작가 유진 오닐의 딸 '우나 오닐'(Oona O'Neill, 1925~1991)과 결혼하여 여생을 함께했다. 그는 10대 소녀와 3번이나 결혼해 '병아리 잡는 매(Chicken Hawk)'라는 별명도 붙었다.

채플린은 결혼을 4번해 세 명의 부인에게서 11명의 자녀를 두었다. ①1918년, 신부 밀드레스 해리스 16세-채플린 29세, 채플린이 29세이던 1918년에 처음 아내로 맞은 아역배우(당시 16세). 해리스가 임신했다고 거짓 주장을 하는 바람에 서둘러 결혼했다는 소문이 있다. ②

1924년, 리타 그레이 16세-채플린 35세, 자녀 2명 ③1936년, 폴레트 고다드 25세-채플린 44세 ④1943년, 우나 오닐 18세-채플린 54세, 이들은 8명이나 되는 아기를 낳는다.

극작가 유진 오닐은 반대를 무릅쓰고 어린 딸을 채가자 채플린과 관계를 끊는다. 채플린은 우나 오닐과 결혼하고 나서 '한 번만 할 결혼을 세 번이나 더 했다'고 탄식했다. 결혼식 날 기자들이 신부 우나 오닐에게 "당신은 왜 나이가 당신보다 3배나 많고 이미 세 번이나 결혼한 바 있는 남자와 결혼합니까?"라고 질문하자, 우나는 "말하기 어려워요. 매우 미묘한 문제니까요."라고 대답했다고 한다. 18세 아가씨 치고는 매우 당돌했다. 〈닥터 지바고(1965)〉에 출연한 '제랄딘 채플린'은[15] 이들 부부의 소생이다.

20년 만에 미국을 방문한 채플린은 1972년 4월 10일 LA 도로시 챈들러 파빌리온에서 열린 제44회 아카데미 시상식에서 특별상(공로상)을 받게 됐다. 〈Life〉지는 그를 표지 모델로 싣고 그의 영화인생을 4페이지에 걸쳐 특집으로 다루었다. 그런데 일부 우익사람들이 시상식장에서 그의 수상을 저지하겠다는 풍문도 돌았다. 이에 대해 채플린은 "미국인들은 나에 대한 미움이 아직도 탱크처럼 남아 있군"이라고 유머로 답했다. 착하고 가엾기까지 한 이미지의 찰리 채플린은 가난, 영광, 눈물, 웃음, 억울함의 생애를 뒤로 하고 1977년 12월 25일, 스위스 레만 호반에 있는 풍광 좋은 소도시 브베 자택에서 세상과 작별했다. 지금도 브베, 그가 살았던 집 앞에 그의 동상이 서 있고, 한국 여행객들도 그의 동상 앞에서 많이 사진을 찍는다. 그는 "인생이란 가까이서 보면 비극이지만 멀리서 보면 희극이다. 그러므로 나는 멀리 보려고 노력한다"는 묵직한 명언을 남겼다.

▶ **생각나는 장면들:** ①영화 초반 찰리는 허기를 참지 못해 양초를 씹어 먹고 시침을 뗀다. 오른발에 신었던 구두 한 짝을 냄비에 삶고 접시에 담아 레스토랑에서처럼 나이프와 포크를 사용해 우아하게 식사한다. 그나마 가죽 부분은 빅 짐에게 빼앗기지만 나머지 구두창과 못, 끈을 맛을 음미하며 먹는 신은 명장면으로 꼽힌다. ②중반 술집에서 조지아와 댄스를 하게 되는데 허리 벨트가 없던 찰리가 급한 대로 옆에 매어 있던 큰 개의 끈을 사용했다가 그 개와 엉켜 댄스홀이 엉망이되는 장면도 재미있다. ③조지아(술집 아가씨) 친구들을 초대하는 상상(想像) 장면에서 그녀들이 '연설을 부탁하자', 그가 연설 대신 포크로 빵을 꽂아 손놀림으로 추는 '롤빵 댄스'는 정말 박장대소 감이다. ④종반(55분경), 폭풍우로 오두막이 절벽으로 떨어지려 하자 찰리와 빅 짐이 사생결단으로 탈출하는 신(scene)도 아슬아슬하다. 끝 장면까지 찰리의 오른발은 구두 없이 헝겊으로 싸고 있어 더욱 재미있다.

▶ **제작 에피소드:** 「〈황금광 시대〉는 비극과 희극은 멀리 떨어져 있지않다는 채플린의 믿음을 확인할 수 있는 작품이다. 채플린은 1896년부터 1898년 사이에 클론다이크(Klondike 캐나다 서북쪽 끝에 위치한 유콘(Yukon) 강 기슭의 금 생산지)에 황금을 찾으러 몰려간 시굴자(試掘者)들의 궁핍한 생활을 담은 입체경 슬라이드를 보고, 1846년에 시에라네바다에서 폭설에 갇혀 자신들의 모카신과 죽은 동료의 시신을 먹어야했던 이민자들인 '도너 무리'(Donor Party)[16]의 참사에 관한 책을 읽다가 영감을 얻었다.

도무지 성공할 수 없어 보이는 끔찍한 테마를 가지고 수준 높은 코미디를 만들어 낸 것이다. 우리가 잘 알고 있는 '떠돌이'가 여기서는 황금 시굴자가 되어 용감하고 낙관적인 그들의 무리에 합류하여 추위와 기아와 고독과 때때로 나타나는 회색 곰에 맞선다. 이 영화는 모든 면에서 채플린의 전 작품 가운데 가장 정교하다. 촬영은 눈 쌓인 시에라네바다의 트러키 마을의 야외촬영장에서 2주 동안 진행되었는데, 채플린은 칠쿠트(Chilkoot) 관문을 힘겹게 통과하던 실제 시굴자들의 모습을 충실하게 재현했다.

샤크라멘토에서 떠돌이와 부랑자 약 600명을 기차로 데려와, 눈 덮인 산을 넘게 하여 약 700미터에 이르는 관문을 넘는 장면을 촬영한 것이다. 제작팀이 나머지 촬영을 위해 다시 할리우드 스튜디오로 돌아왔을 때는 목재와 철망, 삼베, 석고, 소금과 밀가루 등으로 만든 정교한 산악지역의 모형이 준비되어 있었다. 스튜디오의 기술자들은 채플린이 요구한 대로 특수효과에 사용할 광부들의 오두막 등을 모형으로 만들어 두었다.

그 오두막이 폭설에 날려 절벽 끝에 달랑달랑 매달려 있는 장면은 이 영화의 희극적 서스펜스를 잘 유지하며, 모형에서 실제 세트로 바뀌는 부분을 전혀 눈치챌 수 없는 경우도 많다. 〈황금광 시대〉는 이제는 고전으로 자리 잡은 희극적인 장면으로 가득하다. 19세기 개척자들이 굶어 죽어간 끔찍한 역사적 사실은 찰리와 동료 빅 짐(맥 스웨인)이 눈 속에 갇혀 배고픔 때문에 이성을 잃는 장면에 영감을 주었다. 찰리는 자기 장화(구두)를 요리해서 대단한 미식을 즐기듯 먹는다. 굶주림으로 미쳐버린 빅 짐의 눈에 찰리는 오븐에 구운 닭고기로 보이기도 한다. 촬영기사는 카메라를 통한 교묘한 눈속임으로, 채플린은 마술 같은 연기로 이 장면을 멋지게 표현했다.

댄스홀의 아름다운 아가씨(16세의 리타 그레이가 임신을 하여 채플린과 결혼한 뒤, 리타 역을 이어받은 조지아 헤일)에게 새해 만찬을 열어주는 꿈 속 장면에서 채플린은 유명한 '롤빵의 춤'을 선보인다. 이 익살은 이전의 작품에서도 선보인 적이 있지만 여기서 채플린은 포크와 롤빵으로 춤추는 다리 모양을 만들어 독특함을 가미했다.

오늘날에는 〈황금광 시대〉가 채플린의 가장 완벽한 작품으로 평가받는다. 채플린이 제일 좋아한 자신의 작품은 때에 따라 바뀌었지만, 말년에 이르러서는 이 영화가 자신의 대표작으로 기억되길 바란다고 말했다.」[17]

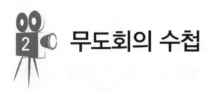

무도회의 수첩

1937년 작. 프랑스 영화(보그 사). 129분. 흑백
원제: Un carnet de bal
감독: 줄리앙 뒤비비에르
출연: 마리 벨 외
※1938 한국 최초 개봉. 1956 한국 재개봉

▶ **리뷰:** 북부 이탈리아 아름다운 코모(Como) 호수 근처 대저택에 사는 40대 미망인 크리스틴(마리 벨)은 낡은 수첩에서 눈부시게 찬란한 하얀 드레스를 입었던 첫 무도회를 떠올리고, 17살 자신에게 열렬히 사랑과 구혼을 속삭였던 여덟 명의 남자들을 찾아 추억여행을 떠난다. 그 남자들이 20년 세월이 흐른 후, 얼마나 남루하고 구차한 인간으로 전락했는가를 여실히 보여준다. 꿈속에서는 왕자를 만났는데 깨어보니 거지였다는 식의 청춘허상(虛想)을 일갈(一喝)하는 가슴 쓰린 이야기이다.

①첫 번째 남자 죠르주는 크리스틴을 짝사랑하다 자살한다. ②다음 쥬베르는 전직 변호사이지만 암흑가 술집의 사장으로 크리스틴이 보는 데서 범법(犯法)으로 잡혀간다. ③아랑 미셸은 원래 종교음악전공 학도였지만 신부가 되어 불우한 청소년에게 합창을 지도하는 도미니크 신부이다. ④네 번째 남자 에릭은 미혼으로 산악구조대원으로 일하고 있어 크리스틴은 그와의 새 삶을 생각해 보기도 하지만 눈사태

가 나자 뛰어나가는 그를 보고 단념한다.

⑤프랑수아 파튜세는 소읍(邑)의 면장인데 그녀가 찾아간 날, 하녀와 결혼식 준비를 하면서 도둑질한 자신의 양자(養子)를 매질한다. ⑥티에리 레이날은 부둣가의 돌팔이 의사인데 크리스틴이 떠난 후 동거녀를 쏘고 자살한다. ⑦파비앙 코우티솔은 파리에서 미용실을 하는데 크리스틴은 그와 무도회에 가기도 하지만 헤어지고 이탈리아로 돌아와 인생의 무상과 허무를 절감한다. ⑧7명의 지리멸렬한 옛 남자 중, 못 찾은 단 한 명의 남자 '제라르'가 자기 집 건너편 호수에 산다는 집사의 전언에 따라 찾아가지만, 제라르는 죽고 아들만 만나는데 대저택도 남의 손에 넘어간다는 얘기를 듣게 된다. 그녀는 제라르의 아들을 집으로 데려와 같이 살면서 그를 무도회에 데려가 자신의 젊은 날을 되새기고자 한다.

▶ **줄리앙 뒤비비에르 감독**(Julien Duvivier 1896/프랑스~1967): 〈망향(1937)〉, 〈안나 카레니나(1948)〉, 〈파리의 하늘 아래 세느강은 흐른다(1951)〉, 〈나의 청춘 마리안느(1955)〉 등 수작을 내놓았다. 1930년대 무성영화 시절부터 1950년대까지 왕성한 활동을 해왔다. 1967년 교통사고로 사망했는데 나이 71세였다.

뒤비비에르 감독은 독특한 카메라 기법을 구사해 흑백 화면을 몽환적(夢幻的)이고 신비스러운 느낌을 물씬 풍기도록 연출했으며 〈나의 청춘 마리안느〉와 비슷하게 호수와 안개를 병치시켜 1930년대 소위 '시적 리얼리즘'(현실적인 표현들을 우회해서 표현하는 영상문법)을 통해 노스탤지어적 감성과 정취를 자아내는 경향을 보였다.

▶ **마리 벨**(Marie Bell 1900/프랑스~1985): 미모와 연기력은 갖춘 그녀는 제2차 세계대전 당시 여배우답지 않게 레지스탕스로 활약해 1945년 드골 장군으로부터 훈장을 받았다는 이야기도 있다. 〈외인부대(1934)〉 등에 출연했다.

망향(望鄕)

1937년 작. 프랑스 영화(파리 필름). 94분. 흑백
원제: Pepe Le Moko
감독: 줄리앙 뒤비비에르
출연: 장 가뱅 외

▶ **리뷰:** 알제리의 수도 알제의 카스바(Casbah)를 무대로 한 '페페 르 모코'의 파리를 그리워하는 둔주(遁走-도망쳐 달아남)와 은둔(隱遁-피하여 숨음)의 이중 코드 드라마이다. 카스바는 테라스와 지붕이 연결돼 사람들이 서로 다닐 수 있는 특이한 구조다. 프랑스에서 은행 강도를 저지르고 카스바로 숨어든 모코(장 가뱅)는 이 지역민들의 신임을 받고 동거녀 이네스의 보살핌으로 안전한 생활을 즐기지만, 현지 경찰 스리만은 호시탐탐 체포 기회를 노린다.

그 사이 미모의 프랑스 관광객 '가비'(미레유 발랭 Mireille Balin 1909~1968)가 개입된다. '파리의 지하철'이 상징하는 해방과 자유에 대한 그리움에 젖어 이 둘은 사랑에 빠지고, 이 과정에서 모코는 가비를 통해 프랑스로 돌아가는 꿈을 꾸고, 가비는 나이와 돈이 많은 남자로부터 탈출을 염원한다. 이것이 주인공 남녀의 '망향'이다. 그러나 실패한다. 가비는 배를 타고 떠나고, 모코는 철문을 붙잡고 오열할 뿐이다. 그의 망향은 뱃고동 소리에 오버랩 돼 묻혀 버린다.

여러 스토리를 따라가다 보면, 결국 카스바를 벗어나려는 주인공의 수구초심(首丘初心)은 은미(隱微-겉으로 드러난 것이 거의 없음) 할 수도 있다. 그래서 더욱 〈망향〉은 멋있다.

▶ **장 가뱅**(Jean Gabin 1904~1976): 카바레 연예인이었던 가난한 음악인 부모 밑에서 태어난 가뱅은 19세까지 시멘트공장 직공, 공장창고 인부 등 노동자로 일하다가 모리스 슈발리에의 흉내로 무대 활동을 시작했고, 1934년 줄리앙 뒤비비에르 감독의 〈하얀 처녀지〉로 명성을 얻게 된다.

사실 그는 별로 눈에 두드러지는 매력도 없고, 연기력 또한 그리 섬세하지 못했다. 가뱅은 제1차 세계대전을 앞둔 1930년대 후반, 프랑스의 암울하고 비관적인 정서와 분위기 속에서 꿋꿋하게 버티며 나아가는 믿음직스럽고 겸손한 주인공들을 연기해 냄으로써 인기를 다져 나갔다. 그는 독일군 점령 상태에 있던 시절 할리우드의 초청을 받고 미국으로 떠난다. 1942년과 1944년에 두 편의 영화를 찍었지만 실패하고 만다.

그러나 1950년대 이후 소위 '프렌치 누아르'라고 불리는 프랑스 갱 영화에 출연하면서 그는 승승장구했다. 특히 자크 베케르(Jacques Becker) 감독의 〈현금에 손대지 마라(1953)〉, 앙리 베르누이 감독의 〈지하실의 멜로디(1963)〉, 조지 로트너 감독의 〈보석강도단(1968)〉, 앙리 베르누이 감독의 〈시실리안(1969)〉, 호세 지오바니 감독의 〈암흑가의 두 사람(1973)〉 등에서 훌륭한 연기를 펼쳤다. 1951년 〈밤은 나의 것〉으로 베네치아 국제영화제에서 최우수남우상을 수상한 전설적 배우이다. 1937년 〈망향〉에서 그의 면모는 미남이면서도 카리스마가 돋보이는 멋있는 캐릭터를 구현한다.

그는 그 이름도 거룩한 마를렌 디트리히(Mariene Dietrich 1901~1992 독일 출생)를 폭스 스튜디오에서 만난다. 그녀는 1930년대부터 최고의 각선미와 관능미를 자랑하는 신비한 존재였다. 영화는 별로였지만 가뱅이 디트리히를 얻은 것은 요즘 표현으로는 대박이었다. 후에 둘은 파리에서 재회해 영화를 하나 같이 찍었지만 그저 그랬다. 그러다 둘의 관계는 행복하지 못하게 끝난다.

그는 세 번 결혼했는데, 뮤직홀 배우인 가비 바세와 잔 무쉰느, 세 번째 부인은 랑방의 모델인 도미니크 푸르니였다. 무정부주의적 태도를 유지했고, 딸이 배우가 되는 것도 반대했다고 한다. 1976년 사망했고, 화장을 해 전직 해군답게 군함에 실려 대서양에 뿌려졌다. ※한국 개봉 연도 미상

오케스트라의 소녀

1937년 작. 미국 영화(유니버설 픽처스). 85분. 흑백
원제: One Hundred Men and a Girl
감독: 헨리 코스터
출연: 디아나 더빈, 아돌프 멘쥬, 레오폴드 스토코프스키 외
※1959 한국 개봉

▶ **리뷰:** 미국의 대공황은 1929년 10월 24일 뉴욕 월가(街)의 '뉴욕 주식거래소'에서 주가가 대폭락한데서 발단된 세계 공황으로서 1939년경까지 계속되자 약 1,500만 명 이상의 실업자가 발생했다. 인류의 대재앙이었다. 이런 시기에 클래식 음악계에는 어떤 일이 일어났는가로부터 이 영화는 시작된다. 스토리 순서는 다음과 같다.

①실업 상태인 트롬본 연주자인 존 카드웰은 일자리를 구하기 위해 유명한 지휘자 '스토코프스키'의 공연장을 찾아가지만 만나지 못한다. ②공연장에서 우연히 주운 지갑의 돈으로 밀린 방세를 낸다. ③이것을 본 딸 패트리샤(디아나 더빈)와 주위 사람들은 카드웰이 스토코프스키 오케스트라에 취직된 것으로 오해한다. ④아빠의 리허설을 보러 갔던 패트리샤는 아빠가 악단에 없는 것을 발견하고 아빠의 거짓말을 알게 된다. ⑤지갑을 돌려주러간 패트리샤가 지갑 주인인 프로스트 부인에게 아빠의 상황을 설명한다. ⑥프로스트 부인은 패트리샤 아버지가 100명으로 된 오케스트라를 구성하면 후원하겠다고 말한다.

⑦딸의 말을 전해들은 카드웰은 오케스트라 단원을 모집한 뒤 차고를 빌려 연습에 들어간다. ⑧프로스트 부인은 유럽으로 떠나 버리고 그 남편인 프로스트도 후원을 거절한다. ⑨스토코프스키를 만나고자 패트리샤는 극장으로 몰래 숨어들어 연습 중인 오케스트라의 연주에 맞춰 모차르트의 '알렐루야'를 부른다. ⑩스토코프스키에게 패트리샤는 카드웰이 구성한 오케스트라의 지휘를 부탁하지만 6개월간 유럽 공연을 이유로 거절당한다. ⑪패트리샤의 전화제보로, 다음 날 신문에 스토코프스키가 실직자 오케스트라를 지휘하고 부호 프로스트 씨가 후원을 약속했다는 기사가 크게 나간다.

그러나 그것은 분명 오보(誤報)이다. ⑫최후의 수단으로 패트리샤와 단원들은 스토코프스키 저택으로 몰래 들어가 연주를 시작한다. 연주를 듣던 스토코프스키는 자신도 모르게 지휘를 하게 된다. ⑬스토코프스키의 실직자악단 지휘로 유럽 공연 취소 신문기사가 나가고 ⑭ 100명의 실직자 오케스트라는 스토코프스키의 지휘에 맞춰 극장공연을 한다. ⑮스토코프스키는 이 공연을 성사시킨 주인공은 '패트리샤'라고 소개하고 패트리샤는 베르디의 「라 트라비아타」(椿姬)[18] 제1막에 나오는 유명한 '축배의 노래'를 부른다. 좌충우돌 소녀 패트리샤의 연주가 실업전선을 정면 돌파하는 스토리이다.

▶ **헨리 코스터**(Henry Koster 1905/독일~1988): 연출작품으로 〈성의 (1986)〉, 〈싱잉 넌(1965)〉, 〈내 사랑 비비(1965)〉, 〈디데이(1956)〉, 〈데지레(1954)〉, 〈마이 블루 헤븐(1950)〉 등이 있다.

▶ **디아나 더빈**(Deanna Durbin 1921/캐나다~2013): 그녀는 1930~40년에

가수 겸 배우로 활약했다. 출연 당시 17세였던 더빈의 청아한 목소리
는 대단한 인기를 끌었다. 극중에서 더빈은 모차르트의 모테트 〈기
뻐하라, 춤추라, 너 행복한 혼이여〉(K. 165)의 마지막 악장 알렐루야
(Alleluia)를 화려하게 불러 악단을 살리는 동기가 되었다.

　우리가 잘 모르는 출연작들은 〈Lady on Train(1945)〉, 〈크리스마스
홀리데이(1944)〉, 〈Three Smart Girl(1936)〉, 〈Every Sunday(1936)〉 등
이 있다. 주인공 역이 들어오지 않자 1949년 은퇴하고 1950년 감독
겸 제작자 찰스 헨리와 결혼하고 파리 교외 농장으로 이주했다. 이렇
게 볼 때, 성격도 깔끔하고 미모도 아주 귀엽고 릴릭 소프라노의 노래
도 좋은 매력적인 배우이다.

　▶ 레오폴드 스토코프스키(Leopold Stokowsky 1882/영국~1977): 부친은 폴
란드 인으로서 가구 제조업자이고, 모친은 아일랜드 인이었다. 옥스
퍼드 대학의 퀸즈 칼리지를 졸업한 다음, 런던의 왕립 음악원에서 공
부했다. 스토코프스키는 1905년에 도미(渡美)하여 교회 합창 지휘자
겸 오르간 연주자가 된다. 1909년에는 신시내티 교향악단의 상임 지
휘자, 그리고 1912년 30세 때 '필라델피아 관현악단'의 상임 지휘자가
되었고, 1936년 이임할 때까지 24년간 오케스트라를 비약적으로 발전
시켜 쿠세비츠키(Serge Koussevitzky 1874/러시아~1951)의 보스턴 교향악
단, 토스카니니(Arturo Toscanini 1867/이탈리아~1957)의 뉴욕 필과 함께
미국의 3대 교향악단으로 키웠다.

　1937년 〈대방송(大放送)〉이라는 영화에 출연했고, 같은 해 〈오케스
트라의 소녀〉, 1940년 월터 디즈니의 애니메이션 〈판타지아〉 제작에
참여해 큰 화제가 되었다. 디즈니는 스토코프스키의 도움으로 판타스

틱 사운드트랙을 만들 수 있었다. 그는 지휘봉을 사용하지 않는 것으로도 유명하고, 또 대중에 조명받기를 좋아해 '글래머 보이'라고 불리기도 했다. 한마디로 '음의 마술사'로 불리는 특별한 재능의 대지휘자다. 사진도 매우 우아하고 멋있다. 95세였던 1977년 9월 13일 영국 햄프셔 주의 자택에서 심장 질환으로 세상을 떠났다. ☆1938년 제10회 아카데미 시상식 음악상 수상(Universal Studio Music Dept)

대지(大地)

1937년 작. 미국 영화(MGM). 138분. 흑백
원제: The Good Earth
감독: 시드니 플랭클린
출연: 폴 무니, 루이즈 라이너, 월터 코놀리. 틸리 로쉬. 제시 랄프
원작: 펄 벅
※1950 한국 개봉

▶ **리뷰:** 봉건시대 영주나 지주는 소작농이나 하인을 소유하고, 특히 동양에서는 일반 가정에서도 남편은 아내를 종처럼 대우하는 경우가 적지 않았다. 〈대지〉의 시대적 배경은 명확하지 않으나 19세기 청나라 말기나 신해혁명(辛亥革命)[19] 앞뒤가 아닌가 생각된다. 빈농(貧農)으로 재산을 모아 대지주가 되는 왕룽(王龍) 일가의 파란만장한 일대기를 그린 대작이다. 원작은 모두 3부작이지만 1부의 스토리만 영화화된 것이다.

➡ 왕룽(폴 무니)은 시골의 농부이다. 성년이 되어 자기가 소작을 부치고 있는 지주인 황 부자 일가에게 돈을 주고 노비 출신인 아란(阿藍 루이즈 라이너)과 결혼한다. 둘은 농사를 열심히 짓고 땅을 조금씩 사면서 산다. 어느 해 무서운 흉년이 들어 굶주림이 몰아쳐 왔고 왕룽과 아란은 시골을 버리고 돈벌이가 좋다는 남부의 도시로 간다. 그러나 도회지도 힘들기는 마찬가지다. 왕룽은 인력거꾼으로, 아란은 거지로

연명해 3명 아이와 비참한 삶을 이어간다. 그 즈음 혁명이 일어나 도시는 전쟁으로 폐허가 되고 가난한 사람들이 부잣집을 약탈한다. 이런 와중에 아란은 보석을 줍고 보물을 발견해 벼락부자가 되어 자기네 땅으로 돌아온다. 토지에 대해 집착이 강했던 왕룽은 고향에 와 황가네 토지를 조금씩 사들여 드디어 부자가 된다.

말 타면 경마 잡히고 싶다더니, 배가 불러진 왕룽은 방탕해지고 아란이 예쁘지 않고 '발이 크다'고 구박하며 술집여자 연화(蓮華)를 첩으로 들여 집안의 갈등이 고조된다. 여성의 작은 발을 선호하는 데는 하나의 풍습에서 기인된 것 같다. 전족(纏足)은 중국에서 어린 소녀나 여성의 발을 어릴 때부터 헝겊으로 묶어 발이 더 크지 못하게 하는 이상한 풍습을 말한다. 전족이 생긴 배경은, ①여자가 밭일을 안 해도 될 만큼 '부자이다'라는 신분의 과시. ②뒤뚱뒤뚱 걷는 특수한 걸음걸이 때문에 여성의 질 근육 발달로 인해 성교시 쾌락을 극대화한다. ③여성의 움직임을 제한하여 도망을 가지 못하게 한다는 등의 설(說)로 요약된다.

여하간 왕룽의 젊은 첩과 장성한 아들로 인해 불화가 끊이지 않지만, 조강지처 아란은 결코 흔들리지 않는다. 그 와중에 하늘을 덮은 '거대한 메뚜기 떼'가 습격해 온다. 왕룽의 아들은 메뚜기 떼와 싸우며 수확을 건지려고 애를 쓴다. 원작 소설은 그 정황을 아주 간결히 표현하고 있다. 「(메뚜기 떼들이) 남쪽 하늘 지평선에 검은 구름처럼 떠있는가 싶더니 그림자가 일순 부채꼴로 변형되면서 하늘을 온통 까맣게 가렸다. 순간 그것들이 땅에 닿자 풀포기 잎사귀 하나 볼 수 없는 황무지로 변해 버렸다.」 다행히 바람의 방향이 바뀌어 메뚜기 떼는 물러간다. 여러 가지 어려움 속에 아들은 결혼을 하게 되고, 아란은 그것을 보면서 죽는다.

필자가 〈대지〉를 본 것은 중학생 때 3류 극장(재개봉관)에서 보았다. 영화의 종반부 '메뚜기 떼의 습격' 장면을 보고 크게 놀랐다. 아니 요즘처럼 컴퓨터 그래픽, 3D, VFX[20], 디지털 액터 등의 첨단기술이 전무하던 시절에 어떻게 그런 영상을 구현해냈는지 감탄할 뿐이었다. 이 장면으로 ☆'칼 프런드(Karl Freund 1892/체코~1969)는 1938년 제10회 미국 아카데미 시상식 촬영상을 수상할 수 있었다.

▶ **시드니 플랭클린 감독**(Sidney Franklin 1893/미국~1972): 〈비련의 공주 엘리자베스(1953)〉, 〈퀴리 부인(1943)〉, 〈마음의 행로(1942)〉, ☆〈미니버 부인(1942)〉(1943년 제15회 아카데미에서 작품상 수상), 〈애수(1940)〉, 〈대지(1937)〉, 〈다크 엔젤(1935)〉, 〈근위병(1931)〉 등 작품이 있다.

▶ **폴 무니**(Paul Muni 1895~1967): 1895년 오스트리아 렘베르크에서 태어나 뉴욕에서 성장해 이디쉬 예술극장을 거쳐서 1931년 브로드웨이 연극무대에서 큰 성공을 거둔다. 그는 1인 다역을 잘 소화한다는 평가를 받은 연기인으로 특히 전기 영화에서 뛰어난 재능을 보였다.

예컨대 알 카포네, 멕시코 독립의 영웅 베니토 후아레즈(Benito Juanrez 1806~1872), 에밀 졸라, 쇼팽의 생애를 그린 〈이별의 곡(A Song To Remember 1945)〉에서는 쇼팽의 스승 역을 했다. 23편밖에 영화에 출연하지 않았지만 모두 좋은 평가를 받아 5번의 아카데미상 후보지명을 받았다. 프랑스의 과학자 루이 파스퇴르의 생애를 연기한 ☆〈과학자의 길〉로 1937년 제9회 아카데미 남우주연상을 받았다. 〈라스트 앵그리 맨(1959)〉, 〈에밀 졸라의 생애(1937)〉, 〈스카페이스(1932)〉 등의 작품이 있다.

▶ **루이즈 라이너**(Luise Rainer 1910~2014): 독일 뒤셀도르프 출신의 배우이다. 16살 때인 1926년 연극연출가 막스 라인하르트 문하생으로 들어가 연기를 배우고 1935년 할리우드에 진출했다. 그리고 25세에 미국에 귀화했다. ☆1937년 제9회 아카데미 여우주연상(위대한 지그펠드 1936), ☆1938년 제10회 아카데미 여우주연상(대지 1937)을 2년 연속 수상하는 최초의 연속 홈런을 날린다.

그녀에게는 대단한 영광이었지만, 그 이후로는 큰 성공을 거두지 못했다. 그리고 라이너와 같은 오스카상 기록은 스펜서 프레이시의 〈용감한 선장들(1937)〉과 〈보이스 타운(1938)〉, 또 〈초대받지 않은 손님(1967)〉과 〈겨울 사자(1969)〉의 캐서린 헵번이 2년 연속 수상 기록을 세운 바 있다.

▶ **원작자 펄 벅**(Pearl Buck 1892~1973): 1932년 퓰리처상(賞)을 받고 또한 1938년 3부작으로 노벨문학상을 수상했는데 미국 여성작가로는 최초였다. 그러나 그녀의 개인적인 삶은 그리 행복하지만은 않았다. 선교사였던 아버지는 생후 3개월의 펄 벅을 중국으로 데려갔고 성장기를 보낸 후 18세에 미국 랜돌프-메이컨 여대에 진학해 졸업한다. 그리고 중국으로 가 3년 뒤 농학자 로싱 벅과 결혼한다. 선교에만 몰두하고 어머니와 자신에게 무관심했던 아버지의 모습을 또다시 남편에게서도 보게 되어, 로싱 벅과의 결혼생활에 대해 절망감을 느낀다. 더욱이 딸 캐롤이 태어났지만 그 아이는 정신지체아였다. 딸 치료에 별관심이 없었던 남편은 펄 벅을 더욱 괴롭혔다. 그녀는 자서전에서 〈대

지)를 집필하게 된 동기는 외동딸 치료비를 벌기 위한 것이었고 왕룽의 백치 큰딸의 모델이었다고 밝히고 있다. 이 소설은 공산당 체제였던 당시 중국에서 불온서적으로 몰려 한때 판금(販禁)되기도 했다.

미국에 돌아온 후 펄 벅은 사회운동을 시작한다. 또한 여러 전쟁에 파병된 미군들의 사생아를 돕기 위해 1964년 펄 벅 재단(Pearl S. Buck International)을 창립했다. 펄 벅 재단은 현재 한국 등 11개 국가에서 운영 중이다. 이런 훌륭한 업적에도 불구하고 그녀는 말년의 고독을 이기지 못하고 나이가 자기보다 40살 정도 젊은 댄스 강사와 연애를 함으로써 명성에 흠결이 생겼다. 그 댄스 강사는 펄 벅의 재산을 탐냈다고도 한다. 노벨상 수상작가와 사회운동가로서 옥에 티가 되었다.

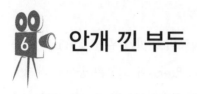

안개 낀 부두

1938년 작. 프랑스 영화(시네 알리앙스). 94분. 흑백
원제: Le Quai Des Brumes. Port of Shadows
감독: 마르셀 카르네
출연: 장 가뱅, 미셸 모르강 외

▶ **리뷰:** 안개가 안 끼는 부두가 어디 있을까만 영화 제목이 〈안개 낀 부두〉이다. 부두에 뿌연 안개 장막이 쳐져 있다면 어디로든 출항이 불가능하다. 우리가 항구를 떠난다면 부두는 우리의 꿈일 수도 있지만, 반대로 떠날 수 없다면 절망과 번뇌의 벽으로 변한다. 〈안개 낀 부두〉라는 제목이 이 영화의 내용 자체를 암시하고 있다고 느껴진다. 그러면 안개 낀 부두에서의 인생은 어떻게 전개될 것인가가 관객의 관심사다.

이 영화 DVD 재킷[21]의 짧은 소개 글은 대단히 명징(明澄)하다. 「영화는, 다른 세상을 향한 통로가 될 수도 있지만 결국에는 세상의 끝일 수밖에 없는 항구 도시를 배경으로, 탈영병과 후견인에게 고통 받는 어린 소녀 '넬리' 사이에서 벌어지는 끝내 실패할 사랑이야기를 어두우면서 서정적인 톤으로 보여준다. 시몬 드 보부아르와 장 폴 사르트르는 "전체 영화를 감싸는 절망의 안개"라고 감탄한 바도 있다. 제2차 세계대전 전까지 프랑스 영화사에서 '시적 리얼리즘'이 중요한 경향으로 두드러지는데 촉매 같은 역할을 했다는 평가를 받는 영화가 바로 〈안개 낀 부두〉이다. '고엽'(枯葉)이라는 샹송의 작사가로도 유명한(작곡은 조셉 코스마) 프랑스 시인 자크 프레베르(Jacques Prevert 1900~1977)는 유머와 적당한 감상주의와 사회적 풍자를 섞은 대본을 쓰는 데 천재였다. 카르네는 프레베르와 짝을 이뤄 불멸의 '시적 리얼리즘' 걸작을 찍어 냈다. 프랑스 영화사가(映畫史家) '장 미트리'(Jean Mitry 1907~1988)는 "카르네와 프레베르가 함께 만든 〈안개 낀 부두〉, 〈이상한 드라마(1937)〉, 〈새벽〉은 카르네의 걸작일 뿐만 아니라 프랑스 영화의 보기 드문 걸작이다."라고 극찬했다.

시적 리얼리즘은 도피, 운명, 죽음과 같은 허무주의 주제들이 강조되는데 이런 경향에 동참한 감독들은 마르셀 카르네, 장 르노아르, 줄리앙 뒤비비에르 등이다. 앞에서 스토리가 짧게 소개됐지만 영화 자체가 음울하고 주인공들의 행동이 현재의 수준에서는 설득력이 떨어져 마니아 외의 일반 관객들에게는 매력 있는 작품은 아니라는 지적도 있다.

▶ **마르셀 카르네 감독**(Marcel Carne 1906~1996): 파리 출생으로 르네 클레르, 자크 페데르의 조감독을 거치면서 후에 감독이 되었다. 〈파리의 하늘 아래(1954)〉, 〈떼레즈 라껭(1953)〉, 〈애인 줄리에트(1951)〉, 〈밤의 문(1946)〉, 〈인생유전(1945)〉, 〈천국의 아이들(1945)〉, 〈데븐스엔보이스(1942)〉, 〈새벽(1939)〉, 〈안개 낀 부두(1938)〉, 〈북 호텔(1938)〉, 〈이상한 드라마(1937)〉 등의 훌륭한 작품을 많이 만들었다.

▶ **장 가뱅**(Jean Gabin 1904~1976): [3] 〈망향〉 참조.

▶ **미셸 모르강**(Michele Morgan 1920~): 파리에서 태어난 그녀는 당시 '세계에서 가장 아름다운 눈동자를 가진 여성'으로 꼽혔다. 여기에는 에피소드가 있다. 「〈안개 낀 부두〉 촬영 때 이야기인데, 17세의 신선한 매력으로 혜성처럼 등장한 미셸 모르강은 34세의 가뱅을 처음 만났을 때, 서로 끌렸다고 회고록에서 고백했다. 더구나 둘 다 푸른 눈! 18세 생일을 맞아 가뱅은 커다란 장미꽃 다발을 모르강에게 선물한다. 그리고 "너는 눈이 참 예쁘구나!" 하고 속삭이면서 키스를 한다.

그런데 가뱅은 촬영장의 스태프에게 모르강이 키스도 할 줄 모른다고 말해 버렸다. 이 말을 들은 모르강은 오기가 나서 촬영에 들어갔을 때 연기가 아닌 진짜 열렬한 키스를 했다는 것이다.」(신광순) 「야무진 표정으로 쌀쌀하게 보이기까지 한 소녀가 불우한 처지를 견뎌내고 있다가 어느 날 만난 탈영병과 사랑의 불꽃을 태워 올리며 한순간에 성숙한 여자가 되는 과정은 당시의 관객들을 매료시켰다. 베레모에 코트를 입은 모습도 정말 세련되어 보였다. 무적(霧笛-안개 끼었을 때 울리는 뱃고동)이 울리는 짙은 안개가 낀 부두를 배경으로 그려진 비극적인 사랑이 염세주의적인 무드로 흘러, 그것이 전쟁 상황과 매치되어 공감을 불러일으켰다.」(이승하)

모르강은 소녀 시절 화가들의 모델로 일하다가 1936년 '다니엘 다리유'(Danielle Darrieux 1917~)가 주연한 〈모짜르트 양〉에 비록 엑스트라지만 출연하게 되어 데뷔한다. 1938년 〈안개 낀 부두〉의 성공으로 스타가 된다. 제2차 세계대전 중 미국에 있었지만 성공작이 별로 없었고, 종전 후 파리로 돌아와 1946년 걸작 〈전원 교향곡(La symphonie pastorale)〉으로 제1회 칸 영화제에서 그랑프리(여우주연상)를 수상했다.

▶ **에피소드:** 〈카사블랑카〉와 관련된 이야기다. 당시 〈카사블랑카〉는 미셸 모르강이 여주인공으로 내정되어 있었는데 그녀는 무려 5만 5천 달러의 출연료를 요구해, 그 반값으로 신인배우 잉그리드 버그만이 캐스팅되어 대박 신화를 만들었다는 것이다. 남자 주인공은 레이건 전 미국 대통령이 탐을 냈으나 험프리 보가드에게 돌아갔고, 〈카사블랑카〉에는 "당신 눈동자에 건배!"라는 대사가 있는데(한국어 번역에서 의역) 물론 잉그리드 버그만의 눈동자도 매혹적이지만, 번역자는 아마도 미셸 모르강의 아름다운 눈동자가 떠올라 그렇게 번역하지 않았나 하는 추측도 해볼 수 있다.

➡ 마르셀 카르네 감독의 영화 〈밤의 문〉에 출연한 이브 몽탕(Yves Montand 1921~1991)은 유태계 이탈리아인으로 프랑스에 와 미용실, 뮤직홀 등에서 일했다. 그러다 유명한 샹송가수 에디트 피아프(Edith Piaf 1915/프랑스~1963)와 알게 되어 애인으로 발전했고, 1946년 피아프의 도움으로 영화 〈밤의 문〉에 출연해, 우리나라에서도 가을이면 자주 듣게 되는 '고엽'을 불러 스타가 된다. 배은망덕이라는 말이 있듯이 그는 피아프를 배반하고 1951년 여배우 시몬느 시뇨레와 결혼했지만 에디트 피아프와의 스캔들 때문에 시뇨레의 자살시도로 대단히 언론에 시달린다. 1985년 시뇨레가 사망한 후 몽탕은 재혼해서 67세에 늦둥이를 낳아 프랑스를 떠들썩하게 만들었다. 안소니 퀸도 그렇지만 유명 남자배우들은 늙어서 결혼하기를 좋아하는 모양이다. 70세에 사망한다.

「1960년 아내 시몬느가 상을 받기 위해 로스앤젤레스에 머무는 동안, 몽탕은 마릴린 먼로와 〈사랑합시다〉라는 영화를 찍다가 진짜로 둘이 사랑하게 되고 만다. 이 사실에 대해 기자들이 질문하자 시뇨레는 "마릴린 먼로가 품에 안겨 있는데 무감각할 남자가 어디 그리 많겠어 요?"라고 반문했다는 얘기도 있다.[22]

그는 이탈리아 공산당원이었던 아버지의 영향을 받아 1950년 프랑스 공산당에 입당했고, 시몬느 시뇨레마저도 가입했다. 1968년 소련의 체코 침공 후 반공주의자로 전향했다는 설도 있었지만, 그의 자서전 〈나는 잊지 않았다〉에서 평생 동안 좌파의 길에 있었다는 글을 남겼다. 자본주의의 향기를 만끽했음에도 한 번 물든 사상은 결코 변하지 않는 모양이다. 대단한 아이러니라는 의견도 많다. 또 이념은 아버지로부터 아들에게 계승·상속되는 속성도 있다고 보여진다. 세계적 유명인사 중에 '장 폴 사르트르'도 공산주의 사상에 심취했던 인물이고, '피카소'는 1944년 프랑스 공산당에 들어가 1973년 죽을 때까지 열성 당원이었다. ※〈안개 낀 부두〉 한국 개봉 연도 미상

바람과 함께 사라지다

1939 작. 미국 영화(MGM). 222분(1·2부). 컬러
원제: Gone with the wind
제작: 데이비드 O. 셀즈닉
감독: 빅터 플레밍
출연: 클락 게이블, 비비안 리, 레슬리 하워드, 올리비아 드 하빌랜드 외
원작: 마거릿 미첼
음악: 맥스 스타이너
※1955 한국 개봉

▶ **리뷰:** 〈바람과 함께 사라지다〉는 1937년 퓰리처상[23]을 받은 1,037쪽 분량의 남북전쟁을 배경으로 한 대하역사소설을 영화화한 너무나도 유명한 작품이다. 즉 '역사+로맨스=대작'인 셈이다.

1부와 2부로 구성된 매우 긴 스토리를 아주 짧게 요약하면, 미국 남부 부유한 농장주 오하라 가문의 첫째 딸인 스칼렛 오하라(비비안 리)는 애슐리(레슬리 하워드)를 짝사랑하나 그는 스칼렛의 친구인 멜라니(올리비아 드 하빌랜드)와 결혼해 버린다. 화가 난 스칼렛은 멜라니의 오빠 찰스와 결혼하나 그는 곧 전사한다. 북군의 폭격으로 애틀란타가 위험해지자 스칼렛은 레트 버틀러(클락 게이블)의 도움으로 불길을 뚫고 타라로 돌아온다. 전쟁이 끝나고 남부는 온통 파괴되고 '타라' 농장의 빚을 갚기 위해 스칼렛은 여동생의 약혼자 프랭크와 결혼하지만 그도 사망해 두 번째 과부가 된다.

그때, 전부터 스칼렛을 노리고 있던 평판 나쁜 상인인 레트 버틀러

선장이 나타나 둘은 결혼하고 딸까지 낳지만 딸이 낙마로 목숨을 잃는다. 그녀는 남편과 함께 죽음을 앞둔 멜라니를 방문했을 때, 아직도 애슐리에게 연정을 품고 있다고 느낀 버틀러는 떠나려 한다. 그러나 멜라니의 사망 이후, 그녀가 진정 사랑한 남자는 애슐리가 아니라 버틀러였음을 깨닫는다. 이제 파괴된 타라 농장만 남지만, 복구의 의지를 불태우면서 버틀러를 돌아오게 할 방법을 모색한다. 시대적 배경은 스칼렛이 16세였던 1861년 남북전쟁의 시작부터 1865년 종전까지 약 4년이 넘는 시기이다.

노예제도의 붕괴, 남북전쟁의 참화와 시대상, 그 속에서 갈등하는 한 여성의 애정비극 등 통속성이 강한 영화이다. 더욱이 대화재, 특히 불타는 애틀란타의 화염을 뚫고 돌진하는 장면, 또 전쟁 신 등은 당시 보기 드문 스케일의 천연색 화면으로 관객들에게 묵직한 감동을 자아낸다. 그래서 ☆1940년 제12회 아카데미 시상식에서 최우수작품상 등 8개 부문과 특별상 2개 부문을 수상했다. 그러나 칭찬의 평가만 있는 것은 아니었다. 〈뉴욕타임스〉는 "영화 산업이 보여줄 수 있는 최고의 작품임은 인정하지만 사상 최고의 영화는 아니다"라고 일부 부정적 평가를 내놓았다. 미국 영화연구소(AFI) 선정 [100대 영화]에서 4위(1988년)와 2007년 수정 리스트에는 6위에 랭크되어 있다. 작품성과 관객의 흡인력 모두 특급이다.

▶ **빅터 플레밍 감독**(Victor Fleming 1883~1949): 미국 캘리포니아 패서디나에서 태어나 1910년 스턴트맨으로 영화계에 들어왔다. 정비공이자 전문레이서였던 그는 'D.W. 그리피스' 감독 밑에서 촬영을 도왔다. 제1차 세계대전 중 사진사로 종군했으며, 프랑스 베르사유 회담에 참

석한 제28대 '우드로 윌슨' 미국 대통령의 수석사진사를 지냈다. 감독 첫 작품은 〈The Virginian(1929)〉으로 이 영화로 게리 쿠퍼가 스타덤에 올랐고, 쿠퍼가 그의 은혜를 잊지 않아 둘은 평생 친구로 지냈다고 한다. 후에 MGM과 20세기 폭스에서 클락 게이블, 스펜서 트레이시 등과 작업하면서 그들을 스타 반열에 오르게 했다.

연출작품으로는 〈보물섬(Treasure Island 1934)〉, 주디 갈런드 주연의 〈오즈의 마법사(The Wizard of Oz 1939)〉, 〈지킬 박사와 하이드 씨(Dr. Jekyll and Mr. Hyde 1941)〉, 〈어드벤처(Adventure 1946)〉, 〈잔 다르크(Joan of Arc 1948)〉 등이 있다. 감독으로서 성공한 작품은 〈바람과 함께 사라지다〉와 〈오즈의 마법사〉인데, 이상하게도 두 작품 모두 제작에 난항을 겪었고, 플레밍이 대타(代打)로 들어가 성공시킨 묘한 인연이 있었다. 1949년 1월 잉그리드 버그만 주연 〈잔 다르크〉를 완성한 후 사망했다.

▶ **비비안 리**(Vivian Leigh, 영국, 1913/인도, 다르질링~1967): 프랑스계 영국인 아버지 어니스트 리차드 하틀레이와 아일랜드계 영국인 어머니 거틀루트 사이에서 태어났다. 런던 증권가의 부호였던 아버지 덕분으로 그녀는 공주처럼 자라 자신이 원하는 것은 어떻게 해서라도 손에 넣어야 직성이 풀리는 성미였다고 한다. 런던 왕립학교를 다니던 중(18세) 31세의 허버트 리 홀만을 만나 둘은 비비안이 19세가 되던 1932년 결혼식을 올린다.

그러나 원숙한 남편의 사랑과 임신의 불안은 어린 신부가 감내하기엔 벅찬 감정이었다. 스무 살의 나이에 첫딸 수잔을 낳은 비비안은 엄마로서의 위치보다 배우로서의 명예를 욕심내게 된다. 밤마다 런던의 극장가를 떠돌던 비비안의 우상은 귀족스러운 품격의 로렌스 올리비에였다. 그에 대한 열망으로 눈먼 어린 유부녀 비비안은 로렌스 올리비에를 유혹하기 위해 우연을 가장한 만남을 계획한다.

로렌스 올리비에와 비비안 리는 사보이 그릴에서 처음 만났다. 아내이자 유명한 여배우였던 질 에이몬드와 함께 저녁 식사를 하던 로렌스 올리비에는 그를 향해 다가오는 정열적인 여인 비비안 리와 인사를 나누게 된다. 가정적으로나 사회적으로 부러울 것 없이 성공한 28세의 미남 배우 로렌스는 풋내기 비비안에게 주목(필이 꽂혔다)한다. 곧이어 둘은 런던 필름에서 제작한 〈무적함대(Fire Over England 1937)〉에서 공연하게 된다. 극중 연인으로 등장했던 둘의 사랑은 드디어 불이 붙었다. "비비안은 상상을 초월하는 아름다움의 소유자이자, 내가 한 번도 접해보지 못한 당황스러울 정도의 매력을 가진 여배우이다."라는 것이 비비안에 대한 로렌스의 첫 인상이었다.

기혼자였던 두 사람은 어려움을 극복하고 결국 1940년 결혼한다. 〈폭풍의 언덕(1939)〉을 촬영하던 올리비에를 따라 할리우드에 간 비비안 리는 애틀란타의 〈바람과 함께 사라지다〉 촬영장을 찾게 되고, 거기서 여주인공 스칼렛 오하라 역을 따내는 일생일대의 행운을 거머쥔다. 당시 스칼렛 역에 베티 데이비스, 조안 크로포드, 라나 터너, 캐서린 헵번, 진 아서, 폴레트 고다드 등이 거론되었다고 한다. 베티 데이비스가 '이 영화는 실패할 거야'라고 떠들었지만 그녀도 물러서지 않았고, 조안 크로포드는 자신이 이미 그 배역을 따냈다는 소문을 퍼뜨렸으며, 캐서린 헵번이 가장 유망한 후보로 거론되기도 했다. 폴레트 고다드 등 스크린 테스트를 한 배우는 31명이었다.

주연 여배우 캐스팅을 위해 2년 반 동안 "Who'll Play Scarlett?"이라는 플래카드를 내걸고 전국적인 오디션을 실시해 5만 미터(50km)의 필름을 사용하고 비용도 10만 달러나 썼다. 오디션에 참가한 인원은 1,400여 명이었고, 대본을 읽은 사람도 400명 정도였다. 하지만 주연 여배우 캐스팅에 실패한 가운데 촬영에 돌입했다. 1938년 12월 10일 애틀란타 시내 화재 장면은 축소 모형을 쓰지 않고 〈왕 중 왕(1927)〉 및 〈킹콩(1933)〉 등 낡은 세트에 불을 질러 리얼하게 촬영했다. 불길이 사그라질 무렵 현장에서 파티가 열렸는데, 셀즈닉의 동생 '마이런 셀 즈닉'(H. Myron Selznick 1898~1944-그는 엘리자베스 테일러의 매니저도 했 다)이 비비안 리의 '불타는 눈동자'를 발견하고, 그녀를 파티에 데려와 "여기 스칼렛 오하라가 있습니다. 형님!" 함으로써 극적으로 여주인공 에 낙점된다. 1939년 1월 전체 캐스팅이 마무리되어 촬영에 돌입하자 영화사 측은 비비안 리가 올리비에조차 만나지 못하게 했다고 한다.

125일간 50만 피트의 필름을(약152.4km-서울↔대전 간의 거리) 찍 으면서 촬영은 종료된다. 결국 그녀는 〈바람과 함께 사라지다〉로 ☆ 1940년 제12회 아카데미상에서 여우주연상을 수상한다. 그래서 사람 들은 "영화 속 비비안 리는 스칼렛이 책 속에서 막 걸어 나온 것 같다" 고 감탄했다.

여기서 오스카 여우조연상은 백인 주인에게 충성을 바치는 흑인 노예여성 역을 맡은 ☆'해티 맥대니얼'에게 주어져 '정치적'이라는 논 란을 빚었다. 할리 베리(Halle Berry)는 영화 〈몬스터 볼(Monster's ball 2001)〉로 2002년 제74회 아카데미상 시상식에서 흑인 최초로 여우주 연상을 수상하였다. 그녀는 흑인 여배우가 여우주연상을 받는데 74년 이 걸렸다고 기쁨과 탄식을 함께 쏟아냈다.

비비안 리는 〈바람과 함께 사라지다〉의 여세를 몰아 〈애수(1940)〉에서도 연이은 성공을 거두지만 1946년 〈시저와 클레오파트라〉 촬영 중 폐결핵과 올리비에의 아기를 유산한(1944년, 1956년 두 번) 조울증, 무리한 군 위문 등으로 건강을 잃고 1959년 이혼까지 하게 된다. 스칼렛에 캐스팅된 비비안 리는 촬영 당시 스트레스 때문에 하루에 3~4갑이나 되는 담배를 피우는 골초 처지였다. 이것이 폐결핵을 악화시켰다. 이즈음 아내의 병치레 등에 지친 로렌스는 30세나 연하인 새로운 연인 조안 플로라이트를 만나고 있었고, 46세였던 비비안에게 이혼을 요구해왔다. 로렌스 올리비에와 조안은 1961년 3월 결혼식을 올렸고, 로렌스를 상실한 비비안은 1967년 7월 7일 폐결핵과 견딜 수 없는 고독으로 사망했다. 그 한 달 후인 8월 15일 성 마틴 왕립교회에서 이루어진 그녀의 추도식에는 생전 그녀가 사랑했던 세 명의 남자들이 자리했다. 첫 번째 남편 허버트 리 홀만, 두 번째 남편 로렌스 올리비에, 마지막 연인이었던 잭 메리벨이 슬픔을 삼키고 있었다.

그녀는 1967년 죽기 전 인터뷰에서, "올리비에 없이 오래 사느니 차라리 그와 함께 살다가 일찍 죽는 것이 낫다"는 슬픈 고백을 남겼다. 비비안 리의 다른 출연 작품은 ☆〈욕망이라는 이름의 전차(1951- 두 번째 오스카상 수상)〉, 〈안나 카레니나(1948)〉, 〈시저와 클레오파트라(1946)〉, 〈해밀턴 부인(1941)〉, 〈애수〉 등 모두 손꼽히는 명작이다.

▶ 클락 게이블(Clark Gable 1901~1960): 거칠면서도 잘생긴 이 호남(好男) 배우는 '할리우드의 왕'이라는 별명을 갖고 있지만, 오늘의 시점에서 설명하는 것은 그리 쉽지 않다. 그는 어쩌면 〈바람과 함께 사라지다〉에 출연 못할 뻔했다. 그는 MGM과 계약기간 중이라, MGM이 임대를 거부했는데, 1935년 '셀즈닉 인터내셔널'을 설립한 제작자인 셀즈닉

(David Oliver Selznick 1902~1965) 사장은 장인이었던 MGM 사장 '루이스 B. 메이어'에게 사정사정해 125만 달러를 주고 성사시켰다.

특히 그는 입 냄새가 심했다고 하는데 키스신이 유명한 〈바람과 함께 사라지다〉의 상대역인 비비안 리는 촬영을 거부했다는 이야기도 있다. 원인은 기술이 정교하지 못했던 당시 의치(義齒)설과 골초설이 있다. 1901년에 미국 오하이오 주 카데쓰에서 석유 광부의 아들로 태어나 1960년 11월에 사망했다. 1924년 그는 일거리를 찾아 오리건 주의 포틀랜트에서 극장 매니저인 ①조세핀 딜론(Josephine Dillon 1924~1930)을 만났고, 그녀는 그에게 연기를 지도했다. 두 사람은 곧 결혼했지만 그녀가 17년 연상이었다. 1930년 거물 제작자인 어빙 탈버그의 MGM과 정식계약을 체결하고 첫 주연 영화인 〈댄스, 풀스, 댄스〉의 성공으로 입지를 굳혔다.

그 무렵 그는 첫 아내인 조세핀과 헤어지고 ②마리아 리아(Maria Ria 1931~1939)를 만나 결혼을 했지만, 〈붉은 먼지(1932)〉에서 공연한 진 할로우(Jean Harlow)와의 로맨스로 '리아'와 헤어지게 된다. 또 그는 〈야성의 외침(1935)〉에서 공연한 로레타 영(Loretta Young)과 불륜이 생겨 딸을 낳았다. 그 후 그가 가장 사랑한 ③캐롤 롬바드(Carole Lombard 1908~1942, 배우 Will1am Power의 전 부인)와 혼인하게 된다. 그러나 3년 만에 비극이 찾아온다. 캐롤과 그녀 어머니를 태운 비행기가 네바다의 포토시 산에 추락해 롬바드가 33세로 사망한 사고이다. 그는 실의에 빠졌고 고통을 잊기 위해 공군에 입대하였다. 제대 후 ④실비아 애쉴리(Sylvia Ashley 1949~1952)와 결혼을 했지만 3년 만에 헤어진다. 그리고 사고로 목숨을 잃은 캐롤과 같은 금발 미녀 ⑤케이 윌리엄스(Kay Williams 1955~1960)를 맞았다. 그는 1960년 11월 57세에 심장마비로 할리우드 장로병원에서 숨을 거두고 캘리포니아의 셋째 부인 캐롤 롬바드 옆에 잠들었다. 그리고 사망 후인 1961년 3월 마지막 부인 윌리엄스는 유복자인 아들 '존 클락 게이블'을 같은 병원에서 낳는다. 이때 마릴린 먼로가 세례식에 참석했다고 한다.

185cm의 장신에, 용모와 연기 모두 강력한 남성성과 능글맞고 유들유들하게 여성을 유혹하는 캐릭터로 이름을 날렸다. 무성영화와 유성작품을 거치면서 ☆1935년 제7회 아카데미에서 〈어느 날 밤에 생긴 일(1934)〉로 남우주연상을 받았으나 우리들은 〈바람과 함께 사라지다〉로 그를 기억하기 쉽다.

출연작품은 〈어울리지 않은 사람들(1961)〉, 〈조용하고 깊게 출항하라(1958)〉, 〈반역자(1954)〉, 〈모감보(1953)〉, 〈사라토가(1937)〉, 〈바운티호의 반란(1935)〉 등이다. 그는 30년 동안 61편의 영화에 출연했다.

그는 생후 7개월 만에 어머니를 여의고 새엄마 제니의 손에서 자랐다. 어린 시절은 대단히 불행했고 청년기에는 방랑 속에 고독한 생활을 해왔다고 한다. 그런 영향인지 그는 5번이나 결혼했는데 상대는 주로 연상의 여성들이었다. 여배우 프랑스 두루프라, 실버 아실레(배우 더글러스 페어뱅크스의 전부인), 존 크로포드 등과도 연애를 한 것으로 알려지고 있다. 터프한 외모와는 다르게 성격상 여성들에게 모성적 사랑을 갈구하지 않을 수 없었던 모양이다.

▶ 에피소드: 〈바람과 함께 사라지다〉의 제작자 '데이비드 O. 셀즈닉'은 당시로서는 대단히 고액인 5만 달러를 주고 원작을 사들여 사상 최대의 액수인 4백30만 달러(약 34억 원)의 제작비를 들여 만든 상영시간 3시간30여분의 대작이다. 영화는 반 년 만에 1,300만 달러의 수입을

올렸다. 1954년(와이드스크린 화면으로 재편집), 1967년(70mm로 확대) 등 수차례에 걸쳐 재개봉했는데 그 결과 수익은 3억9천만 달러로 현재 가치로 44억 달러(2011년 기준)의 기록을 세웠다.

화재 장면을 찍기 위해 할리우드가 보유했던 7대의 테크니컬 카메라를 썼고, 40대의 소방차, 소방수 50명, 또 불 끄는데 2,000리터의 물을 쏟아부어야 했다. 비비안 리의 옷 44번, 게이블은 36벌 등 배우들의 의상만 4천118벌이 사용되었고, 총 스태프 4천400명, 등장하는 동물로 말 1천100마리, 돼지 375마리 등 가히 천문학적인 숫자가 동원되었다. 전쟁과 실연(失戀)의 상처를 간직한 스칼렛이 고향으로 돌아와 되뇌는 "또 다른 내일이 있다(Tomorrow is Another Day)"라는 대사가 백미로, 할리우드 영화 속 여성들의 '독립선언'의 도화선으로 작용하기도 했다.

➡ 제작자 셀즈닉은 통이 큰 인물이나 각본 · 연출까지도 세세히 간섭한 것으로 유명하다. 이 영화에서 3명의 감독과 15명(18명설도 있음)의 각본가를 바꾸었다고도 한다. 이들 각본가들은 시드니 하워드, 벤 헥트, 조 스월링, 올리버 H. P. 가렛, 바버라 키 등이다. 최종 크레딧에는 '시드니 하워드'만 올라갔는데, 이는 영화 완성 전에 사고사를 당한 그를 그리기 위한 조치였다고 한다. 이 과정에서 클락 게이블의 친구였던 빅터 플레밍(Victor Fleming)은 셀즈닉과 갈등을 빚은 '조지 쿠거'로부터 감독직을 넘겨받았다. 플레밍 감독은 〈오즈의 마법사〉, 〈잔다르크〉 등을 만든 흑백영화 시절의 대표적인 흥행감독이다. 그러나 플레밍이 신경쇠약으로 힘들어하자 마지막 장면들은 〈누구를 위하여 종은 울리나〉의 샘 우드 감독이 찍었다. 그리고 대형(大型) 신의 촬영

은 윌리엄 카메론 멘지스(William Cameron Menzies)가 담당했다.

미국인들은 영화를 지극히 좋아한다. 오죽하면 갤럽이 개봉 전 〈바람과 함께 사라지다〉에 대해 조사했는데 5,650만 명이 빨리 보고 싶다는 의견을 피력했고, 1939년 12월 15일 애틀랜타 폭스극장(로스 그랜드 시어터 설도 있음)에서 첫 공식 시사회가 열렸다. 조지아 주지사 유리스 D. 리버스는 이 날을 임시공휴일로 선포했다. 배우들은 공항부터 극장까지 긴 리무진 퍼레이드를 벌였는데 30만여 명의 인파가 11km를 늘어서서 구경할 정도였다. 배우들이 탄 차는 오픈카였을 것이고 좋은 볼거리였을 것이다. 셀즈닉의 마케팅은 연구 대상이다. 그러나 스칼렛의 몸종역인 흑인 배우 해티 맥대니얼은 당시 백인들과 함께 영화를 볼 수 없다는 조지아 주의 법에 따라 행사에 불참했다. 클락 게이블은 이를 부당하게 생각해 행사를 보이콧하려 했으나 맥대니얼의 만류로 그도 시사회에 참석했다.

영화 완성 후 지분은 빅터 플레밍 45%, 샘 우드 15%, 멘지스 15%, 셀즈닉과 다투었던 조지 쿠거는 2%의 배분을 받았다. 이렇게 45%의 지분을 얻은 빅터 플레밍은 1940년 제12회 아카데미에서 감독상을 수상한다. 이때 모두 8개 부문에서 수상자를 냈다. ☆작품상(데이비드 O. 셀즈닉), 감독상(빅터 플레밍), 여우주연상(비비안 리), 여우조연상(해티 맥대니얼), 각색상(시드니 하워드), 미술상(라일 R. 휠러), 촬영상(어네스트 헬러), 편집상(헐 C. 킨). 흥행에도 대성공을 거두어 MGM과 셀즈닉 인터내셔널은 돈방석에 올랐다.

▶ **마거릿 미첼**(Margaret Mitchell, 1900~1949): 이 여성작가는 미국 조지아 주 애틀랜타에서 태어났다. 그녀는 역사학자인 아버지의 영향으로

역사에 관심이 많았고, 남부인(南部人)의 관점에서 본 '남북전쟁'과 '고통을 딛고 일어나는 재건의 상황'이 주제인 대하소설 '바람과 함께 사라지다'를 10년 걸려 탈고해 1936년 6월에 출판한다. 그러나 긴 인고(忍苦)의 세월이 있었다. 출판사를 구하지 못해서이다. 뉴욕의 출판사 사장 레이슨이 애틀란타에 출장 온다는 소식을 접하고 떠나는 기차에 원고 뭉치를 전하는데 사장은 선반에 놓고 거들떠보지도 않는다.

그런데 기차 차장이 '꼭 읽어봐 달라'는 3번째 전보를 보고 읽기 시작해 곧 매료되었다는 이야기다. 1937년 퓰리처상을 수상한다. 그녀는 애초에 제목을 '내일은 내일의 태양이 뜬다'로 정했지만 맥밀란 출판사의 권유로 영국 시인 어네스트 도슨(1867~1900)의 시귀(詩句)인 '바람과 함께 사라지다'로 명명하게 되었다는 후문이다.

1939년에만 미국에서 200만부, 그녀가 사망할 때까지 40여개 국에서 800만부가 팔렸다. 그 후 번역본까지 1,600만부 이상이 팔려나갔다. 영화 판권은 미첼의 에이젠트가 당시로서는 거액인 6만5,000달러를 요구해 영화사를 애먹였지만 5만 달러에 낙착되었다. 애초에는 '애틀랜타 저널'에서 일하다 발목 부상으로 퇴사하고 소설 출간 뒤 자동차사고로 목숨을 잃는다. 다른 작품을 쓰지 않고 단 한 권으로 유명소설가가 된 특이한 케이스이다.

▶ **맥스 스타이너**(Max Steiner 1888~1971): 이 작곡가는 15살에 비엔나 황실음악원(현 빈 국립음악대학)에 입학해 '구스타프 말러' 문하생으로 공부한 바 있는 초기 영화음악 개척자 중의 한 사람이다. 4시간 가까운 음악을 작곡했다. 특히 '타라의 테마' 외 'Sweet and Low' 등 남부음악을 삽입하면서 남부 대지에서 태어나 남부의 땅으로 돌아가는 남부인

을 사랑하고 찬양하는 주제를 잘 묘사했다는 평가를 받고 있다. 오리지널 사운드 트랙 수록곡만 30여 곡에 가깝다. 2005년 미국 영화연구소(AFI) 선정 [영화 100년 Top 25 음악]에서 〈바람과 함께 사라지다〉가 2위를 차지한 바 있다. 그는 26번이나 아카데미에 노미네이트되었고 3번 음악상을 수상한다.(☆〈밀고자(1935)〉, ☆〈열정의 항로(1942)〉, ☆〈당신이 떠난 후(1944)〉)

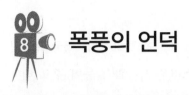 **폭풍의 언덕**

1939년 작. 미국 영화(워너브라더스). 103분. 흑백
원제: Wuthering Heights
감독: 윌리엄 와일러
주연: 로렌스 올리비에, 멀 오버론
원작: 영국 에밀리 브론테의 장편소설 〈폭풍의 언덕〉
촬영: 그레이크 톨란드(Gregg Toland)☆아카데미 흑백촬영상을 받았다.
※1952 한국 개봉

▶ 제목인 'Wuthering Heights'의 'wuthering'은 '바람이 쌩쌩 강하게 부는'이라는 뜻으로 영국 북부 지방에서 쓰이는 방언이다. 대부분 〈폭풍의 언덕〉이라고 번역되어 제목으로 굳어졌다. 1952년 한국 상영 제목은 〈애정(哀情)〉이었으며, '7차례 영화화된 적이 있다는 설'이 있으나 정확한 자료를 찾지 못했다. 이 영화와 함께 1993년 1월 개봉된 〈영국 영화, 감독: 피터 코민스키, 출연: 줄리엣 비노쉬, 레이프 파인즈, 자넷 맥티어, 소피 워드〉, 그리고 2012년 6월 개봉된 〈감독: 안드리아 아놀드, 출연: 카야 스콜데라리오, 올리버 밀번〉의 신작 등 3편만 확인할 수 있었다.

인간의 마성(魔性-악마의 성격)과 지고한 사랑과의 괴리를 추적한 원작의 후반부는 생략하고 만든 작품이다. 어쨌든 윌리엄 와일러 감독의 〈폭풍의 언덕〉은 '문예영화의 고전(古典)'으로 손꼽힌다.

▶ **에밀리 브론테(Emily Bronte 1818~1848):** 장편소설 〈폭풍의 언덕〉의 원

작자인 에밀리 브론테는 1847년에 이 소설을 발표한다. 영국 요크셔 지방의 황량한 자연을 무대로 저주스러운 사랑과 갈등이 주요 테마이다. 관객들은 요크셔 지방의 풍경에도 관심이 많았다. 그러나 실제로는 미국의 '산 페르난도'(San Fernando, Pornography산업의 메카로 유명) 계곡에서 촬영했다. 발표 당시는 극단적으로 비윤리적이라는 지적을 받았지만, 오늘날에는 셰익스피어의 〈리어왕(King Lear)〉, H.멜빌의 〈백경(Moby Dick, or the white whale)〉에 필적하는 명작(3대 비극)으로 평가되고 있다.

그녀는 요크셔 주의 손턴에서 영국 국교회 목사의 딸로 태어났으며, 〈제인 에어〉의 저자인 샬롯 브론테의 동생이다. 1820년 아버지가 요크셔의 한촌(寒村) 하워스로 전근하게 되어 에밀리 자매들은 그 황량한 벽지의 목사관(현재는 브론테 박물관)에서 자랐다. 1821년 어머니가 죽자 목사의 딸들은 근처 기숙학교에 맡겨졌고 형편없는 식사로 영양실조와 결핵에 걸려 두 언니들이 이듬해에 사망하자, 놀란 부친은 에밀리와 샬롯을 집으로 데려왔다. 1847년에 그녀의 유일한 소설 〈폭풍의 언덕〉이 출판되었으나 평이 좋지 못하였으며, 그 이듬해에 폐결핵으로 짧은 생애를 마쳤다.

▶ **리뷰:** (※등장인물이 많아 편의상 스토리의 순서를 만들었다)
- **언쇼:** 황량한 폭풍의 언덕의 외딴 저택 주인
- **힌들리:** 언쇼의 아들
- **캐서린(여자 주인공):** 언쇼의 딸
- **히스클리프(남자 주인공):** 언쇼가 기독교인의 도리를 다하기 위해 길에서 데려온 집시 소년

- 에드가: 캐서린의 남편(부유한 린턴 가(家)의 아들)
- 이자벨라: 에드가의 여동생
- 린턴: 히스클리프와 이자벨라 사이에 낳은 아들
- 캐시: 캐더린이 본남편 에드가와 히스클리프 사이를 방황하다
  가 낳은 딸
- 헤어튼: 힌들리의 아들

➡ ①언쇼가 데려와 기른 히스클리프(로렌스 올리비에)는 언쇼의 딸 캐서린(멜 오버론)과 좋아지내지만(사랑?) 아들 힌들리에게서는 심한 학대를 당한다. ②부유한 지주 린턴 가의 아들 에드가의 청혼을 받고 가정부 엘렌에게 달려온 캐서린이 '내가 히스클리프와 결혼하는 것은 내가 타락한 것이다'라고 말하는 것을 엿들은 히스클리프는 비바람 치는 폭풍의 언덕에서 도망친다. ③에드가와 결혼 3년 후, 성공한 히스클리프가 홀연히 캐서린 앞에 나타난다. ④캐서린은 그를 매우 기뻐하며 반가워하자 히스클리프는 회심의 미소를 흘리며 언쇼 가(家)에 대한 복수의 칼을 갈기 시작한다.

⑤그는 언쇼의 아들 힌들리를 도박판에 빠지게 해, 그의 재산을 탈취한다. ⑥히스클리프는 캐서린의 남편 에드가의 여동생 이자벨라도 범하고 '린턴'이라는 이름의 아들도 낳게 한다. ⑦캐서린이 본(本) 남편 에드가와 샛 서방 히스클리프와 사귀는 과정에서 캐시라는 딸을 출산하고 죽는다. ⑧에드가가 사망하자 자신의 아들 '린턴'과 캐서린의 딸 캐시를 강제로 결혼시킨 후 에드가의 재산을 독차지한다. ⑨그도 인간인지 밤마다 캐서린의 무덤가를 배회하다 죽는다. ⑩이후 캐서린의 딸 캐시는 히스클리프가 자신이 구박받을 때처럼 데리고 있던

힌들리의 아들 '헤어튼'과 함께 지내기로 하고 영화는 끝난다.

이렇게 많은 배역들이 등장해 서로 간 얽히고 설킨 치정극(癡情劇)의 구도를 연출한 것은 오늘날 한국적 개념으로는 '최고의 막장 멜로'이다. 다만 원작과 출연배우들이 '사랑'으로 미화해 만들어서 영화는 멋있고 안타깝게 느껴질 뿐이다.

▶ **윌리엄 와일러**(William Wyler 1902~1981) **감독:** 프랑스 알자스(당시 독일령)에서 태어나 로잔과 파리에서 교육을 받고 18살 때 미국으로 건너갔다. 유니버설 사의 선전부에 들어가 조감독을 거쳐 1926년 〈전우를 위해서〉를 감독하였다. 필모그래피 중 수작으로는

- 1936 이 세 사람(마리암 홉킨스, 멀 오버론)

- 1936 공작부인(월터 휴스턴, 폴 루카스)

- 1937 출입금지(Dead End 험프리 보가트)

- 1938 제저벌(흑란(黑蘭)의 여자-1939년 제11회 아카데미에서 ☆베티 데이비스 여우주연상 수상, 헨리 폰다 출연)

- 1940 편지(베티 데이비스)

- 1940 서부의 사나이(게리 쿠퍼)

- 1941 작은 여우들(베티 데이비스)

- 1942 미니버 부인(그리어 가슨, 월터 피전-1943년 ☆제15회 아카데미 시상식에서 감독상, 작품상, 여우주연상 수상)

- 1946 우리 생애 최고의 해(마이어너 로이, 프레드릭 마치-1947년 ☆제19회 아카데미 시상식, 감독상 등 7개 부분 수상)

- 1949 사랑아 나는 통곡한다(여상속인 The Heiress. 올리비어 드해

빌랜드, 몽고메리 클리프트)

- 1951 형사 이야기(커크 더글라스, 엘레노 파커)
- 1952 캐리(황혼 제니퍼 존스, 로렌스 올리비에)
- 1953 로마의 휴일(그레코리 펙, ☆오드리 헵번-1954년 제26회 아카
  데미 여우주연상 수상)
- 1955 필사의 도망자(험프리 보가트, 프레드릭 마치)
- 1956 우정 있는 설복(說服)(게리 쿠퍼, 도로시 매콰이어, 안소니 퍼
  킨스)
- 1958 빅 컨트리(그레고리 펙, 진 시몬스, 케럴 베이커, 찰톤 헤스톤)
- 1959 벤허(찰톤 헤스톤, 잭 호킨스, 스티븐 보이드-☆1960년 제32회
  아카데미 시상식, 감독상 등 11개 부문 수상)
- 1961 아이의 시간(The Children's Hour 오드리 헵번, 셜리 맥클레인)
- 1965 콜렉터(테렌스 스템프, 사만다 에거)
- 1966 백만 달러의 사랑(멋쟁이 도둑 How to Steal A Million 오드
  리 헵번, 피터 오툴, 휴 그리피스)
- 1968 화니 걸(오마 샤리프, 바브라 스트라이샌드/뮤지컬)
- 1970 진정한 해방(The Liberation of L.B. Jones 로스코리 브라운)

위와 같이 윌리엄 와일러 감독은 전쟁, 로맨스, 서부극, 스펙터클,
스릴러, 뮤지컬 등 장르를 가리지 않고 최고 수준의 작품을 만들어 낸
다재다능한 명장이다. 그의 연출능력은 아카데미 시상식에서 남·여
주연상, 남·여조연상 후보에 모두 35회의 후보지명을 받고, 수상자
13명을 배출해 1위 기록을 수립한 것으로도 증명된다. 촬영 도중 배
우들의 증오심을 부를 만큼 까다롭고 엄격한 완벽주의 연출자이지만,

아카데미 시상식 날 수상 트로피를 안겨준 배우들에게 그간의 고통을 용서받는 감독으로도 유명하다.

▶ **로렌스 올리비에**(Laurence Olivier 1907~1989): 영국 서리도어킹에서 출생했다. 그는 셰익스피어 극 해석의 대가로 더 유명하다. 출연작품이다.

• 1985 지옥의 특전대 • 1981 인천[24] • 1980 재즈 싱어 • 1977 머나먼 다리 • 1966 카슘 공방전 • 1960 스파르타쿠스 • 1957 왕자와 무희(마릴린 먼로와 공연) • 1956 폭풍의 언덕 • 1956 리처드 3세 • 1953 거지 오페라 ☆1948 햄릿(1949년 제21회 아카데미 남우주연상 수상) • 1941 북위 49도선 • 1941 해밀턴 부인(영국의 넬슨 해군제독과 해밀턴 부인의 사랑) • 1940 레베카

그는 '셰익스피어 연극을 위해 태어난 배우'라는 평가도 들었다. 제2차 세계대전 때 해군으로 참전하였고, 전후에는 파괴된 올드빅(Old Vic Theatre 영국 런던 시의 남부 워털루 브리지 스트리트에 있는 극장)의 책임자로서 연극부흥에 기여해 1947년 기사작위를 받는다. 1989년 7월 11일 향년 82세로 사망해 웨스트민스터 사원에 유해가 안장되었다.

로렌스 올리비에를 논할 때, 빼놓을 수 없는 이야기는 바로 비비안 리와의 사랑과 결혼, 이혼, 그리고 서로 간의 끝없는 연모(戀慕-간절히 그리워함)이다. 1934년 런던 로열 극장에서 올리비에의 '햄릿'을 보고 첫눈에 반한 비비안 리는 무대 위의 배우가 자신의 남자라고 확신했다고 한다. 이미 기혼자인 두 연인은 매우 어려운 이혼을 이루어내고 1940년 8월 캘리포니아에서 친구 캐서린 헵번과 다른 한 명만이 증인

으로 참석한 결혼식을 통해 부부가 된다.

이후 5년 정도 꿈 같은 행복의 시간이 흐르던 중, 1946년 비비안 리는 과로로 결핵에 걸리고 엎친 데 덮친 격으로 로렌스의 아기까지 유산하는 비운에 부딪치고 만다. 그녀는 ☆〈욕망이라는 이름의 전차 (1951)〉로 두 번째 아카데미 여우주연상을 받지만, 그녀의 조울증과 병간호로 지쳐가던 올리비에는 30세 연하의 새로운 연인 조안 플로라이트에게 기울어지고 있었다. 비비안 리는 맘속에서는 그를 사랑하고 있으면서도 이혼해 달라는 편지를 보내고, 로렌스는 비비안 리의 진심을 모른 채 이혼하고 1961년 새 연인과 결혼하기에 이른다.

로렌스를 떠나보낸 비비안 리는 상실감과 병마로 1967년 7월 7일 런던 아파트에서 숨을 거둔다. 당시 마지막 연인이었던 존 메리베일과 지내고 있었지만, 그녀는 숨을 거두는 순간에도 손에 올리비에의 사진을 쥐고 있었으며, 죽기 얼마 전까지도 그녀는 '무덤에 갈 때까지 로렌스를 사랑할 것'이라는 점을 강조했다고 한다.

한편 한 달 후인 8월 15일 성 마틴 왕립교회에서 거행된 비비안 리의 추도식에 암 투병 중이던 로렌스 올리비에는 한걸음에 달려와 '그녀 옆에 서서 자신이 그녀에 대해 지은 모든 죄를 용서해 달라고 빌었다'고 자서전에 기록하고 있다. 그의 한 친구 증언에 따르면, 로렌스의 집에 찾아갔을 때 80세가 넘은 그가 눈시울을 적시며 비비안 리의 영화를 보고 있었는데… '그건 사랑이었어… 진짜 사랑이었다고!'라고 말했다고 전한다. 세기의 명배우들의 사랑 행위는 모두 연극 같은, 영화 같은 사랑이라고 해야 할 것 같다.

▶ **멀 오버론**(Merle Oberon): 1911년 2월 19일 인도 봄베이에서 태어났

다. 본명은 에스텔 멀 오브라이언 톰슨(Estelle Merle O'Brien Thompson)의 긴 이름이며, 봄베이를 방문한 영국 메리 여왕으로부터 '퀴니'라고 불려지자 퀴니 톰슨(Queenie Thompson)이라는 이름도 사용했다. 17세에 런던으로 돌아가 고단한 삶을 이어가던 그녀는 '카페 드 파리'의 호스티스와 엑스트라로 일하다가 1933년 영화사 '런던 필름'의 창립자이자 감독인 알렉산더 코르다(Alexander Korda-헝가리 출생의 영국 영화제작자·감독 1893~1956)의 〈헨리 8세의 사생활〉에 출연함으로써 무명을 벗어난다. 1934년 〈주홍의 스켈렛〉에서 레슬리 하워드와의 공연으로 일약 스타의 길로 진입한다. 1935년, 할리우드에 초청돼 〈슈발리에의 파리장〉도 호평을 받았지만 1939년 〈폭풍의 언덕〉에서 여주인공으로 발탁되면서 명성을 얻게 된다.

그런데 상대역인 로렌스 올리비에는 당시 자신의 연인인 비비안 리를 〈폭풍의 언덕〉에 출연시키고자 노력했으나, 비비안 리가 〈바람과 함께 사라지다〉에 캐스팅되면서 무산되자 대신 그 자리에 멀 오버론이 들어간 것이다. 그래서인지 올리비에는 촬영 내내 오버론에게 친절하지 않았다는 얘기도 있다. 요즘 표현으로는 '까칠했다'는 것이다.

1939년 알렉산더 코르다 감독과 결혼식을 올리지만 1945년 이혼한다. 같은 해 촬영감독 루시안 발라드와 결혼, 1949년에 이혼하고, 1957년 대부호 브루노 바리아리와 결혼하였다. 말년에는 캘리포니아와 멕시코 몇 군데에 저택을 소유하고 유유자적한 생활을 영위했다고도 한다. 그녀는 화장독(毒)으로 인한 알레르기로 고생하다가 1975년 네 번째 남편인 배우 로버트 월더스(Robert Wolders)가 공급한 〈인터벌〉을 끝으로 그녀의 영화인생을 마무리한다. 1979년 말리부 해안에서 휴가 중 뇌졸중으로 사망한다. 향년 68세.

출연 작품은 〈인터벌(1973)〉, 〈데지레(1957)〉, 〈송 투 리멤버 추억의
노래(1945)〉, 〈디스 러브 오브 아워스(1945)〉, 〈하숙인(1944)〉, 〈다크 워
터(1944)〉, 〈폭풍의 언덕(1939)〉, 〈다크 엔젤(1935)〉, 〈헨리 8세의 사생
활(1933)〉 등이 있다.

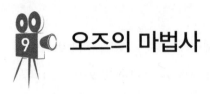# 오즈의 마법사

1939년 작. 미국 영화(MGM). 103분. 흑백+컬러. 뮤지컬 판타지
원제: The Wizard of OZ
감독: 빅터 플레밍
출연: 주디 갈란드, 프랑크 모간, 레이 볼거, 잭 할리 외
원작: 프랭크 바움

▶ **프랭크 바움**(Lyman Frank Baum 1856~1919): 그는 오즈의 마법사 원작자로 1856년 뉴욕에서 태어났다. '오즈'(Oz)라는 상상의 세계를 주제로 동화책을 써 유명해졌다. 한때 시카고에서 신문기자도 했지만 1900년 〈오즈의 마법사(The Wonderful Wizard of Oz)〉가 나와 소위 대박을 친다. 1901년 시카고에서 뮤지컬로 제작되었고, 1939년 영화화되었다. 오즈 관련 책은 모두 13편이다.

▶ **리뷰:** 동화(童話)라는 바구니에 철학(메시지)을 담는다? 영화사상 가장 사랑받는 작품 중의 하나로 꼽히고 있다. 1998년 미국 영화연구소가 선정한 [100대 영화]에서 6위에 랭크된 바 있다(2007년 수정판에서는 10위). 특히 크리스마스 시즌에 어른들은 〈러브 액츄얼리〉, 아이들은 〈오즈의 마법사〉가 최고인기다. 1914년 오즈의 마법사(His Majesty, the scarecrow of Oz)를 시작으로 1925년 오즈의 마법사(Wizard of Oz) 등 2012년까지 모두 12개의 작품(TV 포함)이 만들어졌다. ※한국 개봉

연도 미상

➡ 줄거리는, 어느 날 강력한 회오리바람에 날려 도로시(Dorothy
Gale: 주디 갈란드)는 오즈의 나라에 떨어진다. 도로시의 집과 함께 오
즈 마을에 추락해 '악독한 서쪽 마녀'를 처치했다고 마을사람들로부터
환영을 받는다. 그러나 죽은 마녀의 언니가 나타나 복수를 다짐한다.
도로시가 집으로 되돌아가기 위한 유일한 방법은 '위대한 오즈의 마법
사'를 찾아가야 한다는 것이 오즈 사람들의 충고다. 도로시는 오즈의
마법사가 산다는 에메랄드 시티를 향해 애견 토토와 함께 노란 길을
따라 걸어간다.

가는 도중에 도로시는 지능을 얻고자 하는 '허수아비'(레이 볼거), 심
장을 원하는 '양철 나무꾼'(잭 할리), 그리고 용기를 가지고 싶어 하는
'겁쟁이 사자'(버트 라), 이렇게 3명의 친구를 만나게 되는데 이들은 모
두 오즈의 마법사(프랭크 모간)를 만나 자신의 소원이 성취되도록 간청
하기 위해서이다. 이들은 발걸음을 재촉하지만 도로시 일행을 방해하
기 위해 뒤쫓아 오는 '서쪽 나라 마녀'의 갖가지 계략을 힘들게 물리치
고 드디어 에메랄드 시티에 도착해 오즈의 마법사를 만난다. 빅터 플
레밍 감독은 도로시가 캔자스에서 오즈로 날아가기까지를 흑백으로,
도착한 다음을 컬러로 촬영했다.

막상 만나보니 그 마법사는 몇 가지 발명품으로 오즈 주민들을 속
이고 있는 허풍쟁이임을 도로시는 알게 된다. 그러나 마음 착한 그 마
법사는 기구를 만들어 도로시를 집으로 보내려는데, 마녀의 방해로
실패하지만, 다른 착한 마녀가 도와주어 집으로 돌아온다는 판타지가
넘치는 해피엔딩이다.

작가가 주장하는 메시지는 '마법은 자기 자신 안에 있다'로 압축된다고 볼 수 있다. 마녀와 싸우는 등 도로시, 허수아비, 양철 나무꾼, 겁쟁이 사자는 험난한 모험의 여정에서 자신이 원하는 것을 스스로 얻어낸다.

▶ **빅터 플래밍 감독:** [7] 〈바람과 함께 사라지다〉 참조.

▶ **주디 갈란드(Judy Garland 1922~1969):** 그녀는 보더빌(Vaudeville 버라이어티 쇼) 배우인 Ethel Gumm과 Frank Gumm 사이에서 태어났다. 위의 언니 둘도 모두 보더빌 배우였다. 그녀는 13살 때 MGM 영화사와 계약을 맺고 영화계에 뛰어 들었다. 그 후 그녀는 뮤지컬 배우, 영화배우, 레코딩 아티스트, 콘서트 분야에서 거의 40여년 동안 쉬지 않고 작업했다. 그래서 아카데미 아역상, 골든 글러브, 글래미, 특별 토니상, Cecil B. DeMille상을 수상한다. 프레드 아스테어(Fred Astaire)는 "지금까지 존재한 가장 위대한 엔터테이너"라고 칭송을 아끼지 않았다.

주디 갈란드에 대해 "그녀는 할리우드를 위해 태어났고, 할리우드에 의해 죽임을 당했다"는 이야기가 있다. 17세에 영화에 데뷔해 47세까지 거의 30년 동안 많은 영화에서 아역과 성인 역할을 연기하면서 스트레스와 갈등이 쌓였고, 그것이 약물 복용을 불러와서 결국 무너지게 되었다는 것이다. 속된 표현으로 영화사들은 수익만을 위해 갈란드를 너무 과도하게 찍어 돌렸다는데 문제가 있었다. 결국 할리우드가 원인 제공자임은 피할 수가 없게 된다. 그녀는 빈센트 미넬리 감독 등 모두 다섯 남자와 결혼해 4번 이혼한다. 19세 때 연기를 위해 강제 낙태까지 있었다니 참으로 불행한 여배우이다.

사람들은 모두 〈오즈의 마법사(1939)〉의 도로시 역으로 당연히 여우
주연상 후보로 예상했지만 아카데미위원회는 아역상을 주고 말았다.
수상 당시 그녀의 나이는 17세 8개월이었다. 키 151cm 탓이었을까?
할리우드에는 '오스카 징크스'라는 것이 있는데 아역시절 오스카의 주
목을 받으면 성인배우가 되면 상을 못 받는다는 것이다. 그러나 갈란
드는 〈스타 탄생(1954)〉으로 여우주연상 후보에, 〈뉘른베르크의 재판
(1961)〉으로 여우조연상 후보에 올랐지만 징크스 때문인지 수상에는
실패했다. 그녀가 47세에 요절(夭折)했음으로 더 이상 아카데미와는
인연이 없었다.

　출연작은 한국 관객들에게는 많이 알려지지 않은 것들이다. 〈기다
리는 아이(1963)〉, 〈뉘른베르크의 재판(1961)〉, 〈스타 탄생(1954)〉, 〈더
클락(1945)〉, 〈세인트루이스에서 만나요(1944)〉, 〈걸 크레이지(1943)〉,
〈브로드웨이의 연인들(1941)〉, 〈지그펠드 걸(1941)〉 등이다.

　덧붙일 말은, 영화 〈카바레(Cabaret 1972)〉로 유명한 라이자 미넬리
(ELizaMinnelli)가 주디 갈란드와 영화감독 빈센트 미넬리의 딸이다. 배
우, 가수, 댄서 등으로 인기를 얻고 있는 현역 엔터테이너이다.

　▶ 1940년 제12회 아카데미 시상식에서 주디 갈란드가 직접 부른
'오버 더 레인보우'로 ☆음악상(허버트 스토다트), ☆주제가상(해롤드 알
렌)을 수상했다. 작사—E.Y. Harburg, 작곡—Harold Arlen이다. 이 노
래는 수많은 가수들과 악단들이 음반으로 낸 바 있다. 한글 번역 가사
도 아름다운 꿈과 희망이 넘쳐흐른다.

　저기 어딘가에, 무지개 너머에, 저 높은 곳에/

자장가에서 한 번 들었던 나라가 있다고 들었어/

저기 어딘가에, 무지개 너머에, 하늘은 푸르고/

니가 감히 꿈꿔왔던 일들이 정말 현실로 나타나는 나라.

언젠가 나는 저기 저 별에게 소원을 빌 거야/

그리고 구름 저 건너에 일어날 거야/

걱정은 마치 레몬즙처럼 사라져버리고/

저 굴뚝 꼭대기보다 더 높은 곳/

그곳이 바로 너가 나를 찾을 곳이야.

무지개 저 너머 어딘가에, 파랑새는 날아다니고, 새들은 무지개 너머
로 날아가네/

왜, 왜 나는 날아갈 수 없을까?

(반복)

만일 행복한 작은 파랑새가/

무지개 너머로 날아갈 수 있다면/

왜, 왜 나는 날아갈 수 없을까?

애수(哀愁)

1940년 작. 미국 영화(MGM). 104분. 흑백
원제: Waterloo Bridge
감독: 머빈 르로이
출연: 로버트 테일러, 비비안 리

▶ **리뷰:** 운명적 사랑과 예고된 이별이 교차되는, 손수건이 필요한 눈물 · 최루(催淚) 로맨스이다. 제1차 세계대전 중 영국군 '로이 크로닌' 대위는(극중 나이 25세, 로버트 테일러) 런던 워털루 다리에서 산책하다가 공습경보로 지하철로 대피 중, 핸드백을 떨어뜨려 당황해하는 마이라 레스터(비비안 리)를 도와준다. 헤어지면서 마이라는 로이에게 행운의 마스코트를 주고, 그날 밤부터 남녀의 연애가 시작된다.

전쟁터로 떠나기 전, 단 이틀의 시간만 주어진 로이는, 곧 '키로와 국제발레단' 무용수 마이라에게 청혼(請婚)하고 성당에서 예식을 거행하려 하나 갑작스러운 부대호출로 결혼식은 무산된다. 마이라는 프랑스로 떠나는 로이를 배웅하러 연습도 빼먹고 워털루 브리지 역으로 달려간다. 이 사건으로 절친 '키티'와 함께 무용단에서 해고되고 실직으로 인한 궁핍한 삶을 이어간다.

로이의 어머니 '마거릿'과 만나기로 한 날, 카페에서 마이라는 우연히 신문 전사자(戰死者) 명단에서 로이의 이름을 발견한다. 절망과 기아 속에 키티가 먼저 매춘을 시작하고 마이라도 피하지 못한다. 역전(驛前)에서 남자 고객(?)을 기다리던 중 죽은 것으로 믿고 있던 로이가 나타난다. 인식표(군번)를 잃어버려 전사자로 오인 처리됐다는 것이다. 로이는 마이라와의 결혼을 위해 함께 스코틀랜드 본가(本家)로 달려가 파티를 열지만, 자책감과 불안감에 고민하던 마이라는 로이 어머니 마거릿에게 자기의 과거를 암시하는 말을 하고 로이에게 결혼이 불가(不可)하다는 고백편지를 남기고 사라진다. 로이도 이를 알고 런던으로 돌아와 키티와 함께 마이라를 찾아 나서지만 마이라는 워털루 다리 위를 지나가는 군용트럭 대열에 뛰어들어 생을 마감한다.

첫 장면은 영국이 제2차 세계대전 참전을 선포한 1939년 9월 3일 프랑스 전선으로 향하게 된 로이 대령이(독신으로 48세가 된) 안개 낀 워털루 다리 위에서 차를 세우고, 1914년 제1차 세계대전 시기 비운의 주인공 마이라가 자신에게 준 마스코트를 보고 회상에 잠기면서 시작된다.

영화 앞부분, 로이는 연대장과의 약속을 파기하고 마이라가 출연하는 '백조의 호수' 발레 공연을 본 후, 촛불 클럽(Candle Club)에서 스코틀랜드 민요 'Auld Lang Syne'의 연주에 맞추어 춤을 추면서 촛불이 하나씩 꺼져 어둠이 되자 둘은 격정의 입맞춤을 한다. 얼마나 멋있는 출발인가! 그러나 전쟁은 청춘의 이런 낭만을 허락하지 않았다.

1940년 이 영화가 개봉된 때는 제2차 세계대전이 거세게 불붙은 시기였다. 수많은 어머니와 처녀들은 사랑하는 아들과 애인을 전쟁터로 보냈으니 그녀들은 〈애수〉를 보면서 펑펑 눈물을 쏟아냈을 것이다. 이 영화의 굽이굽이에 교묘히 배치된, 소위 '감정선'(感情線-문학작품에서 상황에 따라 작중인물에게서 일어나는 변화를 일컫는다)에 따라 특히 여성관객들은 심하게 누선(淚腺-눈물 샘)이 자극받았을 것임이 틀림없다. 우리나라도 6·25전쟁 당시 임시 수도였던 부산과 대구에서 상영됐다는 이야기가 전하는데 이 순애보(純愛譜)로 극장 안은 역시 눈물바다였을 것이다. 전쟁은 고귀한 목숨뿐만 아니라 젊은이의 애절한 사랑조차 죽게 만드는 괴물임을 절감하게 한다.

▶ **머빈 르로이 감독**(Mervyn LeRoy. 1900/미국~1987): 〈그린 베레(1968)〉, 〈4시의 악마(1961)〉, 〈나쁜 씨(1957)〉, 〈쿼바디스(1951)〉, 〈작은 아씨들(1949)〉, 〈퀴리부인(1943)〉, 〈마음의 행로(1942)〉, 〈오즈의 마법사(1939 제작)〉 등 주옥같은 작품을 남긴 멜로 영화의 거장으로 미국 영화사의 한 페이지를 장식한 인물이다. 1946년 제18회 아카데미상에서 공로상과 1957년 골든 글러브 상을 수상한 바 있다.

〈애수·워털루 브리지〉는 Robert E. Sherwood의 소설을 S.N. Behrman 등 3명의 시나리오로 완성됐는데 우연과 필연을 연결고리로 한 탄탄한 구성으로 감독이 명작을 만든 밑거름이 되었다고 생각된다. 일부 관객은 대단히 신파조라고 비판할 수도 있는데, 만약 신파적 요소가 없다면 어떻게 멜로드라마가 존재할까 하는 의문을 갖게 한다.

▶ **비비안 리**: [7] 〈바람과 함께 사라지다〉 참조.

▶ **로버트 테일러**(Robert Taylor 1911/미국~1969): 그의 얼굴은 조형적으로나 이미지로나 참으로 빼어난 꽃미남이다. 잘 생긴 점으로 따지면, 남자 배우는 로버트 테일러, 여배우는 엘리자베스 테일러일 것으로 필

자는 믿고 있다. 두 '테일러'가 최정상이다. 너무 잘 생겨서 다양한 역을 맡는데 애로가 많았다고도 한다. 1934년 MGM에 스카웃되어 〈춘희(Camille 1937)〉-그레타 가르보, 〈This is My Affair(1937)〉-바바라 스탠윅, 〈쿼바디스(1951)〉-데보라 카, 〈아이반호(1952, 한국 개봉명 '흑기사')〉-엘리자베스 테일러, 〈원탁의 기사(1953)〉-에바 가드너 등 수퍼 미녀 배우들과 공연했다. 〈형제는 용감하였다(1953)〉, 〈D데이(1956)〉, 〈고스트타운의 결투(1958)〉도 있다. 그의 출세작은 단연 〈애수〉이다. 버버리 코트를 입은 그의 모습은 참으로 멋있다. 상대역 비비안 리는 남자 주인공 '로이' 역을 남편인 로렌스 올리비에가 맡기를 원했지만 실패하자, 남편에게 "로버트 테일러는 정말 잘 생겼지만 미스캐스팅"이라고 편지에 썼다고 한다. 그러나 후에 비비안 리는 〈애수〉가 그녀가 가장 아끼는 출연작이라고 얘기할 정도이다.

로버트 테일러는 1939년 네 살 연상의 바바라 스탠윅(Barbara Stanwyck 1907~1990)과 결혼했으나, 에바 가드너 등과 염문을 뿌리자 스탠윅을 괴롭혀 1951년 이혼한다. 스탠윅은 로버트 테일러가 죽을 때까지 그의 수입 15%를 부양비로 받으며 독신으로 지낸 '절개(節介)녀'이다. 비행기 조종술을 배운 그는 제2차 세계대전 중 해군에 입대해 항공교관으로 근무했다. 수려한 외모 못지않게 점잖은 인품으로 많은 여성들의 사랑을 한 몸에 받았지만 1969년 폐암으로 58세의 길지 않은 생을 마감한다. ※한국 개봉 연도 미상

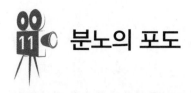

분노의 포도

1940년 작. 미국 영화(20세기 폭스). 128분. 흑백
원제: The Grapes of Wrath
원작: 존 스타인벡의 The Grapes of Wrath
감독: 존 포드
출연: 헨리 폰다, 제인 다웰, 존 캐러딘, 찰리 그레이프

▶ **원작:** 존 스타인벡(1902~1968)은 미국 캘리포니아 주 설리너스 출신으로 〈뉴욕타임스〉 기자를 역임한 소설가이다. 1930년대 사회주의 리얼리즘의 대표작가로도 꼽힌다. 그는 가정 형편이 어려워 고학으로 스탠퍼드 대학의 생물학과에 들어갔다가 문학으로 방향을 전환했다. 〈분노의 포도〉는 '신의 분노'와 같은 뜻으로 해석될 수 있다.

미국 작가 줄리아 워드 하우(Julia Ward Howe 1819~1910)의 시 '공화국 싸움의 찬가' 가사에서 스타인벡은 '분노의 포도'라는 소설 제목을 따왔다. 찬가 중에 "신은 분노의 포도가 쌓여 있는 곳을 짓밟다"는 대목이 있다. "사람들의 눈에는 좌절의 빛이 떠오르고 굶주린 사람들의 눈에는 분노가 자라고 있었다. 사람들의 눈에는 분노의 포도가, 포도송이처럼 주렁주렁 매달린 분노가 충만하고, 그 포도 수확기를 위하여 알알이 더욱 무겁게 영글어 가는 것이다"라는 가사를 스타인벡은 패러디해 당시 경제적 공포와 혼란에 비수를 꽂았다.

1936년 과수원의 파업을 사실적으로 그린 〈승부 없는 싸움(In

Dubious Battle)〉에 이어, 1939년에 내놓은 〈분노의 포도〉로 퓰리처상을 수상하고, 농업의 기계화로 희생되는 농민들의 비참한 생활을 천착(穿鑿-구멍을 뚫음)한 이 소설은 미국 자본주의화의 모순과 결함을 고발·질타한다. 그리고 1952년 대작 〈에덴의 동쪽(East of Eden)〉이 발표된다. 그가 1962년 〈불만의 겨울〉로 노벨 문학상을 받았을 때, 스웨덴 한림원은 "〈분노의 포도〉는 위대한 작품이며, 스타인벡이 노벨 문학상을 받은 가장 주된 이유이다"라고 밝힌 바 있다.

▶ **리뷰:** 작품은 1940년에 헨리 폰다 주연, 존 포드 감독의 영화로 제작되었지만, 그 결말은 소설과 많이 다르다. 스타인벡은 〈분노의 포도〉를 그의 집에서 썼으며, 노동자들과 같이 노동을 한 경험을 소재로 하였다.

〈분노의 포도〉는 지극히 심각한 영화이다. 미국 국민들에게 남북전쟁(1861~1865) 이래 두 번째 참사(慘事)인 대공황(大恐慌 1929~1939)에 직면한 농민 등 하층민들이 농업환경의 변화, 가뭄과 경제적 어려움 등으로 겪는 생존의 고통을 생생하고 강력하게 묘사하고 있다. 원작과 영화 모두 정치적 측면과 이념의 관점을 아우르고 있다. 따라서 당시 미국 공산당원의 숫자가 급격히 늘어났고, 존 스타인벡도 FBI의 감시 대상에 오르기도 했다고 한다.

「스타인벡은 이 작품에 토지 소유주인 은행에 의해 농장을 빼앗긴 조드 일가를 등장시켜 지주, 은행, 경찰의 노동자들에 대한 탄압을 고발하였다. 그래서 오클라호마 주 등의 여러 주에서는 금서(禁書)로 지정되고, 책이 불태워졌다. 미국 연방수사국(FBI)에선 스타인벡을 공산주의자로 의심하고, 〈분노의 포도〉가 반미(反美)선전에 이용될 것을 우려하였다. 스타인벡은 당시 FBI의 수사국장이자 우파인 '에드거 후버'의 감시에 분노하여 "에드거의 똘마니들이 내 뒤를 밟지 않게 해줄 수 있겠소? 짜증이 나는군요."라는 편지를 법무장관에 보냈다.」(위키백과)

「스스로를 공산주의자 또는 사회주의자로 규정한 적은 없었지만 그는 〈분노의 포도〉를 썼을 당시에 인민전선(Popular Frontist) 당원이었다. 인민전선은 1935년 공산주의 인터내셔널(코민테른) 제7차 대회에서 파시즘에 대항한 비공산당 좌파와의 동맹을 결성하기로 하면서 국가별로 만들어진 조직이다.」(윤재설. 2006. 6. 19.)

➡ 줄거리: 오클라호마에 사는 '조드' 일가는 대공황이 농촌을 덮치자 농사를 지어도 빚조차 갚을 수 없는 처지가 된다. 살인죄로 4년을 복역하고 출옥한 아들 톰(헨리 폰다)은 일자리를 얻기 위해 가재도구를 모두 내다팔아 낡은 트럭 한 대를 구입해 가족들을 이끌고 캘리포니아로 절박하기 짝이 없는 이주(移住)여행을 떠난다. 이들은 미시시피부터 뉴멕시코와 애리조나를 관통하는 66번 고속도로(Route 66)를 따라가면서 "오키"들을(Okie는 1930년대 대공황 때 오클호마 출신 농민을 지칭) 만나 그들이 겪은 불의와 앞으로 누리게 될 풍요에 대해 서로 이야기한다. 산맥을 넘고 사막을 횡단하는 등 2천 마일의 기나긴 여행 중 할아버지와 할머니는 모두 사망하지만 매장할 여유도 없이 시체를 차에 실은 채 갈 수밖에 없는 상황에 처한다. 그러나 캘리포니아에서 그들을 기다리고 있는 것은 착취와 저임금, 기아 등 생지옥뿐이었다.

캘리포니아에는 이미 일자리를 얻기 위해 25만여 명의 떠돌이 농민들이 모여 있었다. 노동력은 구인(求人) 숫자에 비해 십여 배나 남아

돌았고, 임금은 대지주들의 마음대로 내려 깎일 대로 깎여 있었다. 그래도 조드의 동생인 로자산은 임신한 몸으로 미래와 아이에 대한 희망을 버리지 않는다. 실업농민들이 단결해 저항하자는 측도 있었으나 고용주들의 박해가 더욱 심해질 뿐이었다. 굶주림의 고통으로 그들 앞에 익은 포도는 이미 아름다운 열매가 아니라 '분노의 포도'였다.

드디어 동맹 파업이 시작되고 지주들은 갱 조직을 동원한다. 오클라호마에서 농민들과 함께 온 '캐시 목사'는 그들의 곤봉에 맞아 죽고, 조드의 아들 톰(헨리 폰다)은 상대방의 곤봉을 빼앗아 폭력단원을 죽이고 경찰에게 추격당하게 된다.

원작 소설의 마지막은, 남편이 달아나버린 톰의 여동생 로자산이 아기를 사산하고 반미치광이가 되어 허기진 노인에게 자신의 젖을 물리는 잔인한 현실로 끝난다. 그러나 영화는, 조드의 대사 "우리는 계속해 나아갈 거야. 우리야말로 생존하는 사람들이지. 누구도 우리를 쓸어버리지는 못해. 우리는 영원히 나아갈 거야. 우리가 사람이기 때문이지." 라는 독백이 끝이다. 원작과 달리 영화는 '희망'이라는 메시지를 결론으로 하고 있다. 〈분노의 포도〉는 AFI의 [100대 영화]에서 21위(2007-23위)에 랭크된 바 있다.

▶ **존 포드 감독(John Ford 1895~1973):** 그는 할리우드 감독 중 킹이다. 메인 주(州)의 메인대학교를 중퇴하고 1914년 서부극 스타배우였던 형의 도움으로 영화계에 첫발을 디딘다. 소도구 담당을 거쳐 배우·조감독·감독에 이른다. 아일랜드계 미국인으로 평생 140편이 넘는 영화를 연출했던 그는, 특히 할리우드 서부극을 상징하는 감독으로 평가되고 실제로 "나는 서부극을 만들었을 뿐이다"라는 말을 남겼다. 그

의 유명한 기병대 3부작은 〈아파치 요새(1948)〉, 〈황색 리본(1949)〉, 〈리오그란데(1950)〉이다. 포드는 서부극(西部劇)을 통해 서부를 향한 '개척자정신'(Westward Ho!)을 주창(主唱)했다.

그러나 정통서부극 감독인 그는 비(非)서부극인 ☆〈정보(Informer= 밀고자 1935)〉, ☆〈분노의 포도(The Grape of Wrath 1940)〉, ☆〈나의 계곡은 푸르렀다(How Green Was My Valley 1941)〉 ☆〈아일랜드 연풍(The Quiet Man=조용한 사나이 1952)〉으로 감독상을 4번 수상했으니(역대 최다 수상자) 진정 속 깊은 '영화의 탐구자'라고 아니 할 수 없다. 이런 서부극 감독(우익 감독)이 〈분노의 포도〉 같은 좌파적 시각의 영화를 찍게 된 것은 매우 이례적이라 할 수 있다. 쭈글쭈글 구겨진 야구 모자를 삐뚜름히 쓴 연출모습은 대단히 인상적이다. 그의 연출작품들은 다음과 같다.

- 1966 일곱 여인들
- 1964 샤이안
- 1963 도노반의 산호초
- 1962 서부 개척사
- 1962 리버티 밸런스를 쏜 사나이
- 1959 기병대
- 1956 수색자
- 1955 미스터 로버츠
- 1953 모감보
- 1952 말 없는 사나이(아일랜드의 연풍)
- 1950 리오 그란데

- 1949 노란 리본
- 1948 아파치 요새
- 1946 황야의 결투
- 1945 그들은 소모품이다
- 1941 나의 계곡은 푸르렀다
- 1940 분노의 포도
- 1940 귀향
- 1939 역마차
- 1939 모호크 족의 북소리
- 1939 청년 링컨
- 1935 밀고자
- 1931 애로우스미스
- 1924 철마(The Iron Horse)

▶ 헨리 폰다(Henry Fonda 1905~1982): 그는 네브래스카 주 오마하의 아마추어 극단과 브로드웨이에서 8년 동안 경험을 쌓은 후 〈농부는 아내를 구했다(The Farmer Takes a Wife 1935)〉를 통해 스크린에 데뷔했다. 1939년 존 포드 감독의 〈청년 링컨〉에서 선량하지만 고집스런 눈빛과 꼿꼿한 몸짓으로 관객에게 어필한다. 그가 강렬한 푸른 눈, 균형 잡힌 체격, 부드러운 목소리, 도덕적인 분위기를 통해 늘 다양한 역할들을 무리 없이 소화해 낸 것도 인기의 요인이었다. 또한 선량하게 보이지만 선과 악의 이미지를 모두 지닌 캐릭터였으며, 진보적인 정치 성향 탓인지 명성에 비해 아카데미는 늘 그를 외면했다. 남우주연상은 유작이 된 ☆〈황금 연못〉으로 1982년 제54회 아카데미 시상식에서 받았

다. 총 64편의 영화에 출연한 명배우이다.

여성 편력으로도 유명한데 폰다는 다섯 번이나 결혼했다. ①1931년 배우 마가렛 설리반과 초혼 1년 만에 이혼한다. ②1936년 여배우 프란시스 포드 시모어와 결혼했다. 그녀는 현재 유명 여배우인 제인 폰다와 피터 폰다의 어머니로 1950년 자살했다. ③배우 수잔 브랜치도와는 나이 차이가 23세나 되지만 전처가 사망한 해에 결혼해 1956년 이혼한다. ④아프데라 프란체티(Afdera Franchetti)와 1957년에 결혼해 1961년에 헤어진다. ⑤1965년 Shirlee Mae Adams와 마지막 결혼을 성사시켜 폰다가 1982년 사망할 때까지 부부관계를 유지한다.

모습은 대단히 도덕군자로 보이지만 사생활은 정말 상상이 안 된다. 아내를 바꾸는 것이 하나의 게임은 아닐 텐데, 보통 사람들은 비록 미국이라 하더라도 이해가 쉽지 않을 것이다. 그의 소생인 영화배우 남매 제인 폰다와 피터 폰다의 마음은 어땠을까? 〈황금 연못(1981)〉에서 영화 속 부녀지간으로 출연했을 때, 헨리는 제인 폰다가 예상치 못한 순간 그의 손을 잡고 "아버지의 친구가 되고 싶다"고 말하는 장면에서 진짜 눈물을 흘렸다는 이야기도 있다. 그는 많은 작품에 출연했는데 필모그래피는 다음과 같다.

• 2000 핵전략 사령부 • 1981 황금 연못(On Golden Pond) • 1976 미드웨이(Midway) • 1968 원스 어폰 어 타임 인 더 웨스트 • 1965 발지 대전투 • 1962 지상 최대의 작전 • 1957 12인의 성난 사람들 • 1956 전쟁과 평화 • 1955 미스터 로버츠 • 1948 아파치 요새 • 1946 황야의 결투(My Darling Clementine) • 1940 분노의 포도 • 1939 무법자 제시 제임스 • 1939 청년 링컨 • 1939 모호크 족의 북

▶ **제작 에피소드:** 20세기 폭스의 사장인 대릴 F 재눅(Darryl F. Zanuck 1902~1979)은 존 스타인벡의 퓰리처상 수상 작품 영화화 판권을 10만 달러를 주고 매입한다. 사회저항적 분위기가 농후한 작품이라 재눅은 제작에 관여하여, 너널리 존슨(1897~1977)의 각본도 직접 챙기고 필름 편집조차도 자신이 주도했다. 존 포드를 감독으로 추천한 것은 원작자 존 스타인벡이었다. 해리엇 비처 스토우(Harriet Beecher Stowe 1811/ 미국~1896)의 소설 〈톰 아저씨의 오두막 Uncle Tom's Cabin〉은 자본주의 경제체제를 비난하고 사회주의 이념을 들이댄 작품으로 미국사회에서 큰 파장을 일으킨 바 있다.

유사한 경향의 이 〈분노의 포도〉의 영화화는 애초에 심한 반대에 부딪쳤다. 캘리포니아 농업위원회, 캘리포니아 농민연합 및 각종 산업단체가 "과장된 소설의 영화화는 미국의 이미지만 손상시킨다"며 폭스사의 작품에 대한 보이콧 운동을 전개했다.

위험을 무릅쓰고 재눅은 소설의 사실성을 위해 '조사회사'까지 동원해가며 작품 제작을 밀어붙였다. 이런 여러 어려움에도 불구하고 〈분노의 포도〉는 장장 11개월이나 상영되는 쾌거를 이룬다. 폰다는 이 영화로 오스카 주연상 후보에 올라 수상을 기대했지만 〈필라델피아 스토리〉의 제임스 스튜어트가 상을 가져가는 대신 ☆제인 다웰(1879~1967)만 오스카 여우조연상을 획득한다.

걸출한 카메라맨 그레그 톨란드(Gregg Toland 1904~1948)[25]도 MVP 선수의 역할을 진지하게 수행한다. 그는 종종 '위대한 혁신가'라는 평가도 받는다. 비참한 사람들과 황폐한 자연환경을 대비시키는 카메라

워크는 영상미의 창출이라기보다는 철학적 메시지의 구현으로 보인다. 오후의 태양이 따갑게 내리쬐고 원근법의 시작인 지평선 멀리서 이어지는 외로운 시골길을 '톰'이 점 하나가 되어 걸어오는 장면이라든지, 살풍경한 오클라호마의 시골에서 화면 오른쪽에서부터 왼쪽으로 쓰러지는 모습을 한 전주(電柱)들이 지평선 끝까지 일렬로 서 있는 화면은 영화의 비극성을 자연스럽게 상징하고 있다.

이 영화의 성격은 아마도 소위 사회파 영화(社會派映畫 social conscience film)의 영역에 속하게 되지 않을까 판단된다. 이 개념은 「사회적인 이슈를 전면화(全面化)하고 조명하는 영화로, 사회적으로 민감한 사안을 내세워 세태를 비판하거나 불의를 고발하고, 궁극적으로는 그것을 개선하려는 목적으로 만들어진다. 이 영화들은 일반적으로 관객의 사회적 의식을 자극하거나 불의에 대한 비난을 통해 관객에게 쾌감을 주는 방식으로 사회적 이슈들을 표현한다. 영화가 공격하는 대상은 우선 대다수의 관객들이 비난할 만한 것들이다.… 도시문제, 청소년, 인종차별, 동성애, 빈부격차, 정치적 음모 등 다양한 이슈들이 채택될 수 있다.」[26] ※한국 개봉 연도 미상

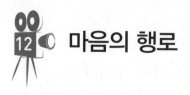

마음의 행로

1942년 작. 미국 영화(MGM). 126분. 흑백
원제: Random Harvest
감독: 머빈 르로이
출연: 로날드 콜맨, 그리어 가슨
※1955 한국 개봉

▶ **리뷰:** 1918년, 영국 멜브리지(Melbridge) 군 수용소에는 제1차 세계대전 중 부상으로 인한 기억상실증과 언어장애 환자 '스미스'(로날드 콜맨)가 있었다. 그는 자기 이름 '찰스'를 기억하지 못해 수용소에서 '스미스'로 불렸다. 어느 날 그는 안개 낀 수용소를 무의식적으로 빠져나온다. 그날은 마침 종전(終戰) 기념일이었고 소란한 거리에서 담배 가게에 들어갔다가 쇼걸 폴라(그리어 가슨)를 만난 인연으로 결혼하고, 데번이라는 시골에 정착해 아들도 낳고 기자가 된다. 그러나 연재 기사를 계약하러 리버풀에 갔다가 머큐리신문사 부근에서 교통사고를 당해 그 충격으로 '폴라와 같이 산 3년 세월이 몽땅 지워진' 매우 드문 특수한 기억상실증에 걸린다. 현재의 기억은 사라지고 대신 과거의 기억이 그 자리를 차지한다.

명문가의 아들인 찰스는 고향으로 돌아가 유명한 사업가가 되나 폴라와의 기억이 증발돼서인지 '알지 못할 열쇠 하나'를 늘 매만지며 지낸다. 반면 졸지에 남편이 사라진 폴라는 잡지에 난 찰스의 사진을 보고 찾아가 그의 개인 비서로 일하면서 기억의 회복을 기다린다. 국회의원에 당선한 찰스는 폴라와 다시 결혼하고, 그의 의정활동을 돕다가 찰스의 폴라와의 기억이 기적처럼 회복되는 꿈같은 스토리다.

이 영화 중 백미는 라스트신이다. 찰스는 회사의 파업문제를 해결하기 위해 멜브리지에 갔다가 폴라와 처음 만난 담배 가게에서 이상한 기억이 떠오른다. 여기서부터 역순(逆順)으로 더듬어 데번의 옛집에 이른다. 작은 시냇물이 흐르고, 하얀 꽃이 만개한 구부러진 나무가지들을 어깨를 낮추며 지나가자 나타나는 작은 집, 무의식적으로 주머니에서 꺼낸 열쇠를 돌리자 현관문이 스르르 열린다. "스미스!" 하고 부르는 폴라의 목소리가 들리고 그들의 역경은 끝난다. 기억은 인간 행복의 동기일 수도 있음을 증명하는 순간이다. 그러나 핵심은 제1차 세계대전 후의 반전사상(反戰思想)이 짙게 깔린 미국 영화라고 평가할 수 있다.

▶ **머빈 르로이 감독:** [10] 〈애수〉 참조.

▶ **로날드 콜맨**(Ronald Colman 1891/영국~1958): 그는 '콜맨 수염'이라는 별칭에서 보듯이 품위 있는 영국 신사의 귀족적 풍모를 보여준 배우이다. 세 번째 도전만에 ☆〈이중생활(1947)〉로 1948년 제20회 아카데미 시상식에서 남우주연상을 받았다. 우리가 알고 있는 제목은 〈잃어버린 지평선(1937)〉, 〈젠다 성의 포로(1937)〉 등이다. 〈젠다 성의 포로〉는 1952년 나온 스튜어트 그랜저, 데보라 커, 제임스 메이슨이 출연한 영화와는(국내 개봉 명 〈풍운의 젠다 성〉) 동명이지만 다르다. 1958년 폐암으로 별세한다.

▶ **그리어 가슨**(Greer Garson 1904/영국~1996): 지적이고 우아한 현모양처 역을 많이 맡았다. 〈선라이즈 앳 캠포벨로(1960, 엘리너 루즈벨트 역)〉, 〈퀴리부인(1943)〉, ☆〈미니버 부인(1942)〉으로 전쟁에 나간 남편 대신 가정을 지키는 강인한 어머니와 아내 역으로 노미네이트 6번 만에 1943년 제15회 아카데미상에서 여우주연상을 수상했다. 〈굿바이 미스터 칩스(1939, 교사 아내 역)〉. 여러 영화를 통해 훌륭한 부덕(婦德)을 잘 연기해 내었다는 평가를 받는 배우이다. 그녀는 출연작 중 〈마음의 행로〉를 으뜸으로 꼽았다고 한다. 1920~30년대 MGM의 트로이카는 그레타 가르보, 노마 쉬어리, 조안 크로포드였다. 크로포드는 〈퀴리부인〉과 〈마음의 행로〉에서 주연을 원해지만 그리어 가슨에 밀려 실패하고 MGM을 떠나게 된다. 엔터테인먼트의 세계에서 떠오르는 별(新星)의 힘은 아무도 당할 수가 없다.

▶ **제임스 힐턴**(James Hilton 1900/영국,잉글랜드~1954): 미국 작가인 그는 영국인으로 캐임브리지 대학에서 수학했고 〈잃어버린 지평선(1939)〉, 〈굿바이 미스터 칩스(1934)〉, 〈마음의 행로(1941)〉 등으로 유명작가가 된 후 1937년 미국에 귀화했다. 〈잃어버린 지평선〉은 감독: 프랭크 카프라, 출연: 로날드 콜맨, 제인 와이어트로 영화화(1937)되었는데, 제임스 힐턴이 1924년 에베레스트 등반 중 눈보라로 실종된 '조지 맬로리' 이야기를 단 6주 만에 소설로 완성한 것으로 알려져 있다.

'Random Harvest'라는 제목이 왜 〈마음의 행로〉로 붙여졌는지는 분명치 않지만, 일본어 제목 〈心の 旅路〉를 참고하지 않았나 생각된다. 그러나 「영화제목에서 'Random'이 들어간 것은 영화 속 찰스 레이니어 저택의 Random Hall에서 따온 것이 아니냐는 견해도 있다」(옥선

희) 제작비 121만 달러, 박스오피스 465만 달러(미국 내), 349만 달러(미국 외)를 올려 순이익 693만 달러를 올렸다.

카사블랑카(Casablanca)

1942년 작. 미국 영화(Warner Bros). 102분. 흑백
원제: Casablanca
감독: 마이클 커티스
출연: 험프리 보가트, 잉그리드 버그만, 폴 헨레이드, 클로드 레인즈 외
음악: 막스 스타이너
※1957 한국 개봉

▶ **리뷰:** 대단히 매력적인 영화이다. 그래서 각종 권위 있는 조사에서 2위에서 5위 이내에 늘 랭크되어 있다. 예컨대 미국 영화연구소(AFI)에서 선정한 [100대 영화]에서 2위(1988년 리스트), 3위(2007년)를 차지하고 있다.

리스본으로 가는 통행증 2장을 과거 애인에게 줄 것인가, 말 것인가의 결말을 둘러싼 멜로코드와 서스펜스가 뒤섞이면서 여러 에피소드들이 얽혀서 굴러간다. 제2차 세계대전 중 북아프리카 모로코 카사블랑카('하얀 집'이라는 뜻)에 있는 미국인 '릭'(험프리 보가트)이 주인인 카페 '아메리카나'가 무대이다. 제2차 대전시 파리가 함락될 즈음, 릭과 일자(잉그리드 버그만)는 파리를 탈출해 마르세유에서 결혼을 준비 중인 열렬한 사이였다. 그러나 결혼은 왠지 무산된다.

어느 날, 카사블랑카에서 리스본으로 갈 수 있는 '통행증' 2개를 구하기 위하여 체코 출신 반(反) 나치 레지스탕스 지도자 라즐로(폴 헨레이드)와 그의 아내 일자가 갑자기 카페 '아메리카나'에 나타난다. 삽입

곡 'As time goes by' 피아노곡이 연주되는 가운데 일자와 릭은 재회한다. 일자에게 실연(배신)당한 릭의 분노는 가시지 않지만, 일자는 레지스탕스 남편 활동을 위해 통행증을 요구한다. 처음에는 싸늘하게 거절하지만, 일자는 심야(深夜) 삼엄한 경비를 뚫고 릭의 방에 숨어들어 권총을 들이대며 통행증을 심각하게 갈구(渴求-간절히 바람)한다. 일자의 '아직도 당신을 사랑한다'는 고백에, 또 라즐로의 반 나치 운동에 대한 열의와 사명감에 릭의 마음이 흔들린다. 릭과 일자가 카사블랑카에 남고 라즐로만 리스본으로 보낸다는 애초의 약속과는 달리, 이 부부를 안개 낀 공항에서 비행기에 태우면서 릭은 독일군 스트라사 소령을 사살하고 경찰서장 르노(클로드 레인즈)와 카사블랑카를 떠나는 것이 결말이다.

릭은 과거의 사랑과 현재의 재결합 가능성 중 자신의 이기심을 채울 것인가, 아니면 인간 · 남자 · 자유의 가치를 추구할 것인가의 고뇌에서 결국 후자를 선택해 성공을 거두는 주인공이 된다. 처음에는 모호하던 릭의 캐릭터는 그가 이탈리아-에티오피아 간 내전 때 에티오피아 편을 들었고, 스페인 내전에서 파시즘에 대항한 자유인이라는 것이 밝혀지며 일자를 위해, 더욱 반 나치 운동을 위해 라즐로까지 보냄으로써 험프리 보가트는 '고독한 휴머니스트'로 더욱 강력하게 스크린의 최정상에 우뚝 선다.

▶ **마이클 커티스 감독**(Michael Curtiz 1886~1962): 헝가리 태생의 미국 영화감독으로 유럽과 미국에서 150여 편의 영화를 연출했다. ☆〈카사블랑카〉로 1944년 제16회 아카데미에서 감독상을 수상했다. 그의 다른 작품들은 〈코멘체로스(1961)〉, 〈허클베리 핀의 모험(1960)〉, 〈화이트

크리스마스(1954)〉, 〈재즈 싱어(1952)〉, 〈로빈 후드의 모험(1938)〉 등이
있다.

▶ **험프리 보가트**(Humphrey Bogart 1899~1957): 뉴욕 태생으로, 클락 게
이블이 '할리우드의 킹'이라면 보가트는 '전설'(레전드 Legend)에 해당된
다. 대개 터프가이나 갱스터 역으로 30여 편의 B급 영화에 출연하다
가 〈말타의 매(1941 누아르 필름)〉로 인정받아 스타로 올라섰다. 그러니
까 1941년 〈말타의 매〉 이후 좋은 영화들을 많이 찍게 되는데 1957년
에 사망했기 때문에 실질적인 활동기간은 약 16년 정도로 그의 출연
작들은 그리 많은 편은 아니다. 그의 주요작품들이다.

• 1955 필사의 도망자 • 1954 케인호의 반란, 사브리나, 맨발의 콘
테샤 • 1951 아프리카의 여왕 • 1948 시에라 마드레의 황금 • 1947
다크 패시지 • 1944 소유와 무소유 • 1943 사하라 전차대 • 1942 카
사블랑카 • 1941 말타의 매 등 67편에 출연.

그는 ☆〈아프리카의 여왕(1951)〉으로 1952년 제24회 아카데미 시상
식에서 남우주연상을 받는다. 보가트의 연기는 '카리스마'와 '냉소적'
두 가지로 평가하는 사람들이 많다. 실제로도 그는 말씨가 거칠고 이
상한 행동도 잘해 할리우드를 휩쓸고 다니는 말썽쟁이로도 통했다. 4
번 결혼했고, 마지막 부인 로렌 바콜(Lauren Bacall)과 살다가 1957년
식도암으로 사망한다. 대단한 배우이지만 할 말은 그리 많지 않다. 부
인이야기를 해보자.

➡ 보가트의 부인이었던 로렌 바콜은 2014년 8월 12일 뉴욕 맨하탄 다코다 자택에서 뇌졸중으로 사망했다. 향년 89세. 키 174cm에 비단결 같은 머리카락과 커다란 눈, 도톰한 입술, 그리고 낮고 섹시한 목소리로 남성 팬들을 사로잡았던 그녀는 할리우드의 원조 팜므 파탈이었다. 1944년 하워드 혹스 감독의 영화 〈소유와 무소유(To Have and to Have Not)〉를 통해 할리우드에 데뷔했고, 공연했던 험프리 보가트와 무려 25세 나이 차이에도 불구하고 바콜은 오히려 더 적극적으로 열의를 보여 두 사람은 1945년에 결혼에 골인했다.

보가트의 젊은 아내로 더 유명했던 그녀는 1957년 남편인 험프리 보가트가 식도암으로 세상을 떠날 때까지 자녀들을 낳아 유복한 가정을 꾸렸고, 〈Once Upon a Time in the West(1968)〉, 〈Tora! Tora! Tora!(1970)〉에 출연했던 배우 제이슨 로바즈(Jason Robards)와 1961년 재혼하여 8년을 살다가 1969년 이혼했다. 바콜은 1950년대에 최고의 전성기를 누렸으며 보가트 사망 이후 1960~70년대에는 영화 출연은 자제하고 주로 브로드웨이 연극무대나 뮤지컬 무대에서 활동해 토니상을 2회나 수상한 바 있다.

▶ **잉그리드 버그만**(Ingrid Bergman 1915/스웨덴~1982): 스톡홀름에서 태어난 그녀의 아버지는 화가 및 사진사였는데 독일 출신 어머니는 버그만이 겨우 2살 때, 아버지는 12살에 사망해 숙부의 집에서 자랐다. 173cm 훤칠한 키에 청순한 용모가 돋보여 1934년 19세에 영화 〈문크브로우 백작〉으로 데뷔하고 세계적인 배우가 되었다. 그녀의 출연작들이다.

• 1978 가을 소나타 • 1974 오리엔트 특급 살인사건 • 1964 노란 롤스로이스 • 1961 이수 • 1956 아나스타샤, 한국명 追想 • 1953 이탈리아 여행 • 1951 유로파 51 • 1950 스트롬볼리 • 1949 염소자리 • 1948 개선문 • 1948 잔다르크 • 1946 오명 • 1945 스펠바운드 • 1945 성 메리 성당의 종 • 1944 가스등 • 1943 누구를 위하여 종은 울리나 • 1942 카사블랑카 • 1941 지킬박사와 하이드 씨 • 1939 인터메조

〈인터메조〉. 「이 영화에서 버그만은 유부남을 사랑하는 젊은 피아니스트 역을 연기했는데, 이처럼 그녀가 맡은 여러 역할이 그랬듯이 스캔들은 후에 그녀의 개인적인 삶에까지 침범했다.」(501영화배우. 마로니에북스. p.253) 이 글은 아마도 그녀가 로베르토 로셀리니와의 사랑(불륜)이 〈인터메조〉로부터 시작된 예정된 팔자가 아닌가 하는 의미를 부여한 것으로도 보인다. 위의 영화제목에서 보듯 잉그리드 버그만은 고전명화의 핵심배우로 활약했다. 그녀의 굴곡 많은 이야기는 아래 '에피소드'에서 계속된다.

▶ 에피소드①: 버그만은 흑백이건 컬러 필름이건 간에 한마디로 광채(光彩)가 나는 여배우이다. 그녀는 기품과 지성의 청순한 용모로 미국인들에게 '정숙한 여인상'(像)으로 남다른 사랑을 받는다. 그래서 그녀는 "스웨덴에서 온 빛나는 선물"이라고까지 불렸다. 1942년 파라마운트 창사 50주년 기념작인 〈누구를 위하여 종은 울리나〉 캐스팅에 발레리나 출신 베라 츠리너에게 빼앗겨 실패한다. 그러나 그녀를 워너 브라더스에 임대해 만든 〈카사블랑카〉로 대성공을 거둠으로써 열렬히

바랐던 〈누구를 위하여 좋은 울리나〉에서 게리 쿠퍼와 공연해 오스카에 노미네이트되지만 수상하지는 못한다. 오히려 다음 해 29세에 ☆ 〈가스등〉으로 아카데미 여우주연상을 품에 안는다.

세기의 불륜(不倫)으로 회자되는 북유럽의 미인 잉그리드 버그만. 1948년 이탈리아 로베르토 로셀리니 감독에게 보낸 단 한 통의 편지가 그녀의 인생을 온통 뒤바꾸어 놓을 줄은 그 누구도 예상하지 못했다.

「친애하는 로셀리니 씨! 저는 *〈무방비 도시〉와 *〈전화의 저편〉[27]을 보고 깊은 감명을 받았습니다. 만약 스웨덴 여배우가 필요하시다면 언제든지 달려가 귀하와 영화를 찍겠습니다. 나는 영어는 잘 할 수 있고, 독일어도 잊지는 않았지만, 프랑스어는 많이 잊었고, 이탈리아어는 'Ti Amo'(I Love You) 뿐입니다.」

이런 연서를 통해 1949년 사랑에 빠진 그녀는 별거중인 부인과 애인까지 있던 바람둥이 로셀리니의 아기를 임신한다. 버그만은 할리우드에서의 재산 거의 전부와 딸을 남편에게 넘기고 로마에서 로셀리니와 동거에 들어갔다. 미국 관객들은 이런 치명적 간통 스캔들로 그녀를 미국에서 추방해야 한다는 교회와 "그녀는 할리우드의 타락한 마녀(魔女)"라는 에드윈 존슨 상원의원의 비난도 있었고, 하원윤리위원회에서는 '그녀의 이름은 강력한 악의 전형'이라는 결의문도 나왔다. 왜냐하면 로셀리니도 기혼자였고, 버그만은 일찍이 치과의사 린드스트롬과 결혼해 11살 된 딸 '피아'까지 두고 있는 몸이었기 때문이다.

그녀는 이런 비난에 대해 "한 번도 사랑다운 사랑을 해보지 못한 사람들은 모를 거예요. 내가 불륜을 저지르는 게 아니라 사랑하고 있다는 것을!"이라고 항변했다. 두 사람은 이탈리아에서 결혼했고 아들 로벨티노 등 세 명의 자녀를 두었다. 그들 사이에서 태어난 쌍둥이 자녀 중 하나가 바로 영화배우 '이사벨라 로셀리니'[28]이다. 이런 상황 속에서 남편과 〈스트롬볼리(1950)〉, 〈유로파 51(1951)〉, 〈이탈리아 여행(1953)〉 등 6편의 영화를 함께 찍었지만 성공하지 못하고 빚만 쌓여 두 사람은 결별하기에 이른다.

스캔들이 통째로 집어삼킨 8년을 보내고 버그만은 미국으로 돌아온다. 아나톨 리트박(Anatole Litvak 1902~1974) 감독은 '사생활과 영화배우의 재능은 별개이다'라는 견해로 그녀를 ☆〈아나스타샤(1956)〉에 캐스팅했고, 버그만은 혼신의 연기를 다해 1957년 제29회 아카데미에서 두 번째 오스카를 차지한다. 그런데 그녀와 헤어진 로셀리니 감독은 '쓰레기 같은 대본에 매달려 미국 영화에 복귀하는 것은 잘못된 일이다'라고 대단히 옹졸한 발언을 날렸다. 오직 사랑 하나를 믿고 바다를 건너간 버그만을 오롯이 품지 못하고 자녀들 육아마저 제대로 챙기지 못한 처지에 정말 치졸하고 용렬한 남자다. 버그만에 관한 한 어글리하고 더티하다는 생각조차 든다. 그런 배우자와 헤어진 것은 버그만의 최선의 선택이었다고 생각한다.

이어서 1974년 ☆〈오리엔트 특급 살인사건〉으로 아카데미 여우조연상을 받고, 1979년 잉그마르 베르히만 감독의 〈가을 소나타〉를 찍고, 〈골다라고 불리는 여인(1982)〉을 끝으로 연기생활을 마감한다. 그녀는 "나는 성녀에서 창녀가 되었다가 다시 성녀로 돌아왔다. 단 한 번의 인생에서 말이다"라고 탄식(歎息)인지 안도(安堵)인지 모를 말을 남기기도 했다.

유방암으로 투병하다가 1982년 8월 29일 자신의 생일날 친구들과 파티를 끝내고 67세를 일기로 숨을 거둔다. 치과의사 린드스트롬, 로베르트 로셀리니, 스웨덴 출신 연극 프로듀서 랄스 슈미트(Lars Schmidt

1958~1975)와의 세 번째 결혼, 그리고 1936년 스페인 내전 당시 〈죽어가는 병사〉라는 사진으로 유명한 종군전문 사진작가 로버트 카파(Robert Capa 1913~1954)와의 로맨스도 있었다. 미국에서 활동하던 카파는 이때 잉그리드 버그만의 청혼을 받았지만, 한국전쟁에 가야 한다는 이유로 거절했다는 유명한 이야기도 있다. 서울에서 카파 사진전의 메인타이틀은 "한 발짝 더⋯카파처럼 다가서라"인데, 반대로 카파는 버그만으로부터 뒷걸음쳐 멀리 떠나가 1954년 5월 25일 베트남에서 지뢰를 밟고 사망한다. 북유럽의 꽃.[29] 이 스크린의 여왕은 겉은 '순수와 청순', 속은 '뜨거운 용암'이 꿈틀거려 재기 넘치는 예술가들과 사랑했던 보기 드문 여성이었다.

▶ **제작 에피소드②**: 〈카사블랑카〉는 실로 파란만장(波瀾萬丈)·우여곡절(迂餘曲折)을 겪으며 9회 말 굿바이 만루 홈런을 날린 형국의 작품이다. 「할리우드의 황금기에는 다른 영화사도 비슷했지만 워너브라더스는 마치 공장에서 제품을 찍어내듯 1년에 약 50편 정도를 양산했다. 그 중 반 정도만 성공하면 되는 것이 관행이었다. 이 〈카사블랑카〉도 저예산에다 이런 스피드 시스템으로 만들어진 영화이다. 제작비 964,000달러를 들여 3,700,000달러를 벌어 3.8배의 수익을 올렸다. 워너브러더스는 진주만 폭격 바로 다음날인 1941년 12월 8일 부부교사인 메리이 버넷과 조안 앨리슨이 쓴 희곡으로 1930년대 뉴욕에서 공연되었던 〈모든 사람은 릭의 카페를 온다(Everybody comes to Rick's)〉라는 연극 판권을 2만 달러라는 비싼 값에 매입했다고 한다.

로맨틱 코미디 작가인 줄리어스 J. 엡스타인(Julius J. Epstein)과 필립 G. 엡스타인(Philip G. Epstein) 형제에게 각색을 맡겼으나, 1942년 5월

25일 첫 촬영이 진행 중인데도 대본이 다 만들어지지 않았고, 7명의 작가가 투입되었다고도 한다. 세트장도 미완성 상태였다. 감독도 애초에는 윌리엄 와일러(《로마의 휴일》 감독)로 되어 있었는데, 그가 군 입대를 하게 됨으로써 마이클 커티스(Michael Curtiz)로 변경되었다.

또 원래 캐스팅을 조른 배우가 로널드 레이건(전 미국 대통령)과 미셸 모르강이었다는 이야기가 있다. 곡절 끝에 험프리 보가트와 잉그리드 버그만으로 바뀌고 '세월이 흘러도(As Time Goes By)'라는 피아노 음악과 노래가 이 '뒤죽박죽 출발'의 영화를 영화 평가 순위에서 늘 랭킹 5위 이내에 들어가는 걸작으로 탄생시키는데 상당한 역할을 보탰다.」[30]

▶ 제작 에피소드③: 영화의 무대는 모로코의 카사블랑카지만 당시 북아프리카에서는 '횃불작전'이 예정된 상황이라 촬영은 불가능했다. 제2차 세계대전의 이 중요 군사작전은 「1942년 11월 8일 미국과 영국군이 프랑스령 북아프리카를 침공한 상륙작전으로 북아프리가 전역을 포함하고 있다. 횃불작전(Operation Torch)에 대해 모로코 상륙작전을 앞둔 10월 23일 패튼(Patton) 장군은 150명의 미군 장교 앞에서 "오직 진격뿐이다. 제군들이 대포소리를 들으면, 일반적으로 어디가 전선인지 알게 된다.… " 등의 연설을 한 바 있다.」[31]

패튼의 횃불작전으로 독일 롬멜에게 큰 타격을 주어 롬멜이 본국으로 귀환하는 결정적 계기가 됐고, 그 후 패튼이 시칠리아에 상륙하여 이탈리아에 교두보를 만들게 된다. 이런 상황임에도 물론 현지는 아니지만 〈카사블랑카〉를 찍어대는 할리우드는 정말 대단한 배짱꾼들의 세상이라고 느껴진다. 따라서 모로코 카사블랑카에서 찍어야 할 스토리를 부득이 할리우드의 세트에서 '올 로케' 하게 된다. 그러니 '짝퉁

카사블랑카'인 셈이다. 물론 엉성한 부분도 있었지만 짝퉁이 명품보다 뛰어난 효과를 내고 있다.

남자 주인공 험프리 보가트의 신장은 168cm로 알려져 있다. 잉그리드 버그만은 173cm, 두 사람의 러브신은 키 차이로 어색할 수밖에 없다. 그래서 보가트는 사과궤짝 같은 나무 발판 위(트레일러 레일)에 올라가 러브신을 찍었다는 요새 말로 '굴욕'을 겪었다는 얘기도 있다. 또 중구난방의 대본이 자주 변경되기 때문에 보가트는 즉흥적 애드리브 대사도 자주 받아쳤는데, 한국 번역가가 "당신 눈동자에 건배를!"이라고 낭만적으로 표현해 더욱 기억에 남는다. 영화 속 대사, "Here's looking at you, kid"는 술집에서 번잡하게 술 마시다가 소매치기 당하는 사례가 많아 "소매치기 조심!"이 나중에 '건배'로 변형됐다고 한다. 수없이 바뀌는 대본에 화가 난 보가트가 즉석에서 애드리브로 Here's looking at you, kid를 버그만에게 던졌다는 것이다.

가장 감동적인 '라스트 신' 조사에서 〈카사블랑카〉가 1위를 차지했다. 안개 낀 공항에서 레지스탕스 라즐로와 일자를 비행기에 태워 보내고 '릭'이 경찰서장 '르노'와 걸어가면서 "I think this is the beginning of a beautiful friendship"(남자들끼리의 아름다운 우정의 시작이다)라는 대사가 나오는 부분이 '라스트 신의 최고'라고 평가된다. 2위는 나중에 소개될 〈제3의 사나이〉의 끝 장면이다.

열악한 환경에서 엉성하게 촬영이 진행됐다고 관객들은 생각할지 모르지만 이런 부분들을 완벽하게 커버한 데는 당시 할리우드에서 활동한 쿠르트 보이스(소매치기), 페터 로레(우가르테), 콘라드 베이트(슈트라서 소령) 등 독일 출신 배우들의 명연기가 절대적이었다는 의견이 지배적이다. 또한 릭의 카페에서 슈트라서 소령 등 독일군들은 '라인강을 수비하라'(die wacht am rhein)를 노래하는데, 라즐로가 적극적으로 나서 프랑스 국가 '라 마르세예즈'를 열창하는 대목에서 술집관객들이 눈물을 쏟아내는 장면도 감동적이다. H. Hupfeld(하면 후프펠드)가 1931년 작사·작곡한 발라드를 가수 겸 배우였던 Dooley Wilson(영화의 샘 역)이 부른 'As time goes by'도 대단한 역할을 담당한다. 이 노래의 가사는 다음과 같다.

이것은 기억해야 해요/ 키스는 단지 키스일 뿐/
후회는 그저 후회일 뿐/ 근본적인 마음은 그대로죠/
두 연인이 아직도 사랑한다며 속삭이네/
미련은 남아 여전히 사랑고백을 하네/ 미래가 어떻게 되든지 말이에요/ 세월이 흘러도…

달빛과 사랑의 노래는 절대 시들지 않아요/ 가슴 가득한 열정/ 부러움과 시기/ 여자는 남자를 원하고 남자는 자신의 짝을 가져야 한다는 건/ 아무도 부인할 순 없죠

여전히 똑같은 해묵은 이야기죠/ 영광스런 사랑을 얻으려는 싸움은 승리 아니면 죽음이에요/ 세상은 언제나 연인들의 편이죠/ 세월이 흘러도…

후세의 관객들은 이 영화의 '옥의 티' 찾기도 열심이다. ①파리에서 보가트가 버그만과 오픈카를 타고 드라이브 하는 장면도 스크린 프로세스의 질이 현저히 떨어진다. ②시장바닥 같이 지저분해야 할 카사

블랑카 세트가 너무나 깨끗하다. 세트 청소원이 오버한 것으로 보인다. ③보가트가 마르세유로 떠나기 위해 파리 역 플랫폼에 와 있을 때 비가 억수같이 퍼부었다. 버그만은 안 오고 실망해 기차에 올랐는데 흠뻑 젖어 있어야 할 그의 트랜치 코트에는 한 방울의 비도 묻어 있지 않았다. ④도망 다니는 주제에 라즐로는 흰색 정장을 잘 빼입은 것도 이상하고, 많은 의상을 선보인 버그만은 어디에서도 가방을 들고 다니지 않는다. 리스본으로 떠나는 절체절명의 순간에서조차 여행 가방은 없다. 적지 않은 부분에서 일본어 표현으로 '후로쿠'(ふろく-엉터리)로 만든 이 영화는 작은 가지의 결함을 뛰어넘어 아름드리 기둥이 빽빽한 짙은 숲의 영화로 자리매김하고 있다.

누구를 위하여 종은 울리나

1943년 작. 미국 영화(파라마운트). 130분. 컬러
원제: For whom the bell tolls
감독: 샘 우드
출연: 게리 쿠퍼, 잉그리드 버그만, 카티나 팍시누아스, 아킴 타미로프
원작: 어네스트 헤밍웨이
※1957 한국 개봉

▶ **리뷰:** 1936년부터 3년간 계속된 스페인 내전이 배경이다.[32] 파시즘에 반대하며 공화군 의용대로 참전한 미국인 대학 강사 '로버트 조던'(게리 쿠퍼)은 골츠 장군으로부터 1937년 5월 마드리드 서북쪽의 험준한 과다라마(Guadarrama) 산맥에 있는 철교(鐵橋)를 폭파하라는 지령을 받고 산속 게릴라 동굴에 잠입한다. 대장 파블로는 이 임무에 반대하지만, 그의 아내 필라(카티나 팍시누아스)는 적극협조하면서 부하들과도 갈등이 야기된다. 이 과정에서 필라가 보호하고 있던 스페인 처녀 마리아(잉그리드 버그만)와 조던의 운명적 사랑이 시작된다.

마리아는 시골 면장의 딸로 반역자로 몰려 양친이 살해당하고 머리까지 깎이며 몹쓸 짓을 당한 예쁜 처녀이다. 그들의 사랑은 참으로 풋풋한데 마리아는 키스할 때 코를 어느 쪽에 두어야 하느냐(Where do the noses go? I always wondered where the noses would go)는 순진한 대사가 유명하다. 또한 "Was that cannon fire, or is it my heart pounding?(대포 소리인가요, 아니면 내 가슴 뛰는 소리인가요?)라는 대사도

매우 애교스럽다.

몇 건의 산악전투 끝에 폭파에 불참을 주장한 파블로와의 갈등이 마무리되고 작전에 돌입해 극적인 성공을 거둔다. 대원들은 말을 달려 다리 밑 계곡을 돌파해 탈출하지만 조던 혼자 다리에 총상을 입는다. 함께 남겠다고 울부짖으며 매달리는 마리아에게 "당신이 가면 나도 가는 거야. 당신이 있는 곳엔 어디든지 내가 있어."라고 달래고 그녀를 안전하게 보내기 위해 적을 향해 사격을 가하면서 산화(散華)한다. 게릴라 대장의 부인 역인 ☆카티나 팍시누아스(Katina Paxinouas)는 당시 42세의 그리스 출신 여배우로 실제로 집안이 게릴라 활동을 해 사실적인 연기가 가능했다는 이야기다. 1944년 16회 미국 아카데미 시상식에서 그녀만 여우조연상을 수상한다. 미국과 캐나다에서 710만 달러의 수입을 기록했다.

▶ 샘 우드 감독(Sam Wood 1883~1949): 무성영화 시대부터 영화를 만든 이 감독은 〈스트랜튼 스토리(1949)〉, 〈여행가방(1945)〉, 〈야구왕 루게릭(1942)〉, 〈우리 읍내(1940)〉, 〈굿바이 미스터 칩스(1939)〉 등의 작품이 있다.

▶ 게리 쿠퍼(Gary Cooper 1901~1961): 양친이 모두 영국인인 그는 몬태나 주 헬레나에서 대법원 판사의 아들로 태어나 오하이오의 그루넬대학교를 다니다 중퇴하고 제1차 대전이 발발하자 입대한다. 종전 후 돌아온 그는 자신의 고향에서 의사가 되길 바라던 모친의 뜻에 따라 의학공부를 하고 시사만화도 그렸다. 그러나 1924년 12월, 할리우드 부르발 거리를 지나다 몬태나 어린 시절 친구 2명을 만났는데 이들은 달

리는 말에서 떨어지는 연기를 하는 엑스트라였다.

이들과의 연고로 할리우드에서 스턴트맨 생활을 시작한다. 부모가 소유하고 있던 목장에서 승마기술을 익힌 것이 큰 도움이 되었다. 본명 Frank James Cooper를 게리 쿠퍼로 개명하고 B급 서부영화에 출연하다가 주연배우로 성장한다. 특히 발렌티노(Rudolph Valentino 1895/이탈리아~1926)는 절세 미남으로 무성 영화시대 초기의 최대 스타였으나 인기 절정 중에 급사하였는데, 이 빈 공간을 게리 쿠퍼가 파고들어 성공한 것이다. 그는 말이 없는 사나이로 알려졌는데 이런 조심스러운 성격이 39년간 92편의 영화에서 거의 성공을 거두었다. 그의 주요 작품들이다.

 • 1959 교수목 • 1957 하오의 연정 • 1956 우정 어린 설득 • 1954 베라크루즈 • 1952 하이 눈 • 1949 마천루 • 1947 정복되지 않은 사람들 • 1941 요크 상사 • 1938 마르코 폴로의 모험 • 1936 평온아 • 1932 무기여 잘 있거라 • 1930 모로코

191cm의 훤칠한 키에 호남 형인 그는 1961년 제33회 미국 아카데미 시상식 공로상, 1953년 제10회 골든 글로브 시상식 드라마 부문 남우주연상 2회에 걸쳐 ☆1953년 제25회 아카데미에서 남우주연상(하이눈), ☆1942년 제14회에서 남우주연상(요크 상사)을 수상했다. 이렇게 1930~50년대까지 가장 활발하게 출연한 스타 중의 스타이다.

▶ **잉그리드 버그만:** [13] 〈카사블랑카〉 참조.

▶ **에피소드:** 게리 쿠퍼는, 작가 어네스트 헤밍웨이와 무성영화 시대 육체파 배우로 이름을 날렸던 '클라라 보우'(Clara Bow 1905~1965)와 친한 친구가 되면서 헤밍웨이의 도움으로 〈무기여 잘 있거라(1932)〉에서 주인공에 발탁되고, 뒤에 헤밍웨이는 〈누구를 위하여 종은 울리나〉를 소설로 쓸 때도 주인공 '조던'은 게리 쿠퍼, '마리아'는 버그만을 염두에 두고 썼다고 한다. 버그만이 제1차 캐스팅에 실패했지만 재(再)지명된 것도 헤밍웨이의 지원이 컸기 때문이다. 하여간 인맥(人脈)이 중요하다.

게리 쿠퍼는 '멋쟁이 신사'로 불리면서 미국인들의 사랑을 흠뻑 받는다. 그러나 너무나 미남이어서인지 그에게 여난(女難)은 비켜갈 수가 없었다. 영화를 같이 찍는 여배우마다 그냥 넘어가지를 못했다. 마치 자석 같은 힘에 끌려 미녀들이 쿠퍼에게 접착된다. 첫 번째 애인은 앞서 말한 클라라 보우, 이 배우는 지금 우리나라 미용계에서 '클라라 보우 메이크업과 이미지'로도 유명세를 타고 있다. 그는 1933년 무명 배우 산드라 쇼(원이름 Veronica Balfe)와 결혼한다.

다음은 '암캐'라는 별명으로 불린 멕시코 출신 여배우 '루페 벨레스'(Lupe Vélez 1908~1944)와 〈늑대의 노래(The Wolf Song 1929)〉에서 공연하다 큰 화재가 났는데, 그들의 정사가 얼마나 격렬했던지 191cm 체구의 몸무게가 67kg까지 줄어드는 몰골에 이르게 되어, 보다 못한 쿠퍼의 어머니(Alice 1873~1967)와 촬영소까지 나서 이들을 말리고 떼어 놓았다는 것이다. 그녀가 쿠퍼에 대해 얼마나 열정적인지 그가 좀 멀리하려 하자 LA 기차역에서 쿠퍼의 귀에 칼로 상처를 내는가 하면 총을 발사하기도 했다. 그러나 쿠퍼는 베버리힐즈에 맨션까지 사주었고, 그녀는 죽을 때까지 그 집에서 살았다니 정말 요란한 사랑이었다.

벨레스에 대해 덧붙이면, 그녀는 할리우드에서 당시 배우들과의 애정문제가 매우 복잡한 여성이었다. 관계가 있었다고 알려진 인사는 배우 존 길버트(John Gilbert), 클락 게이블, 찰리 채플린, 소설가 레마르크(Erich Maria Remarque), 에롤 프린(Errol Flynn) 등이다. 아마도 이런 이유는 그녀가 멕시코 출신이기 때문에 할리우드의 유명배우들과 친밀한 관계를 맺음으로써 캐스팅에서 덕을 보고자 하는 희망과 그녀 자신이 남자에 대한 지나친 욕망과 섹스 탐닉(色慾)이 아닐까 추측된다.

벨레스는 게리 쿠퍼 다음 조니 와이즈뮬러(Johnny Wessmuller 1904~1984)와 결혼했다(1933~1939). 그는 5개의 금메달, 67개의 세계 기록을 세운 1920년대 미국 수영 선수로 후에 영화배우로 전향해 12편의 〈타잔(1932~1948)〉 영화들에 출연하였다. 훤칠한 키에 야성적인 미남이었다. 와이즈뮬러와도 불화 끝에 끝났고, 그녀는 멕시코에서 〈산둥가(La Zandunga 1938)〉를 촬영하면서 아이가 넷 있는 유부남 알터로 드 코도바(Arturo de Cordova)와도 관계가 생겼다. 그러나 1944년에는 오스트리아 젊은 배우 하랄드 마레치(Harald Maresch)와 사귀게 되고 9월 달에는 임신 4개월임을 알게 됐다. 배속의 아기가 게리 쿠퍼의 아이라는 설도 있었고, 미혼모의 불명예와 가톨릭 계율 사이에서 갈등하던 그녀는 1944년 자살을 감행한다.

미녀라 죽는 것도 멋있게 죽을 작정을 했다. 방에 꽃바구니 100개, 최고의 미용과 화장, 고가의 드레스와 보석 치장, 우아한 저녁 식사를 하는 등 미학적 미장센을 연출한 후, 불면증 치료제인 세코날 580개를 삼켜버렸다. 세상일은 마음먹은 대로 되지 않는지라, 세코날 때문에 구토를 하게 되어 화려한 거실 대신 결국 지저분한 화장실 바닥에서 임종을 맞는다. 36세로 요절(夭折)한 유명 여배우의 죽음은 이렇게 떠들썩하게 끝났다. 그러나 고향인 멕시코 곳곳에서는 애도의 조기가 게양되었다고 한다.

게리 쿠퍼는 또 '도로시 데 프랏소'(백작부인), 〈누구를 위하여 종은 울리나〉의 버그만과도 소문이 있었던 것 같고, 〈무기여 잘 있거라(1932)〉의 헬렌 헤이스(Helen Hays)는 쿠퍼의 한마디에 "나는 남편과 헤어지는 것도 서슴지 않았다"고 술회할 정도로 쿠퍼는 여성의 마음을 여지없이 사로잡는 귀재였다.

1949년 〈마천루(The Fountainhead)〉에서 공연한 23세의 '패트리샤 닐'(Patricia Neal)을 만나 결혼을 시도했지만 쿠퍼가 부인 산드라 쇼와 이혼을 못하게 되자 닐은 자살을 시도하고 '쿠퍼를 소유하지 못한다면 차라리 영화계를 떠나겠다'며 은둔생활에 들어가기도 했다.[33] 이들의 관계는 1951년 크리스마스에 종료되었다.

이 스캔들의 시초는 「함께 영화작업을 하던 사이에 21살 때부터 패트리샤 닐은 25살이나 연상이었던 유부남 게리 쿠퍼의 정부가 되어 임신까지 하기에 이르렀다. 당연히 그녀는 잉그리드 버그만처럼 여론에 시달렸고 '그녀가 커크 더글라스와 바람을 피운다고 의심한' 쿠퍼에게 빰을 맞기도 했다. 결국 여러 사람들이 보는 앞에서 11살이나 아래인 쿠퍼의 딸 마리아가 닐의 얼굴에 침을 뱉는 수모를 겪고서야 두 사람 관계가 겨우 정리되었다. 훗날 그녀는 〈크렘린〉, 〈찰리와 초콜릿 공장〉 등으로 유명한 영국작가 로울 달(Roal Dahl)의 아내가 되었다.」[34]

쿠퍼는 1949년 닐과의 스캔들 이래 2년 동안 영화출연에서 큰 손실을 입었다. 자신과 유사한 매력적 배역은 클락 게이블이 가져갔고, 미남 역은 로버트 테일러 차지였다. 그러나 프레드 진네만 감독의 ☆

〈하이눈(1952)〉이 그를 다시 회생시켰고, 아카데미 남우주연상도 차지한다.

이혼은 안 했지만 부인과 소원해진 쿠퍼는 35살이나 아래인 프랑스 섹시 디바 '밀렌느 드몽죠'(Mylene Demongeot)와 스캔들을 일으킨 바 있다. 게리 쿠퍼의 연인들을 열거하면, ①잉그리드 버그만 ②그레이스 켈리 ③여배우 루페 벨레스(Lupe Velez) ④"아무도 나와 똑같이 닮을 수는 없다. 심지어 어떤 땐, 나도 나와 닮기 힘들 때가 있다"는 말로 유명한 여배우 탈루라 뱅크헤드(Tallulah Bankhead) ⑤마를레네 디트리히 ⑥밀렌느 드몽죠 ⑦여배우 에블린 브렌트(Evelyn Brent) ⑧여배우 캐롤 롬바드(Carole Lombard) ⑨패트리샤 닐, ⑩도로시 데 프랏소 백작부인(혐의가 있음), ⑪베로니카 바르프 등이다.

출연한 영화마다 '정의한(正義漢)'이며 '반듯한 신사의 표본' 이미지를 보여 온 뒤안길에는 그냥 부러워하기엔 어려운 겁나고 벅찬 또 부끄러운 세간 남정네의 속성이 도사라고 있었다. 왜 많은 여성 스타들이 그에 대해 속된 표현으로 '사족을 못 썼는지'는 알 길이 없다. 다만 여성 입장에서 치명적(致命的) 미남에 매너 좋고, 친절하며 마음씨도 착했기 때문이 아닐까 추측해 본다.

쿠퍼는 1961년 5월 전립선암으로 생을 마감한다. 〈서부의 사나이 (1958)〉가 유작이 되었다.

▶ **어네스트 헤밍웨이**(Ernest Hemingway 1899~1961): 헤밍웨이는 자신의 소설이 가장 많이 영화화된 주인공이다. 〈해는 또다시 떠오른다 (1926)〉, 〈무기여 잘 있거라(1932, 1957, 2회 영화화됨)〉, 〈킬리만자로의 눈(1936)〉, 〈누구를 위하여 종은 울리나〉, 〈노인과 바다(1952, 1990, 2

회 영화화됨)〉 등이다. 〈노인과 바다〉로 1953년 퓰리처상, 1954년에 노벨문학상 수상의 영광을 안는다. 1918년 제1차 세계대전시 의용병으로 이탈리아 전선에 종군, 그 후 그리스와 터키 전쟁도 보도하면서 전쟁의 참상을 소설로 쓴 '행동주의 작가'와 로스트 제너레이션(Lost Generation)의 대표작가, 간결한 문체가 뛰어나 '언어의 마술사'의 명칭을 얻는다.

여성과의 문제도 게리 쿠퍼에 결코 뒤지지 않는다. 특히 공식적인 결혼만 4번 했다. 각 부인과 결혼생활을 하면서 영감을 얻었는지 이혼 후 명작을 발표한다. ①엘리자베스 해들리 리처드슨→해는 또다시 떠오른다(1926) ②폴린 파이어(파리의 보그 지 편집장)→무기여 잘 있거라(1929) ③미사 겔혼→누구를 위하여 종은 울리나(1940) ④메리 웰쉬→노인과 바다(1952). 〈헤밍웨이와 겔혼〉이라는 영화도 있다.(2013년 우리나라에서 개봉되었고 DVD로 출시) 니콜 키드먼이 겔혼 역으로 출연했는데 이 영화는 2012년 제65회 칸 영화제에 출품된 바 있다.

부인 외의 첫 사랑은 헤밍웨이가 제1차 대전 이탈리아 전선의 운전병 시절 박격포 공격을 당해 200개의 파편이 박혀 입원한 밀라노 적십자병원 간호사 '아그네스 폰 쿠로브스키'가 있었고, 마지막 애인은 이탈리아에서 만난 미인 '아드리아나 이반치치'였다고 한다.(영화 〈미드나잇 인 파리〉의 등장인물 중 1인) 그는 세상에 태어나 원 없이 여성을 사랑한 인물 중 하나일 것이다. 그러나 마초적 남성성(性)을 실생활에서나 작품에서나 강조했지만, 두 번째 부인 폴린과 살 때 자신이 성불구자라는 것을 알았다고도 한다. 전쟁에서의 부상, 아프리카 여행 중 두 번의 비행기 사고의 중상 등이 원인이라는 이야기도 있다.

그는 전쟁에 광적으로 몰두했는데 제2차 세계대전 중에는 쿠바에서 독일 스파이들이 쿠바로 잠입하는지와 쿠바 해변에 독일 잠수함이 출몰하는지 등을 조사하기 위해 '크룩 팩토리'(Crook Factory)라는 사설 첩보망을 운영하고 자기 배인 '파일러 호'에 특수 장비를 장착해 U보트 파괴를 시도했을 정도로 전쟁에 집착했다. 그러나 이런 시도는 효과를 거두지 못하고 만다.

1928년 의사였던 부친은 당뇨병과 협심증을 이기지 못하고 권총 자살은 한 바 있다. 동생도 자살했다. 그 또한 1961년 7월 2일(61세) 우울증과 폭음, 과대망상이 심해져 장총을 입에 물고 방아쇠를 당겨 생을 마감한다. 자살 대물림 가계((家系)가 된 셈이다. 그는 한 마리 킬리만자로의 표범 같은 인생을 살았다. 소설가이지만 영화와는 떼려야 뗄 수 없는 '영화적 존재'였다.

▶ 제목 '누구를 위하여 종은 울리나': 이 영화를 다 보고도 '제목'이 무엇을 뜻하는지는 쉽게 알기 어렵다. 「17세기 영국 시인이며 사제(司祭)였던 '존 던'(John Donne 1572~1631)은 장례식 조종(弔鐘) 소리를 들으며 누구를 위하여 종이 울리는지에 대해 말해 준다.

"어느 사람이든지 그 자체로서 온전한 섬은 아닐지니/ 모든 인간이란 대륙의 한 조각이며/ 또한 대양의 한 부분일지라./ 만일 흙덩어리가 바닷물에 씻겨 내려가게 된다면/ 유럽 땅은 그만큼 작아질 것이며/ 모래톱이 그리 되더라도 마찬가지이리라./ 어느 누구의 죽음이든 나를 감소시키나니/ 내가 인류의 일부분이기 때문이라./ 그러니 묻지 말지어다. 누구를 위해 종을 울리는지./ 종은 바로 그대 자신을 위해 울리나니.(중략)

존 던의 시는 이 세계가 그물처럼 촘촘히 얽힌 유기체임을, 그리고 얼굴조차 모르는 그 누구의 생명일지라도 내 생명의 일부라는 점을 설파한다. 헤밍웨이는 이 시의 일부를 자신의 소설 제목으로 차용해 온다. … 영화에서 조던은 마리아와 동료들을 살리기 위해 목숨을 버린다. … 이는 타인의 생명을 구하고 궁극적으로 불멸의 존재가 되는 최고의 생명구현 행위이다.」[35] 여러 가지 해석이 가능하겠지만 인간의 자유를 위해 자신의 목숨을 희생한 '조던'을 위해 종이 울리는 것이 아닌지 하는 생각을 해볼 수 있다. 동료애, 인류를 향한 메시지, 죽음이 무엇인지에 대한 사색도 모두 주제 속에 응축되어 있다.

15 🎥 가스등

1944년 작. 미국 영화(MGM). 114분. 흑백
원제: Gaslight
감독: 조지 큐커
출연: 샤를르 보아이에, 잉그리드 버그만, 조셉 코튼 외
※1960 한국 개봉

▶ **리뷰:** 안개가 자욱한 런던 광장이 보이는 대저택에서 유명한 여가수 엘리스가 살해된 것을 고모와 함께 살던 폴러(잉그리드 버그만)가 발견하나 경찰은 범인을 가려내지 못하고 폴러는 이탈리아로 떠난다. 성악 선생님 집에서 피아노 반주를 담당하던 그레고리(샤를르 보아이에)와 우연히 사랑에 빠지고 결혼하여 10년 만에 폴러가 상속받은 런던 아주머니 집에 돌아와 살게 된다.

그런데 남편 그레고리는 부유한 상속녀(相續女)인 아내 폴러의 외출을 막는 등 여러 가지 구실로 정신이상자로 몰아간다. 폴러는 집안의 가스등이 매일 밤 흐려지고 이상한 소리가 들리는데도 남편은 그녀의 상상(想像)으로 몰아가고…. 그레고리가 자기 어머니 것이라고 준 브로치를 폴러는 보석박물관을 구경하다 핸드백에서 찾지 못하고. …(남편이 미리 빼냈다) 그러나 엘리스 고모의 팬이었고 폴러를 연모하던 런던 경시청 경위(조셉 코튼)가 등장해 그녀를 구하고, 10년 전 엘리스의 고가 보석을 훔치려다 그녀를 살해한 그레고리의 죄상을 밝혀낸다.

막대한 재산 상속을 노리고 아내를 피해강박과 편집증으로 몰고 가는 악당의 이야기다. 가여운 폴러를 지켜보는 관객들의 가슴은 조마조마 타들어간다.

고대 중국의 순자(荀子)는 "인간의 타고난 본성은 악(惡)하다"고 했고, 반대로 맹자(孟子)는 "사람의 본성은 선(善)이다"라고 주장한다. 다만 성악설은 인간의 감성적 · 관능적 욕망을 방임하지 말고 인의예지(仁義禮智)를 통해 교정(矯正)하려는 의욕의 표현이라고 설파(說破)한 바 있다. 그러니까 성악설과 성선설은 동일 선상에 존재하는 셈이다. 따라서 이 영화는 '그레고리'라는 악에 가득찬 후흑(厚黑-철면피와 흑심)의 고수(高手)를 통해 성악설을 정교하게 고발한 초기 스릴러 코드이다. 흑백영화와 '안개'는 잘 어울리는 미학인 모양이다.

▶ **조지 큐커 감독**(George Cukor 1899~1983): 무대연출가로 있다가 1929년 영화계에 입문한 그는 RKO, MGM, 컬럼비아, 워너브라더스 등의 여러 스튜디오에서 일하면서 많은 작품들을 남겼는데〈필라델피아 스토리〉등 캐서린 헵번의 작품을 주로 감독하였다. 1965년 제37회 아카데미 시상식에서 ☆〈마이 페어 레이디〉로 감독상을 수상한 바 있다. 연출작품들은 다음과 같다.

•1981 여인의 계단 •1964 마이 페어 레이디 •1960 사랑을 합시다 •1956 열정의 랩소디 •1956 보와니 분기점(Bhowani Junction) •1954 스타 탄생 •1947 이중생활 •1944 가스등 •1940 필라델피아 스토리 •1938 톰 소여의 모험 •1936 로미오와 줄리엣 •1936 춘희(Camille 그레타 가르보, 로버트 테일러) •1935 데이빗 코퍼필드

• 1933 작은 아씨들

▶ **샤를르 보아이에**(Charles Boyer 1899/프랑스~1978): 그는 프랑스 태생 배우로 1929년 MGM과 계약했고 1942년 미국으로 귀화해 미국 시민이 되었다. 1920~76년까지 약 80여 편의 영화에 출연했다. 프랑스 배우로 미국의 '유럽 숭배'로 인해 할리우드가 수입한 배우라는 평가도 있다. 〈사막의 화원(1936)〉, 〈알제리(1938)〉, 〈Love Affair(1939)〉, 〈묵시록의 4기사(1962)〉, 〈파리는 불타고 있는가?(1966)〉 등이 그의 출연작품들이다. 그는 영어, 불어, 독일어, 이탈리아어, 스페인어를 구사할 수 있다. 그는 1934년 영국 여배우 Pat Paterson과 디너파티에서 만나 결혼해 44년간 해로했다. 21살 외아들은 1965년 여자 문제로 자살하고, 1978년 암으로 부인이 사망한다. 그 이틀 뒤인(그의 79세 생일 이틀 전) 1978년 8월 26일 자살로 생을 마감한다. 말년이 안겨준 무서운 비극이다.

▶ **잉그리드 버그만**(Ingrid Bergman): [13] 〈카사블랑카〉 참조.

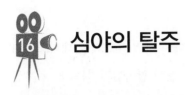

심야의 탈주

1947년 작. 영국 영화(Janus Films, Two Cities Film). 116분. 흑백
원제: Odd Man Out
감독: 캐롤 리드
출연: 제임스 메이슨, 로버트 뉴톤, 캐더린 라이언, 로버트 비티 외

▶ **리뷰:** 한국 상영 제목은 〈심야(深夜)의 탈주(脫走), 또는 심야의 추적자〉이지만 영어제목은 〈Odd Man Out〉이다. 오드맨 아웃은 '방해자는 없애라', 또는 '기묘한 죽음'으로 번역되기도 한다. 필자의 영어실력이 짧아 정확한 정의를 내리기 어렵지만, 사전적 뜻은 '외톨이', '예외적인 사람' 등이다. '심야의 탈주'라는 어의(語義)에서 보듯이 진퇴양난에 빠진 고립무원의 사나이가 오후 4시에서 밤 12시까지 8시간 동안 쫓기는 쓸쓸한 여정을 관통하는 범죄극임을 직감할 수 있다.

아일랜드에서 지하운동을 하는 IRA 조직의 리더 조니 마퀸(Johnny McQueen 제임스 메이슨)은 탈옥 후 캐더린(캐더린 라이언)의 집에서 숨어 지낸다. 어느 날 독립운동자금을 마련하기 위해 동료들과 함께 북아일랜드의 수도 벨파스트(Belfast)에 있는 한 방직공장을 털다가 조니는 뒤쫓아 온 사람과 몸싸움을 벌이던 중 총기오발로 그를 살해하고 자신도 왼쪽 어깨에 심한 부상을 입어 방공호로 숨어든다.

조니의 이러한 백척간두 일촉즉발(一觸卽發)의 살벌한 상황이 이어지는 속에 조직을 보호하기 위해 조니를 구하려는 조직원 데니스(로버트 비티), 현상금에 눈이 멀어 조니를 경찰에 팔아넘기려는 새 장수 셀(F.J. 매코믹), 죽어가는 조니의 모습을 화폭(畵幅)에 남기려는 화가 루키, 죄는 미워도 사람을 미워하지 않는다는 톰 신부가 등장한다. 글자 그대로 인간군상의 행위는 이야기의 긴박감을 감기도 하고 풀기도 한다. 제임스 메이슨(조니)의 라스트 신은 대단히 인상적이다. 천신만고 끝에 비상선을 통과한 조니를 부축하고 부두를 탈출하려던 캐더린은 하얀 눈이 내리는 부두의 광장에서 조니와 함께 경찰에 사살된다. 캐더린을 바라보는 조니의 절망적인 눈길에 가슴이 메어진다.

이런 아일랜드를 배경으로 한 영화 중에는 2006년 칸 영화제에서 황금종려상을 수상한 〈보리밭을 흔드는 바람(켄 로치 Ken Loach 감독)〉도 유명하다. 아일랜드의 비극은 1801년 영국 · 아일랜드 합병 이후 200년간 지속되었다.

이 영화의 주인공이 속한 IRA(Irish Republican Army)는 「북아일랜드의 가톨릭계 과격파 무장조직으로 영국령 북아일랜드의 독립을 요구하며 반영(反英) 테러 활동을 위해 1919년 결성한 조직이었다.

그러나 아일랜드공화국군(IRA)은 북아일랜드 평화협정을 안정시키기 위해 2001년 10월 첫 무장 해제에 이어 2002년 4월 제2차 무장 해제를 실시하면서, 북아일랜드의 구 교파 준군사조직으로 남게 되었다. 1994년 9월 IRA가 휴전을 선언할 때까지 북아일랜드에선 25년 동안 유혈 내전사태가 계속됐고 영국, 아일랜드, 북아일랜드 등에서 테러로 모두 3천2백여 명이 사망했다.」[36]

"식민지배가 낳은 200년 앙금을 풀다… 영국 · 아일랜드, 역사적인 화해의 만찬".(조선일보.2014.4.10) 엘리자베스 2세 영국 여왕이 4월 8일(현지 시간) 런던 인근 윈저 성에서 마이클 히긴스 아일랜드 대통령을 환영하는 만찬을 열었다. 아일랜드 정부 수반으로는 처음으로 영국을 방문한 히긴스 대통령은 여왕 바로 오른편에 앉았다. 이날 만찬에는 IRA 사령관을 지냈던 마틴 맥기네스 북아일랜드 제1장관도 참석했다. 엘리자베스 2세 여왕은 1979년 사촌인 마운트배튼 경을 IRA 테러로 잃었다. 영국 텔레그래프는 "1801년 영국·아일랜드 합병 이후 200년간 지속됐던 양국 대립을 종식시키는 역사적 장면"이라고 보도했다. 수많은 세월이 지났지만 '심야의 탈주'는 역사의 현장을 복기(復棋)하는 치열함을 표현하고 있다.

▶ **캐롤 리드 감독**(Carol Reed 1906~1976): 캐롤 리드의 바이오그래피이다. 1906년 런던에서 태어난 리드는 학교를 졸업하자 아버지의 가업인 농장을 이어받으라는 압력에 시달린다. 일찍부터 연극에 매혹됐던 그는 1920년대 중반까지 무대에서 배우와 연극 연출을 맡는 것으로 부모님의 뜻을 거절했다. (한 자료에 따르면, 그는 배우와 프로듀서였던 Herbert Beerbohm Tree 경과 그의 정부 사이에서 출생했다는 설도 있다.)

서부 런던 푸트니에서 자랐고 켄터베리킹스 스쿨에서 공부했다. 그는 이미 10대에 영화계에 들어왔는데, 스릴러 작가 Edgar Wallace 회사에서 일하면서 1927년에 그의 조수가 되었다. 영화계로 전향하여 1936년 〈사관생도(Midshipman Easy)〉로 감독이 된다. 제2차 세계대전 중에는 육군 영화반에서 근무했다. 1969년 제41회 미국 아카데미 시상식에서 ☆〈올리버〉로 감독상을 수상한다. 농부가 될 뻔했으나 화려한 연출력으로 영국 영화계를 빛낸 리드는 미아 패로우가 주연한 코미디 〈나를 따라와요(Follow Me)〉를 마지막으로 1976년 런던에서 숨을 거뒀다.

• 1968 올리버 • 1962 바운티 호의 반란 • 1959 하바나의 사나이 • 1958 열쇠(전쟁영화 윌리엄 홀든, 소피아 로렌, 트레버 하워드) • 1951 문화가 끝나는 곳 • 1949 제3의 사나이 • 1948 추락한 우상 • 1944 선봉장이 되어 • 1947 심야의 탈출 • 1940 뮌헨 행 야간열차 • 1935 바다의 사자들

▶ 제임스 메이슨(James Mason 1909~1984): 그는 영국 요크셔 주 허더스필드에서 부유한 상인인 아버지 밑에서 태어났고, 영국 정상에 속하는 말보로 학교에서 교육을 받은 후 케임브리지 대학교에 진학했다. 원래 건축가가 될 계획이었지만 연극 무대에 끌렸고 런던의 올드빅 극단에 들어갔다. 1930년대 중반 영화계로 진출해 스타덤에 오른 후 미국으로 건너가 할리우드의 대형 스타로 성장했다. 1941년 영국 여배우 Pamela Mason과, 그리고 호주 여배우 Clarissa Kaye와 2번 결혼했다. 1959년 심장병에 걸렸었고 1984년 스위스 로잔에서 사망한다. 그의 출연작들이다.

• 1982 심판(The Verdict 폴 뉴먼 주연) • 1979 살인지령 • 1977 철십자 훈장 • 1975 만딩고 • 1973 쉴라 호의 수수께끼 • 1970 스프링 앤드 포트와인 • 1966 대야망(블루맥스) • 1966 조지 걸 • 1962 롤리타 • 1959 북북서로 진로를 돌려라 • 1954 스타 탄생 • 1954 해저 2만 리 • 1953 사막의 쥐 • 1952 젠다 성의 포로 • 1951 사막의 여우 롬

멜 •1951 판도라와 플라잉 더치맨 •1949 레클리스 모먼트 •1947 심야의 탈출 •1945 사악한 여자 •1943 회색 옷을 입은 남자 •1943 썬더 락 •1942 밤에는 눈이 있다. ※한국 개봉 연도 미상

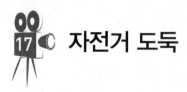

자전거 도둑

1948년 작. 이탈리아 영화(유신키네마 사). 93분. 흑백
원제: Ladri di biciclette. The Bicycle Thief
감독: 비토리오 데 시카
출연: 리아넬라 카렐, 포스토 구에르조니, 지울리오 바티페리

▶ **리뷰:** 영화 애호가라면 비토리오 데 시카 감독의 〈자전거 도둑〉을 알고 있을 것이다. 스토리의 구조는 비교적 간단하다. 자전거를 잃어버려 혼신의 노력을 다하여 찾다가 실패하자 역설적으로 오히려 자신이 자전거 도둑이 되고마는 남자의 이야기다.

어찌하여 자전거를 도둑맞은 피해자가 다시 자전거를 훔치는 범죄자로 둔갑하고 마느냐 하는 이유는, 이탈리아가 제2차 세계대전 당시 독일, 일본과 함께 소위 주축국(主軸國)으로 미국, 영국 등 연합군에 맞서 싸웠다가 심각한 피해를 입고 패전했기 때문이다. 막말로 이탈리아는 쫄딱 망했다. 로마 시민들은 굶주림으로 고통을 당했고, 실업자는 들끓었다. 주인공 안토니오는 자전거가 필요한 벽보붙이기 일자리를 얻기 위해 아내 마리아가 혼수로 해온 아끼는 침대 시트를 전당포에 잡히기까지 하고 자전거를 구한다. 아들 부루노와 함께 벽보를 붙이는 사이 한 놈(?)이 그의 자전거를 타고 줄행랑을 놓는다.

취업하자마자 이틀 만에 곧 실직자가 된 부자(父子)는 다음날부터 죽기 살기로 자전거 찾기에 돌입한다. 도둑을 잡고 보니 그 도둑은 간질병 환자이고 증거물인 안토니오의 자전거는 없다. 그의 집도 안토니오네 집보다 더욱 초라하다. 안토니오는 허탈한 마음으로 거리에 앉아 사이클 경기를 보다가 충동적으로 자기도 자전거를 훔치다가 잡혀 온갖 멸시와 모욕을 받고 풀려난다.

해가 뉘엿뉘엿 넘어가는 로마 거리를 터벅터벅 걸어가는 아버지와 아들의 모습에서 우리는 절망감과 연민을 동시에 느끼지 않을 수 없다. 잃어버린 자, 훔친 자, 잃어버리고 다시 훔친 자, 모두 무죄일까? 아닐까?

▶ **네오리얼리즘(neorealism):** 네오리얼리즘은 이탈리안 리얼리즘이라고도 부른다. 「'네오레알리스모'는 무솔리니의 파시스트 정권의 예술적인 억압에 대항하면서 형성된 영화 운동이다. 종래의 이탈리아 영화는 파시즘 선동·선전 영화나 그 반대의 허황된 코미디나 멜로드라마 류(類)의 영화들 일색이었다. 이와 대칭되는 개념이 '백색전화 영화'(white telephone movie)인데, 사치스러운 배경과 부유층이 주요 등장인물인 영화에 대한 통칭이다. 1930년대 이탈리아에서 만연되었던 전형적이고 상습적인 애정영화를 지칭하는 용어로서, 이들의 내용 중에는 대개가 고급 호스티스의 침대 곁에 언제나 고객 호출용 백색전화가 놓여 있던 데서 붙여진 명칭이다.(매스컴대사전)

패전국에 대한 문화침식으로 미국 영화가 넘쳐나던 시기였다. 이들은 현실 또는 생활이라는 일상성이 그들의 주된 주제로 삼았다. 카메라를 들고 현실세계와의 직접적인 접촉에 나섰고, 생활공간이나 작업장에서 직접 로케이션 촬영을 하고, 아마추어 배우들을 대거 등장시켰다. 내용적으로는 전후 시대의 가난과 사회적 문제와 갈등을 주제로 다룬 영화로, 전쟁의 파괴, 살상, 레지스탕스의 투쟁, 빈곤, 실업, 패전 등 현실 속으로 파고들어 진실을 찾고자 하는 주제들이 대부분이었다.

루키노 비스콘티 감독의 〈강박관념(1943)〉은 당시 사회의 환경을 사실적으로 그려내 네오리얼리즘적인 영화의 선두에 섰다. 이 작품의 시나리오를 쓴 안토니오 피에트란젤리(Antonio Pietrangeli)는 1943년 이탈리아 영화 잡지 〈치네마(Cinem)〉에서 처음으로 '네오레알리스모'란 용어를 사용하기도 했다. 하지만 이 운동의 실질적인 시작은 독일군이 로마에서 철수한 직후인 1945년, 로베르토 로셀리니(Roberto Rossellini-잉그리드 버그만의 전 남편)가 〈무방비 도시(1945)〉를 발표하면서부터이다. 이 영화는 네오리얼리즘의 핵심적 구성 요소들을 잘 보여 준다.

사실을 토대로 한 일상적인 세팅, 전문 배우와 아울러 비전문 배우들이 연기하는 보통 사람들, 일상적인 사회문제와 에피소드, 담담한 카메라와 편집 등이 그것이다. 로셀리니는 나치가 도시를 철수하는 동안 몇 개의 장면을 촬영하였고, 좋은 필름을 구하는 것이 불가능했기 때문에 뉴스 영화용 필름을 사용해야 했다. 이 영화의 거친 필름 입자와 기술적인 결함은 오히려 사실적인 이미지를 만들어 내는데 도움을 주었다.

실제로 모든 장면을 실제 장소에서 촬영했고, 야외 장면은 자연광만으로 촬영했다. 또 다른 대표작으로 손꼽히는 비토리오 데 시카의 〈자전거 도둑(1948)〉은 이탈리아의 가혹한 전후 시대를 살기 위해 발버둥치는 한 남자가 자전거를 훔치는 사건을 아들과의 감동적인 관계에 주목해 예술적인 리얼리즘으로 그린 영화이다. 이 영화는 거의 모든 장면을 촬영소 밖에서 찍었고, 주인공 아버지 역할은 실제 철공소에서 일하는 노동자가 맡았으며, 아들 역을 맡은 소년은 로마의 신문배달원이었다. 지극히 단순한 형식이지만 어떤 관습에도 매이지 않고 거리의 진실을 담담하게 포착한 이 영화는 복잡 미묘한 형식의 영화에서 찾아볼 수 없는 강렬한 힘을 발산한다.

자유와 정의, 민주주의를 지향하고 이탈리아의 후진성과 편견에 맞서 싸우며, 변혁과 근대사회 건설을 희구하던 이탈리아의 네오레알리스모 운동은 1950년대 초반 이후 소멸되었다. 냉전시대가 도래하면서 정부의 사회주의 리얼리즘 경향의 영화들을 제한하는 조치들이 이어지고, 전후 이탈리아 경제가 부흥하면서 사회문제에 초점을 맞추던 작가들의 경향이 점차 개인의 문제로 넘어 가게 되었다. 하지만 네오레알리스모의 소멸에도 불구하고 프랑스의 누벨바그와 영국의 뉴웨이브 영화들을 비롯한 유럽, 미국, 인도 등의 영화제작에 지대한 영향을 주었다.」[37]

▶ **비토리아 데 시카 감독**(Vittorio De Sica 1902~1974): 그는 이탈리아 라치오의 가난한 집안에서 태어나 연극배우가 되었다. 그 후 시나리오 작가 세자르 자바티니(Cesare Zarvattine)를 만나 〈구두닦이〉와 〈자전거 도둑〉을 감독하게 된다. 감독 외에 배우로 출연도 했는데 찰스 비더 감독, 록 허드슨, 제니퍼 존스 주연의 〈무기여 잘 있거라(1957)〉에 군의관 역을 맡은 바 있다. 다음은 작품연보이다. 〈핀치 콘티나가의 정원(1971, 1971년 아카데미 최우수외국어영화상 수상)〉, 〈두 여인(1961-이 작품으로 ☆소피아 로렌이 아카데미에서 여우주연상을 수상함)〉, 〈나폴리의 황금

(1954)〉, 〈종착역(1952)〉, 〈그리운 나날(1952)〉, 〈움베르트 D(1951)〉, 〈밀라노의 기적(1950)〉, 〈자전거 도둑(1948)〉, 〈구두닦이(1946)〉, 〈아이들은 보고 있다(1942)〉, 〈홍장미(1939)〉, 〈사내들은 거짓말쟁이(1931)〉.
※한국 개봉 연도 미상

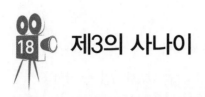

제3의 사나이

1949년 작. 영국 영화(런던 필름 프로덕션. 브리티시 라이언 필름). 93분. 흑백
원제: The Third Man
감독: 캐롤 리드
출연: 조셉 코튼, 오슨 웰스, 트레버 하워드, 알리다 발리 외
원작 · 각본: 그레이엄 그린
촬영: 로버트 크래스커
제작: 알렉산더 코다, 데이비드 O. 셀즈닉
※1954 한국 개봉

▶ **리뷰**: 오스트리아의 수도 비엔나는 항상 흥겨운 왈츠가 춤추어지는 도시이다. 그러나 제2차 대전 종전 후 이 영화의 무대인 빈(비엔나)은 어둡고 음울하고 범죄가 들끓는 비정의 도시로 묘사된다. 이 누아르 형 스릴러 영화는 스토리 설명이 쉽지 않다. 따라서 등장하는 극중 주요 인물 소개가 필요하다.

- 홀리 마틴스: 미국인 3류 소설가−조셉 코튼
- 해리 라임: 홀리에게 일자리를 제안한 그의 친구, 불량 페니실린 밀매 범인−오슨 웰스
- 캘로웨이 소령: 국제경찰−트레버 하워드
- 안나 슈미트(여): 해리 라임의 옛 애인−알리다 발리 등이다.

➡ 제2차 세계대전 직후, 4개 승전국이 공동 통치하던 비엔나에 '홀리 마틴스'(조셉 코튼)라는 한 미국인이 도착한다. 가난한 소설가인 그

는 여기 사는 친구 '해리 라임'(오슨 웰스)이 일자리를 주선하겠다고 해서 멀리 여행을 온 것이다. 그러나 도착한 날, 해리가 차 사고로 사망한 것을 알고 놀란다. 사고 현장엔 해리의 친구 커츠 남작과 사고현장을 목격한 짐꾼이 서로 다른 진술을 함으로 그의 사인(死因)에 대해 의문을 품는다. 홀리는 짐꾼으로부터 커츠 남작, 루마니아인 포페스쿠, 또 다른 '제3의 사나이'가 해리의 시체를 옮겼다는 이야기를 듣고 혼란에 빠진다.

해리의 옛 애인인 '안나'(알리다 발리)를 찾아간 해리는 그 상황에서도 그녀에 대해 사랑의 감정을 갖게 되고, 위조한 여권이 발각돼 곤경에 처한 그녀를 도와주기 위해 노력한다. 국제경찰 영국군 '캘로웨이' 소령은 해리를 봤다는 '마스틴'이라는 사람의 증언을 듣고 해리의 관을 열어보니까 해리가 아니라 그와 한 패였던 공범이 누워 있지 않은가!

해리의 불량 페니실린 밀매로 많은 환자들을 죽게 한 사실을 알게 된 마틴스는 해리의 검거에 협조하기로 하지만, 안나의 간곡한 부탁에 다시 맘을 돌려 돕기를 거부하기로 한다. 그러나 캘로웨이 소령이 홀리 마틴스를 병원으로 데려가 불량 페니실린의 희생자들을 직접 보여주자, 그는 생각을 바꿔 해리 체포 가담을 결심한다. 약속장소에서 마틴스와 접선한 해리(오슨 웰스)는 경찰의 추격을 받고 도주하다 마틴스(조셉 코튼)의 총에 사망한다. 3류 소설가가 수사관 격이 되어 자기를 초청한 친구를 살해하게 되는 아이러니로 영화는 끝난다. 〈제3의 사나이〉는 해리의 가짜 장례식으로 시작해서 진짜 장례식으로 종료된다. 가짜와 진짜 장례식 사이에는 나쁜 인간(The Bad)과 좋은 인간(The Good) 간의 엄청난 간격이 존재한다. '악당은 지옥으로'의 결말과 과정이 으스스하다.

영국 영화연구소(BFI)가 뽑은 [20세기 최고의 영국 영화 100편] 중 1위로 선정된 바 있다. 또한 ☆1951 미국 아카데미상 촬영상(흑백 부문), 1950 영국 아카데미상 영국 영화 최우수 작품상, 1949 프랑스 칸 영화제 대상 등 굵직한 상들을 수상했다. 또 미국 영화연구소 선정 [100대 영화](1997)에서 57위에 올랐다.

▶ 캐롤 리드 감독: [16] 〈심야의 탈주〉 참조.

▶ 조셉 코튼(Joseph Cotten 1905~1994): 1905년 미국 버지니아 주 피터즈버그에서 태어나고 1924년 뉴욕으로 가 연기에 도전했으나 성과가 없자 잠시 광고계와 성우를 거쳐 브로드웨이에서 배우로 데뷔한다. 거기서 오슨 웰스를 만나게 되었고, 웰스의 극단 '머큐리'에 들어갔다가 〈시민 케인(1941)〉의 출연 기회가 생겼고 명성도 얻게 된다. 오슨 웰스는 코튼에게 평생 은인인 셈이다. 그 후 약 40년에 걸쳐 70여 편의 영화에 출연한다. 1931년 레노아 키프와 결혼하여 38년 동안 잘 지냈지만 부인이 1969년에 사별하자 패트리셔 메디너와 재혼하고 1994년 캘리포니아 주 웨스트우드에서 사망한다. 여성관객들에게 매우 정감 있는 애인으로 기억된다. 그가 출연한 작품들이다.

• 1970 도라 도라 도라 • 1966 서부의 무법자 • 1953 나이아가라 (마릴린 먼로 주연) • 1951 여수 • 1949 염소자리 • 1949 제3의 사나이 • 1948 제니의 초상 • 1946 백주의 결투 • 1945 러브 레터 • 1944 가스등 • 1943 의혹의 그림자 • 1941 시민 케인

▶ **오슨 웰스**(Orson Wells 1915~1985): 그는 1915년 미국 위스콘신 주에 서 사업가인 아버지와 피아니스트였던 어머니 사이에서 태어나, 시카 고 예술학교를 거쳐 저널리스트로 일하다가 연극계로 들어왔고 영화 감독, 배우, 프로듀서, 극작가로 일했다. 오슨 웰스를 말하자면 먼저 영화 〈시민 케인(Citizen Kane 1941)〉을 소개하지 않으면 안 된다.

「오슨 웰스 감독의 〈시민 케인〉은 그가 제작·각본·감독·주연까 지 1인 4역을 한 작품이다. AFI(미국 영화연구소)가 선정한 위대한 미국 영화 목록에서 1위(1988, 2007)를 할 정도로 비평가들은 20세기 최고의 영화 중 하나라고 평가한다.

극중 주인공으로 되어 있는 실제 인물 '찰스 포스터 케인'(Charles Foster Kane)은 1860년 콜로라도 주 뉴 살렘에서 태어났다. 우연히 얻 은 광산(鑛山)이 노다지가 되어 그의 집은 벼락부자가 된다. 케인은 25 세 때 뉴욕의 한 신문사인 〈인콰이어〉 지를 인수하여 성공하는 듯 했 으나 사업도 결혼도 모두 실패한다.

오슨 웰스는 당시 언론사 재벌 윌리엄 랜돌프 허스트(William Randolph Hearst)의 삶을 풍자하는 영화를 만들기로 하면서 허스트 측 으로부터 많은 방해공작을 받는다. 그러나 그의 뛰어난 능력을 인정한 RKO는 웰스에게 막대한 예산을 지원해준다. 그러나 웰스가 직접 세 운 영화사 머큐리 프로덕션(Mercury Productions)과 RKO 라디오 픽처 스의 합작으로 완성은 했으나 흥행에는 성공하지 못한다.

〈시민 케인〉은 한 언론재벌의 타락한 인생을 조명함으로써 아메리 칸 드림, 미국 자본주의를 비판했다. 내용 중 로즈 버드(Rosebud)는 '순수함', '진정한 행복'을 상징한다. 기술적으로는 앙각(low angle), 딥 포커스(deep focus), flashback, 비선형 내러티브 등을 사용하는 성과를 올렸다.

그는 초년에는 재기가 반짝여서 라디오에서도 활동했는데, 1938년 10월 30일 CBS 방송에서 오슨 웰스와 존 하우스먼은 'H. G. 웰즈'(1866~1946 영국출신 과학 소설가)의 소설 〈우주전쟁(The War of the World)〉을 각색한 라디오 방송극을 연출하면서 할로윈 축제날 장난기가 발동한다.

실제상황인 것처럼 "화성인 군대가 뉴저지의 한 농장에 착륙해 지구를 침공하고 있다"고 긴급 뉴스 형식으로 방송해 전국을 공황 상태에 빠뜨렸다. 현장 기자는 외계인의 침공 상황을 실감 나게 보도했다. "광선이 무차별적으로 난사돼 사방이 불바다이고 사람들은 파리 떼처럼 죽어나가고…." 방송 시작 40분 후 "여러분은 오슨 웰스의 머큐리 극장에서 〈우주 전쟁〉 드라마를 듣고 계십니다." 이런 멘트가 나갔다. 가짜 실황중계였다. 그 방송으로 웰스는 순식간에 악명(惡名)을 떨쳤고, 다음날 공개 사과문을 발표했다.

그의 활동은 조로한 편인데, 그래도 1959년 칸 영화제 남우주연상과 1970년 베니스 영화제 황금사자상을 수상하기도 했다. 〈제3의 사나이〉, 〈백경〉, 〈길고 더운 여름〉 등 다른 감독들의 영화에서 배우로 출연해 깊은 인상을 남기기도 한다. 1975년 미국의 영화협회에서 명예공로상을 수여받고 1985년 사망하였다. 리타 헤이워즈의 두 번째 남편이기도 하다.」**38**

▶ **트레버 하워드**(Trevor Howard1913/영국~1988): 그는 클리프턴 칼리지와 왕립 극예술아카데미에서 수학했다. 제2차 세계대전 때는 영국군에 입대했고, 데이비드 린 감독의 〈밀회(1945)〉에 출연을 시작으로 〈도

망자(1947)〉, 〈제3의 사나이(1949)〉, 〈아들과 연인(1960)〉, 〈라이언의 딸
(1970)〉 등에서 호평을 받았다. 1959년 제12회 영국 아카데미 시상식
남우주연상을 수상했다. 출연작들이다.

• 1986 피터 대제 • 1982 간디 • 1980 바다의 늑대들 • 1979 허리
케인 • 1975 몬테크리스토 백작 • 1970 라이언의 딸 • 1969 공군대
전략 • 1965 탈주특급 • 1962 라이온 • 1960 바운티 호의 반란, 아들
과 연인 • 1958 열쇠 • 1956 80일간의 세계일주 • 1949 제3의 사나
이 • 1947 도망자 • 1945 밀회 • 1944 선봉에서

▶ **알리다 발리**(Alida Valli 1921~2006): 이 여배우는 이탈리아인 아버지
와 오스트리아인 어머니 사이에서 이탈리아의 폴라(Pola-현재 크로아티
아 Pula)에서 출생했다. 13세에 영화계에 데뷔한다. 남편인 작곡가 오
스카 드 메조와 할리우드로 건너가 데이비드 O. 셀즈닉과 계약을 맺
고서 〈기적의 벨(Miracle of the Bells 1947)〉, 히치콕의 〈패러다인 부인의
재판(The Paradine Case 1947)〉, 〈제3의 사나이〉에 출연함으로써 스타의
반열에 올랐지만 1954년 마약과 섹스에 관련된 스캔들이 장애가 되었
다. 그녀의 출연작들은 다음과 같다.

• 2004 천사의 살인 • 1996 거미의 계략(미켈란젤로 안토니오니 감독)
• 1980 인페르노 • 1974 사탄과 춘희 • 1972 인디안 서머 • 1957 외
침(미켈란젤로 안토니오니 감독) • 1949 제3의 사나이 • 1940 마농

▶ **그레이엄 그린**(Graham Greene 1904~1991): 영국의 소설가이다. (1952년

생인 미국 배우와 동명이인이므로 주의가 필요하다) 옥스퍼드 대학교를 졸업한 뒤, 1925년 가톨릭에 입교하면서 가톨릭 작가로 활동했다. 가톨릭 작가라는 점에서는 잘 이해가 되지 않지만, 그는 스파이 소설도 썼고, 실제로 스파이로 활동했다는 이야기도 있다. 저서로는 〈권력과 영광〉, 〈조용한 미국인〉, 〈제3의 사나이〉 등이 있고, 희곡 작품도 몇 편 있다. 소설가이지만 영화 비평가로 일한 경험이 있어 영화계와 인연을 맺은 것으로 생각된다. 그의 원작들은 긴장감과 반전이 강한 것이 특징이다. 그의 영화화 된 작품들만 보더라도 영화계에 기여한 공로가 많다.

• 2010 브라이튼 록(원작) • 2006 백주의 탈출(원작) • 1983 데드라인(원작) • 1967 위험한 여로(각본, 원작) • 1959 하바나의 사나이(각본, 원작) • 1955 엔드 오브 어페어(원작) • 1949 제3의 사나이(각본, 원작) • 1948 몰락한 우상(각본, 원작) • 1947 도망자(원작)

▶ **안톤 카라스**(Anton Karas 1906/빈,오스트리아~1985): 「13세부터 치터[39]를 다루고 빈 음악원에서 공부했다. 졸업 후에는 와인 술집 등에서 연주했는데, 1948년 영화감독 캐롤 리드에게 인정받아 영화 〈제3의 사나이〉 반주음악의 작곡과 연주를 담당, 이것이 히트하여 일약 전 세계에 이름이 알려지게 되었다. 「캐롤 리드는 어느 날 밤 비엔나의 맥주집에서 카라스의 연주를 들었다. 음악은 어둠 속에서 휘파람소리처럼 들렸지만 기쁨에 넘치지는 않는다. 〈제3의 사나이〉 영화음악은 영화의 분위기를 규정한다. 미숙한 장난처럼 시작된 액션은 배후에 도사린 악질적인 사연을 폭로한다.」[40] (처음 트레버 하워드가 카라스를 발견했

다는 설도 있음)

▶ **로버트 크래스커 촬영감독**(Robert Krasker 1913~1981): 그는 오스트레일리아 퍼스(Perth)에서 태어났다. 「크래스커 촬영감독의 가장 두드러지는 기술적인 특징은 독일 표현주의에 의한 강렬한 흑백 미장센[41]이다. 실제 지평선과 화면 속의 지평선을 평행하게 촬영하는 것이 아닌, 카메라 각도를 비틀어서 독창적인 화면 구도를 완성하였고, 흑백의 차이를 극대화시키며, 그림자의 활용도를 높이는 등 필름 누아르의 미학을 한 단계 발전시켰다. 크래스커는 ☆1951년 제23회 아카데미 시상식에서 촬영상(흑백)을 수상하기도 하였다.」[42]

▶ **제작 에피소드:** 「캐롤 리드 감독은 영화를 만들면서 미국인 제작자 '데이비드 O. 셀즈닉'과 사사건건 충돌했다. 셀즈닉은 세트에서 촬영하고, 명랑한 음악을 쓰며, 해리 라임 역에 영국의 국민배우 노엘 카워드(Noel Coward 1899~1973)를 기용하고 싶어 했다. "그랬다면 이 영화는 사람들의 기억에서 1주일 만에 사라졌을 것이다"라고 로저 에버트는 진단한다. 역시 에버트의 글이 계속된다.

「조셉 코튼과 오슨 웰스가 유원지 관람차를 타는 장면에서, 운행하던 관람차의 문이 열릴 무렵, 해리(오슨 웰스-불량 페니실린 밀매범)가 자신을 옹호하려 애쓴다. "사람들이 뭐라 얘기하는지 자네도 알 거야. 보르지아 가문[43]이 30년 동안 이탈리아를 지배할 때, 이탈리아는 전쟁과 테러, 살인과 유혈 참극으로 시달렸지. 하지만 그들은 '미켈란젤로'와 '레오나르도 다빈치', '르네상스'를 낳았네. 스위스는 형제애가 남달랐지. 민주주의와 평화를 누리며 500년을 보냈지만, 그들이 만들어

낸 게 뭐가 있나? 뻐꾸기시계뿐이지." 그레이엄 그린은 이 대사를 오슨 웰스가 직접 써 넣었다고 밝혔다. (사실 오슨 웰스는 그냥 보통 배우가 아니다.)

〈제3의 사나이〉 라스트 신은 원래 시나리오에 없던 장면이다. 셀즈닉과 그린은 애초에 "그녀가 팔짱을 낀다"(조셉 코튼과) 정도로 해피엔딩을 하려 했는데, 캐롤 리드는 그레이엄 그린(원작·각본)이 잘못 생각하고 있다면서 설득했다. 그래서 다음과 같이 장면이 정리되었다.

장례식이 끝난 후, 캘로웨이 소령은 홀리(조셉 코튼)를 태우고 도시로 향한다. 그들은 길 가를 걷는 '안나'를 지나친다. 홀리는 지프에서 내리게 해달라고 부탁하고, 그는 나무 아래 서서 그녀를 기다린다. 길로 걸어오던 안나는 그를 지나친다. 그리고는 눈길 한 번 주지 않고 프레임 밖으로 나가 버린다. 조셉 코튼은 이 장면을 이렇게 오래 끝 것이라고는 생각하지 않았다고 회상한다. 리드 감독은 계속 카메라를 돌렸고, 이상할 정도로 쇼트를 길게 끌고 갔다. 그렇게 해서 너무나 완벽한 장면이 탄생했다.」[44]

앞의 [13] 〈카사블랑카〉의 라스트 신이 역대 영화 중 1위를 차지했다고 기술한 바 있다. 그렇다면 2위는 어떤 영화일까? 바로 〈제3의 사나이〉이다. 낙엽이 흩날리고 이리 저리 뒹구는 황량한 가로수 길, 원근법 맨끝 꼭지점에서부터 줌인으로 '알리다 발리'(안나)는 걸어온다. 조셉 코튼의 앞에 다다르자 그는 자기에게 와 안기기라도 할 것으로 생각했겠지….

그러나 그녀는 어쨌든 생명의 은인을 상실한 냉동(冷凍)된 슬픔에 "니가 뭔데 그를 죽여, 나쁜 놈!"의 느낌으로 그를 표표히 지나친다. 만약 내면(內面)으로 영화를 보았다면 그녀의 앙칼진 고혹적 자태에 감동하지 않을 수 없을 것이다. 〈카사블랑카〉가 1위인지, 〈제3의 사나이〉가 1위인지 필자는 판단이 어렵다.

로저 에버트의 글에 「"여주인공 안나는 쥐새끼에게 충실한 여자로 계속 남는다. 해리 라임은 죽은 목숨이나 다름없었던 안나를 죽음에서 구해냈다. 하지만 홀리(조셉 코튼)는 안나가 전쟁 동안 어떻게 살아남았는지를 결코 이해할 수 없을 것이다."」[45] 안나의 라스트 신에 대해 고민해 볼 때 도움이 될 수 있지 않을까 생각된다.

라쇼몽

1950년 작. 일본 영화(다이에이 大映). 90분. 흑백
원제: 羅生門 In The Woods
감독: 구로사와 아키라
시나리오: 하시모토 시노부(橋本忍),
출연: 미후네 토시로, 쿄 마치코, 모리 마사유키, 시무라 다케시

▶ **리뷰:**「이 작품은 소설가 아쿠다가와 류노스케(芥川龍之介) 원작의 두 단편소설 〈라쇼몽(羅生門 1915)〉과 〈덤불 속에서(藪の中 1922)〉를 각색하여 만든 작품이다. 배경은 8세기 무렵의 헤이안(平安) 시대. 폭우가 쏟아지던 교토의 관문인 라쇼몽의 처마 밑에 모인 나무꾼과 스님, 그리고 한 남자가 이 마을의 기묘한 살인사건에 대해 이야기를 나누면서 영화는 시작된다.

어느 날 나무꾼이 나무를 하러 숲 속에 갔다가 여자의 모자와 끊어진 밧줄, 칼에 찔려 죽은 남자 시신을 보게 된다. 우거진 숲 속을 사무라이와 그의 아내가 말을 타고 지나다가 도적을 만나 벌어진 살인사건이었다. 당황한 나무꾼은 한달음에 관청으로 달려가 신고를 한다. 곧 목격자인 나무꾼과 도적, 피살자의 아내, 살해된 사무라이의 혼(魂)을 불러내는 무당이 한 자리에 불려와 관청에서 심문(審問)이 벌어진다. 하지만 동일한 사건에 대한 네 사람의 진술은 크게 엇갈리며, 서로 모순되어 무엇이 진실인지 알 수 없는 상황에 빠진다. 관청의 심문하는 관리의 모습은 전혀 보이지 않고 범인과 증인들만 보이는 대단히 특이한 장면만 계속된다.

이 영화는 단순한 사건으로 보이지만 끝내 사건에 대한 진실은 밝혀지지 않는다. 이 작품은 하나의 사건을 네 개의 시각으로 바라보는 방법으로 플래시백(Flashback) 기법을 사용하였다. 플래시백은 과거를 회상하는 장면을 말하는데, 각 증언자의 주관적인 이야기가 플래시백으로 그려지면서 관객들에게 진실의 실체를 모호하게 하는 효과를 가져왔다.

「라쇼몽을 촬영하기 직전, 구로사와 아키라의 조감독 3명이 감독을 찾아왔다. 그들은 불만에 차 있었다. 줄거리를 이해할 수 없었기 때문이다. "열심히 읽어보면" … 아키라는 조감독들에게 말했다. "그걸 이해할 수 있어야 마땅해. 이해하기 쉽게 만들려고 쓴 작품이니까", "저희는 꼼꼼히 읽었습니다만, 도무지 이해가 되지 않습니다." 조감독 2명은 만족하고, 한 명은 곤혹스러워하면서 그 자리를 떠났다. 그가 이해하지 못한 것은 영화의 네 번째 목격자가 살인을 기술하는 '설명'은 있지만 '해답'이 없다는 것이다. …목격자들의 증언은 일치하지 않는다. 그런데 나무꾼의 입에서 나오는 첫 대사는 "도무지 이해가 안 돼"이다. 그가 가진 문제점은 3명의 참가자들 모두가 동일한 사건을 세 가지 다른 방법으로 설명하는 것–그리고 셋 모두 자신이 살인자라고 주장하는 것–을 들었다는 것이다.」[46]

▶ **구로사와 아키라**(黑澤明, くろさわあきら, Kurosawa Akira 1910~1998) **감독:** 〈라쇼몽〉의 아키라 감독은 국제영화계에 등장한 최초의 아시아 감독이다. 「한 프랑스 학자가 "일본에는 두 명의 왕이 있다. 왕궁에 살고

있는 일왕과 일본인들의 정신세계의 왕인 구로사와 아키라가 있다"고 평가했을 만큼 구로사와 아키라(黑澤明)는 전 세계 영화계에 큰 영향을 미쳤다. 구로사와의 영화세계는 뛰어난 미학적 완성도, 대중성과 예술성의 절묘한 조화로 요약된다. 진한 휴머니즘과 인간 본성에 대한 진지한 고찰을 탁월한 테크닉의 영상미학에 담아낸 거장이었다.

그가 세계적으로 유명해진 계기는 ①1950년에 만든 〈라쇼몽〉에서 진실과 사실과의 차이, 인간 본성의 불가해성(不可解性)을 이야기한 이 작품으로 1951년 제15회 베니스 영화제 대상인 황금사자상을 받았다. ②1954년엔 '세계 최고의 전쟁 서사시'라는 격찬을 받은 〈7인의 사무라이〉로 베니스 영화제 은사자상을 받아 영상미학의 절정기를 구가하였다.」47

또 ③1952년 〈이키루〉가 제4회 베를린 영화제 은곰상, 이어 ④ 1958년 〈은밀한 요새의 세 악인〉이 제9회 베를린 영화제 은곰상, 감독상을 수상했다. ⑤1975년 〈데르수 우잘라(Dersu Uzala)〉로 모스크바 영화제 그랑프리와 ☆1976년 제48회 아카데미 시상식에서 외국어영화상을 수상한다. ⑥1980년 〈가게무샤〉로 칸 영화제 그랑프리도 받았다. ⑦1990년 구로사와는 일본 영화인으로서는 처음으로 아카데미 평생공로상을 수상하는 영광을 얻는다. 물론 영화를 잘 만들었기 때문이지만 상복도 많은 감독이다.

"내 머리 속에는 일본적인 것과 서구적인 것이 동거하고 있다"는 말도 했다. 그는 존 포드, 프랭크 카프라, 하워드 혹스 감독들의 영향을 많이 받았고, 일본을 배경으로 하면서도 서구적 스타일을 가미해 일본적 미학으로 변형시켰다는 평가를 받고 있다.

그는 1910년 도쿄에서 체육교사의 아들로 태어났는데 키가 187cm 나 되는 당시 일본인으로는 거구였지만 실제로는 매우 섬세한 성격이었다고 한다. 애초에 화가를 꿈꾸었지만, 무성영화 변사였던 셋째 형의 영향으로 26세 때 영화계에 입문했고, 33살에 첫 작품 〈스가타 산시로(姿三四郎, Judo Saga 1943)〉로 데뷔했다. 도스토예프스키의 영향을 받아 피폐한 시대상과 그 속에서 살아남은 인간들의 삶을 탐구하는 영화를 주로 만들었다. 탁월한 형식미, 정적인 이미지와 동적인 액션의 조화(울창한 숲 속을 달릴 때 나무 틈으로 들어오는 햇빛 등), 몽타주와 롱테이크[48]의 적절한 구사를 통해 극적 긴장감을 고조시키는 편집, 3대의 카메라를 동시에 돌리는 촬영기법 등을 고안해 냈다. '스티븐 스필버그'는 그를 "영상의 셰익스피어"라고 칭송했고, '마틴 스콜세지', '조지 루카스' 등 유명 감독들이 지금도 구로사와를 자신들의 스승이라고 말할 정도이다.

80세 넘어서도 왕성한 작품 활동을 계속하면서, "영화에 국경은 없다. 영화를 통해 세계의 사람들과 대화해가고 싶다"는 견해를 피력한바 있다. 1990년 아카데미 특별공로상을 받고 "나는 아직 영화의 본질을 파악하지 못했고, 본질에 대한 이해에 도달하기를 원한다"고 겸손한 수상소감을 밝혔다. 1991년엔 〈8월의 랩소디〉를 발표하기도 했으나 그 후 지병으로 공식 활동을 중단했다. 47년 동안 28편 밖에 작품을 발표하지 않은 과작(寡作-작품 수가 적은) 감독이다. 1998년 9월 6일 88세를 일기로 별세했다. 사망 소식에 NHK는 정규방송을 중단하고 조가(弔歌)를 틀었다는 이야기도 있다. 그는 일본의 국보급 인사일 뿐만 아니라, 비록 아시아 감독이지만 일찍이 세계 영화계에서 바윗돌 같은 무거운 존재였다는 점을 시사한다.

▶ **에피소드:** 천재이거나 재능이 뛰어난 소위 귀재(鬼才)들은 남들과 타협을 하지 않는 고집불통의 캐릭터인 경우가 많다. 아키라도 그런 인물이다. 즉 타협불가의 감독이다. 또 엄격하기 그지없었다. 도스토예프스키 원작 〈백치(1951)〉는 원작에 충실하려다보니 완성된 작품은 4시간 25분의 초(超)장편이 되었다. 영화사가 '구로사와에게 부탁해서는 자를 수 없다는 것으로 판단하고' 그들이 임의로 잘랐는데도 2시간 46분이 나왔다. 구로사와는 펄펄 뛰었겠지만 "더 이상 끊으려면 필름을 세로로 끊어"라고 화를 냈다고 한다. 〈란(亂: Ran, 1985)〉에서 4억 엔(22억 원)을 들여 성(城)으로 지어 만든 세트를 태우는 것을 본 기자가 "아깝다"고 말하자 "애초 태우기 위해서 만들었다"고 태연히 맞받았다. 재능 속에는 고집과 아집이 숨어 있었던 모양이다.

2013년은 구로사와 아키라 감독 탄생 103주년이 되는 해였는데, 재미있는 이야기도 전해진다. 「1951년 베니스 국제영화제에서 〈라쇼몽〉으로 대상인 금사자상을 수상했을 때 '현장에 참석한 사진'은 대역이었다는 보도가 나왔다.」[49]

당시 구로사와 감독 및 〈라쇼몽〉 관계자 누구도 영화제에 참석하지 않았다. 영화제 주최 측은 임시방편으로 베네치아 시내를 뒤져 동양인을 찾아내 대역을 시켰다는 내용이다. 60여년 전 상황임을 감안하면 베네치아에 동양인이 드물어 고생했을 것으로도 추측된다. 이유는 〈라쇼몽〉이 국내 흥행에서 실패해서 경제적 어려움도 있었을 것이고, 국제영화제에 대한 인식이 매우 부족했다는 점도 꼽힌다. 낚시에서 돌아온 구로사와는 아내로부터 수상소식을 전해 들었다고 한다.

1960년 구로사와 아키라의 〈7인의 사무라이〉를 존 스터지스(John Sturges) 감독이 할리우드 웨스턴 버전으로 리메이크한 〈황야의 7인〉

을 발표해 전 세계적인 흥행의 성공을 거두었다. 이후 스터지스는 구로사와 감독을 직접 만날 기회가 있었는데, 그는 자신도 〈황야의 7인〉을 사랑한다는 말과 함께 사무라이 칼을 선물로 주었다고 한다. 이때가 '스터지스 본인의 경력 중에서 가장 자랑스러운 순간이었다'고 밝힌 바 있다.

▶ **음악**: 〈라쇼몽〉은 프랑스 작곡가 모리스 라벨(Maurice Ravel)이 1928년 작곡한 〈볼레로(Bolero)〉가 주제음악 겸 배경음악으로 사용되어 영화의 스토리 전개와 더불어 매우 개성적인 분위기를 조성하였다. 〈볼레로〉는 스페인의 환당고(Fandango)와 유사한 춤을 말한다. 전체 연주시간이 약 13분대에서 17분대로(토스카니니 지휘, 뉴욕 필) 관현악단마다 조금씩 차이가 있고, 제1부에서 8부까지 하나의 멜로디가 점점 변주되어 가는 형식이다. 약한 음에서 출발해 결말에 가서는 폭발적인 총주(總奏 연주에 참가하는 모든 주자, 가수가 동시에 연주하는 것)에 도달하기까지 점증하는 크레센도(crescendo 점점 세게)는 강력한 카타르시스를 제공한다.

이 작품에서는 하나의 리듬과 두 개의 멜로디가 169회 반복된다. 끝으로 갈수록 현악이 더해지고 음량이 극적으로 마무리 된다. 댈러스 심포니의 상임지휘자였던 '얍 판 츠베덴'(Jaap Van Zweden)은 13분에 연주를 마쳤는데, 감상하는 청중들은 터질 듯한 긴장감에 휩싸였다는 후문이다.

이 음악은 인간이 만든 '사랑에 관한 최고의 음악'으로 평가된다. 부드럽게 시작해 점차 팽팽하게 긴장 강도를 높여가다 드디어 터져버리고, 다시 이완된다. 속되게 생각하면 20대 남녀의 강력한 섹스 행위와도 유사하다. 지금부터 63년 전에 〈라쇼몽〉에 삽입된 라벨의 음악을 우리는 FM 방송을 통해 자주 들을 수 있는데, 그때마다 현대성에 대한 구로사와 아키라의 혜안과 선견지명(先見之明)을 확인하고 새삼 놀라게 된다. 필자는 Asian Art Film Festival(1951~1997)-1998.11.6~11.20-동숭아트센터에서 이 영화를 보고 대단히 충격을 받은 기억이 있다. 음악 담당은 하야사카 후미오(Fumio Hayasaka)이다. ※한국 개봉 연도 미상

쿼바디스

1951년 작. 미국 영화((MGM). 175분. 컬러
원제: Qvo Vadis
감독: 머빈 르로이
출연: 로버트 테일러, 데보라 카, 피터 유스티노프, 리오 겐
원작: 헨리크 센키에비치
※1955 한국 개봉

▶ **리뷰:** 폭군 네로 황제(서기 54~68년 재위)가 다스리던 로마제국이 배경이다. 용모가 수려한 로마 제14군 군단장인 '마커스 비니키우스'(로버트 테일러)가 승리를 거두고 로마로 통하는 길 '아피아 가도'(Appian way)로 들어와 네로 황제를 알현하려 하자 성 밖에서 기다리라는 전갈을 받는다.

로마에 들어온 마커스는 큰아버지의 소개로 퇴역한 로마 장군의 교외에 있는 집에서 하루를 지내게 되는데, 이때 아름다운 여인 '리지아'(데보라 카)를 만난다. 리지아는 로마에 의해 패망한 리지아 왕국의 공주로 은퇴한 장군의 양녀가 되어 장군의 집에서 보호를 받고 있었다. 리지아의 품위 있는 미모에 마커스는 금방 사랑을 느끼고, 큰아버지를 움직여 네로에게 리지아를 개선식의 선물로 자신에게 줄 것을 요청하자 네로도 흔쾌히 승낙한다.

그러나 마커스가 술에 취해 리지아에게 강제로 입맞춤을 하려 하자 이런 행위에 실망하고 그 길로 베드로의 설교를 듣고 있는 그리스도

교도 집회소에 숨어버린다. 그녀를 찾아낸 마커스가 리지아를 납치하려 하자 그녀의 충복(忠僕), 괴력의 사나이 우르수스에게 부상을 당한다. 그러나 상처를 입은 마커스는 리지아의 간호를 받으면서 리지아의 신앙에 대해 알게 된다. 몸이 회복되자 마커스의 머리맡에 십자가를 놔두고 리지아는 사라진다.

폭군으로 악명 높은 네로(피터 유스티노프)는 창녀 출신인 '포페아'와 결혼하기 위해 어머니와 아내를 죽였고, 방탕하고 퇴폐적인 생활을 일삼으며 지내고 있었다. 그가 시(詩)를 쓰기 위해 새로운 자극과 영감이 필요하다면서 로마를 불 지르고 새로 건설하겠다는 이야기를 꺼내자, 간신(奸臣)들은 모두 찬성하고 정말 로마에 불을 질러 1주일 동안 화재는 계속된다. 이런 혼란 중 마커스는 천신만고 끝에 리지아를 찾아내고 베드로에게 세례를 받는다.

며칠 피해 있다 파라치네 궁에 돌아온 네로는 더 큰 불을 내고 로마의 화마(火魔)를 감상하며 시를 짓는다. 네로의 악행을 알게 된 로마 시민들은 네로에 대해 분노한다. 이를 모면하기 위해 네로는 로마 화재는 기독교인들의 소행이라고 발표하고 그들을 원형경기장에서 처형한다. 한편 마커스는 리지아와 함께 그녀의 양부모를 찾아 감옥으로 갔다가 기독교인들과 함께 감옥에 구금된다.

굶주린 사자들에게 기독교인들을 먹이로 내주는 처형시간이 되자 교인들은 두려움에 떠는데, 이때 교인들의 찬송가가 감옥 전체에 울려 퍼진다. 로마를 탈출하여 '아피아 가도'를 걷고 있던 베드로는 예수 그리스도의 환영(幻影)을 보게 되고, "쿼바디스?"라고 묻자 예수로부터 "다시 십자가를 지려 로마로 간다"는 대답을 듣고 로마로 돌아가 원형경기장에서 관중에게 천국에 대해 설교하고 바티칸 언덕에서 십자가에 거꾸로 매달려 순교한다.

베드로가 바티칸 언덕으로 끌려가기 전, 마커스와 리지아는 베드로의 주례로 결혼식을 올린다. 원형경기장에 끌려나온 리지아에게 괴수(怪獸)가 달려올 때 충복 우르수스가 나타나 머리통을 박살내고 만다. 이때 네로 황제 가까이에 묶여 있던 마커스가 쇠사슬을 끊고 원형경기장으로 돌진해 들어와 "대화재는 네로의 짓"이라고 폭로하자 군중들은 폭동을 일으키고 네로는 궁중으로 도망쳐 69세에 자살한다.

마커스와 리지아가 '아피아 가도'를 따라 로마를 떠나는데, 베드로가 그리스도를 만난 지점에 꽂아 두었던 지팡이에 새싹이 돋아났고, "나는 길이요, 진리요, 생명이니라"라는 큰 울림이 들린다. 그 바티칸 언덕에는 성 베드로 교회가 서 있고, 교회 주춧돌엔 희미하게 "쿼바디스 도미네?"(주여! 어디로 가시나이까?) 라는 말이 새겨 있다.

▶ **머빈 르로이 감독:** [10] 〈애수〉 참조.

▶ **로버트 테일러:** [10] 〈애수〉 참조.

▶ **데보라 카**(Deborah Kerr 1921~2007): 영국 스코틀랜드 헬렌스버그에서 군인의 딸로 태어나, 처음에는 브리스톨에서 숙모가 경영하는 웰스 발레학교에서 훈련을 받다가 키가 너무 커(170cm) 포기하고 (키가 커서 발레를 접은 것은 오드리 헵번의 경우와 비슷하다) 17세부터 극단 생활을 시작해 마이클 파월의 〈콘트라밴드(1940)〉로 영화에 데뷔했다. 1947년 〈검은 수선화〉에서 수녀 역을 맡아 인상적인 연기로 미국의 비평가협회로부터 여우주연상을 받자 바로 할리우드로 진출한다.

1951년 그녀의 순결한 청순미를 유감없이 보여준 〈쿼바디스〉, 1952년 머리를 금발로 물들이고 버트 랑카스터와 해변의 파도 속에서 포옹하며 벌인 키스가 '영화사상 최고의 키스신'으로 큰 화제를 모았던 〈지상에서 영원으로〉, 1956년 고품격의 우아한 여성미를 보여줬던 〈왕과 나〉, 완숙한 여성의 절제미를 보여준 〈여로〉 등에서 성공을 거둠으로 스타덤(stardom)에 오른다.

그러나 그녀는 높은 인기와 뛰어난 연기력에도 불구하고 〈에드워드, 나의 아들〉, 〈지상에서 영원으로〉, 〈왕과 나〉, 〈미스터 앨리슨〉, 〈세퍼레이트 테이블〉, 〈선다운너스〉로 6번이나 아카데미상 후보에 올랐으나, 단 한 번도 수상하지 못한 '상복 없는 비운의 여배우'라는 기록을 갖고 있다. 아카데미는 은퇴 후인 1994년에야 공로상인 오스카 명예상을 수여함으로써 평생의 한을 풀게 해주었다. 백발의 노 할머니가 된 모습으로 나타난 그녀를 보고 세월의 덧없음과 아쉬움으로 만감에 젖게 했다. 출연작들이다.

• 1997 LA컨피덴셜(단역) • 1986 미세스 엠마 • 1969 집시 나방 • 1967 007-카지노 로얄 • 1964 이구아나의 밤 • 1959 여로(旅路) • 1958 슬픔이여 안녕 • 1957 러브 어페어 • 1956 차와 동정 • 왕과 나 • 1953 지상에서 영원으로 • 1952 젠다 성의 포로 • 1951 쿼바디스 • 1947 검은 수선화

아름답고 지적인 데보라 카의 필모크래피를 보면서 그녀의 전성기는 1947년부터 1964년까지임을 알 수 있다. 진정 빛나는 여배우가 아카데미 여우주연상을 한 번도 못 받았다는 것은 연기력보다 불운에

기인한다고 생각한다. 그러나 그녀가 받은 상을 보면 영화계는 그녀의 연기를 인정한 부분도 엿보인다. 1994년 제66회 미국 아카데미 시상식 공로상, 1960년 제26회 뉴욕 비평가협회상 여우주연상, 1957년 제23회 뉴욕 비평가협회상 여우주연상, 1997년 대영제국 CBE 작위도 받았다.

그녀는 1945년 파일럿인 안소니 바틀리와 결혼해 1959년 이혼하고, 1960년 작가인 피터 비에르텔과 재혼했다. 언제나 청결스럽고 모성적인 연기로 남성들의 감성을 자극했던 그녀는 2007년 파킨슨병을 앓다가 사망하는데 남편 피터도 3주 뒤 암으로 세상을 떠난다.

▶ **피터 유스티노프**(Peter Ustinov 1921~2004): 영화에는 여성들의 가슴을 설레게 하는 꽃미남도 필요하지만 성격배우도 꼭 있어야 한다. 러시아계인 피터 유스티노프는 1921년 런던에서 출생했다. 아버지는 러시아 황제군 장교였던 것으로 알려져 있다. 19세 때 연극 무대에 데뷔한 그는 영국과 할리우드를 오가며 연기활동을 펼쳤고, 1961년 〈스파르타쿠스〉와 1965년 제37회 아카데미 시상식에서 ☆〈토프카피〉로 아카데미 남우조연상을 수상하기도 했다. 러시아어, 그리스어, 터키어 등 7개 국어를 구사하는가 하면 10여 권의 저서와 여러 편의 시나리오를 집필했을 만큼 다재다능했고, TV 다큐멘터리 분야에서도 뛰어난 활약을 나타냈다. 유스티노프는 문화, 자선사업 분야에서 이룩한 공적을 인정받아 1990년 영국 여왕 엘리자베스 2세로부터 기사작위를 받았다.

▶ **헨리크 센키에비치**(Henryk Sienkiewicz 1846~1916): 폴란드의 소설가로

단편 '악사 양코'(1879), '등대지기'(1882) 등으로 문명(文名)을 확립하고 다수의 장편 역사소설을 저술했다. 대표작 〈쿼바디스〉로 1905년 노벨 문학상을 수상했다.

▶ **제작 에피소드:** 1951년 대하사극 〈쿼바디스〉가 대성공을 거두자 할리우드에서는 성서영화가 붐을 이루었다. 〈십계(1956)〉, 〈벤허(1959)〉, 〈스파르타쿠스(1960)〉, 〈소돔과 고모라(1962)〉 등이 이어졌다. 〈쿼바디스〉는 제작비 760만 달러를 쏟아 부어 수익이 2천1백만 달러를 걷어 들였다니 얼마나 대단한 성과인가? 위와 같은 대작들은 제작비는 많이 들지만 세계적으로 기독교도 숫자가 많아 대부분 성공을 거두었는데 그 시초는 〈쿼바디스〉라고 봐야 한다. 네로 황제의 광적인 기독교 박해와 대학살, 위대한 신앙과 사랑의 드라마는 관객들을 영화 속에 깊이 몰입하게 했다.

기획에서 완성까지 15년이 소요되었고, 머빈 르로이 감독은 고전 의상 3만2천 벌을 만들었고, 사자 300마리를 훈련시켰으며, 3만 명의 엑스트라가 동원되었다고 한다. 입이 떡 벌어지는 장대한 스케일이다. 멋있는 장군 로버트 테일러, 단정하고 아름다운 데보라 카, 세상의 어떤 악당보다 더 지독한 지상 최고의 악당 네로를 연기한 피터 유스티노프, 모두 적역이었다고 사람들은 기억한다.

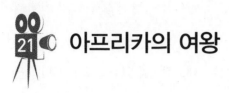

아프리카의 여왕

1951년 작. 미국 영화(Horizon, Romulus). 105분. 컬러
원제: The African Queen
감독: 존 휴스턴
출연: 험프리 보가트, 캐서린 헵번
원작: C. 포레스터

▶ **리뷰**: C. 포레스터(C. Forester)의 동명 소설을 원작으로 하여 제임스 애지(James Agee)와 존 휴스턴이 함께 각색하였다. 제1차 세계대전이 일어나기 전인 1914년 9월 경, 독일령 동아프리카 '쿵두' 마을에서 활동하는 2명의 인물이 이 영화의 주인공이다. 한 명은 영국에서 온 청교도이며 노처녀 선교사 '로즈 세이어'(캐서린 헵번)이고, 또 한 명은 폐선(廢船) 직전에 있는 증기선 '아프리카의 여왕'이라는 이름의 부정기 화물선 선장 '찰리 올넛'(험프리 보가트)이다.

이 고물 배는 전쟁 중 쿵두 마을에 보급품을 공급했다. 로즈는 선교사로 깐깐한 도덕주의자이다. 반대로 찰리는 늘 독한 술독에 빠져 제멋대로 살아간다. 찰리가 로즈 남매(오빠는 새뮤엘)가 부탁한 우편물과 장미나무를 배달해 주고 떠난 다음 날, 독일군이 마을에 쳐들어와 오빠 새뮤엘을 구타해 죽게 만들고 마을을 방화한다. 다시 돌아온 찰리는 로즈에게 마을을 떠나야 된다고 주장하면서, 자기의 증기선 '아프리카의 여왕'을 보이지 않는 곳에 정박시킨 후 그들이 처한 상황을 설명해준다. 물론 영국 해군이 콩고로부터 호수를 건너올 수도 있지만, 독일의 100톤짜리 대형 증기선 '루이자 호'가 가로 막고 있어 영국 해군의 진입은 불가능 상태라고 말한다.

어이없게도 선교사 로즈는 호수로 항해(航海)해 들어가 어뢰를 만들어 루이자 호를 격침시키자는, 말도 안 되는 기상천외의 아이디어를 내놓는다. 물길에 통달한 찰리는 절대 안 된다고 설득하지만 로즈는 고집불통이다. '덜렁이' 험프리 보가트와 '깐깐이' 캐서린 헵번의 기발하고 찰떡같은 협동작전은 독일군에게 잡히는 등 아슬아슬한 위기를 여러 번 넘기고 가슴 졸이게 만들면서 묘한 반전 끝에 드디어 성공해 독일 해군들을 통쾌하게 박살낸다. 연애와 전투(?)가 공존하지만 사실 독일군과의 사투(死鬪)는 두 사람의 사랑 만들기를 더욱 흥미진진하게 만드는 구성의 알레고리(allegory)[50]요 비기(秘技)로 여겨질 뿐이다.

☆험프리 보가트는 이 영화로 1952년 제24회 아카데미에서 남우주연상을 수상했고, 휴스턴(감독과 각본)과 헵번과 시나리오 작가 '제임스 애지'도 후보에 올랐다. 미국 영화연구소(AFI)가 1999년에 선정한 [위대한 미국 영화배우 100]에서 험프리 보가트와 캐서린 헵번이 남녀 부문에서 각각 1위를 차지했다. 이렇게 볼 때 두 사람의 공연(共演) 그 자체도 대단한 의미가 있다.

▶ **존 휴스턴 감독**(1906~1987): 전설적인 영화배우 월터 휴스턴 (1884~1950)을 아버지로, 또 신문기자였던 어머니 사이에서 1906년 미국 네바다 주에서 태어났다. 세 살 때부터 무대에 서서 아버지의 순회공연을 따라다니다 브로드웨이에서 배우노릇을 한 것은 열여덟 살 때였다. 이런 배경에서 성장한 휴스턴은 의외로 육군사관학교를 졸업하

고, 권투선수, 작가, 시나리오 교정자를 거치면서 경험을 쌓고 감독으로 전향해 1941년 데뷔작 누아르 영화 〈말타의 매(The Maltese Falcon)〉를 내놓는다. ☆〈시에라마드레의 보물(1948)〉로 아카데미 감독상·각본상을 수상함으로써 일급감독에 등극한다. 수작(秀作)들은 〈아스팔트 정글(1950)〉, 〈아프리카의 여왕(1952)〉, 〈백경(白鯨 1956)〉 등으로 이어진다.

그는 자신의 영화와 다른 영화에서도 단역으로 자주 출연했다. 〈시에라마드레의 보물〉, 오토 프레밍거 감독의 〈더 카디널(1963)〉, 〈캔디(1968)〉, 〈카지노 로얄(1967)〉, 〈차이나타운(1974)〉 등에서 개성 있는 역들을 능숙하게 소화했다.

그는 5번 결혼했고, 자녀들은 할아버지와 아버지의 영화 혼맥(魂脈)을 이어받아 배우 안젤리카 휴스턴, 감독 도티 휴스턴, 역시 감독인 대니 휴스턴, 이렇게 영화인 가족이 되었다. 1964년에 아일랜드의 시민권을 얻었으며 그곳에서 생활했고 아들 대니의 〈미스터 노스(1988)〉에 카메오 역으로 출연하던 중 폐기종으로 별세한다. 그의 화려하고 빛나는 필모그래피를 나열한다.

• 1982 애니 • 1975 왕이 되려던 사나이 • 1967 007 카지노 로얄 • 1964 이구아나의 밤 • 1962 프로이트 • 1960 언포기븐 • 1956 백경 • 1952 물랭 루즈 • 1951 아프리카의 여왕 • 1951 존 휴스톤의 전사의 용기 • 1950 아스팔트 정글 • 1948 시에라마드레의 보물 • 1948 키 라르고 • 1945 산 피에트로의 전투 • 1941 말타의 매

▶ **험프리 보가트:** [13] 〈카사블랑카〉 참조.

▶ **캐서린 헵번**(Katharine Hepburn, 1907~2003): 이 미국 여배우는 한국 관객들에게 이름은 상당히 알려져 있지만, 그녀의 무슨 영화를 보았는지는 잘 기억이 안 나는 그런 여배우이다. 마릴린 먼로나 오드리 헵번처럼 여성적 매력이 부족해서 일까? 하지만 이 여성은 미국 영화사상 우뚝 서있는 거물임에 틀림없다.

1907년 미국 코네티컷 주 하트퍼드에서 출생하였다. 헵번은 6명의 자녀 중에 두 번째로 태어났다. 그녀의 어머니는 여성운동가였고 아버지는 비뇨기과 전문의사로 일했다. 어머니는 그녀를 인내심이 강하고, 독립적이며, 용기 있게 가르쳤다. 어릴 때부터 어머니를 따라 '여성 참정권 운동'에도 참가했다. 헵번의 아버지는 미국사회보건협회를 설립하는데 기여했다. 이 단체는 사회에 성병을 알리는 단체였다.

또한 그녀의 부모는 진보적인 시선으로 세상을 바라보았는데, 이러한 생각은 뒷날 헵번이 부모와 똑같은 눈으로 사회를 바라본 계기가 되었다. 그녀는 처음에는 철학을 공부했으나 미국 펜실베이니아 브린마워(Bryn Mawr) 대학교 대학원에서 심리학 박사를 취득했다. 그러나 19세부터 배우가 되기로 결심하였고 브로드웨이 무대에서 활동하였다.

영화계에 들어와 찍은 첫 작품인 ①☆〈모닝 글로리(1933)〉로 그녀는 대뜸 아카데미상을 수상하게 되었다. 그러나 MGM으로 건너가 〈필라델피아 스토리(1940)〉, 이후 〈아프리카의 여왕(1951)〉에서 성공을 거두게 되고 1960년대에 ②☆〈초대받지 않은 손님(1967)〉, ③☆〈겨울의 사자(1969)〉로 아카데미상을 연속으로 수상 받게 된다. 그리고 ④☆〈황금 연못(1981)〉으로 또다시 아카데미상을 받는다. 헵번은 아카데미상에서 여우주연상을 4번이나 수상하였으며, 12번 여우주연상에 후보로 올랐다. 이 후보 기록을 넘은 사람은 메릴 스트립 밖에 없다. (메릴 스트립은 총 34번의 시상식에서 17번 노미네이트되었다.)

헵번은 1928년 사교계 인사였던 러들로 오그덴과 결혼해서 6년 만에 이혼했다. "결혼은 사랑과 명예를 갉아먹는 끔찍한 일이고, 결혼을 믿지 않는다"고 말했다. 다시 결혼하지 않고 9편의 영화에 함께 출연했던 스펜서 트레이시(헤밍웨이 원작의 〈노인과 바다〉, 〈산 山〉의 주연-그는 배우자가 있었음)와 26년간 연인 관계를 유지했다.

그녀는 20세기에 미국의 여성들의 전형적인 모습이었으며, 여성의 인식을 변화시키는데 영향을 주었다. 1999년에 '미국 영화연구소'는 그녀를 위대한 여자 배우에 1위로 선정하였다.

1997년에 그녀는 매우 허약해졌으며, 그 후 치매를 앓기 시작하였다. 그녀는 2003년 6월 29일에 코네티컷 주 올드 세이브룩에서 96세의 나이로 가족들이 보는 앞에서 영면(永眠)하였다. 당시 미국의 대통령이었던 조지 W. 부시는 "그녀는 국가 예술의 보물 중의 하나로 기억될 것이다"라고 말하였다. 그녀의 대표적 필모그래피이다.

• 1994 러브 어페어 • 1981 황금 연못 • 1968 겨울 사자 • 1967 초대받지 않은 손님 • 1962 밤으로의 긴 여로 • 1959 지난 여름 갑자기 • 1951 아프리카의 여왕 • 1940 필라델피아 스토리 • 1933 작은 아씨들 • 1933 모닝 글로리. ※한국 개봉 연도 미상

욕망이라는 이름의 전차

1951년 작. 미국 영화(Warner Bros). 122분. 흑백

원제: A Streetcar Named Desire

감독: 엘리아 카잔

원작 · 각본: 테네시 윌리엄스

출연: 비비안 리, 말론 브란도, 칼 말든, 킴 헌터

▶ **리뷰:** 미국 남부 농장의 지주인 블랑시(Blanche Dubois 비비안 리)는 어린 시절 결혼한 남편의 충격적인 죽음과 농장의 몰락으로 받은 정신적인 고통을 보상받기라도 하려는 듯이 남자들과의 정사(情事)를 통해 욕정을 채워나간다. 이런 저런 추문으로 고향에서 살 수 없게 되자 뉴올리언즈에 사는 동생 스텔라(Stella Kowalski 킴 헌터)의 집을 예고 없이 찾아간다. 블랑시는 자신의 과거를 숨긴 채 우아하고 순결한 숙녀처럼 처신한다. 그녀의 정체를 눈치챈 스텔라의 남편 스탠리(Stanley Kowalski 말론 브란도-폴란드 출생의 노동자로 다혈질)는 그녀와 자주 마찰을 빚는다. 특히 블랑시가 좋아하는 스탠리의 친구 미치(Mitch 칼 말든)에게 그녀의 과거를 까발리어 둘의 결혼 가능성을 깨트린다.

아내 스텔라가 아이를 낳으러 가서 블랑시와 스탠리가 단둘이 있을 때, 못된 스탠리가 블랑시를 겁탈하려고 덤벼든다. 물론 블랑시가 거부하지만, 블랑시는 정신적인 충격을 받아 정신병원에 입원하게 된다. 마지막 장면에서 블랑시는 의사에게 그녀의 명대사 "당신이 누군

지 모르겠지만, 저는 항상 낯선 사람들의 친절에 의지하며 살아왔어
요"라는 말을 남긴다.

▶ **테네시 윌리엄스**(Tennessee Williams 1911~1983): 「미시시피 출신의 테
네시 윌리엄스는 20세기 중반 미국 문학계에 등장한 아주 복잡한 작
가이다. 그의 작품은 대부분 미국 남부 지역에 살고 있는 가족을 다루
고 있으며, 특히 가족 내에 존재하는 불안한 감정과 해소되지 못한 성
(性)을 중점적으로 그리고 있다. 윌리엄스는 주문을 외우는 식의 반복
법의 사용, 시적인 남부 사투리, 괴기스러운 배경, 성적 욕망에 대한
프로이트식 해석 등으로 유명하다. 공개적으로 동성애자임을 밝힌(커
밍아웃) 최초의 미국 작가들 중 한 사람인 윌리엄스는 고통 받는 등장
인물의 성을 통해 그들의 외로움을 표현했다고 설명했다. 〈욕망이라
는 이름의 전차(1947)〉와 〈뜨거운 양철 지붕 위의 고양이(Cat on a Hot
Tin Roof 1955)〉로 2회에 걸쳐 퓰리처상을 수상한다. 〈유리 동물원(The
Glass Menagerie 1944)〉도 유명하다.」[51]

▶ **엘리아 카잔 감독**(Elia Kazan 1909~2003): 「그에게는 명감독이라는 칭
호와 '배신자'라는 낙인이 함께 따라 다녔다. 한국의 올드팬들이 젊
은 시절에 감동 깊게 본 영화들 중에는 그의 작품이 많다. 〈신사협정
(1947)〉, 〈욕망이라는 이름의 전차(1951)〉, 〈혁명아 자파타(1952)〉, 〈워
터프론트(1954)〉, 〈에덴의 동쪽(1955)〉, 〈초원의 빛(1961)〉, 〈아메리카
아메리카(1963)〉, 〈라스트 타이쿤(1976)〉 등 정말 보석처럼 빛나는 영
화들이다.

그는 1909년 터키에서 태어나 4살 때 그리스인 양친을 따라 미국

으로 왔다. 예일대에서 연극을 공부하고 1947년 동료들과 함께 뉴욕에서 '액터스 스튜디오'를 설립한다. 연기교사로 이름을 날린 그는 정신과 육체를 배역에 완벽히 몰입시키는 스타니슬랍스키(Stanislavskii 1863/러시아~1938)의 '메소드 연기법'을 활용해 그것을 한층 발전시켰고, 그의 새로운 기법을 말론 브란도와 제임스 딘 등에게 전수했다.

메소드 연기법은 배우 자신이 그 상황이라면 어떻게 행동(연기)했을 것인가에 대해 연구하는 것으로, 자신의 경험, 과거의 회상을 통해 그 배역에 깊이 몰입하는 것이다. 이 연기법은 후에 폴 뉴먼, 캐서린 헵번, 마릴린 먼로, 로버트 레드포드, 페이 더나웨이, 더스틴 호프만, 로버트 드니로, 알파치노 등으로 이어져 오고 있다. 이렇게 영화적 업적은 그 누구와도 비교할 수 없을 만큼 발군(拔群- 여럿 가운데에서 특별히 뛰어남)이고 정말 위대하다.

그러나 1952년 미국 의회의 '반민활동위원회'에 소환되어 자신이 1930년대 공산당원이었음을 밝히고, 당시 자기가 알고 있던 동료 영화인 8명을 공산주의자로 밀고(密告)한 것이다. 대부분 할리우드에서 활동하던 작가, 배우, 감독들이었다. 이후 그는 주변에서 친구를 잃게 되었고, 1950년 극작가 '아서 밀러'의 부인이었던 마릴린 먼로와도 관계가 생겨 그와도 소원해졌다. 1999년 제71회 아카데미상에서 공로상을 받을 때도 "과거 자신의 행동이 옳았고 죄의식을 느끼지 않는다"고 강변했다. 당시 엘리아 카잔이 고발했던 사람들 중에는 찰리 채플린, 오슨 웰스, 아서 밀러, 버나드 고든, 에이브 폴론스키, 숀 펜의 아버지 레오 펜 등으로 알려지고 있다.

카잔의 대표작은 〈워터프론트〉와 〈에덴의 동쪽〉이라는 의견이 많다. 〈에덴의 동쪽〉은 존 스타인벡의 소설을 원작으로 하고 있는데, 에덴의 동쪽은 창세기 4장 15절에 그 내용이 나온다. 즉 아담과 이브가 선악과(善惡果)를 따먹고 낙원에서 에덴의 동쪽으로 추방되고, 또한 '카인'도 동생을 죽인 죄로 에덴의 동쪽으로 쫓겨난다. 이렇게 볼 때 '에덴의 동쪽'은 원죄(原罪)를 저지른 인간이 가는 저주(咀呪)의 땅이라는 의미와 상징이 강하다. 따라서 언론에서 그의 죽음에 대해 '에덴의 동쪽으로 떠난 감독'이라는 제목을 단 것은 깊은 뜻이 있는 표현이 아닌가 한다. 수많은 명화를 감독했던 엘리아 카잔(Elia Kazan) 감독이 2003년 9월 94세를 일기로 세상을 떠났다.」[52] 그는 생전 "나는 검은 뱀이었다. 허물을 벗으며 몇 개의 인생을 살았다"고 술회한 바가 있다. 그리스 이민자의 자식으로 많은 고뇌에 시달렸던 모양이다.

▶ **비비안 리:** [7] 〈바람과 함께 사라지다〉 참조.

▶ **말론 브란도(Marlon Brando 1924~2004):** 「말론 브란도(Marlon Brando Jr.)는 네브래스카에서 1924년 세일즈맨으로 술주정뱅이에 바람둥이 난봉꾼이요, 아내와 아들을 자주 구타하는 아버지와 무명 여배우에 그친 어머니 도로시 펜베이커 사이에서 태어났다. 군인 출신인 아버지 말론은 분노를 즉시 폭발시키고, 변덕스럽고, 예측할 수 없는 인물이었는데, 자녀들은 아버지를 몹시 두려워했다. 그러나 브란도는 아버지의 성격을 그대로 빼어 닮아 그것이 생애에 멍에가 되었고, 영화 연기에서도 반항기로 분노하고 때로는 곰삭아 녹아내렸다.

그는 학교시절 계속 문제아여서 아버지는 그를 미네소타 세터크 육군사관학교에 진학시켰지만 강의를 빼먹고, 학교의 종소리가 신경이 거슬린다고 어느 날 밤 종탑으로 올라가 추를 잘라내어 땅속에 묻어 유럽 전승기념일 타종을 못하게 만들기도 했다. 결국 1943년 졸업 직전 퇴교당했다. 명령과 규율이 최고의 덕목인 사관학교에 브란도가 몸담은 적이 있다는 이야기는 매우 어울리지 않는 에피소드이다. 주요 작품 연보는 다음과 같다.

• 1997 더 브레이브 • 1992 콜롬버스 • 1979 지옥의 묵시록 • 1978 슈퍼맨 • 1973 파리에서의 마지막 탱고 • 1972 대부 • 1966 체이스 • 1962 바운티 호의 반란 • 1961 애꾸눈 잭 • 1958 젊은 사자들 • 1957 사요나라 • 1956 8월의 달 찻집 • 1954 워터프론트 • 데지레 • 1953 줄리어스 시저 • 1952 혁명아 자파타 • 1951 욕망이라는 이름의 전차

가장 주목할 만한 작품은 프란시스 포드 코폴라 감독의 〈지옥의 묵시록(Apocalypse Now 1979)〉이다. 이 작품에 캐스팅된 것은 누구도 따라할 수 없는 카리스마와 광기 때문이었다고 한다. 브란도는 극중 '커츠 대령' 연기를 위해 몸무게를 130킬로그램으로 만들었고, 커츠의 죽음을 소가 도살되는 것으로 바꾸어 놓아 신화적으로 만들어낸 것으로 유명하다. 그의 인생역정을 따라가다 보면 엘리아 카잔, 프란시스 포드 코폴라와 만나지 못했다면 '카리스마'고 '광기'고 하는 소위 내면연기는 창출되지 못했을 것이라는 생각을 하게 된다. 그는 실제로 반항적인 인물이라 말도 많고 탈도 많았다.

1973년 제45회 아카데미 시상식은 브란도를 남우주연상으로 결정했다. 그러나 아메리카 원주민 '사친 리틀페더'(Sacheen Littlefeather) 공주를 단상에 대신 보내 자신의 수상거부 의사를 밝혔다. 할리우드가

181

미국 원주민(인디언)을 묘사한 방식에 반대하며 남우주연상을 수상할 수 없다는 것이었다. 또 아버지에 대한 원망 영향인지 늘 불안정했고 정신과 치료를 받았다. 잘못된 것은 모두 남의 탓으로 돌리기 일쑤였다. 〈대부〉 캐스팅도 파라마운트가 말론 브란도를 반대하자 구두약을 머리에 바르고 휴지를 양쪽 볼에 넣어 촬영한 데모 필름을 보냈다는 이야기도 전한다. 턱걸이한 것이다.

아버지의 방종에도 질렸을 만한 데 그의 여자 관계도 말할 수 없이 복잡해 자녀가 12명(9명설도 있다)이나 된다고 한다. 그는 특히 유색여성을 선호했는데 ①안나 카슈피(Anna Kashifi 1957~1959 인도 출신 여배우), ②모비타 카스타네다(Movita Castaneda 1960~1962 멕시코 여배우) ③타리타 테리파이아(Tarita Teripaia 1962~1972 타이티 여성)과 세 번 정식 결혼했다. 그 밖에 리타 모레노(Rita Moreno 푸에르토리코 여배우), 프랑스 어부의 딸 죠젠느 베란제 말리아니니, 홍콩 출신 뉴이엔과 낸시, 멕시코 소녀 피나 페리사와도 인연을 맺었다. 다양한 인종과 연애를 했다고 해야 할지 난잡함 그 자체라고 표현하는 것이 맞을지 혼란이 생긴다.

맏아들은 1991년 누이동생 체옌(테리파이아 간의 소생)의 약혼자를 살해한 혐의로 10년형을 선고받았으며, 그 누이동생은 자살했다. 맏아들은 1996년 석방됐다. 어린 시절 불우했던 환경이 그에게도 불행으로 유전되었다. 그의 그런 성향이 연기의 핵심 요소였다. 알코올 중독자가 된 어머니에게만 집착했다. 전쟁터에서 총 맞아 죽을 때에도 모든 병사들은 '어머니!'를 부른다. 말론 브란도의 영원한 애인은 어머니였다.」[53]

1960~72년까지 몰락의 시기를 보냈는데, MCA(Music Corporation of

America-유니버설 영화사의 모기업)가 겨우 얻어낸 〈아라비아의 로렌스〉, 〈내일을 향해 쏴라〉 등의 중요 배역을 걷어차버렸고, 은사인 엘리아 카잔 감독이 제안한 〈어레인지먼트〉의 주연조차도 거절해 버렸다. 그래서 그는 할리우드에서 배은망덕한 '버려진 자식' 같은 존재로 불리게 되었다.

2004년 그가 사망하자 〈파리에서의 마지막 탱고〉를 만든 베르나르도 베르톨루치 감독은 "그는 죽음을 통해 불멸의 존재가 됐다"고 했고, 또 조지 W 부시 미국 대통령은 "미국은 위대한 배우를 잃었다"고 애도했다.

▶ **칼 말든**(Karl Malden 1912~2009): 「그는 체코인과 세르비아인 부모 사이에서 시카고에서 태어나 인디애나에서 자랐다. 용모는 주인공답지 않지만, 그 진중한 분위기는 충분히 주인공다운 성격 배우로서 오늘날의 판에 박힌 몰개성한 영화계에서는 거의 찾아볼 수 없는, 남서부인의 당당함을 구현했다. 그러나 그의 담담해 보이는 행동 이면에는 언제나 분명히 알 수 없는 무언가가 들끓고 있는 것처럼 보인다. 자주는 아니었지만 특유의 코미디 연기를 할 때조차 그랬다.

그의 연기 인생의 결정적인 역할이자 그에게 ☆아카데미 남우조연상을 안겨 준 엘리아 카잔 감독의 〈욕망이라는 이름의 전차(1951)〉에서 해럴드 미치 미첼을 연기할 때는 집착적이었고, 말론 브란도가 유일하게 감독에 도전했던 〈애꾸눈 잭(1961)〉에서는 가학성을 즐기는 보안관을 연기했다. … 그는 1988년에 영화예술과학아카데미의 회장으로 선출되어 5년 동안 역임했으며 1938년부터 '모나 그린버그'와 해로했다.」(501영화배우 p.220.) 칼 말든은 2009년 7월 2일 97세의 나이로

183

사망했다. 그는 미국 영화를 대표하는 조연급 연기자로 50여 편의 영화에 출연한 바 있다. 그의 출연작들이다.

• 1992 비정의 샌프란시스코 • 1987 최후의 판결 • 1983 스팅2 • 1972 샌프란시스코 수사반 • 1970 패튼 대전차군단 • 1966 네바다 스미스 • 1964 샤이안 • 1962 서부개척사 • 1961 애꾸눈 잭 • 1959 교수목 • 1954 워터프론트 • 1953 나는 고백한다 • 1951 욕망이라는 이름의 전차 • 1950 건파이터 • 1950 몬테즈마의 영웅들 • 1947 이중 노출 • 1947 부메랑

▶ **킴 헌터**(Kim Hunter 1922/미국~2002): 그녀는 냉동기 기사인 아버지 도널드 콜과 콘서트 피아니스트였던 어머니 그레이스 린드 사이에서 디트로이트 Janet Cole에서 태어났다. 마이애미비치 고등학교 졸업 후, 1943년 누아르 필름 〈일곱 번째 희생자〉로 데뷔하였다. 1947년 브로드웨이 연극 〈욕망이라는 이름의 전차〉에서 스텔라 코왈스키 역으로 출연했고, 1951년 영화 〈욕망이라는 이름의 전차〉에서도 같은 역을 연기해 1952년 제24회 아카데미에서 여우조연상과 골든 글로브 여우조연상을 받았다.
그러나 그녀는 〈혹성 탈출〉 1 · 2 · 3에 모두 출연해 Dr. Zira로 더 유명하다. 〈혹성 탈출〉을 위해 태어난 배우라고 해도 과언이 아니다. 그녀의 출연작들이다.

• 1998 혹성 탈출 탄생 스토리 • 1988 우리 엄마 최고 • 1971 혹성 탈출 3 • 1970 혹성 탈출 2 • 1968 혹성 탈출 • 1951 욕망이라는 이

름의 전차 •1946 천국으로 가는 계단 •1943 일곱 번째 희생자

▶ **에피소드:** 워낙 섹스 문제가 많은 작품이라 테네시 윌리엄스는 검열을 피하기 위해 각본을 수정해야 했는데, 영화에서는 블랑시의 자살한 어린 남편 앨런이 동성애자였다는 사실을 빼버린다. 원작에서는 스텔라는 남편 스탠리가 언니 블랑시를 겁탈했다는 사실을 알면서도 스탠리의 애무를 받아들이는 장면으로 끝나지만, 영화는 반대로 스텔라가 스탠리를 거부하며 아이와 함께 이층에 사는 이웃집으로 가는 장면으로 여과해서 순화시킨다.

이 영화는 "강력한 성적 코드인 탐욕, 색욕, 좌절, 무기력, 강간, 가정폭력, 동성애, 외도, 음란증 등 인간의 내면을 적나라하게 파고들었다"는 호의적인 평가도 있긴 하지만, 당시 미국의 검열도 대단했던 모양이다. 프랑스 학자 푸코의 주장대로 '감시와 처벌'의 무게는 언제나 가볍지 않다고 할 수밖에 없다. 이 영화는 연극을 영화로 만들었기 때문에 연극적인 요소와 특징이 많이 살아있다.

또 이 작품의 제목 〈욕망이라는 이름의 전차〉도 영화제목답지 않은 특별함이 느껴진다. 동생 스텔라를 만나기 위해 뉴올리언스에 도착한 블랑시는 '욕망이라는 이름의 전차'를 타고, 다시 '묘지라는 이름의 전차'를 갈아탄 후, 스텔라의 아파트가 있는 '엘리시온 평원'(축복받은 사람들이 죽은 후에 산다는 낙원)에 당도한다. 어떤 도시에 그런 이름의 전차와 아파트 이름이 있을지 궁금하다. 그런데 실은 블랑시가 탔다는 '욕망이라는 이름의 전차'는 전차는 아니고 뉴올리언스에 실제했던 '전차 터미널'의 이름이라고 한다. "죽음과도 같았던 절망 속에서 욕망을 채우는 것만이 유일한 탈출구였고, 죽음의 반대는 욕망이다"라는 그

녀의 대사도 있다. 원작이 문학작품이기 때문이기도 하지만 옛날 노인들이 들으면 '요망스럽다'고 할 것이다.

이 영화는 아카데미상에 12개 부문에 추천되어 ☆1952년 제24회 아카데미 시상식에서 여우주연상(비비안 리), 남우조연상(칼 말든), 여우조연상(킴 헌터-스텔라 역), 미술상 4개 부문에서 수상하는 성과를 올렸다. 더욱 비비안 리의 미묘한 연기와 브란도의 본능적인 연기가 돋보인다. AFI [100대 영화]에서 45위와 47위에 올라 있다.

1995년 동명, 동일내용의 〈욕망이라는 이름의 전차〉가 '감독: 글렌 조던, 출연: 알렉 볼드윈, 제시카 랭, 존 굿맨'에 의해 개봉된 적이 있다. 또한 2013년 가을 '우디 앨런' 감독은, 테네시 윌리엄스의 〈욕망이라는 이름의 전차〉의 무대를 뉴올리언스에서 샌프란시스코로 바꾸고 가정 파탄의 원인을 폭력에서 돈과 외도(外道)로 변경해서 발표한 바 있다. 도입부는 원작에서 따오고 그 후는 21세기 배금주의와 문란한 성문화를 꼬집고 비틀어가면서 현대 미국의 비극을 분석하고 있다. '남자에 있어 여성과의 교환가치는 섹스이고, 여자에 있어 남성과의 교환가치는 오직 머니이다'라는 점을 분명히 하고 있다. 우리 모두에게 있어 '욕망'은 돈과 섹스라고 당당하게 정의하니 씁쓸한 느낌도 지울 수 없다. ※한국 개봉 연도 미상

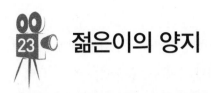

젊은이의 양지

1951년 작. 미국 영화(Paramount). 122분. 흑백
원제: A place in the sun
감독: 조지 스티븐스
출연: 몽고메리 클리프트, 엘리자베스 테일러, 쉘리 윈터스
※1956 한국 개봉

▶ **리뷰:** 시어도어 드라이저(Theodore Dreiser 1881~1945)의 소설 〈아메리카의 비극(An American Tragedy)〉을 조지 스티븐스 감독이 현대적으로 각색한 것이다. 미모의 여성과의 사랑을 통해 신분 상승을 노리지만 그 욕망은 파탄난다는 내용이다.

스토리는 매우 통속적이고 결말은 간단하다. 가난한 시골 청년 조지 이스트맨(몽고메리 클리프트)은 숙부 찰스 이스트맨이 경영하는 수영복 공장에 취직하러 온다. 촌놈이지만 외모는 수려하다. 그럭저럭 외톨이로 지내다가 '조지'는 공장 여직원인 앨리스(쉘리 윈터스)와 눈이 맞아 교제를 시작한다. 이는 공장직원과 연애를 해서는 안 된다는 회사 규칙을 어긴 것이다. 그러나 얼마 후 숙부의 집에서 열린 파티에서 눈부시게 아름다운 사교계 여성 안젤라 비커스(엘리자베스 테일러)를 만나자 눈이 뒤집힌 그는 앨리스에게서 멀어진다.

조지의 아이를 임신한 앨리스는 자신과 결혼하지 않으면 안젤라에게 이 사실을 폭로하겠다고 조지를 겁박주며 몰아세운다. 앨리스를 떼어낼 궁리를 하던 조지는 앨리스가 수영을 못한다는 점에 착안해 호수로 가 배를 빌린다. 그러나 차마 죽이지는 못하던 차에, 보트에서 둘이 싸우다 겁을 먹은 앨리스가 당황하여 보트가 뒤집힌다. 조지는 수영해 살아나고 앨리스는 빠져죽는 사고가 발생한다. 경찰에 체포된 그는 사형을 선고 받는다. 조지는 출세 야망과 목숨을 교환한 셈이다.

어찌 보면 기승전결도 너무 직선적이다. 속되게 표현하면 여자도 아닌 남자가 좀 잘 생긴 것을 밑천으로 팔자를 고쳐보려는 어리석고 못된 심보를 바탕에 깔고 있다. 「작가 '드라이저'는 실제로 있었던 살인사건에서 소재를 땄고, 현지 취재로 진상을 면밀히 조사했다고 한다. 그는 클라이드(원작의 주인공, 영화의 '조지' 역에 해당)에게 죄가 있는 것이 아니라 사회에 그 책임이 있다고 보고, 19세기 말의 입신출세주의에 미국의 비극이 있다고 비판했다. 이 작품은 미국 자본주의 상승기의 사회와 개인의 모순을 현대의 어두운 면으로 표현함으로써, 미국 문학의 〈죄와 벌〉이라 할 수 있다. 」(두산백과)

그러나 이 영화는 ☆1952년 아카데미 감독 · 각색 · 촬영 · 편집 · 음악 · 디자인 등 6개 부문을 수상하였다. 스토리 구조로 보면 6개의 수상이 이해가 안 되는데, 왜일까? 아마도 당시의 혜성 몽고메리 클리프트와 엘리자베스 테일러의 등장 때문이 아닐까 하는 생각도 든다. 이 영화는 미국 영화연구소 선정 [100대 영화 1998]에서 92위를 차지했고, 2007년 선정에서는 순위에서 제외되었다. 제목 '젊은이의 양지(陽地)'는 참 좋다. 햇살이 따사롭게 비치는 젊은 시절을 뜻하는 것으로 느껴진다. 그러나 동서고금을 막론하고 20대 초년에 꿈 속 같은 행복을 누린 사람이 그 누가 있었던가? 제목 자체가 반어적이고 극히 비극적이다.

▶ **조지 스티븐스 감독**(George Stevens 1904~1975): 부모가 모두 배우였던 스티븐스는 캘리포니아에서 태어나 부전자전으로 1921년 촬영기사로 영화계에 들어가 1930년부터 감독이 되었다. 〈강가딘(1939)〉으로 상업적 성공을 거두고 ☆〈젊은이의 양지(1951)〉, ☆〈자이언트(1956)〉로 두 차례 아카데미상 감독상을 수상하였다. 제2차 대전 후 소위 '미국인 꿈의 3부작'을 내놓는다. 3부작의 영화는 욕망을 위해 사악한 길을 질주하다 파멸해가는 남자 이야기 〈젊은이의 양지(1951)〉, 고전적 우아함과 낭만의 서부극 〈셰인(Shane 1953)〉, 미국적 성공신화의 뒤안길 〈자이언트(Giant 1956)〉가 그것이다. 〈안네의 일기(1959)〉도 그의 작품이다.

▶ **엘리자베스 테일러**(Elizabeth Taylor 1932~2011.3.23): 영화배우 얘기를 하면서 "최고의 '미녀'는 엘리자베스 테일러이고, 최고의 '섹시녀'는 마릴린 먼로이며, 최고의 '착한녀(女)'는 오드리 헵번이다"라는 주장에 대해 이의를 제기할 분들은 많지 않을 것이다.

엘리자베스 테일러는 미국인 부부의 둘째 딸로 런던에서 태어났다. 아버지는 프랜시스 렌 테일러이고, 어머니 세라 바이올라 웜브로트는 '세라 소던'이라는 예명을 썼던 전직 배우였다. 아버지가 런던에 화랑을 열고 일하다가 제2차 대전이 터지자 테일러의 가족은 미국으로 돌아와 외가가 있는 LA에 정착한다. 비록 꼬마이지만 미모가 남달랐던 리즈(Riz)는 유니버설을 통해 10살 때 〈참 얼간이 같은 녀석도 다 있군(1942)〉이라는 영화로 데뷔하게 된다. 〈래시 집에 오다(1943)〉, 〈제인 에어(1944)〉, 〈녹원의 천사(1944)〉 등에서 아역과 틴에이저 시절을 보낸다. 〈음모자(1949)〉가 개봉되기 전 〈타임〉 지는 그녀의 기사를 커버

스토리로 취급하면서, '그녀는 고가의 보석이며 진정한 사파이어'라고 극찬했다. 그녀는 할리우드 배우로 인식되고 있지만 엄밀히 따지면 'British-American Actress'이다. 그녀의 주요작품들을 보자.

• 1989 사랑과 열정 • 1988 토스카니니 • 1983 고독한 중년 • 1980 거울 살인사건 • 1976 엔테베 특공작전(단역) • 1975 엘리자베스 테일러 전기 • 1967 위험한 여로 • 말괄량이 길들이기 • 1966 누가 버지니아 울프를 두려워하랴 • 1965 샌드파이퍼 • 1963 클레오파트라 • VIP • 1960 버터필드 8 • 1959 지난 여름 갑자기 • 1958 뜨거운 양철 지붕 위의 고양이 • 1957 애정이 꽃피는 나무 • 1956 자이언트 • 1954 랩소디 • 내가 마지막 본 파리 • 1952 아이반호 • 1951 젊은이의 양지 • 1949 작은 아씨들 • 음모자 • 1944 제인 에어 • 녹원의 천사

20세기 폭스의 〈클레오파트라(1963)〉에서는 영화 한 편 출연료로 100만 달러를 받아 여배우 중 최고 몸값에 등극한다. 모두 다섯 번의 아카데미상 여우주연상 후보에 오른 끝에 1961년 ☆〈버터필드 8〉, 1967년 ☆〈누가 버지니아 울프를 두려워하랴〉로 아카데미 여우주연상을 2회 수상한다.

그녀는 소위 '사회적 의식이 강한 배우'의 원조이다. 1985년부터 에이즈 퇴치 운동에 참여하고, 1999년 '엘리자베스 테일러 에이즈 재단'을 설립하여 자선 활동을 펼쳤으며, 1999년 12월 영국 왕실로부터 여성에 대한 기사(knight) 작위에 해당하는 데임(dame) 작위를 받았다. 2003년 3월 테일러는 당시 미국 대통령이었던 조지 W. 부시를 비난

하면서 이라크 전쟁에 대한 항의 표시로 제75회 아카데미 시상식에 불참했다. 1950년대 중반부터 담배를 많이 피워 척추에 5번 골절상을 입었고, 뇌종양 수술 등 건강문제로 고생을 하다가 2011년 3월 울혈성 심부전증으로 인한 합병증으로 세상을 떠났다.

엘리자베스 테일러의 시대를 연 영화는, 몽고메리 클리프트와 함께 출연한 조지 스티븐스 감독의 〈젊은이의 양지(1951)〉이다. 제비꽃 색의(바이올렛, 일종의 보라색) 신비스러운 눈동자는 커다랗고 늘 촉촉하고, 검은 머리, 밝은 혈색, 짙은 눈썹…. 그녀의 미모는 단숨에 화제가 되었고, 1950년대적 아름다움의 스탠더드가 되었다. 〈젊은이의 양지〉의 테일러 이후, 그 어떤 여배우도 '아름다움'이라는 관점에서 그녀만큼 찬사를 받은 적은 없었다. 게다가 테일러에겐, '외모 중심 배우'에게 흔히 결핍되기 쉬운 '연기력'이 있었고 항상 기대 이상을 해냈다. 그녀는 오직 미(美)의 상징이었다. 오드리 헵번의 우아함, 그레타 가르보의 은둔자의 신비, 그레이스 켈리의 차가운 열정, 그녀는 이 모든 것의 총화였다.

그녀가 지녔던 보석(寶石)도 많은 화제를 낳았는데, 33.19캐럿(6.64g)의 크루프 다이아몬드, 리처드 버튼이 선물한 69.42캐럿(13.88g) 배 모양 다이아몬드, 그리고 라 페레그리나 진주(50캐럿 10g) 등이 매우 유명하다.

특히 '천하절색'(天下絶色), 엘리자베스 테일러라는 배우를 이야기할 때 8번의 결혼식 이야기는 빼놓을 수 없을 것이다. 힐튼 호텔 체인을 만든 콘래드 힐튼의 아들인 ①콘래드 힐튼 주니어(패리스 힐튼의 종조부)와 열여덟 살의 나이에 결혼했던 것이 1950년이다. (기간 1950~1951)

3개월 동안의 신혼여행을 마친 후 6개월 만에 이혼한 그녀는 이 호텔 상속인과 아홉 달 동안 부부로 지냈는데, 그는 그녀를 상당히 거칠게 대했던 것으로 알려졌다. 테일러에게 결혼과 이혼은 중독된 모종의 관성의 끌림 같았다. 스무 살 땐 영국 배우인 ②마이클 와일딩(Michael Wilding)과 결혼해(1952~1957) 두 아이를 낳았다. 20살 연상의 남자에 게서 싫증을 느끼고, 그와 이혼한 지 3일 만에 영화 제작자인 ③마이크 토드(1957~1958)와 세 번째 결혼식을 올렸지만 토드는 1년 만에 비행기 사고로 사망한다. 이 경우 사별이기 때문에 이혼은 아니다. 그녀는 생애에 걸쳐 가장 사랑한 대상은 토드, 리처드 버튼, 보석이라고 말한 바 있다.

그 다음 남자가 바로 ④에디 피셔(1959~1964)이다. 가수이자 배우인 에디 피셔는 〈스타워즈(1977)〉의 레이아 공주로 유명한 캐리 피셔(Carrie Fisher)의 아버지인데, 그는 테일러와 〈버터필드 8〉에서 공연하며 눈이 맞았다. 하지만 문제는 에디 피셔가 당시 유부남이었다는 사실이다. 그의 아내 데비 레이놀즈는 〈사랑은 비를 타고(1952)〉의 케이시 역으로 유명한 배우였는데, 테일러에게 남편을 빼앗기고 말았다. 레이놀즈와 에디 피셔 부부는 영화제작자 마이클 토드-테일러 부부랑 절친한 사이였고, 토드가 비행기 사고로 사망하자 피셔는 테일러를 위로하려고 찾아갔다가 이것이 화근이 되었는지 테일러는 피셔와 결혼해 버리고 만다. 하지만 피셔와의 결혼 생활도 5년을 채 넘기지 못했다.

〈클레오파트라〉에서 만난 ⑤리처드 버튼과 다섯 번째 결혼식을 올린다.(1964~1974, 1975~1976) 버튼과의 결혼 생활은 극적이었다. 그들은 10년 만에 이혼하는데, 이혼한 지 1년 만에 재결합했고 다시 1년 만에 이혼했다. 기록에는 버튼은 테일러가 입양한 두 딸을 자신의 자녀로 입양했다.(Liza Todd Burton, Maria Burton) 그럼에도 꾸준히 인간관계를 가졌던 그들은, 각자 재혼한 상태였던 1983년에 브로드웨이 무대에 함께 오르기도 했다.

(⑥자기보다 6세 아래인 네덜란드 실업가 헨리 윈버그와 말리브 해안의 요트 위에서 결혼식을 올렸다. 이 결혼은 독자들에게 별로 알려지지 않았다.) 그 후 상원의원인 ⑦존 워너(1976~1982)와 또 결혼했는데 만성적인 요통과 체중문제로 시달리던 테일러는 결혼생활을 하는 동안 비교적 차분하게 지냈다. 그 후 갱생원에서 만난 스무 살 연하의 공사장 노동자 ⑧ 래리 포텐스키와 결혼했지만 1996년 이후 독신으로 살아갔다. ⑥을 빼면 일곱 남자와 8번 결혼한 것이다.

앞의 포텐스키의 경우, 「그는 건축현장에서 시간당 20달러를 받고 흙을 퍼나르던 중장비(불도저) 기사였다. 알코올 치료센터에서 알게 된 그들은 팝스타 마이클 잭슨의 목장에서 결혼식을 올렸는데, 전직 대통령인 로널드 레이건(전직 할리우드 배우)과 제럴드 포드가 참석했을 정도로 성황이었다. 식장은 빨간 장미와 자주색 난초, 노란 백합으로 뒤덮였고 꽃값으로 17만6,000달러(약 2억 원)가 지불되었다. 그녀는 생애 마지막으로 초라하고 가난한 남자에게 대단한 호사로 자비를 베푼 셈이다.

그녀의 남편 중 한 사람인 리처드 버튼은 로렌스 올리비에와 '사귄' 양성애자였고, 리즈와 깊은 우정을 나누었던 록 허드슨, 제임스 딘, 테네시 윌리엄스, 몽고메리 클리프트, 로디 맥도웰도 동성애자이다. "그녀는 동성애를 즐기는 남자들에게 편안함을 느꼈고, 잠자리를 함께 할 수 없음에도 자신에게서 헤어나지 못하는 많은 남자들에게 진한 연민을 느꼈다"고 전기 작가 앨리스 앰범은 쓰고 있다.」[54]

테일러는 힐튼과 결혼하기 전, 미식축구선수 Heisman Trophy와 약혼한 적이 있고, 또 그녀는 결혼과 무관하게, 혹은 결혼과 결혼 사이의 솔로 시기에도 수많은 남성들과 스캔들을 일으켰는데 '남편은 아니었던, 하지만 한때 사랑했던 남자들' 명단을 보면, 프랭크 시나트라, 헨리 키신저, '포브스' 발행인 말콤 포브스(Malcolm Forbes)부터 데이비드 보위(영국 가수 · 배우) 등등 정말 화려하다. 입이 딱 벌어진다. 무슨 말을 할 수 있을까. 러시아의 에카테리나 2세(Ekaterina 1729~1796) 여제(女帝)가 심하게 남자를 자주 교체하고 또 섹스에 집착했다는 얘기도 있다. 여제 주변에 건장하고 충직한 장교가 있었는데 그녀에게 수청을 들다가 3일 만에 기력이 쇠진해 절명했다는 속설도 있지만, 하여간 엘리자베스 테일러는 대단히 경이로운 배우이다. 이렇게 볼 때, 리즈는 남자를 깊이 사랑하면 반드시 결혼으로 완성도 높은 애정을 구현하는 독특함이 있었다.

당시 미국에서는 에이즈에 대해 쉬쉬하던 시절인데 리즈가 카메라 앞에서 에이즈에 감염된 친구 록 허드슨의 손을 잡아 준 것은 에이즈가 몸의 접촉으로 전염되지 않는다는 사실을 보여 줌으로써 에이즈 감염의 편견을 바로 잡는데 큰 역할을 해 주었다. 그녀는 '엘리자베스 테일러 AIDS재단'에 1999년까지 5천만 달러를 지원한 바 있다. 과거와 현재를 가리지 않고 세상에는 수많은 배우들이 존재하지만, 여배우사(史)에 있어 그녀는 할리우드를 지배한 정녕 Queen임이 틀림없다.

그러나 연애상대나 배우자 선택에 있어 수학문제 정답이 나오듯 딱 맞는 상대는 있기 어렵다. 리즈에게는 리처드 버튼, 비비안 리는 로렌스 올리비에라는 정답남(正答男)이 있었고, 또 클락 게이블에게는 캐롤 롬바드라는 정답여(正答女)가 존재했다. 어쨌든 엘리자베스 테일러는 남자 복에서도 그 어떤 여성보다 풍부했던 인물이다. 그녀는 한창 나이인 39세(1971년)에 할머니가 되었다. 사망할 당시에는 4자녀와 10명의 손자, 그리고 4명의 증손도 두었다. 여러 모로 최고의 여배우이다.

▶ **몽고메리 클리프트**(Montgomery Clift 1920~1966): 남자 배우들 중에는 찰리 채플린, 장 가뱅, 클락 게이블, 말론 브란도, 안소니 퀸 등 어린 시절 부모가 이혼했거나 매우 가난해 고생한 사람들이 많다. 그러나 '몬티'라는 애칭으로 불리기도 한 그는, 아버지가 오마하 국립은행의 부은행장으로 유복한 가정에서 태어났다. 13살 때 브로드웨이 무대에 데뷔하여 10년간 무대에서 활동했으며 1948년에 출연한 영화 데뷔작 〈추적(1948)〉으로 아카데미 남우주연상 후보에 올랐다. 이후에도 〈젊은이의 양지(1951)〉, 〈지상에서 영원으로(1953)〉, 〈뉘른베르크 재판(1961)〉으로 모두 아카데미 남우주연상 후보에 올랐으나 수상에는 실패하였다. 엘리자베스 테일러와 함께 출연한 〈애정이 꽃피는 나무(1957)〉는 4년 만에 출연한 작품으로 출연 중 교통사고를 당했으나 끝까지 촬영을 마친 영화이다.

몽고메리 클리프트의 연기는 내면의 상처를 간직한 신경과민적인 특성이 있다는 평가도 있다. 또 그는 주연(主演) 섭외를 거절한 것으로도 유명하다. 〈선셋 대로(1950)〉, 〈에덴의 동쪽(1955)〉 등 아주 훌륭한 주연 자리를 마다했다는 것이다. 결코 쉽지 않았을 결정이다. 그의 출연작품들이다.

• 1962 프로이트 • 1961 뉘른베르크 재판 • 1960 분노의 강

• 1959 지난 여름 갑자기 • 1958 젊은 사자들 • 1957 애정이 꽃피는 나무 • 1953 나는 고백한다 • 종착역 • 지상에서 영원으로 • 1951 젊은이의 양지 • 1949 사랑아 나는 통곡한다

▶ **쉘리 윈터스**(Shelley Winters 1922/미국~2006): 그녀는 모델과 코러스 걸로 일해 번 돈으로 연기수업을 받았다. 한마디로 금발의 육체파 배우로 알려져 있다. 〈여인의 초상(1996)〉, 〈방문객(1979)〉, 〈포세이돈 어드벤처(1972)〉, 〈로리타(1962)〉, 〈안네의 일기(1959)〉, 〈젊은이의 양지(1951)〉, 〈윈체스터 73(1950)〉, 〈이중생활(1947)〉 등이 출연작품이다. 유태인인 그녀는 1960년 제32회 아카데미 시상식에서 ☆〈안네의 일기〉로 받은 여우조연상 트로피를 암스테르담에 있는 안네 프랑크 박물관에 기증했다고 한다.

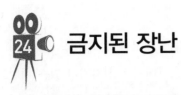

금지된 장난

1952년 작. 프랑스 영화(Silver사). 102분. 흑백
원제: Jeux Interdits. Forbidden Games
감독: 르네 클레망
음악: 나르치소 예페스(Narciso Yepes)
※1957 한국 개봉

▶ **리뷰:** 프랑수아 보와이에의 소설 〈나무 십자가·쇠 십자가〉를 제목을 바꾸어 영화로 만든 것이다. 이 영화는 1952년 베니스 영화제 황금사자상, 프랑스 페미나 대상을 받은 바 있다.

이 영화의 배경은 제2차 세계대전 때이다. 1940년 6월 어느 날. 다섯 살 여자아이 폴레트는 부모가 파리에서 탈출할 때 공습으로 사망함으로써 고아가 되고 한 농부의 집에 흘러들어 온다. 그 집의 11살 된 아들 미셸과 친해지고, 미셸은 폴레트의 죽은 강아지를 땅에 묻어 무덤을 만들고 십자가를 세워준다. 무엇이든지 죽으면 무덤을 만들고 십자가를 세워주어야 한다는 것을 배운 폴레트는 미셸과 함께 비밀장소를 만들고 거기에 벌레, 새, 죽은 동물을 모아 파묻고 십자가를 꽂는다. 그때 가톨릭 장례식 예식도 엉터리로 따라 해 본다. 이런 일이 계속되자 십자가가 부족하게 되어 미셸은 교회제단에 모셔 놓은 십자가도 슬쩍 가져오고 심지어 형의 묘지에서조차 뽑아오기도 한다. 결국 발각되고 어른들은 폴레트와 미셸을 떼어놓는다.

폴레트를 고아수용소에 데려가 달라는 신고를 받고 어느 날 헌병 두 명이 미셸 집에 찾아온다. 이때 미셸 아버지는 십자가가 있는 비밀 장소를 말해주면 폴레트를 조사반에 넘기지 않겠다고 약속하지만 결국 조사반에 넘긴다. 격분한 미셸은 폴레트를 위해 정성을 들여 만들었던 방앗간의 묘지를 모두 부셔버린다.

혼잡한 대합실 한 쪽에 수녀가 가슴에 달아준 '전쟁고아'와 이름표를 붙이고 서 있던 폴레트는 어디선가 미셸이라고 부르는 소리를 듣고 계속 미셸과 엄마를 외치며 군중들 속으로 사라진다. 어린아이의 눈을 통해 어른들의 허위와 잔인함을 통렬하게 고발한 반전 영화이다.

비록 전쟁통이긴 하지만 어른들이 강제로 아이들을 이별하도록 하는 장면은 가슴이 저려온다. 어린이 출연자의 연기도 감성과 설득력이 넘친다. 또 나르치소 예페스의 서정적인 기타 연주곡도 장면에 깊은 울림을 준다. '로망스'는 원래 스페인 민요였는데 기타리스트 나르치소 예페스가 기타 독주곡으로 편곡하여 〈금지된 장난〉에 주제 음악으로 사용해서 더욱 유명한 곡이 되었다.

▶ 르네 클레망 감독(René Clément 1913/보르도~1996): 그는 애초 건축가가 될 생각이었으나 영화를 좋아하여 1931년 카메라맨이 되었고, 1930년대 후반에 단편 기록영화의 감독이 된다. 장 콕토(Jean Cocteau)가 만드는 환상적인 이야기 〈미녀와 야수(1945)〉의 제작과정에 기술 고문으로 참여한 바도 있고, 제2차 세계대전 직후 프랑스 철도노조원의 대독(對獨) 저항을 그린 〈철로변 전투(1945)〉로 유명해진다. 이 작품으로 1946년 칸 영화제에서 감독상을 수상한다. 어린이를 통하여 반전사상을 읊조린 〈금지된 장난(1951)〉 등으로 사실주의 영화를 구축해 갔다.

1956년 E. 졸라의 원작을 영상화한 〈목로주점〉, 상업성이 강한 〈태양은 가득히(1959)〉, 드골 파(派)의 영화로 지목된 〈파리는 불타고 있는가?(1966)〉는 그의 대표작들이다. 또한 무명의 조연배우로 잠자고 있던 찰스 브론슨을 깨워 〈방문객(1970)〉의 주역으로 발탁해 명품 심리 스릴러를 만들어 준 것도 그의 공로였다. 센 강 주변의 파리 풍경을 가장 시정(詩情) 넘치게 포착했다고 평가받는 〈파리는 안개에 젖어(1971)〉는 제목은 아주 멋지지만 작품 자체는 그저 그렇다.

사랑은 비를 타고

1952년 작. 미국 영화(MGM). 103분. 컬러
원제: Singin' In The Rain
감독: 진 켈리, 스탠리 도넌
출연: 진 켈리, 도널드 오코너, 데비 레이놀즈, 진 헤이근

▶ **리뷰:** 이 영화는 할리우드에서 무성영화가 유성영화로 시스템이 바뀌면서 그 이면(裏面)에서 벌어지는 배우들의 갈등과 혼란을 풍자하고 비꼬는 연예가 중계 스토리이다. 떠돌이 코미디언인 돈 록우드(진 켈리)와 코스모(도널드 오코너)는 할리우드에 굴러들어온다. 돈 록우드는 어쩌다 영화 스턴트맨이 되고, 인기 여배우인 리나 레이먼트(진 헤이근)와 함께 공연하면서 상당한 인기를 얻는다.

그러나 무성영화가 힘을 잃고 유성영화가 개봉 족족 대박을 치자 목소리가 나쁜 여배우 리나 때문에 영화는 쪽박을 차게 되어 덩달아 돈 록우드도 형편이 말이 아닌 신세가 된다. 록우드는 캐시(데비 레이놀즈)라는 배우지망생을 파티에서 만나 사랑을 느끼고 또 도움까지 받게 된다. 영화를 각색한 뮤지컬 〈노래하는 기사〉를 살리기 위해 캐시가 목소리를 내고 리나는 입만 벙긋하는 립싱크(lip sync)를 시도하고자 한다. 리나가 이 사실을 알자 캐시의 영화계 진입을 차단하는 작전을 세우지만, 오히려 그녀는 자기 꾀에 자기가 넘어가 관중들 앞에서 모욕

을 당하고, 캐시와 돈 록우드는 서로 사랑을 돈독히 한다.

사랑을 얻은 진 켈리(돈 록우드)가 억수같이 퍼붓는 빗속에서 우산을 휘두르면서 춤을 추고 주제곡 '사랑은 비를 타고'를 노래하는 명장면은 낭만적인 안무가 일품이다. DVD 재킷의 그림에서도 진 켈리가 가로등 기둥을 잡고 열창한다. 춤·노래·세트·강렬한 색채가 돋보이는 이 영화는 세상 사는 일이 진정 신난다는 사실을 화면과 노래로 웅변하면서 뮤지컬 사상 최고의 작품으로 우뚝 선다. 진 켈리의 춤, 노래, 연기가 삼위일체가 된 이 영화는 미국 영화협회의 아메리칸 베스트 필름, 미국 각본가협회의 최우수작품상을 수상한다. 즐거움과 해피엔딩을 추구하는 할리우드의 특성을 한껏 반영한 명작이다. '사랑은 비를 타고'의 멋진 가사이다.

비를 맞으며 노래하네, 그저 비를 맞으며 노래하네/ 이 즐거운 느낌, 난 정말 행복해/ 저 어두운 밤하늘의 구름을 보면서도 미소짓고, 마음속에는 태양이 가득 사랑에 빠질 것 같아/ 폭풍을 몰고 오는 구름이 사람을 쫓고 비를 맞아도 웃음이 나네/ 길을 따라 걸으며 즐거운 노래를 부르네/ 그저 비를 맞으며 노래하네, 비를 맞으며 춤을 추네/ 난 또 행복해지네, 비를 맞으며 춤을 추고 노래를 하네.

▶ **진 켈리**(Gene Kelly 1912/피츠버그~1996): 그는 8살 때 그의 형과 함께 어머니가 댄스 교습소에 들여보냈다. 그런데 이들은 댄스를 싫어했고, 켈리는 야구팀에서 유격수를 하고 싶어 했다. 대학을 졸업하고 쇼 비지니스를 하기로 결정하고 뉴욕으로 가 몇몇 작품에 출연하지만 춤연기가 워낙 뛰어나서인지 〈커버 걸(1944)〉에서 리타 헤이워드와 함께

주연을 맡았다. 이어서 제리 마우스(톰과 제리에 나오는 쥐)와 함께 춤을 췄던 〈닻을 올리고(1945)〉로 아카데미 남우주연상 후보에 올랐다. 그는 당시 할리우드에서 춤의 지존(至尊)이었다. 그의 경쟁자는 프레드 아스테어(Fred Astaire) 뿐이었다.

켈리는 스탠리 도넌 감독과 함께 〈춤추는 뉴욕(1949)〉과 〈사랑은 비를 타고〉, 〈언제나 맑음(1955)〉 주디 갈란드, 빈센트 미넬리와 작업한 〈해적(1948)〉, 〈파리의 미국인(1951)〉, 〈무도회의 초대(1956)〉, 바바라 스트라이샌드 주연의 〈헬로, 달리!(1969)〉 등에 출연했다. 1951년에 켈리는 안무에서 쌓은 업적으로 아카데미 특별상을 받았다. 그도 네 번이나 결혼한다.

▶ 데비 레이놀즈(Debbie Reynolds 1932~): 텍사스 주 엘파소에서 태어난 그녀의 아버지는 철도회사 목수였다. 가족은 1939년 캘리포니아로 이주했고, 그녀는 '미스 Burbank'로 뽑히고 워너브라더스와 계약한다. 그녀는 가수, 배우, 댄서로 활약하는데, 약 70여개의 작품 중 이름을 알 수 있는 영화는 〈서부 개척사(1962)〉와 〈사랑은 비를 타고(1952)〉 정도로 우리나라에서는 덜 알려져 있는데, 2013년 가을 서울 시네큐브에서 개봉한 〈쇼를 사랑한 남자〉에서 볼 수 있었다. 그녀는 매력적이고 정숙하며 정력적인 캐릭터로 뮤지컬과 코미디에서 성공적 연기를 선보였다.

레이놀즈는 1955년 가수 겸 배우 에디 피셔와 결혼해 캐리와 토드를 낳는다. 그러나 피셔가 엘리자베스 테일러와 바람이 나는 바람에 1959년 이혼한다. 두 번째 남편은 백만장자 사업가 해리 칼이었는데 1960년에 결혼해 1973년에 헤어진다. 세 번째 결혼은 1984년 부동산

개발자 리처드 햄릿과 했는데 1996년 갈라선다. 첫 남편 에디 피셔와
의 소생인 두 자녀는 배우인 캐리 피셔와 제작자 토드 피셔이다. ※한
국 개봉 연도 미상

26 신사는 금발을 좋아해

1953년 작. 미국 영화(20세기 폭스). 92분. 컬러
원제: Gentlemen Prefer Blondes
감독: 하워드 혹스
출연: 마릴린 먼로, 제인 러셀, 찰스 코번
원작: 아니타 루스(Anita Loos)
※1955 한국 개봉

▶ **리뷰:** 금발에다 몸매가 아름다운 쇼걸 로렐라이(마릴린 먼로)는 머리가 텅 빈 듯 보이지만 돈 많은 남자에게는 사족을 못 쓴다. 그녀의 이름 '로렐라이'는 '요정의 바위'라는 뜻으로 라인 강 중류의 강기슭에 있는 큰 바위의 이름으로, 라인 강을 항해하는 뱃사람들이 요정의 아름다운 노랫소리에 도취되어 넋을 잃고 그녀의 모습을 바라보고 있는 동안에 배가 암초에 부딪쳐 난파한다는 스토리가 있다. 주인공의 이름짓기 작명(作名 apellation)은 참으로 교묘하다. '로렐라이'는 이 영화에서 매력이 넘치는 요정인 것이다.

반면 단짝 도로시(제인 러셀)는 검은 머리에 똑똑한 여성이지만 잘생긴 남자만 보면 통 정신을 못 차리고 곧 사랑에 빠지는 성격이다. 즉 로렐라이는 돈, 도로시는 미남이 추구의 대상이다. 로렐라이는 백만장자의 아들 에스몬드(좀 띨띨해 보인다)를 유혹하고 결혼을 시도하는데 그의 아버지 반대로 좌절된다. 로렐라이는 결혼을 성사시키기 위해 도로시랑 파리 행 여객선에 승선한다. 그런데 로렐라이는 '프랑

스라는 대륙에 유럽이라는 나라가 있는 것'으로 알고 있는 웃기는 여자다.

에스몬드의 아버지는 로렐라이의 정체를 파악하기 위해 사립탐정 말론(찰스 코번)을 고용한다. 여객선에서 로렐라이는 다이아몬드 광산 소유자인 노신사를 유혹하고, 도로시는 말론과 사랑에 빠진다. 파리에 도착해 에스몬드의 아버지가 예금인출을 이미 중지한 상태라 돈이 떨어져 난관에 봉착하자, 그녀들은 파리 카바레에 진출해 미국식 쇼를 정말 질펀하게 한 판 벌인다. 이때 부르는 현대여성의 한 가닥 캐릭터를 예리하게 상징하는 'Diamonds Are A Girl's Best Friend'라는 노래와 춤은 정말 신난다.

말론이 로렐라이의 행실을 살피기 위해 고용된 탐정이라는 사실을 안 도로시는 그를 떠나고, 로렐라이의 바람기를 알게 된 에스몬드도 로렐라이에게 이별을 고한다. 이 과정에서 두 커플은 아슬아슬하면서도 배꼽 잡는 난관을 극복하고 미국에 돌아와 결국 합동결혼식을 올림으로써 해피엔딩으로 끝난다. 머리가 나쁘다고 깔보면 안 된다. 영화에서지만 마릴린 먼로는 아주 앙큼할 정도로 똑똑하고 현명하다.

이런 마릴린이 어쩌다가 저 세상으로 갔는지…. 조너선 로젠바움 (Jonathan Rosenbaum)이라는 미국 영화평론가는 이 영화는 "존재할 수 없는 대상-정신의 시네마스코프, 자본주의의 포템킨이다"라고 알 듯 모를 듯한 묘한 평가를 내놓았다. 웃기지만 신나고 즐거운 이 쇼걸들의 이야기에서 촌철살인의 해학과 '잘 살아 보겠다는', 즉 신분상승의 열망이 용암(鎔巖)처럼 꿈틀거리면서 넘쳐흐른다. 1950년대 영화지만 그 내용은 이미 21세기에 깊숙이 들어와 있어 보인다. 할리우드 영화의 찬가이기도 하다.

▶ **하워드 혹스 감독**(Howard Hawks 1896/미국,인디아나~1977): 그는 1912년 부터 2년간 필립스 액스터 아카데미에서 공부하고 코넬 대학교에 들어간다. 제1차 대전시 공군복무 후 제대해 레이스 카 운전사, 공군 출신이기 때문에 비행사, 디자이너 등 이색 직업에 종사하다 필름 편집자→조감독→시나리오 작가→감독(1922)이 된다.

1925년부터 혹스 감독은 45년간 코미디, 드라마, 뮤지컬, 액션, 서부영화, 스릴러, 심지어는 공상과학영화까지 다양한 장르의 대가(大家)라는 칭송을 받는다. 그가 즐겨 쓰는 영화기법 중의 하나는 '대사의 겹쳐짐'이다. 즉, 등장인물들은 상대의 대사가 채 끝나기 전에 말을 가로채 대사를 던짐으로써 장면의 긴장감과 속도, 장면전환의 느낌을 고조시켜 관객의 시선을 스크린에 고정시키는 효과를 얻게 된다. 〈베이비 길들이기(1938)〉 등 소위 스크루볼 코미디에서도 재간이 있었다.

「1930년대 미국 대공황 시기에 유행했던 코믹극의 한 종류. 스크루볼(screwball)은 '괴짜, 별난, 엉뚱한'이란 뜻을 가진 미국 속어로 빈부나 신분 격차가 큰 남녀 주인공이 나와 재치 있는 대사로 갈등과 애증을 겪는데, 처음에는 갈등의 폭이 커지지만 결국엔 행복한 결말에 이른다.」(영화사전) 그는 자신의 남성적인 기질을 잘 녹여내 사나이들의 세계를 묘사하는데 능하다는 평가를 받았다. 특히 서부 영화 3부작인 〈리오 브라보(1959)〉, 〈엘도라도(1967)〉, 〈리오 로보(1970)〉가 유명하다. 1974년 제46회 아카데미 시상식에서 특별상을 수상했다. 그는 1926년부터 많은 영화를 감독했는데 그의 주요 연출작들은 다음과 같다.

• 1970 리오 로보 • 1967 엘도라도 • 1962 하타리 • 1959 리오 브

라보 •1953 신사는 금발을 좋아해 •1952 몽키 비즈니스 •1948 붉은 강 •1944 소유와 무소유 •1941 요크 상사 •1932 스카페이스

▶ **마릴린 먼로**(Marilyn Monroe 1926~1962):『마릴린 먼로가 스크린에서 사라진 지 어느새 반세기가 흘러갔다. 아무리 유명인사라고 해도 보통 몇 년이 지나면 대중의 뇌리에서 사라진다. 그러나 그녀는 사후 53년이 넘은 지금도 '섹스 이미지의 총체'로, 또 비극적인 생을 마친 여배우로 줄곧 우리들의 기억 속을 맴돌면서 현존하고 있다. 2013년 11월 21일 우리나라 메이저 조간신문 맨 끝면 전면광고에서 그녀는 '샤넬 No5'를 들고 유혹적으로 미소짓고 있고, 2014년 4월 1일 LG 패션 전면광고에서도 (좌)마릴린 먼로, (중)오드리 헵번, (우)제임스 딘 사진으로 한국인들에게 현역 배우인양 환생(還生)하고 있을 정도이다.

1926년 먼로는 '노마 진 모텐슨'이라는 이름으로 로스앤젤레스에서 태어났다. 복잡한 남자관계로 어머니는(글래대스 펄 베이커) 가장 마지막에 사귄 남자의 성을 따 '노마 진 베이커'로 출생신고를 했다고 한다.(실제 아버지는 어머니의 직장 동료 스탠리 기포드였다) 아버지는 가출해버렸고, 어머니는 정신병 증세가 있었다. 글자 그대로 결손가정의 아이였다.

아홉 살에 고아원에 보내진 그녀는 겨우 14살 때 로스앤젤레스의 순경과 결혼했다. 이유는 '보호받고 싶어서였다'는 별로 알려지지 않은 이야기도 있다. 16세 때 '고아원에 돌아가지 않기 위해' 21세의 제임스 도허티와 결혼하지만 4년 후 이혼한다. 수영복 모델 일을 하던 그녀는 원래 갈색(브루넷)이었던 머리를 금발(블론드)로 염색해 변신을 꾀한다.

주로 단역을 맡다가 존 휴스턴 감독의 〈아스팔트 정글(1950)〉에서 주목을 받았고, 〈신사는 금발을 좋아해(1953)〉, 〈나이아가라(1953)〉로 스타덤에 오른 후, 〈백만장자와 결혼하는 법(1953)〉의 히트로 가장 사랑받는 할리우드 여배우가 된다. 특히 출세작인 〈나이아가라〉에서 연기한 독특하게 엉덩이를 흔드는 육감적인 '먼로 워크'(Monroe Walk)는 관능미를 규정짓는 하나의 성적 코드가 되었다.

1950년대 할리우드는 '스타 메이킹 팩토리'였다. 좀 가능성이 보이는 신인이 나타나면 홍보전문가들은 예명으로 새 이름 짓기, 과거사 날조, 성형수술 등으로 개성적 이미지 창출 작업에 매달렸다. 미국 사회는 스타 소비를 갈망했고, 할리우드는 신성(新星)을 공급해야만 했다. 그녀도 이런 관행적 과정을 통해 제조된 당시 최첨단 상품이었다.

1946년 스무 살의 노마 진 베이커는 20세기 폭스 사장 대릴 자눅(Darryl F. Zanuck)과 계약을 맺고 '마릴린 먼로'로 변신했다. 'MM'으로 불리는 마릴린 먼로라는 이름은 뽀뽀를 두 번 하는 입 모양에서 따와 만들어진 것이다. 먼저 그녀의 출연작들을 정리하도록 하자.

• 1961 The Misfits 황마의 여자 • 어울리지 않는 사람들 • 1960 사랑합시다 • 1959 뜨거운 것이 좋아 • 1957 왕자와 무희 • 1956 버스 정류장 • 1955 7년만의 외출 • 1954 쇼처럼 즐거운 인생은 없다 • 돌아오지 않는 강 • 1953 나이아가라 • 백만장자와 결혼하는 법 • 1953 신사는 금발을 좋아해 • 1952 Don't Bother to Knock • 몽키 비즈니스 • 오 헨리 단편집 • 1951 홈타운 스토리 • 1950 아스팔트 정글 • 이브의 모든 것

할리우드에서 화제작 30여 편에 출연하면서 공장근로자 '도허티', 프로야구 선수 출신 '조 디마지오', 그리고 극작가 '아서 밀러'에 이르는 3번의 정식 결혼을 한다. 모두 잘못된 만남이었고, 실패한 결혼이었다. 16세에 처음 결혼한(14세에 경찰관과 결혼했다는 설이 맞다면 두 번째 결혼이 된다) 도허티는 부인인 노마 진 베이커가 성인잡지 〈블루 북〉에 스카우트 돼 누드 모델로 활동하지만, 도대체 모델 작업이 무엇인지 이해하지 못한 갈등 끝에 갈라서게 된다.

1952년 봄 LA를 방문한 프로야구 선수 조 디마지오는 거리에 붙은 마릴린의 포스터를 보고 열렬히 덤벼들었다. 그녀가 28살, 그녀보다 12년 연상으로 메이저 리그에서 은퇴한 조 디마지오(40세)와 두 번째로 결혼식을 올린다. 그는 56경기 연속 안타에 통산타율 0.325, 홈런 361개를 날린 불멸의 기록을 세운 전설의 사나이다. 이 결혼은 디마지오의 소위 '대시'로 성사되었는데, 짧은 연애기간 중에도 먼로는 지성인을 존경했지만 디마지오는 오히려 그들을 경멸하는 등 성격적 갈등을 겪었다. 특히 디마지오는 할리우드의 성적 문란과 타락에 대해 분개했다. 실제로 〈신사는 금발을 좋아해〉 촬영 시 "대중 앞에서 좀 더 젖가슴을 가려줄 것"을 요구한 바도 있었다.

그러나 먼로는 신비한 힘으로 상대방을 굴복시키는 프로야구 영웅 특유의 카리스마에 끌려 1954년 1월 14일 샌프란시스코 지방법원에서 결혼한다. 먼로는 디마지오를 '나의 강타자'라고 자랑했다. 하지만 먼로의 마음은 할리우드에 가 있었다. 그러나 이탈리아인의 보수적 기질을 타고난 디마지오는 먼로를 현모양처에 가두어 두기만을 바랐다. 이것은 불행의 시작이다. 시간이 지나면서 결혼생활에 위기가 생기자 디마지오는 일본의 '요미우리 자이언츠' 구단의 초청을 받고 일본으로 지각 신혼여행을 떠난다. 일본에서 먼로는 주한 미군을 위문해 달라는 의뢰를 받고 디마지오와 다투면서까지 우리나라를 방문한다.

당시 한국전쟁이 끝난 지 얼마 되지 않은 상황이었는데, 미군 장병을 위로하기 위해 1954년 2월 16일 대구 동촌비행장에 내린 그녀는 영화배우 최은희와 연극배우 백성희를 비롯해 수많은 인파의 환영을 받는다. 그녀는 4일간 머무르며 10번의 공연을 펼쳐 행사장을 '열광의 도가니'로 만들었다. 엄동설한인데도 몸에 꽉 끼는 드레스 차림으로 무대에 올라 노래를 부른 그녀를 병사들은 뜨겁게 환호했다. 당시 주한 미군들의 철모나 주둔지의 천막에 붙어 있는 사진은 대부분 마릴린 먼로였다. 그녀는 공군 점퍼를 입고 비행기와 탱크에 올라가기도 했으며, 병사들을 위해 비를 맞으며 노래하고 춤을 추었다. 병사들은 평생 잊지 못할 감동에 빠졌다. 그녀도 "한국 방문은 내게 일어난 최고의 사건"이라며 "그때처럼 내가 스타임을 가슴으로 느낀 적은 없다"고 술회했다.

꼴 탈이 난 사건은 〈7년만의 외출(1955)〉 촬영 때 발생했다. 빌리 와일더 감독은 먼로가 맨해튼(Manhattan) 거리 지하철 환풍구에 서 있다가 열차가 지나가면서 일으키는 바람에 허벅지까지 훤히 드러나 치맛자락이 휘날리는 장면의 연기를 지시했다. 지하철이 지나가자 거의 아래 속옷이 보일 정도로 치마가 휘말려 올라가자 황급히 두 손으로 바람에 춤추는 치맛자락을 내리누르는 장면은 영화사상 가장 매혹적인 신(scene)이다. 빌리 와일더는 이 장면을 찍고 또 찍고 하는데 촬영장은 인산인해였다. 현장에 동행했다가 제 마누라의 은밀한 곳을 구경거리로 만드는 것을 본 디마지오는 수치심을 느끼고 대노(大怒)했다.

이 먼로의 '지하철 드레스'는 2011년 6월 21일, 베벌리힐스에서 열

210

린 할리우드 배우들의 출연 의상 경매에서 50억 원(460만 달러)에 낙찰
되어 그녀의 식지 않는 뜨거운 인기를 반증해 주었다. 또 디마지오는
욱하는 성질에 종종 폭행도 가했던 모양이다. 결혼식 후 꼭 274일 만
에 이들은 이혼한다. 미친 듯 신문들은 대서특필했다. 이후 먼로가 사
망하자 그는 장례식 행사를 자신이 도맡고, 영화계 인사들이 식장에
들어오지 못하도록 막기도 했다. 그는 "할리우드 영화계가 먼로를 꼬
드기지 않았더라면 결코 죽지 않았을 것"이라고 애통에 젖는다. 그 후
그는 독신으로 살면서 1주일에 세 번씩 그녀의 무덤에 장미꽃을 바쳤
다. 순진한 스포츠 스타의 사랑은 길고 깊고 질겼다.

마지막 결혼은 그녀 나이 30세, 극작가 아서 밀러(Arthur Miller
1915~2005)가 41세 때인 1956년 6월 29일 이루어진다. 언론들은 이들
의 관계에 대해 '머리와 육체의 만남'이니 '지성과 글래머의 조우(遭遇)'
니 하는 표현을 썼다. 먼로는 가족 없는 세상을 정처 없이 떠돌며 살
아왔다. 태어났을 때 아버지는 아예 없었고, 어머니도 떠나 고아원을
전전했다. 그래서 마릴린 먼로가 남자들에게 원했던 것은 부성애(父性
愛)였다. 즉 아버지 같은 남자, 자신을 보호해줄 남자, 또 지성적인 남
자가 필요했다. 미국을 대표하는 유명한 극작가 아서 밀러는 바로 안
성맞춤이었다.

마릴린 먼로는 아서 밀러에 대한 존경심을 표시했고, 아서 밀러도
먼로의 미모에 도취되어 그녀로부터 작품의 영감을 얻는다고 격찬을
아끼지 않았다. '섹스 심볼'에서 '지성적 스타'로 변신을 꾀하던 그녀
에게는 적임 남편감이 나타난 것이다. 그녀는 아이를 간절히 원하지
만 밀러와의 사이에서 4년간 두 번이나 유산하고 나서 마릴린 먼로는
깊은 좌절에 빠진다. 그녀는 매스컴의 집요한 추적, 아서 밀러에 대한

열등감, 우수한 연기자가 되려는 강박 관념 등으로 인해 심리적으로 불안 상태에 빠진다.

그리고 1960년 가수이며 영화배우인 이브 몽탕은, 로스앤젤레스 베벌리힐스에서 영화 〈사랑합시다〉를 찍다가 상대역인 마릴린 먼로와 깊은 관계에 빠져 들었다. 그는 나중에 "마릴린 먼로의 웃음은 그야말로 뇌쇄적이었다"고 회고했다. 이 사실을 알게 된 프랑스 국민배우인 부인 '시몬느 시뇨레'(Simone Signoret)는 "마릴린 먼로가 품에 안겨 있는데 무감각할 남자가 어디 그리 많겠어요?"라고 기자들에게 반문했다. 그만큼 마릴린 먼로는 어떤 여성이든 추종을 불허하는 성적 매력을 지녔다는 것이다.

1961년에는 밀러가 그녀를 위해서 대본을 써준 〈어울리지 않는 사람들(Misfit)〉에 출연했지만 팬들의 호응은 미지근했다. 영화 개봉을 1주일 앞두고 그녀의 남자 배우들과의 스캔들을 참지 못한 아서 밀러는 먼로와의 이혼을 발표해 버린다. 그들은 1961년 11월 11일 이혼한다.

마릴린 먼로는 피가 뜨거웠던지 과학자 아인슈타인, 프랭크 시나트라, 엘리아 카잔, 말론 브란도, 존 F. 케네디, 로버트 케네디 등 거물들과의 염문을 쏟아냈다.

세 번째 남편 아서 밀러와 5년 만에 이혼했는데, 케네디 형제와 염문을 뿌린 것도 이 무렵이다. 1962년 5월 19일 뉴욕 메디슨 스퀘어 가든에서 열린 케네디 대통령 생일축하 행사 때 속삭이는 목소리로 그녀가 대통령을 위해 부른 '해피 버스데이 투 유'는 가장 섹시한 생일 축하곡이 됐다. 'Haaappy Biiirthday to youuuu…', 케네디를 향한 세레나데는 요염과 관능 덩어리였다.

생전 30편의 영화에 출연했던 먼로는 〈버스 정류장〉에서 가장 연기력을 인정받았다. 먼로는 숨지기 전 녹취록에 "나는 아카데미상을 받고 싶은 열망과 셰익스피어 연극에 출연해 배우로 인정받고 싶다"는 내용이 있다고 한다. 그녀는 연기력을 인정받기 위해 다각적인 노력을 했는데, 엘리아 카잔 감독이 〈혁명아 자파타(1952)〉를 찍을 당시 마릴린 먼로는 카잔의 역량을 직접 확인하기 위해 촬영장을 자주 드나들었다. 배우로서 야망에 불탔던 먼로는 어떻게 해서든 카잔의 눈에 들고 싶어 했다. 아마도 은밀하게 먼로와 관계를 맺었을 카잔은(그런 증언들이 있다) 자기 영화에 출연시키지 않고 그녀를 말론 브란도에게 소개했다는 이야기도 전해진다. 세 번의 결혼 외에 먼로와 관계를 맺었던 사람들은 모두 그녀의 육체를 원했던 남자들이다.

최후의 스캔들에는 미국 대통령이었던 존 F. 케네디와 법무장관이었던 동생 로버트 케네디와의 삼각관계의 처리과정에서 마릴린 먼로가 희생되었다는 소위 '음모론'이 지금도 존재한다. 대통령은 먼로가 집요하게 연락해오자 동생 로버트 케네디에게 먼로를 좀 말려달라고 부탁했는데, 먼로가 로버트를 만나보니 대통령은 좀 차가운데 비해 로버트는 매우 친절한 사람이라 끌렸다는 이야기다. 로버트도 그녀에게 푹 빠졌고, 그래서 정보 당국은 골치가 아팠을 것이다. 대통령과 관계가 끊긴 후, 먼로가 "자신들의 관계를 세상에 알리겠다고 협박했다"는 것이다. 1962년 8월 5일(36세) 생을 마감한다. 침대 위에 발가벗은 채였고, 싸늘한 시신 위에는 누구에게인가 걸다만 전화기가 놓인 채 새벽 이른 시간에 가정부에 의해 숨진 채 발견된다. 공식 사망 원인은 약물 과다 복용으로 되어 있다.

미인은 박명(薄命)이라고 했던가. "밤에 무엇을 입고 자느냐"라는 기자의 질문에 먼로는 망설임 없이 '샤넬 No5'라고 대답했다. 한 시대를 풍미하며 전 지구인에게 섹시 심벌로 섹슈얼리티를 광파(廣播)한 마릴린 먼로의 생애는 21세기 오늘날도 앤디 워홀의 그림에서, 비욘세의 노래와 춤, 그리고 소녀시대의 율동, 광고 등 대중문화의 현장에서 넓고 깊게 살아 숨쉬고 있다.

또 하나, 할리우드를 위한 그녀의 공헌은 1950년대 TV의 맹공(猛攻)으로 인해 수렁에 빠진 할리우드를 그녀의 '섹시 방어 작전'으로 구출해낸 사실이다. 그녀는 TV 화면으로는 절대로 포착될 수 없는, 오직 스크린에서만 존재하는 육체의 향연을 제공함으로써 미국 영화의 위기를 극복한 것이다. 이런 이유로 먼로 스토리는 짧을 수가 없었다. 그녀의 이야기는 살아있는 전설이다.」[55]

▶ 제인 러셀(Jane Russell 1921~2011): 그녀는 1921년 미국 미네소타 주 베미드지에서 군인 아버지 밑에서 태어났다. 러셀이 배우가 될 수 있었던 건 전직 배우였던 어머니 제럴딘 덕분이었다. 틴에이저 시절 아버지를 잃으며 생활 전선에 뛰어들었던 러셀이지만, 그 와중에도 어머니는 그녀에게 연기 수업과 피아노 공부를 시켰다. 성장해서는 디자이너가 되고 싶었으나 돈을 벌기 위해 모델과 연극 활동을 했다. 그러나 운명인지 18살 때, 치과 접수계 직원으로 일하던 중 우연히 억만장자 영화제작자 겸 감독인 하워드 휴즈(Howard Hughes 1905~1976)의 눈에 띄어 〈무법자(1943)〉로 데뷔했다.

흑발 미녀로 늘씬하고 풍만한 몸매를 선보이며 일약 할리우드를 대표하는 섹시 스타로 급부상했다. 제인 러셀을 스타로 픽업하고 만든 하워드 휴즈는 미국의 투자가, 비행사, 공학자, 미국 항공회사 TWA 설립자, 영화 제작자, 감독, 자선가이다. 그는 레오나르도 디 카프리

214

오가 주연한 영화 〈에이비에이터(2004, 감독 마틴 스콜세지)〉의 실제 인물이기도 하다.

러셀의 큰 가슴에 대한 휴즈의 숭배는 병적일 정도로 대단했다. '38-25-36'(전성기엔 '39-26-38') 사이즈로 1940~50년대 할리우드의 '풍만함의 대명사'였다. 러셀의 바스트에 대해 그는 "내가 본 가장 아름다운 가슴"이라고 칭송했다. 그녀의 데뷔작 〈무법자〉는 서부극이었지만 오로지 러셀의 가슴을 부각시키려고 만든 영화였다. 휴즈는 브래지어 개발을 위해(가슴을 끌어 올려 더 크게 보이려고 한 듯) 항공 엔지니어까지 투입해서 봉합선(線)이 없는 브래지어 제작에 성공한다. 그러나 당시 매우 보수적이었던 검열당국은 108개 장면에 걸쳐 수정 명령을 내렸고, 휴즈는 수학자를 고용해 다른 영화의 여배우들과 러셀의 가슴 노출 수위를 비교하는 등 가슴 싸움이 치열했다.

제인 러셀은 제2차 대전 당시 미군 병사들의 핀업 걸(pinup girl)로 큰 인기를 누렸는데 그녀는 1957년 주한미군을 위문하기 위해 우리나라에 왔고 이승만 대통령도 예방했다고 한다. 한국전쟁 당시 DMZ에서 보이는 쌍둥이 봉우리를 장병들은 '제인 러셀 고지'라고 부르기도 했다. 러셀은 가슴 때문에 지나칠 정도로 그 재능이 과소평가된 배우였다.

러셀은 1943년 프로 축구선수인 보브 우터필드와 결혼하였다가 1968년에 이혼하였다. 그 해에 로저 바트렛과 재혼했지만 수개월 후에 로저는 목숨을 잃었다. 그 다음 남편과도 사별했다. 10대 때 잘못된 낙태 수술의 결과로 불임이 됐고, 한때 알코올 중독에도 빠졌다 이겨내는 등 사생활에서는 여러 곡절도 겪었다.

그러나 섹시 스타 이미지와 달리 독실한 기독교 신자로 가족의 가치를 강조하며 자녀 3명을 입양해 키우고 1955년 해외 고아의 미국 입양을 돕는 단체를 설립했다. 그래서 손자가 6명, 증손자도 10명이 된다고 한다. 1970년대에는 'Playtex 브래지어'의 대표로도 일했다. 할리우드의 전설적인 섹시 스타 제인 러셀은 2011년 2월 28일 호흡기 부전으로 타계했다. 향년 89세. 그녀의 출연작들이다.

• 1997 LA 컨피덴셜(단역) • 1955 폭스파이어 • 거인 • 1953 신사는 금발을 좋아해 • 1952 마카오 • 1948 페일페이스 • 1943 무숙자

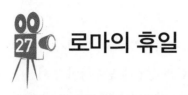

로마의 휴일

1953년 작. 미국 영화(Paramount). 118분. 흑백
원제: Roman Holiday
감독: 윌리엄 와일러
출연: 그레고리 펙, 오드리 헵번, 에디 앨버트
각본: 가명: 이언 헌터, 실명: 달턴 트럼보
음악: 조르지 올릭
※1955 한국 개봉

▶ **리뷰:** 유럽 각국을 친선방문 중인 모국(某國)의 왕녀 앤 공주(오드리 헵번)는 로마대사관에 체재 중, 꽉 짜인 일정에 싫증이 나서 보좌관들의 통제망을 뚫고 대사관을 빠져 나왔으나 진정제의 과음으로 공원 벤치에서 잠이 든다. 이때 미국인 신문기자 조 브레들리(그레고리 펙)가 그녀를 발견하고 자기 하숙집에서 하룻밤을 재워준다. 다음날 조는 신문사에 출근하여 왕녀의 실종으로 큰 소동이 벌어진 것을 보고 그녀가 왕녀임을 알게 되어 카메라맨 어빙(에디 앨버트)과 특종기사를 만들고자 맹활약 한다. 조의 하숙방을 나온 앤은 미장원에 들어가 긴 머리를 싹둑 잘라 숏컷을 하고 거리를 구경하면서 활보한다. 조 기자가 그녀를 미행하다 둘은 스페인 계단에서 마주쳐 조와 함께 아이스크림도 사먹고 신나게 스쿠터를 타고 다니면서 로마 시내를 관광한다.

그날 저녁 앤 공주는 자신의 머리를 잘라준 남자미용사 마리오와의 약속이 생각나 아름다운 산탄젤로 성(Castel Sant'Angel) 부근 테베레 강변 선상 파티장(무도회)을 찾아간다. 본국에서 온 검정 슈트 차림의 비밀경찰 10여명이 들이닥쳐 앤 공주를 데려가려 하자 조 기자(그레고리 펙)는 그들과 싸우고 다른 관객들도 합세해 일대 난투극이 벌어진다. 앤 공주가 악사의 기타와 프라이팬으로 비밀경찰을 내려치고 어빙(사진기자)은 '좋고!', '앗싸!'를 연발하면서 신이 나서 연방 셔터를 눌러댄다. 얼마나 멋있는 장면인가? 조와 앤은 겨우 수영으로 테베레 강을 건너 첫 키스를 나눈다. 이별의 시간이 오자 조는 앤 공주를 대사관까지 데려다 준다.

로마를 떠나기 전 앤 공주는 기자회견을 여는데, 조와 어빙도 참석해 공주는 놀란다. 조는 "이번 여행에서 인상 깊었던 도시가 어디냐?"고 질문하고 앤은 "로마이다"라고 답변한다. 어빙은 '기타로 가격하는' 사진 등 한 묶음을 공주에게 선물하고 공주는 미소짓는다. 한마디로 앤 공주의 좌충우돌 로마 유람기인 셈이다. 군더더기 없이 담담하게 장면은 흘러갔지만 배꼽 잡는 · 요절복통 유쾌한 scene이 대단히 많다. 〈로마의 휴일〉로 1954년 제26회 아카데미 시상식에서 무려 10개 부문의 후보에 올랐고, 신출내기 ☆헵번은 '여우주연상'을 따낸다. 이런 수직상승의 효과로 할리우드에서 그녀의 시대가 전개되었다. 그레고리 펙과 오드리 헵번의 연기도 빛을 발했지만, 달턴 트럼보(Dalton Trumbo-매카시 선풍의 희생양이었던 각본가)의 대본도 매우 큰 역할을 담당했다.

이 영화에 대해 자료들은 '코미디 · 멜로 · 로맨스'로 성격을 부여하고 있다. 그럼에도 불구하고 끝부분 앤 공주의 매우 특별한 기자회견이 나온다. 기자: 연방제가 유럽 경제문제를 해결할 수 있다고 믿으십니까? 공주: 유럽의 긴밀한 유대를 이끄는 것이라면 찬성합니다. 기자: 국가 간의 친선 전망에 대한 의견은 어떠신지요? 공주: 인간관계에 믿음을 가지듯 모든 것을 믿습니다. 1993년 11월에 출범한 EU(European Union 유럽연합)를 이미 40년 전에 예견한 선견지명(先見之明)은 놀랍기 그지없다. 전체적으로는 코미디 구성이 대부분이지만 결말 부분에 짧게나마 연방제, 즉 유럽통합론(論)을 제시했다는 것은 단순한 코미디 영화의 영역을 뛰어넘는 예사롭지 않은 의미를 부여할 수 있다.

스토리를 만든 각본가 달턴 트럼보(Dalton Trumbo 1905~1976)는 매카시선풍 시대에 '할리우드 10'으로 찍혀 이 영화의 크래딧에 오르지 못했고, ☆1993년 사후 〈로마의 휴일〉의 아카데미 각본상 작가로 실명이 바로잡아졌고, ☆1956년 〈눈물어린 포옹(The Brave One, Irving Rapper 감독, 1956)〉에서 Robert Rich라는 이름으로 오스카를 받아 두 번 수상하게 되었다. 제작사인 파라마운트는 예산 150만 달러를 투입해 1,200만 달러를 거둬들였다.

▶ 윌리엄 와일러 감독(Wilhelm Weiller 1902~1981): [8] 〈폭풍의 언덕〉 참조.

▶ 그레고리 펙(Gregory Peck 1916~2003): 그레고리 펙은 미국 캘리포니아 주 라졸라에서 태어났다. 의학을 공부하다가 포기하고 배우가 되기로 결심한 뒤, 1942년 브로드웨이에서 〈샛별(The Morning Star)〉에 출연하여 호평을 받고 이후 여러 차례 연극무대에 섰다. 1944년 처음으로 〈영광의 나날(Days of Glory)〉 등의 영화에 출연하여 능력이 뛰어나고 의식 있는 연기자라는 명성을 얻었다.

주로 언변이 좋고 호감이 가며 정직한 역을 맡아 연기했다. 6년 동안 아카데미상 남우주연상 후보에 5차례나 노미네이트되었으며, ☆〈알라바마 이야기〉로 1963년 제35회 아카데미상 시상식에서 남우주연상을 수상했다. 2003년 6월 11일 노환으로 사망하였다. 그는 아카데미 시상식 주최위원장을 역임했고, 상도 여러 번 받았는데 1967년에 아카데미의 '진 허숄트 박애상'[56](Jean Hersholt Humanitarian Award)을, 1989년에 아메리칸 필름 인스티튜트의 평생공로상을 받았고, 박애적 활동에 대해 대통령 자유훈장을 받았다. 그는 정말 멋있는 미남이었고 점잖은 풍모로 스캔들도 알려진 것이 없는 모범적 배우였다. 다른 이야기보다 필모그래피를 소개하는 것이 그의 배우로서의 무게를 잘 알게 해준다.

· 1977 맥아더 · 1969 맥켄나의 황금 · 1966 아라베스크 · 1964 비루먹은 말을 보라 · 1962 알라바마 이야기 · 서부개척사 · 1961 나바론의 요새 · 1959 그날이 오면 · 1958 빅 컨추리 · 1956 회색 양복을 입은 사나이 · 백경 · 1953 로마의 휴일 · 1952 세계를 그대의 품안에 · 킬리만자로의 눈 · 1950 건 파이터 · 1949 정오의 출격 · 1947 신사협정 · 1946 백주의 결투 · 1945 스펠바운드 · 1944 영광의 나날

▶ **오드리 헵번**(Audrey Hepburn 1929~1993): 그녀는 '할리우드 황금기'에 영화와 패션의 아이콘(우상)이었고, 미국 연예계에서 11명밖에 안 되는 EGOT 중 1인이다. 'EGOT'란 에미, 그래미, 오스카, 토니 어워드를 지칭하는 것으로 미국 대중문화의 그랜드 슬램인 셈이다. 또 영국 아카데미상도 수상했다.

『마릴린 먼로와 견주어보면 캐릭터 면에서는 정반대이지만, 개인사에 있어서는(남편) 유사점도 있다. '섹시의 화신' 대(對) '청순·천사'의

대칭 구도이다. 헵번 이야기는 ①영화의 성공, ②결혼과 실패, ③유
니세프 친선 대사, ④패션, 스타일의 개성, 이렇게 네 가지로 구분할
수 있다.

①오드리 헵번은 1929년 벨기에 브뤼셀에서 아버지 Ruston과 어머
니 Heemstra 사이에서 태어났다. 어머니는 네덜란드 남작 가문의 딸
이었고, 아버지는 아일랜드계 영국인 은행가였다. 부모는 이미 한 번
씩 결혼한 전력이 있어 이복형제들도 있었다. 헵번은 어린 시절을 벨
기에, 영국, 네덜란드에서 보냈고 제2차 세계대전의 격전지 독일 점령
아른헴(Arnhem)[57]에서도 살았다. 세 나라를 오가며 살았기 때문에 헵
번은 영어, 네덜란드어, 프랑스어, 스페인어와 이탈리아어, 독일어도
잘했다고 한다. 부모는 영국 파시스트 유니온의 회원이었는데 아버지
는 나치 동조자였지만(진짜 나치) 어머니는 곧 파시즘과 손을 끊었다.
1944년, 헵번은 네덜란드 저항운동 단체의 자금 모금을 위해 비밀리
에 발레를 추었다.

그러나 오드리의 레지스탕스 활동에는 희생이 뒤따랐다. 삼촌과
어머니의 사촌은 그녀가 보는 앞에서 총살당했고, 이복형제 Ian van
Ufford는 강제 수용소에 수감됐다. 아버지는 아이들의 보모와 관계
가 발각돼 헵번이 6살 때 가출한다. 그는 이런 전력 때문에 후에 영국
에서 수용소 생활을 거쳐 아일랜드에 정착하여 과거와 가족을 숨기고
지냈다고 한다. 헵번은 꼬마인 5살 때 발레를 시작했다.

전쟁 동안 그녀는 영양실조, 빈혈, 호흡장애 등으로 고생을 겪었
고, 연합군의 노르망디 상륙작전 성공 이후 식량사정은 더욱 나빠져
기아와 추위로 고생이 심했다. 그때 유엔구호부흥처의 도움을 크게

받았다. 이것이 그녀가 유니세프에 헌신하게 된 동기가 아닌가도 여겨진다.

1944년 15살 때엔 상당히 실력 있는 발레 댄서가 되어 있었다. 그러나 발레리나가 되기에는 그녀의 170cm나 되는 큰 키가 장애가 되어 꿈을 접고 런던에서 나이트클럽 댄서, 모델, 영화의 단역 등으로 일했다. 그러다 프랑스 여류소설가 콜레트(Colette 1873~1954)가 자신의 브로드웨이 뮤지컬 〈지지(Gigi)〉에 오드리 헵번을 전격 캐스팅해주었고, 이것이 계기가 되어 유럽풍 이미지의 여배우를 찾던 윌리엄 와일러 감독 눈에 띄어 1953년 〈로마의 휴일〉에서 앤 공주 역할을 맡아 그녀는 하루아침에 세계적 스타로 도약한다. 이때 아버지의 나치 전력(前歷)이 알려질까 매우 두려워했다고 한다.

〈로마의 휴일〉에 미용실에 들어가 긴 머리를 짧게 자르는 장면이 나오는데, 이를 본떠 우리나라에서조차 그녀의 숏컷 머리와 플레어스커트는 폭발적으로 유행했을 정도다. 이 작품으로 오드리 헵번은 ☆ 1954년 제26회 아카데미 여우주연상을 수상했다. 그러나 이 영화 한 편으로 가장 큰 혜택을 본 것은 로마 시(市)였다.

제2차 세계대전에서 '로마제국의 영광' 만을 꿈꾸면서 독일 편에 가담했던 이탈리아는 미국과 연합군의 독일 진공(進攻) 루트가 되어 전국이 파괴되는 전화(戰禍)를 입고, 종전 후 이탈리아 경제는 도탄에 빠져 말이 아니었다. 이런 상황은 〈자전거 도둑(1948)〉과 〈애정의 쌀(1949)〉 등 영화의 배경이 되고 있다.

〈로마의 휴일〉에서 그레고리 펙이 오드리 헵번을 데리고 구경한 스페인 계단, 진실의 입, 콜로세움 등과 트레비 분수의 매혹적 모습들은 영화 관객들에게 큰 감동과 호기심을 불러일으켰다. 따라서 엄청난 관광객이 로마로 모여들었고, 이탈리아 경제는 부흥했다는 것이다. 〈로마의 휴일〉로 촉발된 이탈리아의 관광산업은 2006년 현재 세계 4위이며 연간 4,100만 명 내외의 사람들이 이탈리아로 여행을 온다. 말 그대로 영화 한 편의 대박이다.

1961년 나온 블레이크 에드워즈(Blake McEdwards-줄리 앤드류스의 남편) 감독의 〈티파니에서 아침을〉은 오드리 헵번의 또 다른 기념비적 작품이다. 고급 콜걸 역으로 출연한 오드리 헵번은 삽입곡 '문 리버'를 직접 불러 그 매력을 발산했으며, 문 리버는 이후 그녀의 주제곡이 되었다. 보석상 '티파니 상점' 앞에서 초라한 아침을 먹으며 화려한 보석을 감상하는 그녀의 모습은 또 하나의 세계적 연인을 탄생시켰다.

'버나드 쇼' 원작 〈피그말리온〉을 뮤지컬 영화로 만든 조지 큐커(George Cukor) 감독의 〈마이 페어 레이디(1964)〉에서 오드리 헵번은 거리의 꽃 파는 아가씨에서 우아한 숙녀로 변모하면서 매력을 다시 한 번 확인시켰다. 스티븐 스필버그의 〈영혼은 그대 곁에(Always 1989)〉에서 오드리 헵번은 주인공을 돕는 천사 역할로 출연한다. 이 작품은 오드리 헵번의 마지막 출연작이다. 비록 조연이지만 말년의 오드리 헵번의 성숙하고 단아한 모습을 볼 수 있다. 오드리 헵번은 이 작품의 출연료 대부분을 유니세프의 기금으로 기부했다. 그녀의 작품들이다.

• 1987 연인과 도둑 • 1980 뉴욕의 연인들 • 1967 어두워질 때까지 • 언제나 둘이서 • 1966 백만 달러의 사랑 • 1964 뜨거운 포옹 • 마이 페어 레이디 • 1963 샤레이드 • 1961 아이의 시간 • 티파니에서 아침을 • 1960 언포기븐 • 1959 파계 • 1957 파리의 연인 • 하오의 연정

• 화니 페이스 • 1956 전쟁과 평화 • 1954 사브리나 • 1953 로마의
휴일

②1952년 런던에서 댄서로 일하던 시절 알게 된 James Hanson
과 약혼한 적이 있으나 그녀가 유명해지면서 결혼은 성사되지 못했
다. 영화배우로서 성공한 그녀는 1954년 브로드웨이 연극 〈온다인
(Ondine)〉에서 공연한 영화배우 멜 퍼러(Mel Ferrer 1954~1968)와 스위
스에서 결혼하게 된다. 한국인의 상식으로는 잘 이해가 안 되지만, 신
랑 멜 퍼러는 세 번째 결혼이고 신부보다 12살 많은 37살이었고, 헵번
은 초혼으로 25살 꽃띠였다. 멜 퍼러는 엄청난 바람둥이였고 성질도
좀 고약했다는 이야기가 있는데, 이 결혼은 아무리 봐도 헵번이 밑지
는 아까운 혼사였다. 왜냐하면 당시 톱클래스 여배우가 한물간 이혼
남 배우랑 결혼하게 됐으니 그럴 수밖에 없지 않은가? 애초부터 좀 불
균형이었지만 아들 '숀'도 생기고(1960) 14년 동안 잘 지냈다. 그러나
헵번의 명성에 비해 퍼러는 뒤떨어지는 배우로서 열등감도 생기고,
그의 외도 등이 원인이 되어 1968년 이혼한다.

그 다음 남편이 된 사람은 그녀보다 9살 연하인 이탈리아의 정신과
의사 '안드레아 도티'였다. 1969년 이들은 스위스에서 결혼식을 올린
다. 도티는 헵번의 정신적 상처도 보듬어 주고 아들 숀도 잘 돌봐주지
만, 헵번이 영화 일을 멀리하고 가정생활만 전념하려 하자 도티는 자
신의 영화 아이콘을 잃게 되어 불만이었다. 그는 여성으로 헵번을 사
랑한 것이 아니라 배우 오드리와 결혼했기 때문이다. 이들 사이 아들
'루카'도 있었지만 도티는 바람을 피게 되고 1982년 결국 갈라서게 된
다. 이후 그녀는 soulmate(영혼이 통하는 사람) '로버트 월더스'(1980~

1993)를 만나지만 결혼하지 않는다. 이 남자는 그녀의 구호활동을 도왔고, 그녀의 임종도 지켰다.

③1988년 오드리 헵번이 특별 초대된 마카오의 음악회가 계기가 되어 유니세프 친선대사로 임명된다. 그녀는 환갑이 다 된 고령에도 불구하고 에티오피아, 수단, 터키, 멕시코, 베네수엘라, 에콰도르, 온두라스, 엘살바도르, 과테말라, 방글라데시, 베트남, 소말리아 등 5년 동안 50여 개 국가로 출장을 가는 등 무보수로 봉사활동을 수행했다.

현장의 참상을 보고 "내 가슴이 찢어진다"고 말했다. 이런 과로와 비애감(悲哀感)에 시달려 건강은 악화되고 죽음에 이른다. 1992년 그녀는 직장암 진단을 받고 수술을 하지만 3개월 정도 버틸 수 있다는 의사의 말을 들었다. 그녀는 골초로도 유명한데 흡연은 직장암의 직접적인 원인이라는 말도 있다. 코니 월드, 그레고리 펙, 엘리자베스 테일러 등이 병문안을 오기도 했다. 병원 치료가 효과가 없게 되자 오드리 헵번은 스위스의 집으로 돌아와 가족들과 함께 생의 마지막을 준비했다. 그리고 아들 둘과 로버트 월더스가 지켜보는 가운데 1993년 1월 20일 63세를 일기로 사망한다. 그녀는 유니세프에 대한 공헌으로 조지 W. 부시 대통령으로부터 '대통령 자유훈장'을 수상하였다. 영화 예술에 대한 공로로 '진 허숄트 박애상'(아카데미상 수상의 하나임)도 받았다. 이런 그녀의 뜻은 유니세프와 민간 구호 단체가 함께 제정한 '오드리 헵번 평화상'을 통해 계승되고 있다.

④이탈리아에 있는 살바토레 페라가모(Salvatore Ferragamo) 박물관이 1999년 오드리 헵번 탄생 70주년 기념 전시회를 위해 펴낸 〈오드

리 헵번–스타일과 인생〉이 국내에 출간(푸른솔, 2004년)된 바 있다. 다음은 책 내용 중 일부를 간추린 것이다.

「프랑스 디자이너 지방시와의 만남으로 그녀는 '오드리 헵번 스타일'이라는 자신만의 패션 세계도 구축해 나갔다. 평범한 검은색 바지에 같은 색 셔츠를 입고 굽 낮은 검은색 신발을 신어도, 또는 흰색 반소매 티셔츠에 커다란 단추를 단 바지를 입고 맨발로 다녀도 그녀가 하면 '스타일'이 된다. 오드리 헵번의 스타일은 그 누구도 따라할 수 없다. 왜냐하면 그녀의 스타일은 곧 그녀의 삶이기 때문이다. 조화롭고 자연스러우며 편안한 그의 삶의 방식은 곧 옷차림에 드러났다. 그래서 지극히 평범한 옷도 그가 입으면 하나의 고유한 스타일이 된다. 스타일이 시간을 초월하는 호소력을 갖게 되는 것은 특정한 의상이나 디자이너에게 달린 문제가 아니라 옷을 입은 사람의 인간적인 면과 깊이 연결된 문제이다.

이 책 〈오드리 헵번–스타일과 인생〉은 헵번이 만들어낸 패션에 대해서도 잘 설명하고 있다. 이탈리아의 구두 명인(名人) 살바토레 페라가모(Salvatore Ferragamo)가 헵번만을 위해 만든 얇은 끈과 조가비 모양의 밑창이 있는 발레리나 구두, 둥근 굽의 검은색 스웨이드 가죽 구두는 지금도 여전히 많은 여성들이 애용하고 있다. 헵번이 수많은 영화에서 보여준 스타일도 사진과 함께 잘 나와 있다.

〈로마의 휴일〉에서 입고 나온 흰 블라우스와 플레어스커트, 커다란 벨트와 목에 두른 스카프는 오드리 헵번만의 스타일을 잘 보여준다. 벨트와 스카프는 헵번의 아이디어였다고 한다. 〈티파니에서 아침을〉의 리틀 블랙드레스, 〈마이 페어 레이디〉의 챙 넓은 모자와 화려한 블랙 앤 화이트 드레스, 〈사브리나〉의 흰색 실크 드레스, 〈화니 페이스〉

의 검은색 바지와 모카신은 그 당시의 유행에 그치지 않고 지금까지 다양한 스타일을 만들어냈다.

헵번과 많은 영화에서 호흡을 맞추며 그만의 옷을 만들었던 디자이너 지방시(Hubert de Givenchy)는 이렇게 썼다. "그녀는 어떻게 하면 자신을 강하게 단련시키고, 자립적인 이미지를 형성할 수 있는가를 명확하게 알고 있었다. 이것은 그녀가 옷을 입는 방법에도 자연스럽게 연결되었다. 그녀를 위한 옷이 만들어지면, 거기서 한 발 더 나아가 자신만의 어떤 것, 즉 전체적인 이미지를 살릴 수 있는 작은 디테일 하나를 추가했다."

작은 가슴에 심플한 헤어스타일, 약간 끝이 올라간 검은 선글라스가 트레이드마크인 그녀는 살아있는 동안, 또 사후에까지 많은 유행을 남겼다. 당시 패션에만 전념하던 지방시는 1953년 헵번이 출연한 영화 〈사브리나〉의 의상을 전담하게 된다. 이후 〈티파니에서 아침을 (1961)〉, 〈마이 페어 레이디(1964)〉 등 그녀의 모든 의상을 맡았다. 〈티파니에서 아침을〉에서 그녀가 입었던 검은 색 지방시 드레스가 2006년 크리스티 경매에서 41만 파운드(약 7억5천만 원)에 낙찰돼 영화에 나온 드레스 최고 경매가를 기록했다. 또한 '헵번 우표' 한 장이 2009년 베를린 경매에서 1억9천만 원에 낙찰됐다. 모두 헵번의 파워를 상징하는 사례이다. 한때 전 세계적으로 유행했던 '헵번 룩'을 만든 주인공이 바로 지방시이다. 그는 1957년 헵번만을 위한 향수 '랑떼르디'(L'Interdit...by Givenchy)를 만든다. 그녀만을 위해 만들고 다른 사람의 사용을 금지했다. 그래서 향수 이름이 랑떼르디(금지)이다.

살바토레 페라가모 역시 할리우드 영화의 소품으로 쓰일 수제화에 주력하면서 오드리 헵번을 사로잡았다. 1999년 5월 1일 뉴욕에서는

1957년 살바토레 페라가모가 디자인한 헵번의 구두가 재발매되기도 했다. 패션 리더였던 오드리 헵번은 샐러드 다이어트로도 유명하다. 식사 전에 야채를 먼저 많이 섭취하는 방법인데, 헵번이 평생 동안 살이 찌지 않고 날씬한 몸매를 유지할 수 있었던 비결이 샐러드 다이어트라는 것이다.」[58]

「21세기인 오늘에도 마릴린 먼로와 오드리 헵번은 우리에게 매우 상징적인 기호(記號)를 제시하고 있다. 기호학자 프랑스의 롤랑 바르트(Roland Barthes 1915~1980)에 따르면 "마릴린 먼로의 사진을 예로 들어서, 외연적 수준에서 이것은 '마릴린 먼로'라는 한 여배우의 사진이다. 내포적 층위에서 한 여배우가 표상하는 '글래머', '섹슈얼리티', '아름다움'을 뜻한다. 세 번째 단계에서 '할리우드적 신화', 글래머 배우가 만들어내는 '아메리칸 드림'을 뜻한다. 이것이 신화의 단계이다"라고 분석한다. 이렇게 마릴린 먼로는 현대사회의 신화적인 여성이다. 그녀를 통해 오늘날의 사람들은 마음 놓고 성(性)을 구가하게 되었다고 주장해도 지나친 말은 아니다.

그러나 장 보드리야르(Jean Baudrillard 1929~2007)의 '시뮬라시옹'(Simulation) 이론은 "실제로 존재하지 않는 것을 실제로 존재하는 것처럼 만들어 놓는 것, 실제와 가상(假想)이 혼란스러워진 상태"를 말한다. 마릴린 먼로와는 달리 오드리 헵번은 청순, 청결, 심플, 조화를 상징하는 시뮬라시옹이다. 실제 '자선 활동' 등의 생활도 그렇고, 섹슈얼리티의 마릴린 먼로와 오드리 헵번은 현대사회에서 정확히 대칭되는 구도와 개념이 되고 있다. 오드리 헵번은 영화에서도 '청순함'을 각인시킨 배우였고, 그녀의 자선은 '천사' 그 자체였다. 이것이 오드리 헵번이 우리들에게 전하는 철학이고, 메시지이다.」[59]

　KBS는 1997년 2월 24일 「방송 70년 KBS 50년」 특집으로 〈시청자가 뽑은 다시 보고 싶은 영화 50〉을 투표로 선정했는데, 〈로마의 휴일〉이 최다득표(4,118)로 1위를 차지해 한국인들이 가장 사랑하는 영화로 꼽힌 바 있다.

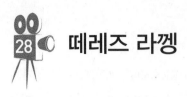

떼레즈 라껭

1953년 작. 프랑스 영화(Paris Film Productions, Lux Film). 102분. 흑백
원제: Thérèse Raquin
원작: 에밀 졸라
감독: 마르셀 카르네
출연: 시몬느 시뇨레, 라프 발로네, 자크 듀비
※한국 개봉 연도 미상

▶ **에밀 졸라**(Émile Zola 1840~1902): 파리 출생으로 남프랑스 엑상프로 방스에서 자랐다. 이탈리아계의 토목기사인 아버지가 일찍 세상을 떠나 생활이 어려운 가운데서도 가난한 직공의 딸인 어머니의 변통으로, 중학교에 들어가 거기서 뒷날의 대(大) 화가 폴 세잔(Paul Cézanne)과 사귀게 되어 시와 예술을 논하는 경험을 하게 된다. 그러나 극심한 곤궁 때문에 1858년 어머니와 함께 파리로 옮겨가 생 루이 고등중학교에 전학한다. 파리로 옮긴 뒤로는 학업에 의욕을 잃었고, 에콜 드 폴리테크니크(고등 이공과 학교) 입학자격 시험에 두 번이나 실패한 것을 계기로 문학의 길로 나아갈 것을 결심하였다. 그 이후 〈루공 마카르 총서〉(Le Rougon-Macquart)를 구상하게 된다.

〈루공 마카르 총서〉는 '아델라이드 푸크'라는 정신병에 걸린 여자가 건강한 농부 루공과 결혼하였고, 루공이 죽은 뒤 알코올 중독자인 마카르를 애인으로 삼았는데, 이 두 남자와의 사이에 태어난 많은 자손들이 프랑스 제2 제정시대(1851~1871)의 여러 방면에 진출하여 어떻게 생활하였는가를 기록하려고 한 것으로, 〈제2 제정 하(下) 일가족의 자연적·사회적 역사〉라는 부제가 붙어 있다.

1868년경부터 구상에 착수하여 처음 10권을 5년 동안에 완성할 생각이었으나 계획이 점차 확대되었다. 1869년 완성한 제1권 〈루공 가(家)의 운명(La Fortune des Rougon)〉을 프로이센-프랑스 전쟁 후에 발표하고, 그 뒤 매년 1권 정도씩 계속 써서 1893년 〈파스칼 박사(Le Docteur Pascal)〉를 출판함으로써 총서 총 20권을 완성하였다. 〈목로주점(L'Assommoir 1877)〉, 〈나나(Nana 1880)〉, 〈제르미날(Germinal 1885)〉, 〈대지(大地, La Terr 1887)〉, 〈수인(獸人, La Bête humaine 1890)〉 등 대표적인 걸작은 대부분 이 총서에 들어 있다.

1898 1월, 누명을 쓰고 감금된 알프레드 드레퓌스 대위의 석방을 주장하는 서한 〈나는 고발한다(J'accuse)〉를 일간지 〈여명〉에 게재하고, 2월 자신이 고발한 장교들에게 명예훼손죄로 고발당하자 런던으로 망명하지만, 8월 드레퓌스 대위가 무혐의로 처리되면서 파리로 돌아온다. 1908년 팡테옹 국립묘지에 안치된다.(두산백과)

「떼레즈 라깽」은 프랑스의 대표적인 자연주의 소설가 에밀 졸라의 첫 장편소설로 그에게 작가로서의 명성을 안겨준 작품이며, 1867년 출간 당시 섹스와 살인 등 선정적인 소재로 큰 논란과 함께 세기의 문제작으로 떠올라 세간의 이목을 집중시켰다. 영국 유력 매체인 〈가디언〉은 "당시 젊은 작가였던 에밀 졸라는 섹스와 살인, 하층민 캐릭터 같은 자극적인 소재뿐만 아니라 놀랍도록 냉철하고 과학적인 태도를 통해 당대 독자들의 위선을 한 방에 날려버렸다. 냉정한 문체와 폭력의 결합이 던지는 충격은 후세에 등장할 누아르 소설 못지 않으며, 특히 '포스트맨은 벨을 두 번 울린다'에 끼친 이 작품의 영향은 의심

할 여지가 없다"라고 평하며 '떼레즈 라껭'에 대한 극찬을 남긴 바 있다. 또한 이 소설은 자연주의 문학의 시작을 알린 작품이자 에밀 졸라의 대표작인 〈루공 마카르 총서〉를 예고한 작품으로 높은 평가를 받았다. 이처럼 강렬한 에너지를 지닌 소설에 매료된 예술가들은 출간된 지 147년이 지난 지금까지도 끊임없이 '떼레즈 라껭'을 각계의 분야에서 재창조해내고 있다.」[60]

▶ **리뷰:** 이 영화는 프랑스판 불륜(不倫) 멜로이다. 불륜의 원인과 과정, 그리고 결말이 하나의 '모델하우스'처럼 잘 꾸며져 있다. 세상에 모든 멜로들은 거의 불륜 끼를 내포하고 있다. 어쩌면 일부일처제의 어떤 모순 때문인지도 모른다. 학식의 고하(高下)나 빈부도 상관없다. 대통령(미테랑, 클린턴, 검은 헬멧에 스쿠터를 타고 여배우 '줄리 가예트' 집에 간 프랑스 올랑드 대통령-2014.1.13.보도)이나 제2차 세계대전을 승전으로 이끈 위대한 장군(아이젠하워)조차 예외일 수가 없다. 신문 사회면을 보면 가난하다고 불륜을 저지르지 않는 것도 아니다. 옷이야 몸에 안 맞으면 안 입거나 버리면 그만이지만 부부는 그러기가 쉽지 않다. 이혼제도가 완비된 오늘날에도 마찬가지이다. 프랑스의 자연주의 소설가 에밀 졸라의 〈떼레즈 라껭(Thérèse Raquin 1867)〉이 원작이다. 그러나 소설에서 대략의 큰 줄거리만 가져왔으니까, 정확하게 원작이라고 보는 것은 다소 무리가 있다.

➡ 고아인 떼레즈 뒤부아(시몬느 시뇨레)는 자기를 키워준 숙모의 병약한 아들(사촌간이다) 까미유 라껭과 결혼함으로써 이름이 '떼레즈 라껭'이 된다. 그래서 숙모는 시어머니로 변하고 그녀는 애정이 없는 결

혼생활을 하면서 남편 까미유의 간호사 역할과 시어머니의 옷감가게 점원일도 하고 있다.

남편이 술에 취해서 몸을 가누지 못하자 이탈리아인으로 불법체류자인 트럭 운전사 로랑(라프 발로네)이 집으로 데리고 오는데, 이때 떼레즈는 로랑을 처음 보게 된다. 라프 발로네는 '등발이 좋다'(섹시하다?)는 표현이 어울리는 남자다. 당연하지만 그들의 감춘 사랑의 행각은 불꽃이 튄다. 둘의 갈등 속에 로랑은 떼레즈에게 함께 도망치자는 궁리를 하게 된다. 이를 눈치챈 남편은 떼레즈와 기차여행을 떠나는데 거기까지 쫓아온 로랑은, 떼레즈의 남편을 고의로 열차에서 밀어 추락시켜 죽인다. 시어머니는 아들 까미유가 사고로 죽은 충격에 뇌출혈로 말을 못하지만 아들이 살해된 것으로 의심한다.

그러나 죽은 까미유와 떼레즈가 탄 같은 열차 칸의 자리에 동석을 했던 퇴역 해군이 신문에 난 까미유의 사고 기사를 보고 떼레즈와 로랑의 범죄혐의에 대해 협박한다. 40만 프랑을 요구하는 협박범의 입을 막기 위해 떼레즈는 거금을 마련해서 전달한다. 돈을 받은 그 군인이 협박보험용으로 맡겨 놓은 편지를 되찾기 직전, 자기 오토바이와 트럭의 충돌사고로 죽는다.

죽기 전에 (떼레즈와 로랑이 살인범이란 단서를 적은 편지를 법관에게 전달하라고 모텔의 하녀에게 전했는데) "편지가… 편지"라고 중얼거리며 숨을 거둔다. 이때 오후 5시를 알리는 시계탑의 종소리가 울려 퍼지고 모텔 종업원 소녀가 손에 쥐고 있던 편지는 우편함에 넣어지고 우편 차는 출발한다. 이로써 관객에게 완전범죄는 없다는 사실을 증명한다. 다른 얘기지만, 한 인터뷰에서 박찬욱 감독은 〈박쥐〉의 기본 모티브는 〈떼레즈 라껭〉이라고 밝힌 바 있다. 1928년에 〈떼레즈 라껭〉이라는 제목으로 처음 영화화된 이후 두 번째 영화이다.

▶ **마르셀 카르네 감독:** [6] 〈안개 낀 부두〉 참조.

▶ **시몬느 시뇨레**(Simone Signoret 1921~1985): 시몬느 시뇨레는 독일에서 태어나 파리에서 자랐다. 제2차 세계대전이 시작되자 유대인이고 폴란드 장교였던 그녀의 아버지 앙드레는 샤를 드골 장군과 합류하기 위해 영국으로 떠났고, 그녀는 가족을 부양하기 위해 엑스트라로 영화에 출연했다. 시뇨레는 유대 혈통을 감추기 위해 프랑스 태생인 어머니의 처녀적 이름을 예명으로 썼다.

젊은 시절의 시뇨레는 스크린에서 빛을 발하는 농(濃)익은 관능(官能)의 덩어리였다. '관능의 덩어리'라는 표현에 대해 그녀의 영화를 많이 보지 못한 사람들은 이해하기 어렵다. 〈할리우드 키드〉의 안정효 작가는 「금방 눈물이 주룩주룩 쏟아질 듯 시커먼 그녀의 눈에는 항상 깊고도 그윽한 우수(憂愁-근심과 걱정)가 담겼고, 어쩌다 눈물이 조금 비치기라도 했다가는 슬픔의 홍수에 세상이 통째로 가라앉을 듯 한 비탄의 느낌까지 준다.

어느 평론가(Philip Kemp)는 시뇨레의 눈을 이렇게 묘사했다. "젊은 시절의 시뇨레가 발산하던 아름다움과 무르익은 관능미는 은막에서 광채를 낸다. 느릿하고 졸린 그녀의 미소와 두툼한 눈꺼풀은 포근한 침대와 여름의 풀밭을 연상시킨다." 침대나 풀밭에 누운 농염한 창녀의 인상을 주면서도 연상의 여인에 대한 환상과 동경심을 무한히 자극하는 시뇨레의 눈이 그토록 그윽해 보이는 까닭은 뭘까. 아마도 흰자위가 잘 보이지 않을 정도로 무겁게 내리깔리는 눈두덩 때문인지도 모른다.」⁶¹ 이것이 그녀의 매력이고 마력(魔力)이다.

그녀는 잭 클레이튼(Jack Clayton 1921~) 감독의 ☆〈꼭대기 방(1959)〉에서 나이든 유혹녀(誘惑女)를 연기해 1960년 제32회 아카데미 시상식에서 여우주연상을 수상함으로써, 오스카상을 받은 최초의 프랑스 배우가 되었다. 생애 동안 Cesar상(프랑스 국립영화제상), 3번의 영국 아카데미상, 골든 글러브상, 에미상, 베를린 국제영화제 은곰상 등 많은 상을 수상한다.

첫 결혼은 영화제작자 겸 감독인 이브 알레그레(Yves Allegret 1905~1987)였고(1944~1949), 두 번째 남편은 이브 몽탕이다. 그녀는 남편과 마찬가지로 좌파여서 문제가 되기도 했다. 1950년대 몽탕과 할리우드에 가려했지만 비자를 거절당하는 수모도 겪는다. 또한 골초 때문인지 얼굴과 몸은 육중해졌고 퉁명스러운 할머니 같은 역할을 많이 맡았다. 다음은 그녀의 출연작이다.

• 1982 북극성 • 모파상 • 1976 비밀의 여인 • 1975 마담 로자 • 1971 미망인 • 1969 그림자 군단 • 1967 침묵의 살인 • 1966 파리는 불타고 있는가? • 1959 꼭대기 방 • 1956 애련의 장미 • 1955 디아볼릭 • 1953 떼레즈 라깽 • 1952 황금투구 등 60여 편의 작품이 있다.

▶ **라프 발로네**(Raf Vallone 1916~2002): 그는 이탈리아 Calabria 주 트로페아 마을에서 변호사의 아들로 태어났다. 튤린 대학에서 법률과 철학을 공부하고 잠시 아버지 법률사무소에서 일하다가, 프로축구 선수생활도 했으며, 이탈리아 공산당 지관지의 문화 담당(영화, 연극 평론)도 역임한다. 그러다 배우의 길을 걷는다. 그는 1952년 여배우 Elena

Varzi와 결혼해 로마에서 사망할 때까지 해로한다. 아들을 세 명 두었는데, Eleonora와 Saverio Vallone는 모두 배우이다. 그의 출연작들이다.

• 1990 The Godfather: 3편 • 1982 A Time to Die • 1981 사막의 라이온 • 1971 건 파이트 • 1969 이탈리안 잡 • 1968 The Desperate Ones • 1966 네바다 스미스 • 1964 침략전선 • 1962 페드라 • 1953 떼레즈 라껭 • 1949 애정의 쌀

➡ 〈테레즈 라캥〉이라는 한국어 동명(同名)의 DVD가 나왔다.(2014.7 개봉. 2014.12 출시) 감독: 찰리 스트레이턴 출연: 엘리자베스 올슨, 오스카 아이작, 원제: 〈In Secret〉이다. 에밀 졸라의 원작 스토리를 따라가고 있는데 앞의 영화와 약간 다른 점은, 남편 카미유의 소꿉친구인 로랑(트럭운전사 출신이 아니다)이 집을 방문하게 되고, 테레즈는 강한 남성미의 로랑에게 마음을 빼앗긴다. 불장난이 아닌 완벽한 사랑을 꿈꾸던 로랑과 테레즈는 걸림돌인 카미유를 없애기로 계획하고, 완전범죄에 성공한다. 또한 섹스 장면도 대단히 자극적이다.

길

1954년 작. 이탈리아 영화(Ponti-De Laurentiis). 94분. 흑백
원제: La Strada
감독·각본: 페데리코 펠리니
출연: 줄리에타 마시나, 안소니 퀸, 리처드 베이스하트
음악: 리노 로타
※1957 한국 개봉

▶ **리뷰:** 주인공 잠파노(안소니 퀸)는 오토바이를 개조한 삼륜차를 끌고 지방을 돌아다니는 떠돌이 광대 차력사이다. 그는 조수로 데리고 다니던 아내가 자신의 학대로 병들어 죽자 처가를 찾아가 돈을 주고 그녀의 동생인 젤소미나(줄리에타 마시나)를 조수로 데려간다. 지능이 모자란 젤소미나는 잠파노가 몸에 감은 쇠사슬을 끊는 차력(借力)을 선보이면 분위기를 띄우고 돈을 받는 역할을 한다. 잠파노는 모자란 젤소미나를 마음대로 부려먹고 욕정도 해소한다. 잠파노는 돈만 생기면 술과 여자에 탐닉하는데, 어느 과부여자를 충족시켜 주고 그녀의 죽은 남편의 양복까지 얻어 입을 정도로 못된 인간이다.

로마에서 서커스단에 들어가 광대 일을 하는데 그곳에서 '나무도장'이라는 별명을 가진 '마토'라는 곡예사(베이스하트)를 만난다. 그는 젤소미나에게 트럼펫 부는 법을 가르쳐준다. 마토는 잠파노를 경멸하고, 잠파노는 자신을 놀리는 마토에게 칼을 들고 쫓아가다 경찰에 체포된다. 젤소미나는 잠파노와 헤어져 서커스단에 남으라고 하는 마토

의 제안을 거절하고 석방된 잠파노와 함께 떠난다.

다른 마을로 이동하던 중 고장난 자동차 수리를 하던 마토를 만난다. 잠파노는 이전 일로 화가 덜 풀려 마토를 두들겨 패다가 잘못되어 마토가 죽는다. 잠파노는 마토의 차와 시신을 개천에 던지고 젤소미나를 끌고 도망친다. 마음의 상처를 입은 젤소미나는 이후로 잠파노가 곁에 오는 것조차 거부한다. 눈 내리는 밤, 잠파노는 결국 잠든 젤소미나에게 담요를 덮어주고 지폐 몇 장을 남기고 자취를 감춘다.

여러 해가 지난 뒤, 늙고 초췌해진 잠파노는 작은 항구 마을에서 서커스단의 일원으로 공연을 마치고 마을 구경을 하던 중 귀에 익은 노랫소리를 듣게 된다. 잠파노는 노랫소리를 흥얼거리던 여인에게서, 몇 년 전에 그 마을에 흘러들어온 정신이 이상한 여자가 트럼펫으로 연주하던 노래라며, 그 여자는 이미 죽었다는 소식을 전해 듣는다. 잠파노가 파도치는 밤 바닷가에서 "나는 혼자야…"를 절규하며 회한에 젖어 통곡하는 장면으로 영화는 끝난다.

〈길〉은 물질적, 또 정신적 리얼리티를 동시에 추구한 작품으로, 어두운 현실과 로맨틱한 측면을 함께 다루고 흥행과 예술 면에서 성공을 거두어 두 마리 토끼를 잡았다는 평가를 받는다. 영화음악도 지대한 역할을 담당했다.

▶ 페데리코 펠리니 감독(Federico Fellini 1920~1993): 이탈리아 리미니에서 출생하였다. 인물화가, 극단 전속작가, 라디오 드라마 작가를 거쳐 풍자기사(諷刺記事)를 쓰던 제2차 세계대전 중 젊은 여배우 줄리에타 마시나와 결혼하고, 연합군에 의해 해방된 후 네오리얼리즘의 대표적 감독인 로베르토 로셀리니의 〈무방비 도시(1945)〉, 〈전화의 저편

(1946)〉 등의 시나리오 작가로 영화 이력을 시작하여 1952년 〈하얀 추장〉으로 감독이 되었다. 페데리코 펠리니는 〈길〉 이후 리얼리즘에서 벗어나 본격적인 모더니즘 스타일로 전환해 인간 내면의 황폐한 세계를 다룬다. ☆〈길〉로 1954년 아카데미 외국어영화상을, 또 1958년 제30회 아카데미 시상식에서 ☆〈카리비아의 밤(1956)〉으로 역시 외국어영화상을 수상한다. 1993년 제65회 미국 아카데미 시상식에서 찰리 채플린, 오슨 웰스, 알프레드 히치콕에 이어 4번째로 아카데미 명예상을 수상하였다. 너무나도 유명한 그의 작품들이다.

• 1980 여자의 도시 • 1979 오케스트라 리허설 • 1969 사티리콘 • 1964 영혼의 줄리에타(골든 글러브 상 수상) • 1963 8과 1/2 • 1960 달콤한 인생 • 1956 카리비아의 밤 • 1955 절벽 • 1954 길 • 1953 청춘군상

위와 같은 공로로 1995년 유네스코는 인권 보호와 인류애에 관한 작품을 만들어온 작가주의 영화감독에게 페데리코 펠리니의 이름을 딴 '펠리니 메달'을 매년 수여하고 있다.

▶ **줄리에타 마시나**(Giulietta Masina 1921~1994): 그녀는 이탈리아 볼로냐에서 바이올리니스트 겸 교수의 딸로 태어났다. 성장해서 연극 활동을 했고, 펠리니 대본의 〈치코와 팔리나〉라는 라디오 연속극에서 주연을 맡은 것이 동기가 되어 1943년 두 사람은 결혼하고 영화출연도 계속한다. 1954년 〈길〉에서 개성적인 연기를 선보여 펠리니를 국제적인 감독으로 부상시켰고, 그 자신도 연기파 여배우로서 명성을 얻었다.

그녀의 대표작 〈절벽(1955)〉, 〈카리비아의 밤(1956)〉, 〈영혼의 줄리에 타(1965)〉 등은 모두 펠리니 감독의 작품이다.

펠리니 감독의 영화적 재능이 출중한 것은 더 말할 것이 없지만, 마시나를 아내로 맞은 것은 더 없는 행운이었고, 동지적 뮤즈(Muse 작가·화가 등 예술가에게 영감을 주는)를 발견해 그의 영화인생에 있어 성공의 계기를 마련하게 된다. 그녀의 캐릭터는 시끄러움, 연약함, 진실함이 혼재돼 간혹 '여자 채플린'이라고 불리기도 한다. 또한 그녀는 심리학 박사라는 설도 있지만 확인되지 않았다. 마시나와 펠리니는 평생을 해로했는데, 1994년 마시나는 남편이 사망하고 몇 달 뒤 펠리니를 만나러 저 세상으로 떠났다. 두 사람의 유해는 리미니 묘지에 묻혀 있다.

▶ **안소니 퀸(Anthony Quinn 1915/멕시코~2001):** 1915년 아버지 Antonio Rodolfo Quinn Oaxaca와 멕시코 원주민(인디안) 가계인 Manuela Nellie Oaxaca를 어머니로 멕시코 북부 치와와에서 태어났다. 판초 비야(Pancho Villa)의 혁명군에 가담했던 아버지는 혁명세력이 와해되자 가족들을 이끌고 로스앤젤레스에 정착했다. 10세 때 아버지가 교통사고로 사망하자 소년 가장이 되어 구두닦이, 신문팔이, 공사장 심부름꾼, 내기 권투선수 등 닥치는 대로 돈을 벌기 위해 일했다.

배우학원에서 잡일을 도와주다가 기회가 생겨 1936년 세실 B. 드밀이 감독한 〈평원아(The Plainsman)〉에 단역으로 출연하였다. 더밀의 양녀인 캐서린과 결혼한다. 할리우드에서 뉴욕으로 옮겨 1952년 엘리아 카잔이 감독한 ☆〈혁명아 자파타〉에 출연하였다. 이 영화에서 자파타(말론 브랜도)의 동생 역을 맡아 혁명의 조력자에서 술주정뱅이로 타락하는 연기로 1953년 아카데미상의 남우조연상을 받았다. 1954년 이 탈리아로 건너가 페데리코 펠리니 감독의 〈길〉에서 차력사 잠파노 역으로 출연하여 국제적인 명성을 얻었으며, 1956년 ☆〈열정의 랩소디 (Lust For Life)〉에 고갱 역으로 8분간 출연하여 주인공 고흐 역의 커크 더글러스보다 빛나는 연기를 펼쳤다는 평가를 받으며 두 번째 아카데 미상의 남우조연상을 받았다.

1964년 그리스 작가 니코스 카잔차키스(Nikos Kazantzakis)의 소설을 영화로 옮긴 〈희랍인 조르바〉에서 그리스인 특유의 낙천성으로 하루 하루를 열정적으로 살아가는 농부 조르바 역을 맡아 그는 "내가 바로 조르바"라고 말할 정도로 조르바라는 인물을 자신의 분신처럼 여겼 다. 필모그래피는 길다.

• 1995 구름 속의 산책 • 1990 노인과 바다 • 1981 사막의 라이온 • 1979 페세이지 • 1978 산체스의 아이들 • 1974 마르세이유의 탈출 • 1969 산타 비토리아의 비밀 • 1967 25시 • 1966 로스트 코맨드 • 1964 희랍인 조르바 • 비루먹은 말을 보라 • 1964 방문(잉그리드 버그만과 공연) • 1962 바라바 • 아라비아의 로렌스 • 1961 나바론의 요새 • 1960 말괄량이 핑크 타이츠(소피아 로렌과 공연) • 1959 워락 • 1959 건힐의 결투 • 1959 사악한 마법사(돌로레스 마이클스와 공연) • 1958 검은 난초(소피아 로렌과 공연) • 1957 애상 • 1956 열정의 랩소 디(※한국 DVD명은 '빈센트 반 고호') • 1956 노트르담의 꼽추 • 1954 길 • 1954 검투사 아틸라(소피아 로렌과 공연) • 1953 초원의 질주(에바 가드너와 공연) • 1952 세계를 그대 품안에 • 혁명아 자파타 • 1945 바탄의 전투 • 1943 과달카날 다이어리(한국명 솔로몬 해전) • 1942 모로코

로 가는 길 •1941 장렬 제7기병대 •혈과 사 •1940 도시의 정복자 •1937 마드리드의 마지막 열차 •1936 평원아

위와 같이 150편이 넘는 영화에서 거친 남성적 캐릭터로 선 굵은 연기를 보여 영화사에 뚜렷한 자취를 남긴 그에게 1987년 아카데미상은 평생공로상인 '세실 B. 드밀' 상을 헌정하였다.

미술에도 조예가 깊어 노년에는 회화와 조각에 몰두하여 작품성을 인정받았다. 1988년 유엔의 '세계인권선언' 선포 40주년을 기념하는 우표에 그의 그림이 실렸으며, 1998년 말에는 조각가인 아들 로렌조와 함께 방한(訪韓)하여 예술의 전당에서 작품전을 열기도 하였다. 〈원죄〉와 국내에서도 출간된 〈원맨 탱고〉 등 두 권의 자서전을 남겼으며, 세 번 결혼하고 두 명의 정부로부터 9남 4녀를 두었다. 81세에 47세 연하의 여비서 '캐시 벤빈'과 결혼하여 딸아이를 보았는데 크게 자랑하고 다녔다. 2001년 보스턴에서 폐렴 등의 증세로 치료를 받다 호흡곤란으로 사망하였다.

그에게는 스캔들도 많았다. 세실 B. 드밀 감독의 수양딸 '캐서린 드밀'과의 실제 결혼이야기에서, '첫 날 밤 신부가 처녀가 아니라고 구타하고 곧 별거에 들어갔다'고 한다. 할리우드의 유명 스타가 되고나서 잉그리드 버그만, 리타 헤이워즈, 모린 오하라, 캐롤 롬바드, 바바라 스틸 등 당대의 톱스타들과 염문을 뿌리기도 했는데, "자기는 단 한 번도 숫처녀와 잠자리를 가지지 못했다"고 상당히 뻔뻔한 푸념도 늘어놓았다는 것이다. 특히 처녀성을 중요하게 생각하는 강박관념과 집착이 강한 남자였다. 아마도 지독히 까칠한 정력절륜(精力絶倫)의 변강쇠였던 모양이다. 앞에 소개된 출연작을 보더라도 열정의 덩어리였음

이 확인된다.

▶ **니노 로타**(Nino Rota): 「이탈리아 출신의 영화음악가 니노 로타(Nino Rota)는 페데리코 펠리니 감독의 영화 〈길(La Strada 1954)〉에서 '젤소미나의 테마'로 이 영화를 영화사상 불후의 명작으로 만든 장본인이다. 〈길〉은 스토리 구성의 탄탄함과 함께 차력사 역할의 잠파노와 젤소미나의 연기력이 돋보이는 작품이다. 그런데 이들 연기를 심화시키고 관객의 감동을 자아내도록 한 음악의 역할은 매우 높은 비중을 차지한다. 젤소미나가 서툰 동작으로 부는 트럼펫에서 흘러나오는 구슬픈 멜로디는 우리 가슴을 애상에 젖게 한다. 이 순간 영화음악의 위력이 발휘된다.

니노 로타는 이탈리아 밀라노에서 태어나 로마 산타 체칠리아 음악원, 필라델피아 커티스음악원을 거쳐 밀라노대학에서 박사학위를 받았다. 20세 되던 1931년에는 미국의 커티스음악원에서 세계적인 지휘자 토스카니니(Arturo Toscanini)로부터 작곡과 지휘법을 배우기도 했다. 〈길〉이후에 페데리코 펠리니의 〈달콤한 인생(1960)〉, 〈8과 1/2(1963)〉, 〈영혼의 줄리에타(1965)〉, 〈카사노바(1976)〉의 음악도 담당했다. 〈전쟁과 평화(1955)〉, 〈백야(1957)〉, 〈태양은 가득히(1960)〉, 〈로미오와 줄리엣(1968)〉 ☆〈대부2(1974)〉로 아카데미 영화음악상을 수상했다. 그는 'La Strada' Ballet Suite도 작곡했다. 1979년부터 파리음악원 교장을 맡기도 했다.」[62]

이창(裏窓)

1954년 작. 미국 영화(파라마운트), 112분
원제: Rear Window
제작 · 감독: 알프레드 히치콕
출연: 제임스 스튜어트, 그레이스 켈리 외
※1957 한국 개봉

▶ **리뷰:** 유명한 사진가 L.B. 제프리(제임스 스튜어트)는 다리가 부러져 무거운 깁스를 한 채 의자에 파묻혀 지낸다. 여기저기 뛰어다니며 사진을 찍어야 할 사진작가가 앉아만 있으니 얼마나 열불 나고 심심하겠는가? 그래서 그는 자신의 그리니치빌리지에 있는 독신자 아파트 창문을 통해 심심풀이로 건너편 아파트를 훔쳐보고 관찰하면서 하루하루를 지낸다. 그의 아파트 방문자는 패션모델과 디자이너인 그의 애인 리사(그레이스 켈리)와 괴팍한 간병인 스텔라(셀마 리터)이다. 그녀들은 제프리가 관음증에 중독된 거라고 말한다.

아파트에 보이는 사람들은 구혼자 사이에 늘 휩싸여 있는 미녀, 갓 결혼한 신혼부부, 아래층의 고독한 노처녀 미스 론리하트, 작곡가 소월드가 있다. 마치 인간세상의 만화경을 보는 것 같다. 어느 날 아파트를 살펴보니 소월드의 아내가 보이질 않는다. 그는 톱, 여행가방, 안마당 정원을 새로 판 흔적들을 근거로 증발된 소월드의 아내가 살해됐을 거라고 의심하지만, 결정적인 증거가 없어 리사와 형사 '도일'

에게 제보한다. 그러나 그들은 처음에 이를 믿지 않는다. 소월드는 행동을 개시하고 이를 목격한 제프리는 소월드에게 들키고 만다. 휠체어를 탄 제프리는 어떻게 이 위기를 극복할 것인가… 그러나 결국 살인을 증명하고 만다.

이 작품은 심리적인 측면, 서스펜스, 그리고 관음증의 영화이다. 우선 관객들도 제프리와 리사의 아파트 내부와 그들의 거동, 건너편 아파트에 사는 인물들의 일거일동, 소월드의 살인행위 등을 훔쳐보는 형국이다. 히치콕 감독은 애당초 뉴욕의 임대주택 건물과 그 안뜰까지 세밀하게 본뜬 세트를 지어놓고 각 창마다 피아노를 치며 작곡에 열중하는 사람, 댄서가 신들린 듯 춤추는 연습도 하며 외로운 여인이 있는가 하면, 사랑에 빠진 신혼부부 등 각기의 삶을 보여주면서 한편으로 결정적으로 다른 이야기를 들려준다.

즉 관객이 다른 집에서 새어 나오는 로맨스에 정신이 팔려 있는 동안 호기심 많은 제프리가 아파트에서 살인사건의 기미(幾微 낌새)를 포착해 혼선을 빚게 한다. 또, 한 인물들의 연기에 몰입하고 그 인물들은 다시 다른 인물들의 행동에 몰입하도록 꾸민 귀재 히치콕의 구성과 연출은 여느 다른 감독들과 달리 매우 정교하다.

「1954년 오락영화로 만들어진 〈이창〉은 지금 예술적인 영화임이 밝혀졌다. 오래 전에 히치콕은 놀람과 서스펜스의 차이점에 대해 설명했다. 테이블 밑에 있는 폭탄이 터지면 그것은 놀람이다. 테이블 아래 폭탄이 있다는 것을 알지만 그것이 언제 터질지 모른다면 서스펜스이다.」[63] 그레이스 켈리가 은퇴 직전 찍은 '리사'의 연기는 높은 관능성이 돋보였다는 평가도 있다.

〈이창(裏窓)〉은 관음증((觀淫症, 훔쳐보기, Peeping Tomism)의 원조라

고도 볼 수 있다. 또 〈사랑에 관한 짧은 필름(크지슈토프 키에슬로프스키 감독. 1988)〉도 같은 유형이다. 관음증의 이론적 면도 살펴볼 필요가 있다.

「영화에 나오는 페미니즘을 연구한 로라 멀비(Laura Mulvey)[64]는 엄청난 반향을 일으킨 논문 〈시각적 쾌락과 서술적 영화(Visual pleasure and narrative cinema, 1975)〉에서 영화에는 ①어두운 객석에서 영화를 보는 관객들의 시선, ②영화 스토리 내에서 진행되는 배역들 간의 시선, ③영화를 찍는 카메라(카메라맨)의 시선이 존재한다고 기술했다.

그는 논문에서 영화는 "근본적으로 남성적 응시(凝視)나 남성의 시선을 생각하며 제작되고, 반대로 여성은 언제나 이러한 응시의 대상이 된다"고 주장했다. 영화는 수많은 쾌락을 제공할 수 있는데, 그 중의 하나가 관음증(voyeurism 훔쳐보기)이다. 보는 것 자체가 쾌락의 목적이 될 수 있듯이, 반대로 보여지는 것에도 쾌락이 존재한다고 한다. 따라서 현대영화에서 벗은 몸을 보는 행위와 벗고 보여주는 행위의 이해관계가 맞아 떨어지는 상황이 된다.

이때 카메라의 시선은 물론 남성을 위한 것이고, 이것이 관음증을 유발한다. 영화 화면은 창문에 비유되고, 영화 감상은 어두운 객석에서 몸을 숨기고 밝은 방을 들여다보는(peeping) 정황이다. 즉 숨어서 여성 등장인물의 몸을 훑어봄으로써 지배적인 위치에 서게 되는 쾌락을 얻게 된다. 그 과정에서 여성은 항상 쾌락의 객체, 관음증의 대상으로 존재한다. 즉, 남성의 관음은 여성을 성적 대상으로 사물화(私物化) 시킨다는 것이다. 이 논문이 1975년에 나온 점을 감안하면 당시의 영화적 상황으로는 상당한 설득력이 있었을 것으로 판단된다.

그러나 이런 여성의 관음증에 관한 이론도 시대의 흐름에 따라 변화를 보이고 있다. 21세기 이전의 영화들은 대체로 여성의 옷을 벗겨서 남성 관객들의 관음증을 유발시킨 것은 분명한 사실이었다. 그러나 여성들의 경제적 · 사회적 지위가 점증되고 확고해짐으로써 영화를 선택하는 취향에서도 여성을 고려할 수밖에 없는 시점에 도달했다. 따라서 여성의 나신(裸身)도 필요하지만, 남성의 벗은 몸도 여성을 위해서는 존재해야 하는 영화적 당위성이 생겼다.

그래서 우리나라에서도 상영된 〈몽상가들(2003)〉에는 남녀 주인공들이 모두 완벽하게 옷을 벗은 모습을 보여주고, 섹스의 장면도 구체적으로 적나라하게 묘사했다. 이 영화의 감독은 베르나르도 베르톨루치로, 세계적으로 저명 감독의 반열에 올라있는 인물이다. 또 〈에로스(2004)〉의 마지막 에피소드(미켈란젤로 안토니오니 감독)에서도 남녀의 그런 장면들은 거침없이 스크린을 압도한다. 이런 여성을 위한 관음에 대한 담론도 확산일로이다.

우리나라 영화들도 이런 유행에서는 절대 뒤지지 않는다. 유하 감독의 〈쌍화점(2008)〉도 정도가 과하다는 지적이 있었고, 그의 종전 작 〈결혼은 미친 짓이다(2001)〉도 남녀 주인공의 옷 벗기에서 별로 빠지지 않았다. 또 〈방자전(2010)〉도 세 번 정도가 나오는 섹스신은 도발적이며, 거의 포르노 수준이다. 법원 제소 등 많은 논란을 일으킨 후 우리나라에서 개봉된 존 캐머런 미첼 감독의 〈숏 버스(2006)〉에는 다소 역겹게 느껴지는 남자의 자위행위 등 구체적 장면들이 연속된다. 관객의 입장에서는 포르노그래피로 받아들일 사람들도 많다. 이렇게 로라 멀비의 세 가지 시선 중 촬영 카메라의 시선은 남성을 위한 것이라고 규정한 연구도 수정되어야 한다. 오늘날의 카메라는 남녀 공용의 시선으로 전환되었다는 사실은 분명하다.」65

포르노그래피(pornography)는 성적 자극을 목적으로 인간의 신체나 성적 행동을 명확히 묘사한 것을 말한다. 그리스어 포르노그래포스 (pornographos), 즉 '창녀에 관해 쓰여진 것'이라는 의미를 가진 단어에서 유래되었다. 그러나 그리스에서 이 용어가 언제 처음부터 사용되었는지는 알려져 있지 않다. 1800년대에 프랑스어에서 포르노그래피 (pornographie)라는 용어가 사용되었다. 이 낱말은 1857년까지 접속사로서, 혹은 1842년에 프랑스어의 뉴올리언스로의 도입 전까지 영어에 소속되지 않았다.(위키백과)

앞에서 'Peeping'이라는 단어가 나오는데 여기에는 '고디바' 부인과 관련이 있다. 「11세기 영국 코벤트리(Coventry) 지방의 영주 리어프릭 (Leofric)에게는 17세 된 어여쁜 부인 고디바(Godiva 980~1069)가 있었다. 주민들은 그녀에게 과중한 세금 감면을 간청한다. 남편은 아내에게 "알몸으로 말을 타고 마을의 시장을 지나가면 세금을 감면해 주겠다"고 거절해버린다. 그녀는 시장을 지나가는 동안 자신을 보지 말아달라고 마을 사람들에게 미리 부탁했다.

드디어 고디바가 벌거벗고 마을을 돌자 사람들은 커튼을 내리고 밖을 내다보지 않았다고 한다. 그녀는 발목까지 내려오는 긴 머리로 몸을 감싸고 있었기 때문에 나신은 아주 일부분뿐이었다. 이렇게 남편이지만 남성에 대항한 고디바를 '최초의 여성 운동가'로 보는 견해도 있다. 마을 사람 중 양복재단사인 'Tom'만이 조그만 창문으로 고디바 부인의 나신을 보았다. 그것이 빌미가 되어 맹인이 되었다는 속설도 있다. 그래서 관음증을 뜻하는 'Peeping Tom'이라는 표현은 엿보기를 일삼는 비겁한 얼간이를 말한다.」[66]

일부이긴 하지만 동서고금, 남녀노소를 대상으로 관음증을 파는 산업이 바로 현대영화이니 아이러니가 아닐 수 없다.

▶ **알프레드 히치콕 감독**(Alfred Hitchcock 1899~1980): 히치콕은 1899년 영국 잉글랜드 레이턴스톤에서 농산물 가게를 운영하는 부부의 막내 아들로 태어났다. 그는 1910년부터 스탬퍼드힐에 있는 예수회 소속 성 이그나티우스 학교에 다니게 되었는데, 이 학교의 엄격한 규율과 그에 따른 체벌은 10대 시절의 히치콕에게 많은 영향을 미쳤다. 히치 콕은 전신회사에서 기술자로 일하다가 광고부로 옮기면서 영화와 문 학에 푹 빠졌다. 그는 미국 작가 '에드가 앨런 포'의 작품을 많이 읽었 기 때문에 후에 공포영화를 만들게 되었다는 얘기도 했다.

히치콕의 영화는 감독 자신이 영화 속 어딘가에 모습을 드러내는 '카메오' 출연으로 유명하며, 그것을 찾는 것 또한 한 재미가 된다. 영 화에 등장방법은 지나가는 행인 등이나 때로는 영화 속 신문기사에 등장하기도 한다. 그는 〈레베카(1940)〉, 〈구명보트(1944)〉, 〈백색의 공 포(1945)〉, 〈이창(1954)〉, 〈사이코(Psycho 1960)〉로 5번이나 아카데미 감 독상 후보에 올랐으나 단 한 번도 수상하지는 못하였고, 1967년에 우 수 제작자에게 수여되는 '어빙 살버그' 상을 받았다. 히치콕은 1980년 엘리자베스 2세로부터 대영제국 훈장 2등급(KBE, 작위급 훈장)을 받아 알프레드 히치콕 경(卿)으로 불릴 수 있게 되었다. 그해 4월 28일 LA 에서 노환으로 사망했다.

「무성영화 자막 담당으로 영화계에 입문한 그는 1925년 데뷔했고, 1939년 도미(渡美)했다. '그의 영화들은 소비에트 몽타주와 박력 있는 할리우드식 편집, 그리고 독일 표현주의의 그림자로 빚어졌다.'(김혜리)

히치콕은 서스펜스 스릴러 장르를 발명하고 혁신했다. 설정은 언제나 단순했다. 선량한 자가 누명을 썼다, 어떻게 벗어날 것인가? 누군가 사람을 죽였다, 어떻게 벌 받을 것인가? 하지만 그 '어떻게'를 풀어가는 히치콕의 연출은 수학적 정밀함으로 조바심과 쾌감을 유도했다. 교묘한 시점 샷들은 관객을 희생자와 악인, 그리고 훔쳐보는 자의 위치로 쉴 새 없이 몰고 다니며 도덕적 혼란에 빠뜨렸다.

히치콕은 "영화란 대사 도움 없이 이미지의 힘으로 승부한다"고 믿는 순수주의자였다. 철저히 계산된 촬영으로 제작사의 가위질을 원천봉쇄했다. 영화 보는 행위에 숨긴 은밀한 관음증을 고백한 〈이창(1954)〉과 존재론적 공포를 다룬 〈현기증(1958)〉, 서스펜스 편집의 교과서 〈사이코(1960)〉는 '관음증(voyeurism)의 3부작'이라고 불린다. *카메오(cameo role)와 *맥거핀(Macguffin) 기법, 그리고 *미남 배우와 *금발의 여배우가 주연을 맡고 *흑인이 등장하지 않는다면 그야말로 100% 히치콕 작품이다.

그는 줄거리를 좇는 관객들이 헛다리짚도록 속임수를 쓰는 '맥거핀 기법'을 보편화시켰다. 스릴러치고 히치콕을 안 베낀 작품이 있을까 하는 의문을 갖게 하는데, 실제로 많은 감독들이 그의 작품 스타일을 모방 또는 카피했을 것이라 추측하게 된다. 프랑스 영화 〈살인 혐의(1989)〉, 노르웨이 작품 〈정크 메일(1997)〉, 폴란드 출신 키에슬로프스키 감독의 〈사랑에 관한 짧은 필름(1988)〉은 '인간의 훔쳐보는 본능'을 자극하는 수작들이다.[67]

그러면 맥거핀 기법이나 효과(MacGuffin effect)는 무슨 뜻인가? 작품 줄거리에는 영향을 주지 않지만, 관객의 시선을 의도적으로 묶어 둠으로써 공포감이나 의문을 자아내게 만드는 영화 구성상의 속임수를 말한다. 히치콕의 영화에서 유래한 용어이다.

그런데 히치콕이 '어떻게 해서 할리우드에 오게 됐는가?' 셀즈닉과 관련된 이야기다. 「1937년 영국에서 〈숙녀 사라지다〉를 촬영하고 있던 그는 셀즈닉이 보낸 전보를 받았다, '할리우드에 와서 타이타닉 호의 침몰에 관한 영화를 만들어보지 않겠느냐'는 제안이었다.…결국 1937년 여름, 셀즈닉은 히치콕을 할리우드로 데려왔다. 그러나 당시 37세의 셀즈닉은 이미 〈바람과 함께 사라지다〉에서 3명의 감독과 15명의 각본가를 갈아치울 만큼 독재적인 제작자였다.

  따라서 히치콕이 할리우드에서 셀즈닉을 통해 만든 〈레베카〉 등에서 셀즈닉이 모든 것을 좌우하려 해서 그는 분통을 터뜨렸다.…히치콕은 〈이창〉의 한 장면에서 셀즈닉에 대한 증오심을 보여준다. 〈이창〉의 살인범은 건너편 아파트의 뚱뚱한 남자로 밝혀지는데 히치콕은 그를 셀즈닉에 가깝게 분장시켰다. 악독한 살인범으로 셀즈닉을 닮은 배우를 등장시킨 것은 공동작업 당시의 끔찍했던 기억 때문에 행한 '영화를 통한 복수'였다.」(영화사/영화이론)[68] '현대의 셰익스피어'라고도 불리는 그의 현현한 필모그래피를 소개한다.

- 1976 가족음모
- 1969 토파즈
- 1966 찢어진 커튼
- 1963 새
- 1960 사이코
- 1959 북북서로 진로를 돌려라
- 1958 현기증
- 1956 나는 비밀을 안다

- 1955 나는 결백하다
- 1954 다이얼 M을 돌려라, 이창
- 1953 나는 고백한다
- 1949 염소자리
- 1948 로프
- 1946 오명
- 1945 스펠바운드
- 1944 구명보트
- 1943 의혹의 그림자
- 1942 파괴공작원
- 1940 해외공작원, 레베카
- 1939 자메이카 여인숙
- 1936 비밀첩보원, 사보타지
- 1935 39계단
- 1934 나는 비밀을 알고 있다

▶ **제임스 스튜어트**(James Stewart 1908~1997): 스튜어트는 영화배우로서의 이력과 사생활, 또 제2차 대전과 군 경력 등으로 볼 때 매우 모범적이어서 미국인의 많은 사랑을 받은 할리우드의 헤비급 스타이다. 또 알프레드 히치콕, 프랭크 캐프라, 존 포드 등 실력파 감독들과 작업한 대배우이다. 그러나 우리나라 관객에게는 그냥 서부극에 출연하는 스타 정도로만 알려져 있어 아쉬움이 있다.

아버지는 공구상이었고, 어머니는 피아니스트였다. 피아노와 아코디언, 미식축구에 재능이 있었지만 장래희망은 파일럿이었다. 펜실베이니아 주 출생으로 프린스턴대학 건축과를 졸업했다. 재학 중 대학 극단 단원으로 헨리 폰다, 마거릿 설리번(Margaret Sullavan 1909~1960 헨리 폰다의 첫 부인) 등을 알게 되어 영화계로 들어갈 수 있었는데, 키가 191cm나 되는 장신이어서 캐스팅 담당자들의 고민이 많았다고 한다. 펄 벅의 〈대지(1937)〉에 출연하고자 혼신을 다해 중국인으로 분장했지만, 전혀 중국인 같지 않아 나중에 편집에서 모두 삭제되는(속칭 통편집) 굴욕도 맛봤다.

제2차 대전 당시 체중미달로 신체검사에서 불합격되었는데 군의관에게 사정사정해 합격했다. 1941년 육군항공대에서 폭격기 조종사로 복무하면서 다음해 장교로 임관 후 실제 폭격작전에도 참가했고 4년 만에 대령을 달았다. 〈전략공군사령부(1955)〉 등 공군 홍보영화도 찍고, 1959년 예비역 공군 준장으로 진급도 하였다. 1968년까지 군복무를 마쳤고, 퇴직금은 공군사관학교에 기부했다.

1935년 〈살인자〉, 〈우리들의 낙원(1938)〉, 〈스미스 씨 워싱턴에 가다(1939)〉, 그리고 ☆〈필라델피아 이야기(1940)〉에서 아카데미 남우주연상을 수상하였다. 전후 〈글렌 밀러 스토리(1945)〉, 〈날개여! 저것이 파리의 불빛이다(1957)〉, 〈이창(裏窓 1954)〉, 〈세인트루이스의 정신(1957)〉 등으로 인기를 얻었고, 〈윈체스트 73(1950)〉, 〈분노의 강(1952)〉, 〈라라미에서 온 사나이(1955)〉 등 많은 서부극에도 출연했다. 특히 존 포드 감독의 서부극 중에 가장 의미 있는 영화로는 서부극에 작별을 고하는 〈리버티 밸런스를 쏜 사나이〉를 꼽는다. 그의 출연작들이다.

• 1965 피닉스 • 셰넌도어(Shenandoah) • 1964 샤이안 • 1962 리

버티 밸런스를 쏜 사나이 •서부개척사 •1958 현기증 •1957 저것이 파리의 등불이다 •1956 나는 비밀을 알고 있다 •1955 라라미에서 온 사나이 •1954 머나먼 대지 •글렌 밀러 스토리 •이창 •1952 지 상최대의 쇼 •분노의 강 •1950 윈체스터 73 •부러진 화살 •1948 로프 •1940 필라델피아 스토리 •1939 스미스 씨 워싱턴에 가다 •1938 우리들의 낙원

▶ **그레이스 켈리(Grace Kelly 1929~1982)**: 그녀는 건축회사 사장인 아버지 John Bredan(Jack Kelly-아일랜드계 미국인)과 어머니 Margaret Katherine Majer(독일계 미국인)의 딸로 미국 필라델피아의 가톨릭 명문가에서 태어났다. 부친은 벽돌사업으로 성공했으나 미국 상류층에 진입하기 위해 노력했고, 온가족이 스포츠에 열성이었다. 아버지는 올림픽에서 3회 금메달을 획득한 조정 선수 출신인데, 그레이스 켈리만 내성적이고 독서와 연극에 관심이 있어 체육인이 되길 바랐던 아버지의 사랑을 받지 못했다는 이야기도 있다. 또 큰아버지 George Kelly(1887~1974)는 퓰리처상(1926)을 받은 극작가였다.

키가 169cm인 그녀는 1947년 수학 성적이 낮아 Bennington대학 진학에 실패한 뒤, 뉴욕의 미국연극예술아카데미(American Academy of Dramatic Arts)에 들어갔다. 이후 브로드웨이 무대와 텔레비전 드라마에서 출연하다가 Edith van Cleve에 의해 영화에 데뷔한다. '에디 반 클리브'는 여배우 겸 할리우드 에이젠트로 활약했는데(1985년 90세로 사망), 말론 브란도, 그레이스 켈리, 몽고메리 클리프트를 발굴한 인물이다.

또 다른 은인·수호천사(守護天使)는 에바 가드너(Ava Gardner 1922/

미국~1990)였다. 〈모감보(1953)〉에서 공연한 후 친밀해진 그레이스 켈리를 에바 가드너는 절친이었던 '제이슨 리'(Jason Lee 1896~1947)에게 소개하고, 그는 곧바로 영화제작자와 감독들에게 찾아가 영향력을 행사해 켈리가 주연을 맡게 도와주었다. 그 후로 켈리는 영화에서 빛을 보게 된다.

'한 마리 백조(白鳥)!' 그녀의 매력은 '도도함', '오만함', '차가움', 그리고 '지적 분위기의 기품', 이런 속에서 샘솟는 '우아함'이다. 또 이것이 '도발적 성적 매력'(Sexual Charisma)으로 승화되어 소위 '신데렐라 결정판'을 완성한다.

1952년 〈하이 눈(High Noon)〉에서 게리 쿠퍼와 공연했다. 1953년 존 포드 감독의 〈모감보(Mogambo)〉에 클라크 게이블과 에바 가드너와 함께 출연하고, 알프레드 히치콕의 〈다이얼 M을 돌려라(1954)〉, 〈이창 (1954)〉, 〈나는 결백하다(1955)〉에 등장함으로써 인기가도를 내달린다. ☆〈갈채=회상 속의 연인(The Country Girl 1954)〉에서 알코올 중독에 빠진 남편 빙 크로스비의 재기를 위하여 헌신적으로 노력하는 시골 아내를 연기하여 1955년 제27회 아카데미 시상식에서 여우주연상을 받았다. 이때 〈스타 탄생〉으로 가장 유력한 수상 후보자였던 '주디 갈란드'는 실패하게 됐는데, 그녀는 시상식 파티에 불참했던 켈리에게 전화를 걸어 "네가 내 상을 가로챘다"는 폭언을 해댔다는 이야기도 있다. 집안이 부유해 돈 때문이 아닌 마음에 드는 배역과 영화만을 골라 출연해 그녀가 캐스팅된 11편이 모두 수준급에 오른 이유였다.

할리우드 톱스타들의 이성 관계는 대체로 복잡다단한데 그레이스 켈리 역시 그녀의 고급스러운 이미지와는 상반되게 결코 단순하지 못했다.

「이렇게 스타덤에 올라 전성기를 구가하면서도 켈리는 화려한 스캔들을 몰고 다녔다. … 스캔들의 상대로는 이란의 왕 팔레비 2세, 게리 쿠퍼, 클락 게이블, 레이 밀런드, 빙 크로스비, 윌리엄 홀덴이 있는데 이외에도 염문을 뿌린 상대는 더 많다고 추정되고 있다.(프랭크 시나트라, 말론 브란도, 제임스 스튜어트, 데이비드 니븐 설도 있음) 〈다이얼 M을 돌려라〉에서의 상대역이었던 레이 밀런드(Ray Milland 1907/영국~1986)와의 스캔들이 대형이었는데, 당시 밀런드는 켈리보다 22살이나 더 많은 유부남이어서 이 스캔들은 켈리의 커리어를 거의 파괴할 뻔했다.

그리고 러시아 출신의 패션 디자이너 올레그 카시니(Oleg Cassine 재클린 케네디를 국제적인 패션 아이콘으로 변화시킨 디자이너)의 아이를 임신해 결혼을 약속하기에 이르지만, 아버지의 반대와 스캔들로 배우 경력이 끝날 것을 두려워한 켈리는 결국 결혼 대신 낙태를 한 적도 있다.」[69] 그녀의 안티 팬들은, 오스카상을 받던 축하 파티에서 말론 브란도를 만난 그녀가 호텔로 직행했다는 소문도 흘렸다. 또 그 이전인 18세에 다녔던 뉴욕 연극예술아카데미 재학 당시 돈 리처드슨, 프랑스인 알렉상드르 다르시 등과도 사귀었다는 이야기도 있다.

「그녀를 스타로 만든 장본인인 알프레드 히치콕 감독은 그녀에 대해 "차가운 눈(雪)에 덮인 뜨거운 화산(火山)"이라고 평가했다. 이것은 그녀의 절제된 모습과 달리 내면에 남성에 대한 뜨거운 욕망이 꿈틀거리고 있었음을 암시한 것이다. 그녀의 어머니는 '딸이 결혼하겠다고 집에 이야기한 남자만 해도 50명이나 된다'고 말했다.」[70] 그녀는 멋있는 수많은 남자를 갈구(渴求)했고, 그래서 '유부남 킬러'라는 소문도 돌았다니 믿기가 쉽지 않다.

그레이스 켈리가 같이 출연했던 프랭크 시나트라로 부터 '2달러 지폐'를 선물 받고 모나코의 왕비가 되자, 2달러 지폐는 행운을 가져다 주는 선물로 지금도 대중의 사랑을 받고 있다.

1918년 모나코는 프랑스와 한 조약을 맺었는데, 그 내용은 '레니에 3세'가 만약 직계 후계자(後嗣-아들)를 내지 못할 경우, 모나코가 프랑스에 귀속된다는 조항이 있었다.(The Monaco Succession Crisis of 1918) 프랑스는 모나코를 속국(屬國)으로 만들고 세금을 걷어 수입을 올리려는 속셈이었다. 이런 이유로 압박감을 느낀 레니에는 결혼을 서둘게 된다.

1955년 4월 칸 영화제 참석과 히치콕 감독의 〈도둑 벼락부자〉 촬영을 위해 케리 그란트와 남프랑스 리비에라 해변에 갔을 때, 그레이스는 모나코 왕궁을 방문하게 된다. 그리고 레니에가 손수 방이 300개나 되는 왕궁 내부와 정원, 그리고 작은 동물원까지 그레이스를 친절하게 안내했다.

그해 1955년 12월 갑자기 레니에가 필라델피아를 방문하여 그녀를 만나고 싶다는 뜻을 전해왔다. 미국 방문은 건강진단이 목적이고 언론도 비공개라고 하자 그레이스는 흔쾌히 승낙했다. 그해 마지막 날에 레니에는 그녀에게 구혼을 했다. 그리고 그레이스 켈리는 그 동안 교제를 해 오던 유부남 '올레그 카시니'에게 전화를 걸어 "신문에서 읽기 전에 내 입으로 말하고 싶어요. 저 레니에 3세의 부인이 되기로 승낙했어요." 그들의 관계는 이렇게 쿨 하게 정리되었다.

이로써 그레이스 켈리는 은막의 스타에서 모나코의 왕비로 수직상승한다. 레니에는 켈리에게 청혼선물로 12캐럿 다이아몬드 반지를 주었고, 켈리는 이 반지를 끼고 영화 〈상류사회(1956)〉에 출연했다고도 한다. 켈리의 부모도 200만 달러의 결혼지참금을 지불했다. 결국 1956년 4월 18일 인기절정일 때 모나코 왕 레니에 3세와 결혼에 골인한다.

그녀는 한마디로 할리우드와 모나코 왕국을 다 정복한 '현대판 신데렐라'였다. 겨우 5년 만에 영화계에서 은퇴하고 왕비의 자리에 오른 것인데, 애초 레니에는 마릴린 먼로나 지나 롤로브리지다, 오드리 헵번을 염두에 두었다고도 한다. 모나코의 카지노 등 관광업 홍보가 이유였던 모양인데, 결국 그리스 선박왕 '아리스토텔레스 오나시스'의 권고로 그레이스 켈리를 간택했다는 이야기다.

즉, 이 결혼작전도 '정치적 계약'이라는 관점이 존재한다. 당시 모나코의 해운업을 좌지우지하던 오나시스는 부국이 아니었던 모나코의 관광사업을 진흥시켜야 한다고 레니에 3세를 부추겼고, 그렇게 되면 많은 호화여객선을 소유한 오나시스는 막대한 수익을 거머쥘 수 있기 때문이다. 그래서 그레이스 켈리의 결혼에 대해 기획 · 제작 · 연출을 스스로 도맡았다는 관측이다. 레니에 3세와 그레이스 켈리의 결혼은 모나코를 세계적인 관광지로 부상시켜 오늘날 모나코가 누리는 부의 토대가 되었고, 이 결과 모나코는 실제로 카지노, 관광, 금융 분야 등이 급성장했다. 인구 35,000여 명, 국민소득은 세계 4위인 67,000달러의 부국이 된 것이다.

그레이스 켈리는 결혼과 동시에 영화배우로 은퇴하고 딸 2명과 아들 1명을 낳으며 모나코의 왕비로서 충실한 삶을 이어 나갔다.

하지만 1982년 9월 14일 모나코 근교의 여름별장에서 자동차를 운전하며 왕궁으로 돌아오던 도중 자동차가 벼랑으로 추락하는 불의의 교통사고가 발생해 53세를 일기로 사망한다. 우아하고 교양 있고 얌전해 보이는, 피부가 하얗고, 백조 같은 배우 그레이스 켈리의 자녀들은 아들 알버트 2세, 딸 캐롤라인 그리말디, 스테파니 그리말디가 있다. 그녀의 장례식 현장에서 통곡하며 흐느끼는 레니에의 모습에서 세계인들은 큰 감동을 받았고, 그는 재혼을 하지 않은 채 홀로 지내다가 2005년 사망한다.

여기에는 마피아의 음모설, 왕실과의 잦은 갈등설 등 사인(死因)에 대한 추측도 있었다. 그레이스 켈리의 사후, 그녀의 자녀들은 여러 가지 비행(非行)들을 쏟아내어 자주 언론의 주목을 받았다. 예나 이제나 세상은 참으로 변화무쌍(變化無雙)하고 바람 잘날 없다는 생각을 지울 수 없다. 모나코는 소국으로 부자의 나라이다. 부호들의 천국이고 면세특혜로 유명하다. 지금의 모나코가 되기까지 왕비 그레이스 켈리의 공이 정말 지대했다. 모나코와 그 국민들은 지금도 켈리를 기억하면서 살고 있을지도 궁금하다. 출연작들이다.

• 1956 백조 • 상류사회 • 1955 나는 결백하다 • 도둑 벼락부자 • 1954 다이얼 M을 돌려라 • 갈채=회상 속의 연인 • 1954 이창 • 원한의 도곡리 다리 • 에메랄드 • 1953 모감보 • 1952 하이 눈 • 1951 14시간

※그레이스 켈리의 생애를 그린 〈그레이스 오브 모나코(Grace Of Monaco 2014)〉가 개봉된 바 있다. 제작/ 프랑스, 미국, 벨기에, 이탈리아/103분/ 개봉: 2014.6.18 개봉/ 감독: 올리비에 다한/ 출연: 니콜 키드먼(그레이스 켈리), 팀 로스(레니에 3세), 프랭크 란젤라 등. 이 영화는 2014년 칸 국제영화제 개막작으로 선정된 바 있다. 공식 DVD 미출시.

현금에 손대지 마라

1954년 작. 프랑스 · 이탈리아 영화(del Duca Films). 94분. 흑백
원제: Touchez Pas Au Grisbi. Don't Touch The Loot
감독: 자크 베케르
출연: 장 가뱅, 르네 다리, 잔느 모로
※1957 한국 개봉

▶ **리뷰:** DVD 재킷에는(씨네코리아) "적도 동지도 없는 암흑가… 원칙 없는 비정한 세계에서…"라는 홍보 문구(文句)가 눈에 띈다. 우두머리 막스(Max 장 가뱅)와 리톤(Riton 르네 다리)은 거물급 갱들이다. 그들은 노후 생활을 위해 프랑스 오를리 공항(Orly Airport)에서 96kg 금괴를 훔쳤고 사건이 잠잠해지면 현금으로 바꿀 작정이다. 영어 제목 〈Don't Touch The Loot〉의 'Loot'는 '훔치다', '훔친 물건'의 뜻이다. 물론 금괴를 팔면 현금이 된다. 이 때 마약업자인 안젤로(Angelo 리노 벤추라)는 금괴탈취가 막스 외에는 할 만한 인물이 없다고 생각하고 리톤의 여자 '조지'(잔느 모로)를 이용해 그들에게 접근한다. 막스가 안젤로 일당이 자신들을 노린다는 것을 눈치 채고 금괴를 팔고자 장물아비인 삼촌을 찾아 갔다 오니 리톤이 사라졌다.

리톤은 애인 조지가 그리워 그녀에게 찾아갔다가 안젤로 일당에게 납치된 것이다. 막스는 리톤의 몸값으로 금괴를 내놓으라는 협박을 금방 알아차린다. 이즈음 막스의 머리속에 "리톤이 얼마나 멍청이인

지, 20년 동안 그 놈이 얼마나 큰 골치 덩어리인지…"하는 독백이 보이스오버로 들린다. 그러나 막스에게는 친구가 중요하다.

금괴를 안젤로에게 넘기러 가자 안젤로 측이 막스 차에 폭탄을 던져 부하가 죽고, 다행히 풀밭에 숨었던 막스와 리톤은 기관총을 난사하고 그들의 차를 빼앗는다. 추격하는 과정에서 안젤로는 총에 맞아 사망하고, 리톤도 부상으로 치료받다 숨을 거둔다. 쓸쓸한 음악이(음악: Jean Wiener) 흐르면서 막스는 허무와 고독 속에 사라져 간다.

예전이나 지금이나 조폭의 사회에서 우정은 존재하지 않는 것으로 이해되고 있다. 그러나 이 영화는 갱의 세계에서 '친구'를 강조하고 있다. 올드패션 필름이다. 하여간 끝맺음이 간결하지만 여운이 남는 '프랑스 영화'다운 '영화의 필치(筆致)'가 돋보이는 작품이다.

▶ **자크 베케르 감독**(Jacques Becker 1906~1960): 1930년대부터 '장 르누아르' 감독의 조감독을 역임하고 특히 인물 묘사에 능란했던 것으로 알려지고 있다. 작품으로는 〈구멍(1960)〉, 〈몽파르나스의 연인(1958)〉, 〈현금에 손대지 마라(1954)〉, 〈황금투구(1952)〉, 〈앙트완 앙트와네트(1947)〉, 〈여인 속에서 생긴 일(1943)〉 등. 1947년 제2회 칸 영화제에서 〈앙트완 앙트와네트〉 그랑프리 수상.

▶ **장 가뱅**: [3] 〈망향〉 참조.

▶ **리노 벤추라**(Lino Ventura—또는 방튀라 1919~1987): 그는 이탈리아 팔마에서 태어났다. 8살 때 학교를 그만두고 후에 여러 직업을 전전하면서 프로레슬러가 되었으나 부상으로 중단되었다. 1953년 그의 친구가 자

크 베케르 감독이 장 가뱅의 상대역을 찾는다고 알려주어 안젤로 역을 맡으면서 배우가 된다. 장 가뱅 옆에서 하드보일드 갱스터 역을 쌓아가면서 연기를 연마한다. 여러 작품에 출연하면서 1987년 68세로 사망할 때까지 활발하게 영화 출연을 이어간다. 그는 장애인 딸 때문에 1966년 장애인을 지원하는 단체도 만든다. 그의 아내와 4명의 아이들은 모두 프랑스인이지만 벤추라는 부모를 생각해 이탈리아 국적을 버리지 않았다.

그는 1954년 〈현금에 손대지 마라〉 이후 1987년까지 〈토브룩으로 가는 택시〉 등 모두 75편에 출연했다. 이탈리아인이지만 사실상 프랑스 배우인 셈이다.

▶ **잔느 모로**(Jeanne Moreau 1928~): 1928년 그녀는 바텐더 겸 프랑스 식당을 운영하던 아버지와 영국에서 온 폴리베르제르(Folies-Bergère)[71] 댄서와 코러스 걸인 어머니 사이에서 태어났다. 나치가 파리를 점령하고 있던 1939년, 잔느의 부모는 11살의 잔느를 두고 이혼한다. 문학과 연극에 심취한 그녀는 아버지의 반대를 무릅쓰고 16살에 파리예술학교에 입학한다. 얼마 뒤, 잔느는 국립극단으로부터 스카웃 제의를 받고 20세에 최연소 정식단원이 되어 4년 동안 22편의 작품에 출연한다. 드디어 1958년 〈사형대의 엘리베이터〉의 출연을 계기로 배우로 입신한다.

그녀는 처음 영화계에 들어왔을 때 보수적이라는 뒷말이 있을 정도로 엄격하게 자신을 관리해 "아버지에게 여배우는 모두 창녀가 아니라는 것을 증명하고 싶었다"고 술회한 바 있다. 보석이나 화려한 옷은 거추장스럽다며 영화제에 옷을 빌려 입고 갈 정도였다. 사람들은 그녀에게 '머리가 있는 브리지트 바르도'라는 별명을 붙여주기도 했다. 한마디로 성숙하고 솔직한 관능성과 함께 여성의 정체성과 자아가 매우 강한 배우였다. 1966년 비영어권 배우로는 최초로 〈타임〉 지의 표지 모델로 등장했다.

그녀는 소위 '프랑스 누벨바그(nouvelle vague)[72]의 여신'으로 불리는 현존하는 프랑스 대표 여배우이다. 특히 세계적 거장 감독들의 영화에 골고루 출연한 것으로도 유명하다. 1958년 루이 말 감독의 〈사형대의 엘리베이터〉, 1959년 프랑수아 트뤼포 감독의 〈줄 앤 짐〉, 1960년 피터 브룩의 〈모데라토 칸타빌레〉(칸 영화제 여우주연상 수상), 1961년 장 뤽 고다르의 〈여자는 여자다〉, 1964년 루이 브뉘엘의 〈하녀의 일기〉 등 유럽을 대표하는 감독들의 걸작영화들에 출연했다. 또 할리우드에서는 〈카프카의 심판(1963)〉, 〈한밤의 차임벨(1965)〉, 〈불멸의 이야기(1968)〉, 〈디프(1970)〉 등 총 4편의 오슨 웰스 영화에 출연한 바 있다.

또 나이 들어서도 빔 벤더스의 〈구름 저편에(1995)〉, 테오 앙겔로풀로스의 〈황새의 정지된 비상(1991)〉, 뤽 베송의 〈니키타(1990)〉, 빈센트 워드의 〈내 마음의 지도(1992)〉, 앤디 테넌트의 〈에버 애프터(1998)〉, 호세 다양 감독의 〈마르그리트 뒤라스의 사랑(2001)〉, 프랑수아 오종의 〈8명의 여인들(2002)〉, 〈타임 투 리브(2005)〉 등 소위 작가주의 영화에 출연하면서 노익장을 과시하고 있다. 얼마나 열정과 연기가 뛰어났으면 그 감독들이 자신들의 뮤즈(영감을 주는 여신), 또는 페르소나(Persona 일종의 감독 분신)로 그녀를 선택했을까를 생각하면 그녀가 프랑스 대표 여배우라는 말이 정확해 보인다.

그녀는 여성 최초의 프랑스 예술원 정회원, 1975 · 1995년 칸 영화제

심사위원장, 유럽의 젊은 영화작가들을 후원하는 'Equinoxe'의 회장 등을 역임함으로써 프랑스 영화계의 살아있는 대모(代母)로 활약하고 있다. 상복도 많아 1992년 세자르 영화제 최고여자배우상, 1988년 몰리에르 어워드 최고여자배우상, 1966년 영국 아카데미 시상식 최고외국여자배우상, 2000년 제50회 베를린 영화제에서 총체적인 업적을 기리는 황금곰상, 1988년 아카데미 시상식에서 오스카 명예상도 받았다.

그녀는 두 번 결혼했는데, 〈에이전트 H.21(1964)〉에서 자신을 캐스팅했던 영화감독 장 루이 리샤르(Jean-Louis Richard), 그리고 〈엑소시스트〉와 〈프렌치 커넥션〉으로 유명한 윌리엄 프리드킨(William Friedkin) 감독이 그녀의 전남편들이다. 또 오슨 웰스 감독, 패션디자이너 피에르 가르뎅, 작가 페터 한트케와 뜨거운 염문이 있었지만, 인생의 대부분을 독신으로 지냈다. 그녀는 모두 130여 편의 영화에 출연했다. 2015년 나이 87세로 건강상태는 알 수 없지만 그녀의 연기생활은 아직도 진행형으로 볼 수도 있겠다. 필모그래피이다.

• 2012 레이디 인 파리스 • 2007 그들 각자의 영화관 • 1991 황새의 정지된 비상 • 1976 라스트 타이쿤 • 고독한 추적 • 1968 불멸의 이야기 • 1967 비련의 신부 • 1964 노란 롤스로이스 • 어느 하녀의 이야기 • 1961 줄 앤 짐 • 1960 다섯 낙인의 여자 • 1960 밤 • 1959 위험한 관계 • 1959 400번의 구타 • 1958 연인들 • 사형대의 엘리베이터 • 1954 여왕 마고 • 현금에 손대지 마라

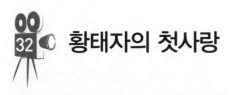

황태자의 첫사랑

1954년 작. 미국 영화(MGM). 107분. 컬러
원제: The Student Prince
감독: 리처드 소프
출연: 앤 블리스, 에드먼드 퍼돔, 존 에릭슨, 루이스 칼헌
※1956 한국 개봉

▶ **리뷰:** 프러시아 칼즈버그 왕국의 왕위계승자이자 황태자인 '칼'(에드먼드 퍼돔)의 약혼식 날, 이미 어려서부터 서로 정혼이 되어있던 노스하우즌 왕국의 '요한나' 공주와 왈츠를 추는 것을 지켜본 국왕(국왕은 아버지가 아닌 할아버지다)과 황태자의 개인교수는 그가 너무 군대식으로만 교육을 받아왔기에 이제는 좀 더 부드러운 다른 인성교육이 필요하다고 판단을 하게 된다. 그래서 개인교수의 추천에 의해, 며칠 후 독일 하이델베르크로 유학을 떠난다. 여기서 지난 300년간 계속해서 한 곳에서 유럽 왕족들을 모셔왔다는 'Joseph Ruder'의 여관에 묵게 되는데, 이곳에서 일을 하며 대학생들의 인기를 독차지하고 있는 아름다운 '키티'(앤 블리스)가 바로 그의 조카이다.

황태자라고 해도 별로 어려워하지 않고, 할 말을 다하는 키티 덕분에 귀족의식을 버리고 평민 대학생들로만 구성이 되어있는 '웨스트 벨리언스' 합창단에도 가입을 한 대학 신입생 칼은 시간이 가면서 키티에게 사랑을 느끼게 된다. 키티 역시 신분격차에 부담이 있지만 칼의 집요한 구애를 결국 받아들이게 된다. 그러나 그들이 둘이서만 파리로 여행을 떠나기로 한 날 밤에, 칼은 조부인 국왕이 위독하다는 소식을 접하고 갑자기 귀국을 하게 되고, 이후 왕위를 계승하면서 결국 하이델베르크로는 다시 오지 못한다.

얼마의 시간이 흐른 후, 노스 하우즌 왕국으로 결혼식을 올리기 위해 가는 기차를 탄 국왕 칼은 하이델베르크에 잠시 정차할 것을 명하고, 키티를 찾아가 상봉을 하지만 지난날의 사랑만 확인한 채 다시 이별을 하게 된다. "학생 때는 같은 세계에 있던 우리들이었지만, 그러나 우리들만 지금 달라졌을 뿐 이곳은 변한 게 없다"는 의미심장한 말을 하는 키티에게 Goodbye Kathie...라고 작별인사를 하는 칼은, 키티의 예전과 같은 Goodbye Karl...이 아니라 "Goodbye Your Majesty"라는 달라진 작별인사를 들으면서 쓸쓸히 하이델베르크를 떠나고 만다. 첫사랑은 성공이 불가능하다는 만고불변(萬古不變-오랜 세월을 두고 변하지 않음)의 말을 떠올리게 한다.

▶ **리처드 소프 감독(Richard Thorpe 1896~1991):** 소프는 캔자스 주 허친슨 출생이다. 처음에는 보드빌과 무대연기를 하다가 1921년 영화배우로, 또 1923년 무성영화를 연출한다. 모두(무성영화 포함) 180편의 영화를 감독했고, 1967년 은퇴해 1991년 캘리포니아 팜 스프링에서 사망한다. 그는 유명한 〈오즈의 마법사〉의 오리지널 감독으로 알려졌는데 2주를 촬영하고 해고당한다. 이유는 그가 만든 신(scene)들이 밝은 분위기의 판타지를 구현하지 못했다는 것이었다. 그의 작품들이다.

• 1963 아카풀코의 추억 • 1959 야성의 킬리만자로 • 1954 황태자

의 첫사랑 • 1953 원탁의 기사 • 형제는 용감하였다 • 1952 아이반호
• 젠다 성의 포로 • 1951 위대한 카루소 • 1939 허클베리 핀의 모험
• 1936~1942 타잔 3 · 4 · 5 · 6편

▶ 에드먼드 퍼돔(Edmond Purdom 1924~2009): 그는 영국 허트포드셔 웨
윈 가든시티 태생이다. 1946년 처음 연기를 시작했고, 그 후 로열 셰
익스피어극단에 합류한다. 1951년과 1952년 셰익스피어의 〈안토니와
클레오파트라〉 등에서 로렌스 올리비에, 비비안 리 곁에서 작은 역할
을 맡는다. 드디어 1954년 〈황태자의 첫사랑〉에서 앤 블리스의 상대
역으로 등장한다. 그의 가장 기억되는 작품은 1954년에 나온 〈이집트
인〉이다. 그는 활동무대를 이탈리아 로마로 옮기고 연기 외에 더빙,
음악의 사운드엔지니어로도 일했다. 4번 결혼하고 3번 이혼한다. 출
연작품들은 〈빅 패밀리(1973)〉, 〈노란색 롤스로이스(1964)〉, 〈이집트인
(1954)〉, 〈황태자의 첫사랑(1954)〉, 〈타이타닉(1953)〉 등이다.

▶ 앤 블리스(또는 앤 블라이스 Ann Blyth 1928~): 아일랜드계 주식중개인의
딸로 태어났으나, 아주 어려서 부모가 이혼하자 가세가 어려워져 돈
을 벌지 않으면 안 되었다. 연기에 재능이 있었던 그녀는 맨해튼에 있
는 '프로페셔널 칠드런 스쿨'에 다니는 등 연기를 연마하고 할리우드
로 진출해 헨리 코스터 감독과 계약한다.
1945년 〈밀드레스 피어스〉에서 조안 크로포드의 딸 역을 열연해 아
카데미 여우조연상에 노미네이트되기도 한다. 짙은 검은 머리, 매력
적인 입술, 약간 눈을 치뜨는 묘한 표정으로 유명한 그녀가 돈 많은
제작자 하워드 휴즈(Howard Hughes)로부터 캐딜락 승용차와 풀장 등

을 선물 받고서도 그의 청혼을 거절한 일화는 유명하다. 그녀는 사립 가톨릭학교에서 교육을 받아서인지 평생 가톨릭에 헌신하며 살았다. 우리가 이름을 들어본 작품들은 〈헬렌 모건 이야기(1957)〉, 〈황태자의 첫사랑(1954)〉, 〈세계를 그대의 품안에(1952)〉, 〈위대한 카루소(1951)〉 등이다.

▶ **제작 에피소드:** 「1899년에 출간된 독일의 'Wilhelm Meyer Forster' 의 소설, 〈Karl Heinrich Old Heidelberg〉는 20세기에 들어오자마자 단숨에 유럽에서 베스트셀러가 되었는데, 수많은 연극과 오페레타의 무대를 거쳐, 1923년에는 독일에서 그리고 1927년에는 영국에서 영화 화가 된 이후, The Student Prince 이야기는 미국에서도 상당히 알려 지게 된다.

당시 할리우드의 뮤지컬 보고(寶庫)와도 같았던 MGM은 전속계약을 맺고 있던 테너 마리오 란자(Mario Lanza 1921/미국~1959 38세로 사망)의 대중적인 인기를 등에 업고 그를 주인공으로 하여 이 영화를 당시로 서는 획기적인 Cinemascope 대형화면으로 리메이크하기로 하고 몇 년간을 준비해오고 있었다. 독일 출신의 이민자인 '커티스 베른하르 트'(Curtis Bernhardt 1899~1981) 감독과 보석같이 아끼던 Mario Lanza 가 첫 번째 촬영(테라스 신)을 하자말자, 대판 싸우리라고는 그 누구도 상상조차 하지 못했었다.

연기라면 모를까, 자신의 창법에 문제를 삼는 감독과는 절대로 같 이 일을 할 수가 없다고 선언한 란자는 결국 이 문제가 도화선이 되어 1956년에 한 편의 영화(Serenade)를 더 완성한 후, 할리우드를 영원히 떠나게 되었고, 베른하르트 감독 역시 결국 이 영화 제작에서 중도 하차를 하게 된다. 란자는 이후, 유럽에서 1958년 〈Arrivederci Roma〉를, 1959년에는 〈For The First Time〉에 출연을 하면서 두 편의 영화를 더 만들었다.

　1952년 8월에 이미 이 영화에 사용이 될 Original Music의 녹음을 완료한 Lanza는 결국 MGM과의 남은 계약기간(15개월)과 이 곡들의 사용 권리를 맞바꾸기로 합의하면서, 영화사상 보기가 드문 "목소리만의 출연"을 하는 진풍경을 연출하게 된다. 그러나 이런 복잡한 속사정에도 불구하고 당시에 여성들에게 대단한 인기였던 록 허드슨을 빼닮은 에드먼드 퍼돔이 립싱크를 하면서 만들어낸 이 뮤지컬 영화는 대단한 성공을 거두었고 덩달아 RCA Records까지 대박을 터트린 것이다. 한편, 1951년에 〈The Great Caruso〉에서 'Mario Lanza'와 같이 일을 했던 리처드 소프 감독이 결국 영화를 마무리 지었는데, 〈오즈의 마법사(1939)〉 같은 성공한 뮤지컬에도 관여를 한 경험을 토대로 유럽의 분위기가 물씬 넘쳐나는 또 하나의 명작 뮤지컬을 탄생시킨 것이다.」[73]

　이 영화는 1956년에 우리나라에서 개봉되었는데, 어렵고 힘든 그 시절을 보내던 당시 젊은이들이 'Drinking Song'을 들으면서 캠퍼스의 낭만과 환희를 얼마나 부러워했을지 상상이 가고도 남음이 있다.

　이 영화의 음악들은 러시아에서 이민 온 니콜라스 브로드스키(Nicholas Brodszky 1905~1958)가 만든 화려한 OS 외에도 10곡 정도 별도로 만들어 삽입한 작곡들(Additional Songs)이 매우 훌륭한 극중 분위기를 연출하였다. Drink, Drink, Drink(일명 Drinking Song)라고 연호(連呼-연이어 외침)되는 노래는 유명한 학사주점 '붉은 황소'(Roster Ochsen)에서 대학 신입생으로서 평민 대학생들의 합창단인 웨스트 벨리언스에 가입을 한 날, 녹색 모자를 쓰고, 그들의 전통의식대로 1,000CC가 넘어 보이는 맥주를 단숨에(원 샷으로) 마실 때, 독창과 합창으로 흐른다. 요새는 이런 낭만 가득한 영화를 만날 수 없어 유감이다. 제작비 240만 달러를 들여 530만 달러를 벌었으니 남는 장사이다. 어쨌든 이 영화 DVD를 보면서 맥주 한 잔은 필수일 것이다.

 율리시스

1954년 작. 이탈리아 영화. 102분. 컬러
원제: Ulysses
감독: 마리오 카메리니
출연: 커크 더글라스, 안소니 퀸, 실바나 망가노, 로산나 포데스타
※1955 한국 개봉

▶ **리뷰:** 오디세우스는 트로이 전쟁에서 목마를 고안해 그리스 군을 승리로 이끈 주인공이다. 〈율리시스〉는 호머[74] 원작으로 트로이 전쟁을 마친 그가 부하들을 이끌고 아내와 아들이 기다리고 있는 이타케 왕국으로 귀향하기까지 10년간의 시련과 모험이 줄거리이다. 율리시스(커크 더글라스)가 출정했다가 돌아오지 않자 그가 죽은 것으로 생각하고 왕비 페넬로페(실바나 망가노)를 차지하기 위해 모여든 구혼자들이 매일 만찬을 벌이며 야단법석이었다. 왕비에게 율리시스의 친구와 귀족들은 자신을 왕으로 받아들일 것을 강요한다.

율리시스는 기억을 잃어버렸다가 회복되어 배를 빌려 귀국을 서두르는데, 식량을 조달하기 위해 섬에 도착해 부하들과 동굴로 들어간다. 동굴 안은 양과 치즈가 있었지만 사람을 잡아먹는 외눈박이 거인 폴리페모스의 집이었다. 동굴 속에 갇혀 잡아먹히게 된 위기 상황에서 율리시스 일행은 거인이 포도주에 취해 잠들게 한 후 통나무를 뾰족하게 깎아서 떨어트려 눈을 멀게 하고 탈출한다.

그러나 인육을 먹는 거인족의 공격을 받아 배 12척 중 11척이 침몰하고 율리시스만 살아나 한 섬에서 키르케라는 여신을 만난다. 율리시스는 마법의 여신에게 홀리게 되고, 가족이 있는 집으로 돌아가자는 부하들은 여신의 분노로 바다에 빠져 모두 죽게 된다. 그런 중에 근처를 지나는 배를 노래 소리로 유혹해 죽게 하는 세이런(즉 싸이렌 소리) 섬에 이르러 율리시스는 부하 선원들의 귀를 밀랍으로 막아 소리를 듣지 못하게 하는 등 여러 번의 죽을 고비를 넘긴다. 여신은 율리시스에게 영생(永生-영원히 사는)하는 신으로 만들어 주겠다는 제의를 하지만 거절하고 그는 뗏목을 만들어 떠난다.

왕궁으로 돌아온 율리시스는 거지로 변장하여 동태를 살피다가 아들을 만나게 되고, 다음날 왕비가 새로운 왕을 선택하는 날까지 비밀로 해달라고 부탁한다. 안토니오스(안소니 퀸)는 마치 왕이라도 된 것처럼 위세를 부리고 있는데, 왕비는 율리시스의 철궁(鐵弓)에 활줄을 걸어 쏠 수 있는 사람과 결혼하겠다고 선언한다.(이 계략은 왕비 페넬로페와 아들 텔레마코스의 공동기획이다) 출전한 후보자들이 모두 실패하자 억지라고 트집을 잡을 때 율리시스는 활줄을 걸고 활을 당겨 배신자들을 쏘아 죽인다. 고진감래(苦盡甘來-고생 끝에 즐거움이 온다)의 해피엔딩이다.

트로이 전쟁의 영웅인 율리시스는 그리스 어로 오디세우스(Odysseus, 로마신화에서는 울릭세스(Ulyxes)이며 역사적인 사건인 그리스 연합군과 트로이 간의 전쟁이 시대적 배경이다. 영화 〈트로이의 목마〉도 같은 시대이지만, 〈율리시스〉는 트로이 전쟁 영웅인 율리시스 개인의 험난한 항해, 마녀와의 조우, 거인의 출현, 분노의 신 넵튠의 저주, 섬나라 공주와의 로맨스 등 모험을 소재로 하고 있다.

반면, 〈트로이의 목마〉는 그리스 연합군과 트로이 간 전쟁 자체를 다루고 있는 것이 다른 점이다. 그리고 2004년 브래드 피트(아킬레스 역) 주연, 독일 출신 거장 볼프강 페터젠(Wolfgang Petersen)이 감독해 대히트한 〈트로이(Troy)〉도 트로이 목마와 아킬레스 건 이야기가 나오는 유사한 내용이다. 또 같은 제목의 제임스 조이스의 소설도 있는데, 이 작품은 1904년 6월 16일 아침 8시부터 다음날 새벽 2시 45분까지 더블린이라는 제한된 장소 안에서 광고 외판원인 박학다식하고 다정다감한 중년의 신사 '블룸'의 이야기다.

▶ **마리오 카메리니 감독**(Mario Camerini 1895~1981): 그는 로마에서 출생한 연출·각본가라는 것 외에 자세한 것은 알려진 것이 없다. 작품들은 이탈리아 어이기 때문에 소개하는데 어려움이 있다.

▶ **커크 더글라스**(Kirk Douglas 1916~): 러시아(현재의 벨라루스) 유대계 이민자인 다니엘로비치의 아들로 뉴욕 주 암스테르담에서 태어났다. 집안이 가난해서 신문 배달, 노점상, 정원사 등 여러 직업을 전전했다. 세인트로렌스 대학에 진학해 학비를 벌기 위해 여름방학에는 레슬링도 했다고 한다. 영화배우가 되기 이전에 모두 40여 개의 각기 다른 직업을 가진 진기록도 세웠다. 1946년 〈위험한 사랑〉으로 영화계에 들어왔고, 갈라진 턱과 비딱한 미소 때문에 악한 역이나 서부극을 많이 했다. 버트 랭카스터와는 7편의 영화를 같이 찍은 친구이다.

1916년생이니까 지금 99세인데 그동안 사회봉사도 많이 했고 유태교를 신봉한다고 한다. 모두 83편의 영화에 출연했고, 미국 대통령이 수여하는 최고 영예의 시민상인 '대통령 자유 메달'을 수상했으며, 베를린 영화제의 '평생 공로상'을 비롯한 많은 상을 받았다. 그리고 '넝마주이의 아들' 등 일곱 권의 책을 집필한 작가이기도 하다.

결혼을 두 번 했는데 그 중 한 아들이 〈원초적 본능(1992)〉으로 유명한 마이클 더글라스다. 그는 2013년 가을 시네큐브에서 개봉한 〈쇼를 사랑한 남자〉에도 출연했다. 마이클의 아들 '캐머런 더글라스'도 배우다. 3대 배우가 동반 출연한 영화도 있는데, 〈더글라스 패밀리(2003)〉는 제목 그대로 세 사람이 동시에 등장한다. 잔잔한 가족영화로, 실제 혈연관계로 맺어진 배우들의 연기가 흥미롭게 느껴진다. 필모그래피이다.

• 1997 홀로코스트 2000 • 1980 최후의 카운트다운 • 1976 엔테베 특공작전(단역) • 1971 등대의 혈투 • 1968 마피아 형제들 • 1967 서부로 가는 길 • 1966 팔레스타의 영웅 • 파리는 불타고 있는가 • 1965 텔레마크 요새의 영웅들 • 1960 스파르타쿠스 • 1959 건힐의 결투 • 1958 바이킹 • 1957 영광의 길 • OK 목장의 결투 • 1956 열정의 랩소디(한국명: 빈센트 반 고흐) • 1954 율리시스 • 해저 2만리 • 1951 형사 이야기 • 1949 챔피언

▶ **실바나 망가노**(Silvana Mangano 1930~1989): 이탈리아계 아버지와 영국인 어머니 사이에서 출생했다. 1947년 '미스 로마' 선발대회에 미스 로마로 뽑히고 '미스 이탈리아'에 지나 롤로브리지다와 함께 출전해 준우승을 거머쥔다. 미스 이탈리아 퀸은 루시아 보세(Lucia Bosé)가 차지한다. 망가노는 곧 '마리오 코스타' 영화사와 계약을 맺고 1947년 〈사랑의 묘약〉에 출연한다. 그리고 1949년 주세페 데 산티스(Giuseppe

De Santis) 감독의 〈쓰디쓴 쌀(Riso Amaro, 애정의 쌀)〉에 주인공으로 발탁돼 실로 대단한 육감적 관능미를 과시하고 곧 이 영화 제작자인 디노 데 로렌티스(Dino De Laurentis)와 결혼에 골인한다.

이로써 이탈리아 영화계에 지나 롤로브리지다(Gina Lollobrigida), 소피아 로렌과 함께 소위 트로이카 시대를 연다. 1989년 폐암으로 스페인 마드리드에서 59세로 사망했다. 서구와 아시아의 많은 관객들을 들뜨게 했던 그녀의 죽음은 참으로 애석한 일이다. 1950년대 중반 이탈리아 배우 마르첼로 마스트로야니(Marcello Mastroianni)와의 뜨거운 염문도 세간에 화제를 뿌렸다. 그녀의 출연작들이다.

• 1974 폭력과 열정 • 1972 사랑에 죽다 • 1971 데카메론 · 1971 베니스에서 죽다 • 1968 테오레마 • 1967 다섯 마녀 이야기 • 외디푸스 왕 • 1963 베로나의 재판 • 1960 다섯 명의 낙인 찍힌 여자(5 Branded Women 마틴 리트 감독) • 1960 범죄 알리바이 • 1959 위대한 전쟁 • 1958 템페스트 • 해벽 • 1955 맘보 • 1954 율리시스 • 나폴리의 황금 • 1951 안나. ※특히 〈다섯 명의 낙인 찍힌 여자〉의 DVD나 비디오를 구하고자 백방으로 노력하고 있으나 아직 성과가 없어 매우 아쉽다.

▶ **안소니 퀸:** [29] 〈길〉 참조.

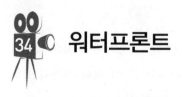

워터프론트

1954년 작. 미국 영화(Columbia). 108분. 흑백
원제: On the Water Front
감독: 엘리아 카잔
출연: 말론 브란도, 칼 말든, 리 J. 코브, 에바 마리 세인트
※1956 한국 개봉

▶ **리뷰:** 〈워터프론트〉는 부두노동조합의 부정, 비리, 폭력에 비수를 꽂은 대단히 작품성 높은 영화로 평가된다. 한 불량 청년이 우연히 사귀게 된 청순한 여인의 사랑에 감화되어 뉴욕의 부두를 주름잡는 폭력 집단과 정면 대결 끝에 새로운 삶을 찾는다는 줄거리의 이 영화원작은 1948년 퓰리처상을 수상한 말콤 존슨(Malcolm Johnson 1904~1976)의 르포소설 〈부두의 범죄〉이다. 일간지 New York Sun의 기자였던 말콤 존슨이 24회에 걸쳐 연재한 바 있다. 그의 아들 Haynes Johnson도(Washington Post 기자) 퓰리처상을 받았다. 따라서 첫 부자 수상자가 되었다.

뉴욕의 호보켄(Hoboken) 부두는 폭력이 난무하는 무법지대이다. 실패한 권투선수 출신의 테리(말론 브란도)와 그의 형 찰리(로드 스타이거)는 부둣가 노조의 두목 자니 프렌들리(리 J. 코브) 일당의 하수인이다. 그는 이 부두를 철권통치(鐵拳統治 iron-fisted control)하는 악덕 조합장이며 제왕처럼 군림한다.

'조이'라는 노동자가 선창 노동자로 부두범죄위원회에 나가 프렌들리의 부정행위를 증언하기로 되어 있었다. 이를 미리 눈치챈 두목 프렌들리가 테리에게 명령해 증언예정자 조이를 옥상으로 유인하게 한다. 이때 자니의 형 찰리가 옥상에서 밀어 떨어뜨려 조이를 살해한다. 테리도 공범이 되고 만다. 살인자인 형 찰리가 자신을 끌어들인 것을 알게 되고 증오심에 불탄다. 테리는 시체를 부여잡고 울부짖는 청순한 처녀 조이의 여동생 '에디 도일'(에바 마리 세인트)에게 애틋한 연정을 품는다.

마을의 베리 신부(칼 말든)는 부둣가 노조의 악행을 막으려 하지만, 일자리를 빼앗기거나 보복이 두려워 노동자들은 선뜻 신부의 편에 서지 못한다. '듀간'이란 노동자가 신부와 함께 끝까지 노조를 대항해서 싸우고자 하지만 그마저 프렌들리 일당에게 살해되고 만다. 베리 신부는 테리(말론 브란도)에게 조이 도일의 죽음에 관한 증언을 요청하지만, 테리는 두려움 때문인지 머뭇거린다. 그리고 조이의 사망에 관한 청문회가 열리게 된다. 프렌들리 일당은 테리의 형인 찰리를 협박해 동생 테리의 증언을 막아보려 시도하고 테리는 거부한다. 결국 프렌들리 일당은 테리의 형 찰리마저 잔인하게 살해한다.

테리는 복수를 결심하고 청문회에 나가 프렌들리가 조이와 듀간에 대한 살인을 교사(敎唆)했음을 증언한다. 이 때문에 테리는 부두노동자들에게 '밀고자'로 낙인찍히고 따돌림 당한다. 분노한 테리는 자니와 대결해 그를 때려눕히지만 자니의 부하들에게 심하게 얻어맞는다. 그러나 테리는 피를 흘리면서 부두의 일터로 나가고 그 동안 두목 자니의 눈치만을 살피던 부두의 노동자들도 어느새 테리의 뒤를 따른다. 부두의 악은 소탕된 것이다. 권선징악의 스토리다.

1955년은 '엘리아 카잔과 말론 브란도의 해'라고 해도 과언이 아니다. 〈워터프론트〉의 무겁지만 신선한 소재, 엘리아 카잔의 연출, 그리고 말론 브란도의 매력이 3박자가 되어 상복(賞福)을 뒤집어썼다.

☆제27회 아카데미 시상식: 각본상(버드 슐버그), 감독상(엘리아 카잔), 남우주연상(말론 브란도), 미술상(리처드 데이), 여우조연상(에바 마리 세인트, 이 영화로 데뷔했다), 작품상(샘 스파이겔), 촬영상(보리스 카우프먼), 편집상(진 밀포드). 각본상을 받은 Budd Schullberg는 반미활동위원회에서 한때 자신이 공산당원이었다고 고백했고, 조합장 역의 리 J. 코브와 부두의 범죄행위 수사관 중의 하나인 레이프 에릭손도 자기가 알고 있던 공산주의자의 이름을 고발했지만 별 문제 없이 이 영화에 출연했다. 세상일은 복불복(福不福)이 가장 중요한 모양이다.

● 제12회 골든글러브 시상식: 감독상(엘리아 카잔), 남우주연상(말론 브란도), 작품상(엘리아 카잔), 촬영상(흑백)(보리스 카우프먼)
● 제8회 영국 아카데미 시상식: 남우주연상(외국)(말론 브란도)
● 제19회 베니스 국제영화제: OCIC상(엘리아 카잔), 은사자상(엘리아 카잔), 이탈리아 영화평론가상(엘리아 카잔)

박진감과 감동을 동시에 느끼게 하는 흑백화면도 효과적이고 레너드 번스타인(Leonard Bernstein 1918~1990 지휘자)의 중후한 음악도 큰 역할을 했으며, 연기진의 앙상블과 신성(新星) 에바 마리 세인트(Eva Marie Saint)의 매력도 돋보이는 작품이다. 또한 미국 영화위원회 선정 [100대 영화]에서 1997년 8위, 2007년 수정판에서는 19위에 올라있다. 설명이 필요하지 않고 DVD를 다시 한 번 보기를 권할 뿐이다.

▶ **엘리아 카잔 감독:** [22] 〈욕망이라는 이름의 전차〉 참조.

▶ **말론 브란도:** [22] 〈욕망이라는 이름의 전차〉 참조.

▶ **칼 말든**(Karl Malden 1912~2009): [22] 〈욕망이라는 이름의 전차〉 참조.

▶ **리 J. 코브**(Lee J. Cobb 1911~1976): 유대인 신문편집자의 아들인 코브는 처음에는 음악을 좋아해 바이올린을 연주하지만 손목을 다쳐 연기로 전향했다. 그는 1949년 아서 밀러의 연극 〈세일즈맨의 죽음〉의 초연 당시 주인공 윌리 로먼 역을 맡았지만, 1951년 영화에서는 프레드릭 마치에게 빼앗겼다. 그 후 영화에서는 제대로 기를 펴지 못했고 계속해서 악당 갱스터나 나쁜 역만 돌아갔다.(중국의 경극(京劇)은 배우가 최초로 맡게 된 배역을 은퇴할 때까지 연기해야 한다고 하는데 결과적으로 그 경우와 비슷한 처지이다.) 그러다 보니 악당 연기의 대가가 되고 말았다. 〈워터프론트〉에서 아카데미 남우조연상 후보에 한 번 노미네이트 된 것 외에 상과는 인연이 없었으니 본인도 매우 괴로웠을 것이다. 그의 출연작들이다.

• 1973 엑소시스트 • 1966 세일즈맨의 죽음 • 1962 서부개척사 • 1961 묵시록의 4기사 • 1960 영광의 탈출 • 1958 카라마조프가의 형제들 • 1957 12인의 노(怒)한 사람들 • 1956 회색 양복 입은 사나이 • 1954 워터프론트 • 1947 부메랑 • 1946 왕과 나 • 1943 베르나데트의 노래

나의 청춘 마리안느

1955년 작. 프랑스 · 독일 영화(필름 소노르), 105분
원제: Marianne De Ma.Jeunesse. Marianne of My Youth
감독: 줄리앙 뒤비비에르
출연: 피에르 바넥, 미하엘 안데, 호스트 부흐홀즈
원작: 피터 드 멘델슨(Peter De Mendelssohn/독일)
※1956 한국 개봉

▶ **리뷰:** 영화의 배경과 무대, 그리고 등장인물들의 분위기가 지극히 신비스럽고 몽환적(夢幻的)이다. 꿈속에서 일어나는 일 같기도 하고 약에 취한 듯 정신이 혼미하며 달빛처럼 흐릿한 느낌이다. 모든 것이 몽롱(朦朧)하다. 호수가에 있는 하일리겐슈타트(Heiligenstadt) 기숙학교에 아르헨티나에서 온 '뱅상'이라는 학생이 들어온다. 어느 날 호수 건너 베일에 싸여있는 고성(古城)의 정체를 알아보기 위해 학생들은 악동클럽(잔인한 위원회)을 조직하고 뱅상도 가입해 신비스러운 고성의 지하실 창고에 들어가자, 사나운 개 두 마리가 덤벼들어 친구들은 도망치고 뱅상은 개들을 진정시키고 성 안으로 들어간다. 그는 아르헨티나에서 살 때 동물을 키운 경험으로 개들도 잘 다룬다.

그때 동화에 나올 것 같은 신비의 소녀가 나타나, "자기가 갇혀 있는 몸이니 구해 달라"고 말하고 왕관이 아로새겨진 손수건을 건네면서 이별의 키스를 한다. 뱅상은 그녀 생각에 미칠 지경인데, 기숙학교 원장의 조카인 여학생 리즈는 그에게 적극적인 애정공세를 펼치지만

관심이 없다. 어머니는 자신의 가정교사와 재혼한다고 하고…, 마을의 축제날 뱅상은 늙은 기사(城主)와 함께 마차를 타고 있는 마리안느를 잠시 보지만 마차는 떠나고 만다.

아랫마을에서 한 아이가 쪽지를 갖고 찾아오는데, 내용은 "저를 구해 주세요"라는 내용이었다. 그만 그 편지를 악동클럽 친구가 찢어버렸지만 뱅상이 알아내고 보트도 없이 맨몸으로 호수에 뛰어들어 수영하여 건너가려다 실신한다. 학생들이 구조해 누워 있지만 견디지 못해, 호반을 돌아가는 먼 길을 걸어 고성에 잠입해 마리안느의 방에 들어서니 그가 본 것은 놀랍게도 마리안느의 신혼축하연 장면이었다.

뱅상과 마리안느 두 연인이 달아나려는 순간, 그 늙은 기사는 "전에 마리안느가 어떤 청년과 결혼하는데 그날 신랑이 사라지는 바람에 마리안느가 그 충격으로 정신이 이상해졌기 때문에 신혼의 방을 꾸며 그녀의 정신을 되찾게 하려는 것이다"라고 말한다. 청천벽력(靑天霹靂-마른하늘에 날벼락). 뱅상이 늙은이에게 공격하려 했지만 오히려 하인에게 구타당해 호수가에 버려진다. 친구 마흐레트의 도움으로 정신을 차린 뱅상은 그와 함께 고성에 다시 잠입하지만, 성 안엔 사람의 그림자도 없고 그 늙은이와 마리안느의 초상화만 걸려 있다. 상심이 극에 달한 그는 어머니를 찾아 하일리겐슈타트 성을 떠난다.

마리안느는 인간인가, 요정인가? 이야기는 꿈인가, 생시(生時)인가? 사슴들이 뛰노는 울창한 숲, 물안개 가득한 호수, 공기 맑고 새도 날아와 손에 앉는 자연, 고색창연한 고성 등이 이 환상 같은 로맨스에 관객들을 그냥 취하게 만드는 장치(미장센)들이다. 주제가 애절한 사랑인지, 안개와 호수, 숲과 고성인지 헤아려보는 것도 무의미하게 느껴진다. ※이 작품은 '장 콕토'의 〈비련〉과 유사한 '아름다운 청춘교향시'

라는 평가도 있다.

▶ **줄리앙 뒤비비에르:** [2] 〈무도회의 수첩〉 참조.

▶ **호스트 부흐홀즈**(Horst Buchholz): 단역으로 출연한 독일 출신의 이 배우는 1950년대 이후 활약이 많았다. 〈파리의 연인(1957)〉, 〈부활(1958)〉, 〈황야의 7인(1960)〉, 〈지옥의 사자들(1979)〉, 〈브이 특공대(1979)〉, 〈바이올린 연주가 끝날 때(1988)〉, 〈인생은 아름다워(1997)〉 등. 기타 출연배우들의 구체적 사항은 우리에게는 너무 이해가 부족해 생략한다.

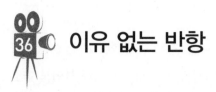

이유 없는 반항

1955년 작, 미국 영화(Warner Bros.), 111분, 컬러
원제: Rebel Without A Cause
감독: 니콜라스 레이
출연: 제임스 딘, 나탈리 우드, 살 미네오
각본: 스튜어트 스턴
※1958 한국 개봉

▶ **리뷰:** 학교생활도 제대로 적응하지 못하고 친구조차 잘 사귀지 못하는 외톨이인 짐 스타크(제임스 딘)는 술을 마시다 경찰서에 잡혀온다. 여기서 짐은 2명의 아이들과 만난다. 여자애 주디(나탈리 우드)는 밤길을 헤매다 잡혀왔고, 또 한 소년 플레이토(살 미네오)는 강아지를 총으로 쏘아죽여서 연행되었다. 이들은 모두 가정과 학교로부터 소외감을 품은 불량청소년들로 '길 잃은 영혼들'이다. 짐이 부부싸움을 하고 있는 부모에게 "당신들이 나를 갈기갈기 찢고 있어!"라고 외친 것만 봐도 알 수 있다. 청소년과(課)의 경찰 레이는 짐이 부모에 대한 불만으로 괴로워하는 것을 알고 어려움이 있으면 자기를 찾아오라고 말한다.

미국도 사고친 학생은 다른 학교로 전학시키는 관례는 비슷해서 며칠 후 학교를 옮겨 새 학교에 등교한 짐은 주디와 버즈(코레이 알렌)라는 불량학생 일당과 맞서게 된다. 버즈 패들은 짐의 싸움 실력이 보통이 아니라는 것을 알아채고 담력(깡)이 강해야 이길 수 있는 극단의 놀이인 자동차 경주로 승패를 가리는 '치킨 런' 시합으로 결판을 내자고 제안한다. 짐은 집에 와서 아버지에게 이 사태에 대해 물어보지만, 공처가에다 우유부단하기 짝이 없는 아버지는 아들의 이 심각한 고민에 대해 남자로서의 결정에 도움이 될 만한 이야기를 전혀 해주지 못한다.

두 명이 각자의 차를 타고 절벽을 향해 달리다가 먼저 차에서 뛰어내리는 사람이 지게 되는 이 게임에서, 상대편 도전자 버즈는 실수를 해 낭떠러지에서 추락해 죽고 아이들은 충격 속에 모두 도망친다. 버즈와 가장 친했던 주디(나탈리 우드)는 짐과 같이 서로의 상처를 위로하는 사이가 된다. 짐(제임스 딘)은 부모와 한바탕 소동을 벌여가면서 자수를 결심하지만 상담을 자청했던 경찰 레이가 자리에 없어 무산된다. 짐이 경찰서에 가는 걸 본 버즈 패거리들은 버즈의 죽음을 복수하기 위해 짐과 플래이토(살 미네오)와 주디가 모여 밤을 보내고 있는 빈 저택으로 쳐들어온다.

싸움이 벌어지면서 겁먹은 플래이토가 총을 쏘고 경찰들이 몰려온다. 짐은 플래이토를 설득해 자수시키려는 순간 경찰의 오판으로 플래이토는 사살된다.(하여간 미국 경찰은 사격을 잘 한다) 하루 밤에 두 명의 친구를 죽게 한 짐은 울부짖으며 오열한다. 지구상 어느 곳에서나 일어날 수 있는 출구를 못 찾는 사춘기의 방황과 소외를 시네마스코프 화면으로 효과적으로 표현했다는 평가를 받고 있고, 시대의 아이콘 제임스 딘이 입었던 흰 티셔츠와 그 위에 걸친 빨간색 점퍼 스타일은 당시 대유행을 탔다.

▶ **니콜라스 레이 감독**(Nicholas Ray 1911~1979): 1950년대 미국을 대표하

는 감독으로서, 예리한 시각적 감성과 유연한 화면 처리에 뛰어난 재능을 가지고 있다. 건축을 전공했고, 라디오 작가 및 감독으로 일했다. 건축을 전공한 탓에 시각적 감각에서 뿐만 아니라, 배경과 캐릭터를 조화시키는 능력이 여타 감독에 비해 특히 뛰어났다. 그의 주인공들은 주로 사랑과 열정적 삶을 갈구하는 반항아들이다. 그의 작품의 특징은 긴장감과 끊임없는 카메라의 이동에서 잘 드러난다. 그의 작품들이다. 〈북경의 55일(1963)〉, 〈왕중왕(1961)〉, 〈야생의 순수(1960)〉, 〈파티 걸(1958)〉, 〈이유 없는 반항(1955)〉, 〈자니 기타(1954)〉 등이다.

▶ **제임스 딘**(James Dean 1931~1955): 딘은 한국 관객에게도 진정 추억의 배우이다. 앳되고 멋있고, 1951년 UCLA에서 연극학을 공부하다 중퇴했고, 1956년 제13회 골든글러브 시상식에서 남우주연상을 받는다. 「겨우 세 편의 영화에서 주연을 했을 뿐이지만, 제임스 딘은 1950년대 영화계의 핵심적 인물 중 하나였다. 남성미의 영역에서 몽고메리 클리프트와 말론 브란도의 뒤를 이은 그는, 클락 게이블이나 에롤 플린(Errol Flynn, 1909/오스트레일리아~1959) 같은 남성적 아이콘들에 비해 훨씬 민감하고 고뇌에 찬 스타일을 선보였다. 그러나 딘은 그들보다 훨씬 더 젊었다. 클리프트와 브란도가 영화에서 보여준 역할이 상처 입은 제2차 대전 참전용사들이었던 반면, 딘은 전후의 젊은이였고 그의 정신적 상처는 노르망디 상륙작전이나 과달카날 전투와는 전혀 무관했으니 말이다.

그의 가장 유명한 영화 〈이유 없는 반항(1955)〉에서 딘은 '짐 스타크'라는 가장 원형적인 인물을 연기했다. 그 인물형은 투쟁할 가치가 있는 것은 아무것도 없고, 시트콤의 희화적인 인물 같은 부모들과 풍요

롭고 평화로운 1950년대 미국 사회 내의 긴장감에 곤혹스러워하는 젊은이다. 니콜라스 레이가 감독한 〈이유 없는 반항〉은 와이드스크린에 테크닉컬러로 촬영된 메이저 멜로드라마였다. 〈폭력교실(1954)〉처럼 청소년의 비행에 대해 경멸하는 것이 아니라, 혼란에 고통스러워하는 젊은이들 중에는 가난한 집안이 아니라 '좋은 집안' 출신도 있음을 강조하는 영화였던 것이다.… 〈이유 없는 반항〉은 그에게 스크린의 불멸성을 안겨주기에 충분했고 자동차 사고에 의한 이른 죽음도 그 영화의 입지와 통렬함을 더욱 심화시켰을 것이다. 〈상처뿐인 영광(1956)〉에서 폴 뉴먼이 연기한 역할을 딘이 원래 맡기로 되어 있었지만, 그가 살아 있었더라면 어떻게 되었을지 누가 알겠는가?」[75]

「제임스 딘에 관련된 알려지지 않은 사실 가운데 하나로는, 그가 시각 장애를 앓고 있었다는 것이다. 그는 물체를 겨우 흐릿하게 식별할 수 있는 수준이었고, 그의 상징과도 같은 곁눈질은 실은 이것 때문에 생긴 버릇이었다고 한다. 1955년 9월 30일 오후 5시 25분쯤 그는 자신의 포르쉐를 몰고 가던 중 캘리포니아 고속도로 베카필드 406지점에서 자동차 충돌사고로 사망했다. 그의 애마는 '포르쉐 550 스파이더 23형'으로 'Little Bastard'(작은 악동)이라고 명명했던 모양이다. 푸른색 차의 본닛에는 '130'이라는 숫자가 크게 쓰여 있다. 그게 무슨 의미인지? 향년 24세. 장례식은 10월 15일에 열렸고, 묘는 고향 인디애나 주의 페어마운트에 있다.」(위키백과)

그의 사인에 대한 비교적 최근 이야기가 있다. 「2012년 4월 8일 방송된 MBC-TV 〈서프라이즈〉에서는 제임스 딘과 피어 안젤리(Pier Angeli 1932~1971)의 가슴 아픈 사랑 이야기가 소개됐다. 1931년 2월 8일 태어난 제임스 딘은 감성적인 교류가 깊었던 어머니를 아홉 살

286

에 잃게 되고 큰 충격을 받는다. 상처를 가슴에 안고 성인이 된 제임스 딘은 숱한 여성들의 고백에도 마음을 열지 않았다. 이런 제임스 딘은 친구 폴 뉴먼의 소개로 알게 된 이탈리아 배우 '피어 안젤리'(Pier Angeli)로부터 어린 시절 어머니와 같은 사랑스러움을 느끼게 된다.

두 사람은 곧 사랑에 빠졌고, 제임스 딘은 그녀에게 청혼하고 그녀도 제임스 딘의 청혼을 받아들인다. 하지만 행복한 앞날을 보장할 것만 같았던 두 사람의 사랑은 무력하기만 했다. 안젤리는 제임스 딘의 병적인 성격을 감당해내지 못했고, 안젤리의 어머니는 종교를 이유로 그들의 결혼을 반대했다. 딘은 퀘이커교도였고, 안젤리는 가톨릭이었다. 제임스 딘은 안젤리에게 도망치자고 했지만, 안젤리는 어머니의 뜻을 거스를 수 없었다.

결국 안젤리는 가수였던 빅 데이몬과 결혼했고, 제임스 딘의 영혼은 피폐해져 갔다. 제임스 딘은 일을 통해서 자신의 사랑과 함께하지 못하는 고통을 잊으려 했고, 안젤리도 제임스 딘을 그리며 슬퍼했다. 제임스 딘의 상징이나 다름없는 영화 〈이유 없는 반항〉, 유작인 〈자이언트〉는 모두 안젤리와 이별 후에 출연한 작품들이다. 하지만 무력하고 유약했던 이들의 사랑은 애틋하면서도 끈질기기도 했다. 안젤리가 결혼을 한 후에도 두 사람은 그리움을 견디지 못해 만나왔던 것이다.

이를 안 빅 데이몬은 〈자이언트〉의 촬영이 끝날 무렵, 제임스 딘을 찾아와 안젤리와의 관계 청산을 요구했다. 제임스 딘은 빅 데이몬에게 "그녀를 잘 부탁한다"는 한 마디만을 남겼다. 그리고 그 날, 자신의 포르쉐 550 스파이더를 75마일(75mile=120km)의 속도로 몰고 가던 그는 돌아올 수 없는 길로 들어서게 된다. 제임스 딘이 사망한 후 안젤리는 자책과 그리움에 시달렸고 이에 심각한 히스테리 증세를 보이다가 자살시도도 하게 된다. 빅 데이몬은 그런 안젤리에게 독한 말을 퍼부으며 그녀를 괴롭혔고 이들은 결혼 4년 만에 이혼했다. 이후 안젤리는 결국 마약 중독자가 됐고 스스로 세상을 떠난다. 그녀의 유서에는 '내 인생에서 유일하게 사랑한 남자는 제임스 딘이었다'라고 적혀 있었다.」[76]

실연이 딘을 죽음으로 내몰았다. 사고 상황은 빅 데이몬과 헤어진 지 20분 뒤, 캘리포니아 도로를 질주하던 중 딘이 마주오던 차를 보면서 "저 차가 비켜 갈 거야"라고 말했다는 동승자의 말도 있다. 옆자리에 탔던 사람은 큰 부상이 없었고, 딘의 포르쉐가 고속으로 달리고 있어 상대차가 피할 것으로 예상했다는 이야기다. 그가 영화에서처럼 치킨 게임을 생각했던 것인지? 그는 꽃 같은 나이 24세에 죽음으로 세상과 작별했다.

〈이유 없는 반항〉에서는 '치킨 게임'(chicken game)이 등장하는데, 1950년대 미국 젊은이들 사이에서 유행하던 자동차 게임의 이름이었다. 이 게임은 한밤중에 도로의 양쪽에서 두 명의 경쟁자가 자신의 차를 몰고 정면으로 돌진하다가 충돌 직전에 핸들을 꺾는 사람이 지는 경기이다. 핸들을 꺾은 사람은 겁쟁이, 즉 치킨으로 몰려 명예롭지 못한 사람으로 취급받는다. 그러나 어느 한 쪽도 핸들을 꺾지 않을 경우 게임에서는 둘 다 승자가 되지만, 결국 충돌함으로써 양쪽 모두 자멸하게 된다. 국제정치학에서 사용하는 게임이론 가운데 하나이다.(두산백과) 요새는 '단두대(斷頭臺) 매치'라는 말도 쓰이는데 리그 등 마지막 팀 간의 경기를 말한다. 이 경기에서 지는 팀이 우승을 빼앗기기 때문에 그 만큼 '살벌하다'는 의미가 된다.

그의 출연영화는 〈이유 없는 반항(1955)〉, 〈에덴의 동쪽(1955)〉, 〈자이언트(1956)〉, 단 3편뿐이다.

▶ **나탈리 우드**(Natalie Wood 1938~1981): 그녀는 러시아 이민자의 딸로 태어나 겨우 네 살 때 아역배우로 〈해피 랜드(1943)〉에 출연한다. 17세에 제임스 딘과 함께 출연했던 〈이유 없는 반항(1955)〉으로 할리우드의 스타 반열에 올랐으며, 〈수색자(1956)〉에서 아메리카 원주민에게 납치되는 데비 역으로 아이콘 적 배우가 되었다. 〈초원의 빛(1961)〉으로 아카데미 여우주연상 후보에 노미네이트되는데, 이 영화에서는 워렌 비티에 대한 사랑으로 미쳐가는 소녀로 빼어난 연기를 보여주어 호평을 받는다.

동료배우였던 로버트 와그너와 1957년 결혼하여 5년여의 결혼생활을 하다가 1962년에 이혼하였고, 1969년 리처드 그렉슨과 재혼하였다가 1972년 두 번째 이혼을 하게 된다. 리처드 그렉슨과 헤어진 지 몇 달 후 로버트 와그너와 재결합하여 자녀 1명을 출산하였다.

영화 촬영 중에 물에 빠지는 사고를 경험한 탓으로 물을 무서워했던 그녀는 〈브레인 스톰(1983)〉을 찍고 있을 당시, 남편 로버트 와그너와 친구인 크리스토퍼 워큰과 함께 요트를 타다가 목숨을 잃었다. 요트에 묶어놓은 고무보트에 옮겨 타다가 바다에 빠져 결국 익사하고 만 것이다. 그녀가 죽은 지 2년 후 영화 〈브레인 스톰〉이 발표되어 그녀를 추모하는 영화로 헌정되기도 했다. 출연작으로는, 〈34번가의 기적(1947)〉, 〈푸른 면사포(1951)〉, 〈이유 없는 반항(1955)〉, 〈수색자(1956)〉, 〈초원의 빛(1961)〉, 〈웨스트사이드 스토리(1961)〉, 〈브레인 스톰(1983)〉 등이 있다.

▶ **살 미네오**(Sal Mineo 1939~1976): 시칠리아 이민자의 아들인 살 미네오는 실제로 불량청소년이었다. 겨우 여덟 살 때 거리의 불량배 패거리에 들어갔고, 열 살 때는 절도죄로 체포된다. 그때 경찰에서 소년원에 들어갈래, 연기 수업을 할 것이냐, 하는 질문을 받고, 그는 후자를 택해 나중에 〈이유 없는 반항(1955)〉에서 기회가 생겨 아카데미 남우조연상 후보에 노미네이트되는 행운을 잡는다.

생김새는 아주 예쁘장한 꽃미남인데 과거의 전력 때문인지 〈크라임 인 더 스트리트(1956)〉와 〈영 돈 크라이(1957)〉에서도 불량소년 역을 했고, 두 번째 아카데미 후보에 오른 〈엑소더스(1960)〉에서는 시오니스트(Zionist-팔레스타인에 유대 인의 나라를 세우려고 힘쓰던 시오니즘을 믿고 받드는 유대인들) 해방투사이자 테러리스트 도브 란도를 연기했다. 1976년에 웨스트우드 플레이하우스에서 연극 리허설을 마치고 귀가하던 중 괴한에게 피습돼 칼에 찔려 숨졌다. 그의 나이 서른일곱 살 때의 일이었다. 그의 출연작은 〈지상 최대의 작전(1962)〉, 〈영광의 탈출(1960)〉, 〈상처뿐인 영광(1956)〉, 〈자이언트(1956)〉, 〈이유 없는 반항(1955)〉 등이다.

모정(慕情)

1955년 작. 미국 영화(20세기 폭스). 102분. 컬러
원제: Love Is A Many-Splendored Thing
감독: 헨리 킹
출연: 윌리엄 홀든, 제니퍼 존스 외
원작: 한수인의 자서전(1952)
※1956 한국 개봉

▶ **리뷰:** 배경은 1949년 내전으로 혼란한 중국으로부터 피난 나온 사람들이 많이 머무는 홍콩이다. 의사 한수인(韓素音 제니퍼 존스)은 어느 날 저녁 미국 특파원인 마크 엘리엇(Mark Elliott 윌리엄 홀든) 기자를 만나게 되고 수인은 처음에는 마크의 초대를 거절하지만, 몇 번의 저녁식사를 함께 하면서 둘은 서로 사랑에 빠지게 된다.(그녀의 남편은 장개석 군대의 장군이었는데 공산군에 총살당한 미망인이다) 아내와의 불행한 결혼으로 오랫동안 별거 중이었던 마크는 수인에게 급속하게 빠져든다. 그러나 수인은 이 사랑이 가져올 수 있는 불안을 두려워하지만 어느새 마크는 수인의 마음 한가운데에 파고들어 깊이 자리 잡는다.

중경(重慶 현재의 충칭)에 사는 삼촌한테서 그녀의 도움을 요청하는 편지를 받고 수인은 급히 중국 본가로 가게 된다. 수인을 잃을 수도 있다는 조급한 생각에 마크는 그녀의 가족이 있는 중경으로 수인을 찾아가서, 수인과의 결혼 허락도 받아낸다. 수인은 마크가 마카오로 취재를 가게 되자 그를 만나러 병원장 허가도 없이 휴가를 떠난다.

두 사람은 행복한 시간을 보내면서 사랑을 확인한다. 그러나 마크가 6·25전쟁을 취재하기 위해 한국으로 가게 되고, 병원에서 해고된 수인은 친구의 집에서 마크의 편지들을 받으며 시간을 보낸다. 수인이 마크의 최근 편지를 읽고 있을 때, 그녀의 친구가 마크의 전사(戰死) 소식을 알려준다.

청천벽력(靑天霹靂)의 마음으로 수인은 집에서 뛰쳐나와 둘이서 함께 보냈던 언덕으로(빅토리아 병원 뒤, 빅토리아 파크 언덕에 있는 한 그루 나무로) 정신없이 달려가 흐느낀다. 이곳은 수인을 깊은 슬픔에서 건져주었던 마크와의 추억의 장소이다. 수인은 마크와 나누었던 '광휘(光輝) 찬란한 사랑'이 그들을 절대 떼어놓을 수 없음을 깨닫게 된다.

필자가 1980년대 초에 홍콩에 갔을 때, 일명 '모정의 동산'에 올라가 '한 그루 나무' 앞에서 사진을 찍은 적이 있는데, 그 후 다시 방문했을 때는 도시계획으로 사라지고 없어 대단히 아쉬웠다. 이 '한 그루 나무'는 원래는 그 동산에 존재하지 않은 것인데, 영화의 효과를 위해 소품으로 심어 놓았다는 것과 촬영 세트로 이용되었던 곳은 '홍콩 특파원 클럽'과 '마틸다 병원(명덕의원)'이라는 이야기도 있다. 그 추억의 동산에서 한수인의 주위로 나비가 날아드는 장면과 함께 애절하게 주제가가 흐르는 scene은 진정 명장면이다.

1956년 아카데미상에서 8개 부문 후보로 올라 ☆주제가상(Sammy Fain), ☆의상상(찰스 르메어), ☆음악상(알프레드 뉴먼)을 수상하였다. 주제가는 폴 웹스터와 세미 페인이 작곡했다. 'Love is a many Spendored thing'을 노래한 오리지널 가수는 미국의 4인조 그룹 'The Four Aces'지만 '앤디 윌리엄스' 버전도 유명하고 'Matt Monro'도 불렀다. 이 주제곡은 얼마나 인기가 있었는지 빌보드 차트 Top에도 들어갔다고 한다.

▶ **윌리엄 홀든**(William Holden 1918~1981): 그는 약사 아버지와 교사 어머니 사이에서 일리노이 주 오팰른에서 태어났다. 홀든은 사우스 파사데나 고등학교를 졸업한 후 파사데나 시티 대학교를 다녔다. 이후 그는 1937년, 파라마운트로부터 탤런트 스카우트를 받아 영화계에 들어온다. 권투영화 〈골든 보이(1939)〉로 처음 중요한 역할을 맡는다. 그는 이 영화에서 바이올리니스트가 권투 선수로 변하는 역할을 맡았다. 이 영화의 출연으로 그는 내내 '골든 보이'라는 별명이 따라다녔다. 제2차 세계대전 때 미국 육군 항공대에서 복무하였다.

1950년 무성 영화 시대의 대스타 글로리아 스완슨(Gloria Swanson 1899~1983)과 같이 출연한 빌리 와일더 감독의 〈선셋 대로〉로 첫 번째 아카데미상 후보에 오른다. 역시 빌리 와일더가 감독을 맡은 ☆〈제17 포로수용소(1953)〉로 아카데미 남우주연상의 영예를 누린다. 빌리 와일더 감독의 〈사브리나(1954)〉에 험프리 보가트와 오드리 헵번과 함께 출연하고, 그레이스 켈리와 함께 한국 전쟁을 배경으로 한 〈원한의 도곡리 다리(1954)〉도 찍었다. 또한 1955년 〈모정〉에서 주연을 맡게 된다. 홀든은 이렇게 1950년대에 유명 배우가 되었으며 '올해 최고의 톱 10 스타'에 6번 올랐으며(1954~1958년, 1961년) 그는 미국 영화연구소에서 '최고의 남자배우 25'에서 25위에 올랐을 정도로 인기가 높았다.

그는 스타가 될 수밖에 없는 운명을 타고났다는 진단도 있지만, 강한 남성적 캐릭터 이면(裏面)에 감춰진 슬픔, 불안감, 자기 혐오가 연기의 심도를 깊게 했을 수도 있다. 그의 연기는 신사답고 낭만적인 주인공이 아니라 〈제17 포로수용소(1953)〉의 냉소적인 하사관이나, 〈선셋 대로(1950)〉의 악착스러운 기자, 〈와일드 번치(1969)〉의 세상사에 지친 무법자 두목, 그리고 〈네트워크(1976)〉의 패배한 뉴스 프로듀서 등의 인물연기에서 진하게 묻어나온다. 이런 원인은 그의 개인적 삶과도 관련이 있어 보인다. 알코올 중독과 결혼생활에 상처를 주는 연애 사건이 그것이다.

그 스캔들은 홀든이 영화 〈사브리나(1954)〉의 주인공 오드리 헵번과 실제로 사랑에 빠졌다는 것이다. 헵번은 세상에서 가장 멋진 남자를 만났다고 기뻐했는데, 반면 홀든은 자유연애를 즐기기 위해 정관수술까지 받았다니 정말 이상한 몹쓸 남자다. …아기를 갖고 단란한 가정을 꾸미기를 원했던 헵번은 이 사실을 알고 헤어진다. 그러나 후에 홀든은 "내 생애 가장 사랑한 여자는 오드리 헵번이다"라고 말했다. 후회하면 뭘 하나! 하도 여러 여배우들과 연관설이 있어 별로 믿음이 안 가는 이야기다.

1981년 11월 12일, 홀든은 캘리포니아 주 산타모니카에 위치한 아파트에서 술에 취해 작은 융단에서 미끄러지고 침대 옆 탁자에 부딪혀 이마가 찢어져 과다 출혈로 사망하였다. 1954년 제18회 베니스 국제영화제 특별심사위원상과 1954년 제26회 미국 아카데미 시상식에서 ☆남우주연상(제17 포로수용소)을 수상했다. 그의 필모그래피이다.

• 1976 네트워크 • 1974 타워링 • 1972 더 리벤저스 • 1969 크리스마스 트리 • 와일드 번치 • 1968 코만도 전략 • 1967 007-카지노 로얄 • 1964 적과 백 • 뜨거운 포옹 • 1962 라이온 • 1959 기병대 • 1958 열쇠 • 1957 콰이 강의 다리 • 1955 피크닉 • 모정 • 1954 원한의 도곡리 다리 • 사브리나 • 1953 제17 포로수용소 • 1950 선셋

대로 · 1941 텍사스 · 1940 우리 읍네

▶ **제니퍼 존스**(Jennifer Jones 1919~2009): 무대 배우였던 부모 사이에서 태어난 그녀는 아역을 거쳐 노드웨스턴 대학에 진학했다가 고집을 피워 다시 뉴욕의 미국연극학교로 옮긴다. 이 때 로버트 워커라는 같은 학교 학생과 결혼하고 할리우드로 나가 겨우 오디션을 통과해 단역을 거친 후 1943년에 셀즈닉이 제작한 ☆⟨베르나데트의 노래-성처녀⟩라는 영화에 주인공으로 발탁되어 열연한다. 이 영화로 제니퍼 존스는 제16회 아카데미 시상식에서 여우주연상을 수상한다. 연기도 좋아 상을 받았겠지만 대(大)제작자인 데이비드 O. 셀즈닉(David Oliver Selznick 1902~1965)의 안 보이는 손이 작용했다는 소문도 있었다. 결국 셀즈닉과 눈이 맞은 존스는 남편 워커와 이혼을 하고 1949년 셀즈닉의 아내가 된다.

1965년, 남편이자 후원자인 셀즈닉이 사망하자 그녀는 충격으로 수면제 과용과 알코올 중독으로 요양원 신세를 진다. 1971년 그녀는 보호자 역할을 자임하고 나선 백만장자 노턴 사이먼(Norton Simon 1907~1993)과 세 번째 결혼을 한다. 그녀는 노턴 사이먼이 1993년 사망한 뒤 남편이 세운 '노턴 사이먼 박물관' 이사회 의장으로 활동했다. 첫 번째 남편과의 소생인 아들 로버트 워커도 배우가 되었다.

한국 관객에게 있어 그녀는 비련의 주인공으로 기억된다. ⟨모정(1955)⟩의 경우는 연인인 윌리엄 홀든이 한국 전쟁에서 목숨을 잃고, ⟨무기여 잘 있거라(1957)⟩에서는 남편 록 허드슨을 남겨놓고 자신이 사망한다. 영화에서지만 정말 슬픈 여인상이 아닐 수 없다.

짙은 갈색 머리로 동양적 풍모를 띄기도 했던 제니퍼 존스가 향년

90세로 2009년 미국 캘리포니아 주 말리부 자택에서 별세했다. 그녀는 1940~70년대까지 모두 24편의 영화에 출연한 대스타였다. 그녀의 출연작은 다음과 같다.

• 1974 타워링 • 1957 무기여 잘 있거라 • 1956 회색 양복을 입은 사나이 • 1955 모정 • 1953 종착역 • 1952 와일드 하트 • 1949 마담 보바리 • 1948 제니의 초상 • 1946 백주의 결투 • 1945 러브레터 • 1943 베르나데트의 노래

▶ **한수인:** 「홍콩을 배경으로 한 1950년대의 할리우드 영화 〈모정〉의 원작자로 유명한 중국인 여류 작가 한수인(韓素音)이 말년을 보내던 스위스 로잔에서 2012년 11월 2일 향년 96세로 타계했다고 중국 언론이 4일 보도했다.

언론에 따르면, 본명이 저우광후(周光瑚)인 한수인은 1917년 9월 12일 중국 허난(河南)성 신양(信陽)에서 유학생 출신 엔지니어 아버지와 벨기에의 귀족 가문 출신인 어머니 사이에 혼혈로 태어났다. 필명인 한수인은 '중국인이 영국인이 됐다'라는 의미를 가진 '한속영(漢屬英)'을 음역한 것이다. 그녀의 국적이 영국이라는 얘기이다. 1933년 지금의 베이징 대학인 옌징(燕京) 대학에 입학한 그녀는 1935년에 어머니의 나라인 벨기에의 브뤼셀로 건너가 의학을 공부했다. 1938년 졸업과 동시에 귀국, 국민당 장교 탕바오황(唐保黃)과 결혼했으나 1944년 다시 영국 런던으로 유학을 떠났다. 그녀는 3년 후 귀국하려고 했으나 1947년 남편 탕의 전사로 이듬해 홍콩에 정착하는 선택을 했고, 이후 의사로 활동했다. 1952년에는 출판업자 'L F 코우머'와 재혼한다. 또

이 해에 자전소설 〈모정〉을 써 일약 세계 문단의 신데렐라가 되기도
했다. 재혼 후 남편을 따라 말레이시아에 가 활동한 그녀는 이후 다시
이혼의 상처를 겪고 인도군 대령과 재혼한 바 있다.」[77]

38 왕과 나

1956년 작. 미국 영화(20세기 폭스). 133분. 컬러
원제: The King And I
감독: 월터 랭
출연: 율 브린너, 데보라 카
원작: 마거릿 랜든(Margaret Landon)의 소설 〈Anna and the King of Siam〉. 실제 가정교사를 지낸 Anna Leonowens의 자전적 이야기임.
각본: 월터 랭
음악: 리처드 로저스, 오스카 해머스테인 2세, 알프레드 뉴먼
※1957 한국 개봉

▶ **리뷰:** 브로드웨이 뮤지컬을 영화화한 작품으로, 영국인 젊은 미망인 안나(Anna 데보라 카)는 시암(Siam 현재의 태국) 왕(King Mongkut of Siam−라마 4세, 율 브린너)의 초청을 받고 왕실 아이들에게 영어를 가르치기 위해 아들 루이와 함께 방콕에 도착한다. 왕의 아집(我執)과 무례한 태도에 실망하여 영국으로 돌아가려던 안나는 귀여운 아이들의 모습 때문에 시암에 눌러앉는다. 안나는 가끔씩 문화방식의 차이로 왕과 충돌을 겪지만 인간적인 면과 시암의 근대화를 위해 노력하는 태도 등으로 왕에 대해 차츰 호감을 갖게 된다.

시암의 왕이 야만인이라는 모함이 영국 여왕에게 들어가 곤란해지는데, 안나는 영국 대사에게 성대한 연회를 베풀자고 왕에게 제안하고 연극도 하나 공연한다. 이 연극은 이웃나라에서 선물로 보내온 한 노예처녀 텁팀(Tuptim)이 안나가 각색한 〈엉클 톰스 캐빈〉을 춤으로 표현하며 자신의 처지를 슬퍼하는 것을 보고 왕은 크게 분노한다. 얼

마 후 노예처녀가 왕실의 젊은이 룬타(Lun Tha)와 도망갔다는 사실을 알게 되자 왕은 안나에 대해 역린(逆鱗-임금이 분노를 터뜨리다)하고 그녀와 크게 언쟁을 벌이게 되자 화가 난 안나는 영국으로 돌아가기로 결심한다.

그렇지만 왕이 중병에 걸려 사경에 이르게 되자, 안나는 계속 시암에 머무르며 황태자를 돕겠다고 약속한다. 1957년 제29회 아카데미상 시상식에서 ☆율 브린너는 남우주연상을 수상하여 일약 스타로 발돋움하였다. 그러나 이 영화는 태국 왕실을 왜곡했다는 이유로 태국에서는 상영이 금지되기도 했다. 율 브린너는 1951년 초연된 뮤지컬 〈왕과 나〉에서 시암 왕 역으로 출연하였고, 1985년까지 총 4,525회 출연해 토니상 시상식에서 특별상을 수상한 바 있다.

▶ **월터 랭 감독**(Walter Lang 1896~1972): 미국 테네시에서 태어난 랭은 뉴욕으로 가 영화사의 서기로 일했다. 거기서 영화제작의 여러 국면을 배우기 시작하고 간혹 조연출도 담당하지만, 그는 애당초 화가가 되기를 원한 바 있어 프랑스 파리 몽파르나스로 떠난다. 그러나 마음대로 되지 않아 미국으로 돌아와 다시 영화 일을 하게 된다.

랭은 1926년 처음 무성영화를 연출하고, 20세기 폭스에서 감독이 된다. 1956년 나온 〈왕과 나〉가 그의 대표작이다. 그는 전 배우인 Madalynne Field와 1937년 결혼해 해로했다. 〈캉캉(1960)〉, 〈왕과 나(1956)〉, 〈쇼처럼 즐거운 인생은 없다(1954)〉, 〈그리니치빌리지(1944)〉, 〈소공녀(1939)〉 등이 그의 작품들이다.

▶ **율 브린너**(Yul Brynner 1915~1985): 본명은 타이제 칸(Taidje Khan)이다.

러시아의 블라디보스토크에서 몽골의 광산기사와 루마니아 집시 사이
에 태어났다. 어떤 때는 자신이 스위스인과 일본인의 피가 반반 섞인
'타이디에 칸'이라고 주장하기도 했다. 율 브린너의 아버지가 가족을
버렸을 때, 그의 어머니는 그와 그의 누이를 데리고 만주로 갔고, 남
매는 거기서 YMCA 학교에 다녔다. 가족은 후에 파리로 갔는데 거기
서 율 브린너는 학교를 그만두었고, 13세 때 나이트클럽에서 발라드
를 불렀다. 그 후 프랑스에서 서커스 곡예사로 활동하던 중 사고를 당
하여 곡예사 활동을 중단하고, 1940년대 초 유랑극단의 배우가 되었
다. 1941년에 그는 연기 공부를 위해 미국으로 건너갔고, 같은 해 〈십
이야〉의 파비안 역으로 무대에 데뷔했다.

　1951년 브로드웨이에 진출하여 뮤지컬 〈왕과 나(The King and I)〉에
서 주연을 맡아 크게 성공했다. 이 연기로 토니상을 수상했고, 공연
횟수는 자그마치 1,246회에 이른다. 영화 〈왕과 나(1956)〉에도 주연으
로 발탁돼 매력적이면서도 약점이 있는 전제군주의 역할을 훌륭히 연
기해 커크 더글라스(Kirk Douglas)와 제임스 딘(James Dean) 등과 경합
한 끝에 ☆1957년 제29회 아카데미상 시상식에서 남우주연상을 수상
했다. 이후 왕의 역을 하기 위해 삭발한 대머리를 자신의 트레이드마
크로 삼았다.

　「"나는 이제 떠나지만 여러분께 이 말만은 해야겠습니다. 담배를
피우지 마십시오. 당신이 무슨 일을 하든, 담배만은 피우지 마세요."
1985년 사망 9개월 전 〈굿모닝 아메리카〉(미국의 유명한 토크쇼)에서 마
지막 인터뷰를 남긴다. 그는 멋진 총잡이로 또는 이집트 파라오 등으
로 강인한 이미지와 카리스마를 보여 주었고, 명배우로 이름을 날리
며 바쁜 나날을 보내면서도 베트남전쟁 당시 베트남 아이들을 입양하

는 등 다양한 자선활동을 하였다. 하지만 그의 한 손에는 담배가 있었으며, 중년 이후 담배로 인하여 만성 폐쇄성 폐질환을 지병으로 앓았던 것으로 알려지고, 결국에는 폐암으로 비엔나 근처의 묘지에 영원히 잠들었다.」[78] 이 이야기를 적으면서 〈MBC 여성 살롱〉에서 필자와 함께 일했던 이주일 씨 생각도 난다.

앞에서도 나왔듯이 율 브린너는 생전에 자신을 스위스인과 일본인 사이에 태어난 '타이디에 칸' 혼혈이라고 밝혔다. 그러나 사후 발간된 그의 전기에는 광산기사인 몽골인 아버지와 루마니아 집시인 어머니 사이에서 태어난 것으로 되어 있다. 그리고 명문 소르본 대학에서 철학을 전공했고 영어, 중국어, 러시아어, 프랑스어 등 7~8개국 언어를 능숙하게 구사했다고 한다.

좀 별난 데가 있는 배우로 생각되는데, 종교는 러시아 정교회이고, 1933년 소련 시민권자 신분으로 미국에서 가수로 데뷔하고, 다시 1941년 소련 시민권자 신분으로 프랑스에서 연극배우로 데뷔한다. 그리고 1944년 소련 시민권을 포기하고 미국 시민권을 취득하게 된다. 그는 국적을 초월해 세 나라에서 활동했다. 또 1948년 연극연출가 데뷔, 1949년 미국 영화 〈Port of New York〉의 주연으로 영화배우 데뷔, 1951년 뮤지컬 배우 데뷔, 1958년 가수 데뷔 음반 발표, 1959년 사진작가로 첫 입문, 1960년 소설가로 데뷔, 1983년 요리연구가로 첫 입문. 어찌나 데뷔를 많이 했는지 그가 과연 영화배우인지 혼돈이 생긴다. 이렇게 멋있고 다재다능한 배우를 담배가 죽게 했다. 그의 필모그래피이다.

• 1975 최후의 용사 • 1973 이색지대 • 1972 모스크바 야간탈출

• 복수범죄 • 1971 캣로우 • 아디오스 사바타 • 등대의 혈투 • 1970 네레트바 전투 • 1969 파리의 백작부인 • 1966 돌아온 황야의 7인 • 1964 최후의 총잡이 • 1963 태양의 왕 • 1962 대장 불리바 • 1960 황야의 7인 • 오르페의 유언 • 돌아와요 내 사랑! • 1959 솔로몬과 시바 여왕 • 1958 카라마조프가의 형제들 • 1956 아나스타샤 • 십계 • 여로 • 왕과 나. 1956년에는 4편의 영화를 찍었으니 그는 정말 정신없었을 것이다.

▶ **데보라 카:** [20] 〈쿼바디스〉 참조.

▶ **리처드 로저스**(Richard Rodgers 1902~1979)**와 오스카 해머스테인 2세** (Oscar Hammerstein 1895~1960): 「1902년에 태어난 리처드 로저스는 의사인 아버지 덕분에 경제적으로 부족함 없이 자랐다. 그의 부모님은 아들에게 음악적 재능이 있다는 걸 발견하고는 음악인으로 자랄 수 있게 전적으로 후원해 주었다. 환자를 돌보느라 바빴던 아버지는 그러나 브로드웨이에서 뮤지컬 신작이 나오면 악보를 아들에게 사다줄 만큼 막내아들에게 애정을 쏟았다. 이들은(작사가 로렌즈 하트와 콤비를 이루어) 마크 트웨인의 원작 소설을 각색한 〈코네티컷 양키(1927)〉, 〈발끝으로 (1936)〉, 〈시라큐스에서 온 소년들(1938)〉 등과 같은 대표작들을 쏟아냈다. 이들은 24년간 29편의 작품을 하며 최상의 콤비를 이루었다.

그러나 뮤지컬 작곡가로서 로저스의 인생은 〈쇼 보트〉의 대본과 가사를 썼던 '오스카 해머스테인 2세'(Oscar Hammerstein)와 콤비를 이루어 만든 〈오클라호마!(1943)〉를 발표하면서 새로운 전기를 맞이했다. 음악보다 가사가 더 중요하다고 믿었던 해머스테인은 가사를 모두 대화체로 만들어, 노래를 하면서도 스토리가 진행되는 새로운 뮤지컬을 선보였다. 사실 해머스테인은 대대로 극장 일을 하는 집안에서 태어났다.

그의 할아버지 오스카 1세는 시가(cigar)를 만드는 기계를 발명해서 부자가 된 다음, 그 돈으로 뉴욕에 극장을 10개나 세운 인물이었다. 오스카 1세의 극장에 올라가는 오페라들이 계속해서 성공을 거두니 '메트로폴리탄 오페라 하우스'까지 오스카 1세를 두려워할 지경이었다. 무대 예술에 대한 할아버지의 열정은 이렇게 방대한 스케일을 가졌지만, 그 밑에서 일했던 오스카의 아버지는 자신의 아버지에 짓눌려 있었다. 그래서 빅토리아 극장의 감독을 맡고 있었던 아버지는, 자신의 아들이 행여 극장 일을 할까봐 노심초사했다. "넌 무슨 일이 있어도 변호사가 되어야 한다!"

결국 변호사를 포기하고 극작가로 데뷔한 해머스테인은 무대 경험을 통해 드라마의 가치를 알게 되었다. 그래서 아름다운 음악을 실을 수 있는, 탄탄한 구성력을 지닌 드라마와 가사를 만들기 시작했다. 그의 신념은 로저스와의 협업에서 더욱 빛났다.

그들의 작품들은 〈사운드 오브 뮤직(1959)〉, 〈신데렐라(1957)〉, 〈왕과 나(1951)〉, 〈남태평양(1949)〉, 〈회전목마(1945)〉, 〈오클라호마(1943)〉 등이다. 특히 〈왕과 나〉가 엄청난 성공을 거두면서 로저스와 해머스테인 콤비의 초기 네 작품 모두 초대형 히트라는 엄청난 기록을 세우게 된다. 특히 뮤지컬 〈왕과 나〉는 베일 너머의 세계로만 알려져 있던 동양을 소재로 삼아도 성공할 수 있음을 증명했다.

1959년 11월 16일 브로드웨이에서 개막한 뮤지컬 〈사운드 오브 뮤직〉은 대성공을 거두었다. 하지만 관객들의 뜨거운 박수소리를 채 만

끽하기도 전에 해머스테인은 개막 후 9개월 만에 위암으로 사망하였다. 그의 죽음으로 인해 미국 뮤지컬 역사상 가장 훌륭했던 콤비의 작업도 끝이 난 것이다. 해머스테인이 마지막으로 쓴 곡은 〈에델바이스〉이다. 오늘날까지 많은 사람들이 이 곡을 오스트리아 민요라고 생각하는데, 이 곡은 리허설 중에 해머스테인이 추가로 쓴 노래이기도 했다. 그가 사망했을 때 타임스퀘어의 불빛은 1분간 꺼졌다. 동시에 런던 웨스트엔드도 불빛을 어둡게 하여 그의 죽음을 애도하였다.

18년 동안 함께 작업하는 동안 로저스 자신도 모르게 해머스테인의 감성이 스며들어 있었다. 로저스와 해머스테인은 단지 노래만을 만들지 않았다. 그들은 음악을 넘어서 각본과 제작을 포함한 모든 것을 총괄한 예술 팀이었다. 이런 창작 활동은 로저스와 해머스테인을 단순한 파트너 이상으로 만들었다. 이들은 거친 쇼 비즈니스계에서 냉정한 판단 아래 자신들의 세계를 확고히 구축해온 동반자였다. 이들이 1950년대에 쓴 작품이 지금도 끊임없이 사랑받는 데에는 서로를 믿고 신뢰한 두 사람의 파트너십이 작품에 녹아 들어가 있기 때문이다.」[79]

1957년 제29회 아카데미 시상식에서 〈왕과 나〉로 '알프레드 뉴먼' 음악상(뮤지컬)을 수상했다.

목로주점(木爐酒店)

1956년 작. 프랑스 · 이탈리아 영화(아그네스 델라비 프로덕션). 102분. 흑백
원제: Gervaise
감독: 르네 클레망
출연: 마리아 쉘, 프랑수아 페리어
원작: 에밀 졸라
※1956 한국 개봉

▶ **리뷰:** 목로주점(L' Assommoir)은 프랑스의 자연주의 작가 에밀 졸라의 소설로 〈루공 마카르(Le Rougon-Macquart)〉 총서의 7번째 작품이다. 그러나 영화 제목은 여주인공의 이름 '제르베즈'(Gervaise)로 이름 붙였다. 주인공 제르베즈(마리아 쉘)는 랑티에와 동거하고 있고 그 사이 두 아이도 두고 있다. 어느 날 빨래터에 갔는데, 아이들이 아버지(랑티에)가 2층집 여자와 도망갔다고 알린다. 이 때 비르지니라는 여자가 남편 도주에 대해 놀리자 제르베즈는 비르지니를 깔고 앉아 바지를 벗기고 엉덩이를 빨래 방망이로 실컷 두들겨 패 앙갚음을 한다.(대단히 특이한 장면이다) 그녀는 아이들과 살기 위해 열심히 일한다.

동거 중이던 남편 랑티에도 사라지고 해서 제르베즈는 지붕 수리공 '쿠퍼'와 재혼한다. 결혼 피로연 중 쿠퍼의 친구 '쿠제'도 알게 된다. 새 남편과의 사이에 '나나'라는 딸도 생기고 안정을 찾아가고, 제르베즈는 세탁소를 차릴 궁리를 하는데, 불행히도 쿠퍼가 일하다가 지붕에서 떨어져 크게 다친다. 쿠퍼의 친구 쿠제가 돈을 빌려주어 그녀는 세

탁소를 차리지만, 쿠퍼는 동네 목로주점에 앉아 술만 퍼마시면서 쿠제에게 갚을 돈도 써버리고 그녀를 괴롭힌다.

이때 전 남편 '랑티에'까지 이 집으로 쳐들어와 그녀는 한 지붕 아래에서 쿠제(현 남편)와 랑티에(첫 남편) 두 남자와 동거하게 된다. 딸 '나나'는 엄마가 아버지 말고 랑티에 방으로 들어가는 것도 다 본다. 알코올 중독자 쿠퍼는 죽고, 대신 그 동내 목로주점에 제르베즈가 질펀히 앉아 술을 마시는 것으로 끝난다.(원작에서 그녀는 굶어 죽는다) 딸 '나나'는 '루공 마카르' 총서 9번째 작품 〈나나〉의 주인공인데, 엄마가 두 남자 방을 번갈아 드나드는 것을 본 영향인지 그녀는 창녀로 나온다. 에밀 졸라는 '개인의 가난과 불행'이 유전되고, 또 사회적 유전으로 전이(轉移)되는 것을 암시하는 함의(含意-말이나 글 속에 어떠한 뜻이 들어 있음)를 내포하고 있다고 보여진다.

▶ **르네 클레망:** [24] 〈금지된 장난〉 참조.

▶ **마리아 쉘(Maria Schell 1926~2005):** 마리아 쉘은 오스트리아의 빈에서 작가 아버지와 배우 어머니의 남매 중 장녀로 태어났다. 남자 동생은 유명한 맥시밀리언 쉘(Maximilian Schell 1930~2014.2.1)이다. 16세에 처음 스크린에 데뷔했으며 제2차 대전 후 오스트리아, 독일, 스위스에서 활동하다 할리우드에서 〈카라마조프가의 형제들(1958)〉 등에 출연했으며 1954년 〈사랑과 죽음의 마지막 다리〉로 칸 영화제 최우수 여우주연상을 수상했다.

2002년 이후에는 자택에 칩거하며 모습을 드러내지 않았다. 두 번 결혼한 그녀는 모두 실패했고, 두 번째 남편과의 소생 마리아 테레사

렐린은 독일 배우로 활동하고 있다. 2005년 4월 25일 오스트리아의
자택에서 폐렴에 의한 합병증으로 79세를 일기로 세상을 떠났다.

• 1984 삼손과 데릴라 • 1978 슈퍼맨 • 1974 오뎃사 파일 • 1960
시마론 • 1959 교수목(絞首木) • 1958 여자의 일생 • 1958 카라마조프
가의 형제들 • 1957 백야 • 1956 목로주점 • 1954 사랑과 죽음의 마
지막 다리 • 1951 매직박스

▶ 에밀 졸라(Émile Zola 1840~1902): [28] 〈떼레즈 라껭〉 참조.

그리고 신은 여자를 창조했다

1956년 작. 프랑스 영화(Crow Productions, Vestron Pictures). 95분. 컬러
원제: Et Dieu... Crea la Femme. / And God Created Woman
감독: 로제 바딤
출연: 브리지트 바르도, 쿠르트 위르겐스, 크리스티앙 말콴, 장-루이 트린티냥
※1956 한국 개봉

▶ **리뷰:** 이 영화는 18세 여성이 그녀의 남편과, 또 남편의 형과의 불륜 관계를 브리지트 바르도라는 '관능적 실크보자기'에 싸서 묘사한 돌연변이 로맨스다. 그래서 제목을 성서에 나오는 "그리고 신은 인간을 창조했다"에서 '인간'을 '여자'로 바꾼 로제 바딤 감독은 '브리지트 바르도'를 창조해냈다. 1956년의 시대 상황에서 일탈된 애정을 매우 과감하게(또는 자연스럽게?) 표현한 바딤은 오늘날 21세기의 성 문화를 일찍이 간파한 것이 아닌가도 추측된다. 바딤과 바르도가 뿌린 변종 바이러스의 위력은 대단했다. 이에 대해 당시 비평가들은 '악마는 브리지트 바르도를 창조했다'고 극언한다. 오늘날 관점에서는 정신 나간 미친 소리에 불과하다.

➡ 남프랑스 아름다운 생트로페(saint-tropez)의 작은 마을에서 양부모(養父母)와 함께 사는 줄리에트(브리지트 바르도)는 성적 매력이 넘쳐흐르는 18세 처녀로 그 동네 남자들의 욕망의 대상이다. 이런 사실을

잘 알고 있는 그녀는 오히려 자극적인 옷차림과 행동으로 남자들의 애간장을 태우며 이런 상황을 즐기기도 한다. 나이든 부유한 사업가 카라딘(Carradine 쿠르트 위르겐스)과 주변 모든 남자들이 그녀에게 정신이 팔려 있지만, 그녀가 점찍은 남자는 가난한 배 제조업자의 장남으로 남성미 넘치는 앙트완(크리스티앙 말콴)이었다.

그러나 바르도가 마을에서 일으키는 눈살 찌푸리게 하는 스캔들에 속이 상한 양부모는 그녀를 다시 고아원에 돌려보내려 하자, 이 난관을 피하기 위해 줄리에트는 아직 어리고 수줍음을 타고 앙트완의 동생 미셸(장-루이 트린티냥)과 결혼해 버린다. 이때 사업가 카라딘이 미셸 가족의 배 제조공장을 모두 사버리고(인수) 앙트완을 감독으로 고용하자 그는 툴롱(Toulon 프랑스 마르세유 동쪽 65km, 지중해 연안의 프랑스 제1의 군항)으로 떠난다.

거기서 다시 앙트완이 돌아오자 그가 자기(바르도)에게 원하는 것은 사랑이 아니라 육체적인 욕망이라는 것을 알면서도 줄리에트는 고장난 조그만 배를 몰고 바다로 나가다가 배에 불이 난다. 거의 죽을 지경이 된 그녀를 쫓아간 앙트완이 겨우 구출하고 나서 무인도 해변에서 그들은 격렬한 정사를 벌인다. 앙트완은 동생 미셸에게 줄리에트를 버리라고 하지만 미셸은 그녀를 받아들인다는 결말이다.

불륜극이지만 피가 펄펄 끓는 바르도가 격렬하게 춤추는 등 흥미로운 장면들이 많이 삽입되어 있다. 유명한 장 뤽 고다르(Jean Luc Godard 프랑스 영화감독)는 "현대의 공기를 마시게 한 영화"라고 평가했다.

▶ 로제 바딤 감독(Roger Vadim 1928~2000): 우크라이나 출신의 아버지 (러시아 백군 장교 겸 피아니스트)와 프랑스 영화배우인 어머니 사이에

서 태어났다. 연기에 관심이 있어 16세부터 19세까지 연기에 몰입했고, 그 후 유명감독 '마크 알레그레'(Marc Allégret 1900/프랑스~1973) 의 조감독이 되었다. 같은 시기에 〈파리 마치〉의 기자로도 일했다. 1952년 브리지트 바르도를 만나 결혼했고(그의 두 번째 부인임), 1956년 데뷔작인 〈그리고 신은 여자를 창조했다〉에 부인 브리지트 바르도를 나체로 출연시켜 스타의 반열에 올려놓았다. 1968년 SF 영화 〈바르바렐라(Barbarella)〉에서 당시 부인인 '제인 폰다'를 출연시켜 그녀를 스타덤에 진입시킨다. 제인 폰다와 함께 〈죽음의 영혼(1968)〉, 〈돈 주앙 73(1973)〉, 〈샤롯데(1974)〉, 〈핫 터치(1982)〉, 〈깜짝 파티(1983)〉 등을 만들어냈다. 그 다음 동거한 '카트린 드뇌브'와의 작품은 성공하지 못했다. 그리고 1987년 '레베카 드 모네이'를 주연으로 한 〈그리고 신은 여자를 창조했다〉의 리메이크 작을 연출하기도 했다.

브리지트 바르도, 카트린 드뇌브, 제인 폰다 등 유명 여배우들과 결혼 · 동거 · 이혼을 거듭하면서 그는 성(性)과 관련된 소재를 우아한 영상으로 구현했는데, 자기 부인을 영화를 통해 성적 대상으로 발가벗겨서 섹시함을 연기하도록 해 관객의 관심을 끈 것은 감독으로는 모르지만, 남편으로서는 매우 별난 행위이다. 그는 영화를 찍으면서 여성의 글래머적 성격에 강박관념을 가졌던 모양인데, 그래서 화면을 항상 에로티시즘(관능)으로 가득 채우기를 좋아했다.

'금발머리에 푸른 눈', '긴 다리', '육감적인 입술'을 지닌 여배우를 자신의 영화에 출연시키는 것은 그의 주특기였다. 그는 '관음증 환자', '돈 쥬앙' 등 별로 명예롭지 못한 별명이 늘 따라다녔다. 또 1960년대 성 혁명(性革命)을 예고했다는 평가도 있는데, 어쨌든 그가 섹스 개방에 대해 앞서간 선각자적 감독이라는 사실은 부인할 수 없다.

그는 2000년 2월 암으로 72세에 사망했다. 바로와 4자녀, 바르도, 폰다, 슈네데르, 수트루아베르가 장례식에 참석했다.

▶ 브리지트 바르도(Brigitte Bardot 1934~): 1950년 당시 세계영화계는 오직 할리우드의 마릴린 먼로와 프랑스의 브리지트 바르도만 군림하고 있었다. 'BB'라는 이니셜로 잘 알려진 브리지트 바르도의 아버지는 부유한 기업가이고, 어머니는 보험회사 중역의 딸로 비교적 유복한 가정에서 자랐다. 그리고 15세에 '엘르'⁸⁰ 표지모델이 되었다. 그 사진이 마크 알레그레(Marc Allégret 1900~1973) 감독의 눈에 띄어, 그의 조감독이었던 로제 바딤이 바르도를 대신 만났다. 이것이 계기가 되어 바딤과 1952년에 결혼했다. 당시 큰 항공회사의 중역인 BB의 아버지 입장에서 본다면 잡지사 기자로 영화계에도 발을 디딘 바딤은 그저 단순한 불량 청년 정도로 그 결혼을 심하게 반대했다. 자살소동 끝에 역경을 이겨내고 둘은 결혼했다.

그녀는 1958년 〈그리고 신은 여자를 창조했다('순진한 惡女'라는 제목도 있다)〉의 주인공으로, 한 젊은이와 결혼하지만 그의 형에게 욕정을 품은 여인을 연기해 세계적인 명성을 얻었다. 그 인기는 아마도 연기보다는 170cm의 큰 키에다 그녀의 길고도 아름다운 다리로부터 오는 육감적 몸매(뛰어난 관능미) 때문이 아닌가 하는 생각도 하게 된다. 그녀는 이전에 관객들이 전혀 경험하지 못한 강력한 섹슈얼리티를 화면에 내뿜는다. 이렇게 되도록 옷을 많이 벗고 보여줌으로써 그녀가 출연한 영화들은 일단 웬만큼은 모두 성공하게 된다.

BB는 '에로스의 여신'답게, 또 남편이었던 로제 바딤과 유사하게, 자신도 결혼을 네 번이나 했다. ①로제 바딤(1952~1957) ②배우

Jacques Charrier(1952~1962 Nicolas라는 아들 있음) ③독일 백만장자 플레이보이 Gunter Sachs(1966~1969) ④프랑스 우파 정치인 Bernard d'Ormale(1992~현재)이 그녀의 공식 배우자들이다. BB라는 아름다운 요화(妖花)에 날아든 벌·나비들로 모두 막강한 인물들이다. 영화에서 공연한 장 루이 트란티앙, 가수 지루별 베코, 배우 라프 바로네, 가수 샤 디스델, 배우 새미프레, 실업가 브프 자그리, 배우 스티븐 보이드, 학생 패트릭, 그리고 할리우드 배우 워렌 비티도 명단남(名單男)이다. 정신과 육체에서 발화한 불을 언제나 소화(消火)하지 않으면 안 되는, 정말 남자 없이는 못 견디는 절륜(絕倫)의 체질을 타고난 모양이다.

1973년, 40세 생일이 되기 바로 전날 영화계에서 은퇴한 그녀는, 이후 동물 보호 운동에 헌신하면서 소위 '개념 여배우'가 되었고, 극우파 정치세력에도 발을 디딘다. 그녀가 1992년에 결혼한 네 번째 남편 '베르나르 도르말'도 국민전선 소속 정치가이다.

그녀는 1994년 김영삼 대통령에게 다음과 같은 협박성 편지를 보내기도 했다. 「"한국에서 식용으로 개를 거래하는 소름끼치는 일이 이루어지고 있는데 대해 경고한다"고 말하고, "개를 이처럼 야만적으로 다루는 행위가 근절되지 않는 한, 프랑스 등지에서 수천 명이 모든 한국 제품 불매운동을 벌일 것을 고려중이다."」[81]

이렇게 보신탕에 대해 그녀의 시비가 계속되자 당시 국회의원이었던 소설가 김홍신 씨가 프랑스에서 양고기와 달팽이를 식용으로 하는 것을 예로 들어 식(食)문화에 대한 답신을 보낸 바도 있다. 그녀와 관련해 한국 기자들에게는 '바르도 딜레마'라는 것도 있다. 즉 개고기에 대한 그녀의 비판을 기사화하면 오히려 한국의 이미지만 유럽에서 더욱 나빠진다는 역설을 말한다. 근래 사진을 보니 금발에 광휘(光輝) 찬

란하던 얼굴은 간데없고 볼에 턱살이 가득 붙은 그로테스크한 모습을 보이니 세월은 참으로 얄궂다는 상념에 젖게 된다. 그녀의 출연작은 1968 〈샬라코〉, 1967 〈세시르의 환희〉, 1965 〈비바 마리아!〉, 1963 〈경멸〉, 1960 〈진실〉, 1956 〈그리고 신은 여자를 창조했다〉, 1955 〈위대한 전략〉 등이다.

▶ **쿠르트 위르겐스**(Curd Jurgens 1915/독일,뮌헨~1982/오스트리아 빈): 그의 아버지는 함부르크의 무역상이었고, 어머니는 프랑스어 교사였다.

초년에는 신문기자로 일하다가 아내 여배우 루이제 바즐러의 도움으로 연기자가 되었다. 〈왕의 왈츠(1935)〉에서 오스트리아의 프란츠 요제프 황제 역으로 영화에 데뷔했고, 제2차 세계대전 때는 공공연하게 나치를 비판하다가 1944년 '요제프 괴벨스'[82]가 그를 헝가리 집단 수용소로 보낸다. 그러나 위기를 극복하고 전쟁이 끝난 후 오스트리아의 시민권을 얻는다.

그가 독일어에 능통한 관계로 독일군 역할로 전쟁영화에 많이 출연한다. 예컨대 〈악마의 장군(Des Teufels General 1955)〉, 〈상과 하(1957)〉, 〈지상 최대의 작전(1962)〉, 〈배틀 오브 브리튼-공군대전략(1969)〉 등 다수이다. 그는 100여 편의 영화에 출연했지만 자신은 연극배우라고 생각하고 프랑스에 살면서 비엔나를 자주 왕래했다.

그는 192cm의 큰 키에 완전 호남형(好男型)이라서 그런지 여성들이 그 곁에 줄을 선 형국이었다. 그래서 다섯 번이나 결혼했다. ①Lulu Basler(1938~1947), ②Judith Holzmeister(1947~1955), ③ Eva Bartok(1955~1956), ④Simone Bicheron(1958~1977), ⑤Margie Schmitz(1978~1982). 1982년 심장병으로 사망했다. 그의 출연작들이다.

•1980 테헤란 43 •1979 철십자 훈장2 •1977 나를 사랑한 스파이 •1970 네레트바 전투 •1969 배틀 오브 브리튼 •1968 OSS 117 로마 작전 •1965 로드 짐 •1962 지상 최대의 작전 •1959 블루 엔젤 •1957 상과 하 •1956 그리고 신은 여자를 창조했다

▶ **크리스티앙 말콴**(Christian Marquand 1927~2000): 그는 프랑스의 연출가, 배우, 각본가이다. 스페인인 아버지와 아랍인 어머니 사이에서 마르세유에서 태어났다. 그의 누나는 영화감독 Nadine Trintigant였고, 그래서 그가 1950년대 프랑스 영화의 연인이 될 수 있었다. (그의 초기 출연작들은 우리에게 생소해 생략한다.) 1956년 〈그리고 신은 여자를 창조했다〉에서 브리지트 바르도의 상대역 이후, 1962년 〈지상 최대의 작전〉에서 조그만 다리를 건너 목표물을 탈환하기 위해 지옥 같은 전투를 지휘하는 해군 코맨더 대장 Philippe Kieffer 역을 연기했고, 〈로드 짐〉에도 얼굴을 내민다. 또 〈내 무덤에 침을 뱉어라!(il Colore Della Pelle 1959)〉도 있는데 유럽 흑백의 인종문제를 다루었다. 1960년대에 서울에서 상영되었고, 안토네라 루알디가 함께 출연했다.

그는 1960년대 Tina Aumont와 결혼했고 73세에 알츠하이머 병으로 사망한다. 말론 브란도와도 친하게 지냈다는 이야기가 있다.

▶ **장 루이 트린티냥**(Jean Louis Trintignant 1930 프랑스~): 영화에 깊이 빠진 매니아가 아니면 이 배우를 기억하기 어렵다. 〈그리고 신은 여자를 창조했다〉에서 바르도와 결혼하는 풋풋한 청년을 보고 저 배우가 누구인가 할 테지만, 〈아무르(Amour 2012)〉[83]에서 치매에 걸린 아내의 간병에 지친 음악가 조르주가 그녀를 살해하는 스토리를 보고 많은 노년

부부들에게 깊은 충격을 안겨준 남자라면 아! 그 할아버지 하고 기억할 듯싶다. 1994 〈세 가지 색, 제3편 레드〉, 1986 〈남과 여 20년 후〉, 1966 〈파리는 불타고 있는가?〉, 1956 〈그리고 신은 여자를 창조했다〉 등이 그의 출연작품들이다.

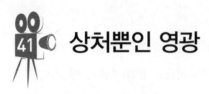

상처뿐인 영광

1956년 작. 미국 영화(MGM). 114분. 컬러.
원제: Somebody Up There Likes Me
감독: 로버트 와이즈
출연: 폴 뉴먼, 피어 안젤리, 에버렛 슬로언, 에일린 헤커트, 살 미네오
※1958 한국 개봉

▶ **리뷰:** 이 영화는 1947년에서 1948년까지 1년간 세계 미들급챔피언을 지낸 미국인 록키 그라치아노(Rocky GraZiano 1922~1990)의 자전적 소설을 영화화한 것이다. 프로복서 전적은 83전 67승 10무 6패였다(52KO승). 그는 시나리오 작업에도 직접 참여했다고 하는데 대단한 선수의 이야기다.

주인공 그라치아노(폴 뉴먼)는 10형제나 되는 가난한 집안에서 태어나 복서였던 아버지로부터 복서가 되라고 훈련을 받지만, 그는 뉴욕 뒷골목의 불량소년으로 전락한다. 경찰관에게 집에 끌려와 "이 아이에게 돈 준 적이 있느냐?"라는 질문을 받자, 아버지는 "그 애에게 매밖에 준 것이 없다"고 대답할 정도다. 그 애는 결국 소년원을 거쳐 감옥으로 가고, 6년 후 입대하지만 거기서도 상관 폭행 등 계속 말썽을 일으키다가 결국 복싱을 시작한다. '노마 웅가'(피어 안젤리)라는 유태인 처녀와 결혼해 그녀의 내조로 안정을 찾는다.

그는 1946년 9월 당시 미들급 챔피언 '토니 제일'에 도전해 상대에

게 난타당하고 또 난타하지만 결국 6회 KO패 당한다. 그러나 10개월 후 리턴매치를 앞두고 감옥에서 알게 된 프랭키가 그의 과거를 신문에 폭로한다고 위협하면서 도박사건과 연루되어 복서 인생에 위기가 찾아오고 뉴욕에서 선수 자격을 정지당하지만, 7월 16일 시카고에서 재대결이 성사된다. 그라치아노는 계속 제일에게 강타당해 두 눈이 보이지 않을 정도였지만, 6회 그라치아노는 강력한 라이트를 제일의 턱에 꽂아 25세에 챔피언을 먹게 되는 내용이다. 이 불량배가 온갖 역경을 이겨내고 챔피언이 되는 자전적 소설이 사람들에게 감명을 주고 영화도 흥행에 성공한다.

▶ **로버트 와이즈 감독**(Robert Wise 1914/미국~2005): 1933년 형이 일하던 RKO에 편집조수로 취직하면서 영화계에 들어왔다. 편집자로 출발해 1941년 걸작 〈시민 케인〉을 비롯한 〈노트르담의 꼽추(1939)〉 등 여러 작품에 편집자로 참여했다.

현상금을 건 권투에 관한 영화인 1949년 작 〈셋업〉은 칸 영화제에서 비평가상을 수상한다. 〈사막의 대진격(1953)〉, 〈상처뿐인 영광(1956)〉, 〈나는 살고 싶다(1958)〉 등을 연출하고, '제롬 로빈'과 함께 시각적, 동적 아름다움이 돋보이는 뮤지컬 ☆〈웨스트사이드 스토리(1961)〉와 ☆〈사운드 오브 뮤직(1963)〉으로 2회 아카데미 감독상을 수상하며 할리우드 최고의 감독이라는 명성을 얻는다. 만년에는 미국 감독협회 회장 등을 역임하며 할리우드의 원로로 활동해왔다. 그의 작품들이다.

• 1989 루프캅 • 1979 스타트랙 • 1975 힌덴버그(비행선 힌덴부르

크) • 1966 산파블로 • 1963 사운드 오브 뮤직 • 1961 웨스트사이드 스토리 • 1958 나는 살고 싶다 • 전우여 다시 한 번 • 1956 상처뿐인 영광 • 트로이의 헬렌 • 1953 사막의 대진격 • 1951 지구 최후의 날

▶ **폴 뉴먼**(Paul Newman 1925~2008): 할리우드에서 '가장 아름다운 눈빛을 지닌 사나이'로 불리는 폴 뉴먼의 아버지는 유태계로 스포츠용품 판매상이었고, 어머니는 헝가리 출신으로 남편 가게에서 일했다. 오하이오 주 셰이커 하이츠에서 자랐다. 어려서는 학교 연극에 참여했고, 제2차 세계대전 중 해군에 입대해 태평양전선에서 무전사와 '태평양 극장'에서 복무했다. 제대 후 케년 칼리지에서 학위를 받고 재키 위트(Jackie Witte 1949~1958)와 결혼했다. 1년 동안의 예일 대학 수학을 거쳐 뉴욕의 '액터스 스튜디오'에 들어갔다. 영화 〈은배(1954)〉로 데뷔했고 〈상처뿐인 영광(1956)〉에서 복서 록키 그라치아노 역을 맡아 성공의 기회를 잡게 된다.

원래 이 역을 맡기로 되어 있던 '제임스 딘'은 촬영이 시작되기도 전에 자동차 사고로 사망해 뉴먼에게 돌아갔다. 이 역을 준비하기 위해 이탈리아 출신 그라치아노의 평상시 말버릇, 걸음걸이, 행동 등을 관찰하는 열성이 대단한 배우였다. 그는 첫 아내와 이혼하고 1953년에 만난 조앤 우드워드(Joanne Woodward)와 1958년 결혼해 50여년을 함께 했다. 뉴먼의 출연작들이다.

• 2002 로드 투 퍼디션 • 1998 트와이라잇 • 1997 슈퍼스피드웨이 • 1994 노스바스의 추억 • 1989 멸망의 창조 • 1986 컬러 오브 머니 • 1982 심판 • 1980 대지진 • 1974 타워링 • 1973 스팅 • 1972

법과 질서 •1969 내일을 향해 쏴라 •1968 레이첼 레이첼 •1963 허드 •1961 허슬러 •1960 영광의 탈출 •1958 길고 긴 여름날 •왼손잡이 건맨 •뜨거운 양철 지붕 위의 고양이 •1956 상처뿐인 영광 •1954 은배

말론 브란도와 폴 뉴먼을 비교하는 것은 우스운 짓이지만, 브란도의 색깔이 고흐의 그림처럼 강렬하다면, 뉴먼의 채색은 세잔이나 마티스처럼 구도나 이미지에 있어 다양성이 존재한다. 그런 이유들을 열거한다.

그는 배우 외에 자동차 경주 챔피언으로서 1979년 르망 24시간 레이스에서 2위를 차지하기도 했고, '뉴먼즈 오운'이라는 식품회사의 공동창업자로 산하 여러 식품업체들의 수익을 통해 2012년 6월을 기준으로 3억 3천만 달러를 자선 활동에 기부하고 있다. 이와 관련해 그는 "식료품 라벨에 내 얼굴을 실으면서 내가 몸을 파는 사람이 되어 버렸다는 걸 깨달았을 때, 내가 그 일을 할 수 있는 유일한 방법은 우리가 버는 돈을 모조리 남들에게 줘 버리는 것뿐이라는 결론에 이르렀지요."라는 농담 비스한 언급도 한 바 있다. 또한 1988년 시작한 소아암 환자 돕기 운동은 현재 전 유럽에 지부를 두었고, '테드 터너'(Robert Edward Turner III-AOL타임워너 부회장) 등과 뜻을 같이해 '책임 있는 부자'(Responsible Wealth)라는 단체를 운영하면서 부자들의 사회적 책임을 실천에 옮겼다. 이렇게 그는 욕심이 없고 깨끗한 성품과 덕성(德性)을 지닌 명실상부한 사회적 의식이 뚜렷한 배우이다.

폴 뉴먼은 한마디로 거인이었다. '거인'이라는 호칭은 뛰어난 연기와 모범적인 사생활, 그리고 꾸준한 기부와 자선활동을 통해서 얻어

졌다. 1958년 〈길고 긴 여름날〉로 칸 영화제 남우주연상을 수상했고, 1969년 첫 연출한 〈레이첼 레이첼〉로 골든글러브 감독상까지 받았다. 그러나 아카데미와는 인연이 없었는데, 8번 노미네이트되었다가 1985년 마틴 스콜세지 감독의 ☆〈컬러 오브 머니〉로 아카데미 남우주연상을 받게 된다. 6번의 골든글러브상, 영국 아카데미상, 칸 영화제상, 에미상 등 많은 상을 받았다. 그는 모두 57편의 영화에 출연했고, 6편의 영화를 제작했다. 매번 마지막 연기라는 자세로 배역에 몰입했다는 뉴먼은 "은퇴하려 했지만 영화에서 벗어날 수가 없었다"고 영화에 대한 깊은 애정을 피력했다. 2008년 9월 27일 폐암으로 별세한다.

▶ **피어 안젤리**(Pier Angeli 1932~1971): 이탈리아 부모 밑에서(이탈리아 사르디니아) 태어났다. 1951년 프레드 진네만 감독의 〈Teresa〉로 미국 영화에 데뷔해 골든글러브상을 받는다. 20년 뒤 〈대부〉에 캐스팅되었으나 제작 전 사망한다. 얼마동안 제임스 딘과 연인관계였으나 어머니의 반대로 무산됐고, Vic Damone(1954~1958), 또 이탈리아 작곡가 Armand Trovaioli(1962~1969)와 결혼한다. 그러나 1971년 바비튜레이트라는 향정신성의약품 과다 복용으로 사망한다. 출연작은 1971 〈옥타맨〉, 1965 〈발지 대전투〉, 1964 〈OSS 117〉, 1963 〈소돔과 고모라〉, 1965 〈상처뿐인 영광〉, 1954 〈은배〉 등이다.

▶ **제작 에피소드**: 〈상처뿐인 영광〉의 록키 역은 애초에 제임스 딘과 계약되었다고 한다. 제임스 딘은 애인 피어 안젤리와 결혼이 종교적 이유로 성사되지 못하고, 안젤리가 다른 남자와 결혼하게 되자 스포츠카 포르쉐(본닛에 130이라고 쓰여 있다)를 몰고나가 달리다 사고로 사

망한다. 제작은 중단되고 대신 폴 뉴먼이 들어간다. 남의 불행이 나의 행복이 된 사례이다. 반항심은 딘이 더 강력하지만 체격은 뉴먼이 근육질이라 잘 된 전화위복 캐스팅이라는 평론가들의 이야기도 있었다. 또 영화 속에서 뉴먼에게 실컷 얻어맞는 건달 역으로 출연한 '스티브 맥퀸'(Steve McQueen 1930~1980)은 비록 크레디트에도 올라가지 못한 배우이지만 공식 출연작으로 인정된다고 한다. 아무리 대스타라도 초년은 모두 고달픈 모양이다.

챔피언은 원래 센 선수가 빼앗는 것이지만, '토니 제일'의 챔피언 벨트를 록키 그라치아노가 가져갔고, 1년 뒤 토니 제일이 다시 찾아가지만 샹송가수 에디트 피아프가 죽도록 사랑한 프랑스 선수 '마르셀 세르당'(Marcel Cerdan 1916~1949)에게 건네준다. 다음해 제이크 라모타 (Jake LaMotta)가 마르셀 세르당을 누르고 세계미들급 챔피언을 쟁취한다. '로버트 드 니로'가 주연으로 등장한 〈성난 황소〉는 제이크 라모타의 일대기를 영화화한 것이다. 드 니로는 이 영화로 아카데미 남우주연상을 받아 권투영화로 폴 뉴먼과 드 니로가 모두 스타로 등극한 것이다.

노트르담의 꼽추

1957년 작. 프랑스 영화(Panitalia, Paris Film Productions). 109분. 컬러
원제: Notre Dame De Paris. The Hunchback Of Notre Dame
감독: 장 들라누와
출연: 지나 롤로브리지다. 안소니 퀸. 장 다네
※1957 한국 개봉

▶ **리뷰:** 노트르담은 성모 마리아를 뜻하는 말로 노트르담 대성당은 다시 말해 '성모 마리아의 대성당'을 말한다. 1163년 건축을 시작해 170년 동안 계속되었고 1330년에 완공된 고딕 건축의 걸작이다. 노트르담의 북쪽에는 높이 69미터나 되는 두 개의 탑이 있는데, 무려 387개의 계단을 올라가면 전망대가 있다. 전망대는 북쪽 탑에서 남쪽 탑으로 이어진다. 여기서 바라보는 파리의 전경 파노라마는 감동의 극치이다.

어쩌면 고공에서 내려다보는 도시가 이렇게 아름다울 수 있을까? 프랑스의 어떤 기(氣)가 느껴지기도 한다. 많은 독자들께서도 이 극치의 아우라를 경험하셨을 줄로 생각된다. 필자는 '프랑스 혁명 200주년 행사'의 일환으로 프랑스 정부의 초청을 받아 파리를 방문했던 1989년 387개의 계단을 등정한 바 있고, 2012년 다시 도전했는데 필설로 표현할 수 없는 진정 절경(絕景)이 눈앞에 펼쳐졌다. 이 영화의 무대는 바로 노트르담 성당인데, 당시 대성당 앞 광장에는 거지들과 집시들

이 우글거렸다는 이야기는 지금과는 매우 다른 모습이다.

➡ 이 영화는 꼽추 콰지모도(안소니 퀸)의 집시 처녀 에스메랄다(지나 롤로브리지다)에 대한 순수한 사랑이 핵심이다. 악당 지배자 프롤로, 여자를 탐하는 군인 피버스도 등장한다.

중세 시대, 콰지모도는 자신의 출생비밀조차 알지 못한 채 갓난 아이 때부터 짐승 같은 모습으로 노트르담 성당의 주임신부인 프롤로에 의해 노트르담의 종탑 위에 갇혀 종지기로 살게 된다. 영화 초반, 성당 앞 광장에서 '쟐리'라는 이름의 염소와 사는 지나 롤로브리지다의 집시 춤판이 질탕하면서도 관능을 뿜어내며 관중들의 환호를 받는다. 또 세상 밖에는 만우제(萬愚祭)가 열려 흥겨운 분위기다. 콰지모도는 성당 밖으로 나왔다가 광분(狂奔)하는 군중 속에 끼었다가 가장 못생긴 왕을 뽑는 '만우제의 왕'으로 뽑힌다.

이 때 콰지모도가 변장한 것이 아니라 실제 모습임을 알고 군중들이 죽이려 하자 에스메랄다(지나 롤로브리지다)가 나타나 콰지모도에게 물을 주고 구해준다. 압제자 프롤로는 속으로 에스메랄다에게 연정을 품지만 그녀는 프롤로가 콰지모도에게 시켜 자신을 납치하려 할 때 구해준 피버스라는 미남 장교에게 사랑을 느낀다. 프롤로의 질투는 극에 달해 에스메랄다와 만나 키스하고 있는 피버스의 등을 에스메랄다가 창 밖에 버린 칼로 찌른다. 에스메랄다는 마녀로 오해받고 고문 끝에 교수형장으로 끌려간다. 처형 직전, 밧줄을 타고 내려온 콰지모도가 그녀를 구해 성역(聖域)인 성당 안으로 들어와 성당 문을 모두 잠근다.

자칭 '파리의 왕'이라는 거지 패거리들이 에스메랄다를 구하기 위해 견고한 성당 문을 부수려고 공격하자 콰지모도가 위에서 나무토막과 돌기둥을 던지면서 저항할 때, 왕의 군대가 쳐들어와 활로 쏘아죽여 거지군대를 제압하고, 이 과정에서 에스메랄다도 화살이 등에 꽂혀 사망한다. 악당 프롤로는 콰지모도가 들어올려 성당 상층부에서 밖으로 내던져진다. 이렇게 악당은 지옥으로 떨어졌다. 에스메랄다가 죽은 뒤에 사형집행인의 부하가 그녀의 시체를 몬트포콘 지하 감옥 속으로 옮겨놓았다. 그 사건 후 2년이란 세월이 흘러 사람들은 두 개의 유골을 발견했다. 그 유골들은 이상한 모양으로 부둥켜안고 있었다. 그 유골들을 떼어놓으려고 하자 유골들은 먼지로 변했다.

▶ **빅토르 위고**(Victor Hugo 1802~1885): 앙드레 지드가 "이탈리아에는 단테가 있다면, 영국에는 셰익스피어, 독일에는 괴테가 있다. 그러나 우리 프랑스에는 빅토르 위고가 있노라"고 오마주를 바칠 만큼 위고는 '문학계의 태양왕'이었다.

그는 「1802년 2월 26일 브장송에서 출생하였다. 아버지는 나폴레옹 휘하의 장군이었고, 어머니는 왕당파 집안의 출신이었다. 그는 아버지를 따라 코르시카·이탈리아·에스파냐 등지로 전전하면서 살았다. 그러나 부모의 화합이 원만하지 못하여 1812년부터 어머니는 가족을 데리고 파리에 정착하였고, 그는 1814년부터 기숙학교 교육을 받았다. 아버지는 군인이 되기를 희망하였으나, 그는 문학에 흥미를 갖고 1817년 아카데미 프랑세즈의 콩쿠르에서, 이어 1819년 투르즈의 아카데미 콩쿠르에서 그의 시(詩)가 입상하였다. 1822년 어릴 적 친구였던 아델 푸세와 결혼하였다. 이 무렵 위고를 중심으로 하여 모여든 문인들이 이른바 '세나클(클럽)'을 이루어, 사실상 낭만주의자들의 지도자가 되었다.

1833년 그는 애처(愛妻) 아델과 친구 생트 뵈브와의 추문으로 크게 상심하던 중 여배우 J. 들루에와의 연애가 시작되었다. 이후 반세기 동안 두 사람의 불륜 관계가 계속된다. 자녀를 넷이나 낳은 본처 아델은 남편의 외도에 염증을 느낀 나머지 자신도 비평가 생트 뵈브와 외도 행각을 벌였지만, 그래도 40년 넘게 꿋꿋이 가정을 지켰다. 수많은 여인들과 염문을 뿌린 위고의 애정 행각은 말년까지도 계속되었지만, 그중에서도 가장 가까웠던 애인은 〈레 미제라블〉의 원고를 정서(正書)하고 망명지까지 따라가는 등 그를 물심양면으로 지원한 쥘리에트 들루에와였다.

특히 소설에는 불후의 걸작으로 꼽히고 있는 〈노트르담 드 파리 (Notre Dame de Paris 1831)〉가 있다. ('파리의 노트르담'의 영화화는 디즈니 애니메이션을 포함하여 10여 차례에 달한다.) 1848년의 2월 혁명 이후는 공화주의에 기울어, 1851년에 루이 나폴레옹(나폴레옹 3세)이 쿠데타로 제정(帝政)을 수립하려고 하자 이를 반대, 결국 망명의 길에 올라, 벨기에를 거쳐 영국 해협의 저지 섬과 간디 섬에서의 19년간에 걸친 생활이 시작되었다. 그 동안 장편소설 〈레 미제라블(Les Misérables 1862)〉 등을 발표하였다.

위고의 생활과 사상의 기조를 이루는 것은 웅대하면서도 낙천적인 성격이다. 다른 낭만파 시인에게서 볼 수 있는 감상적인 요소는 그의 작품에서는 부수적인 역할에 지나지 않는다. 생애의 반은 인류의 무한한 진보, 이상주의 사회건설 등의 낙관적인 신념으로 일관되어 있다. 그가 죽자 국민적인 대시인으로 추앙되어 국장으로 장례가 치러지고 판테온(Pantheon)에 묻혔다.」[84]

그는 소설가 · 시인 · 극작가 · 화가 · 상원의원 · 아카데미 회원 등을 두루 거친 만능명사였다. 〈파리의 노트르담〉은 노트르담 성당을 중심으로 15세기 파리의 풍경을 손에 잡힐 듯 사실적으로 묘사했다는 평가를 받고 있는데, 우리나라에서는 〈노트르담의 꼽추〉로 더 잘 알려져 있다. 1885년 5월 18일에 위고는 폐렴으로 자리에 누웠다. 그리고 22일에 파리에서 83세를 일기로 사망했다. "검은 빛이 보인다." 그의 마지막 말이었다. 그날 밤에 파리에는 천둥과 우박을 동반한 비바람이 몰아쳤다. 6월 1일에 장례식이 국장으로 치러졌고, 200만 명의 인파가 뒤를 따르는 가운데 그의 유해는 판테온에 묻힌다.

▶ **장 들라누와**(Jean Delannoy 1908 프랑스~1999): 파리 근교(누와지 르 섹)에서 1908년 출생. 파리에서 학창 시절을 보내면서 배우로서 영화계와 인연을 맺는다. 학위를 따고 잠시 영화계를 떠나 은행원, 미술 비평가, 실내장식가, 기자 등의 직업을 전전하다가 1934년 파라마운트 파리 스튜디오의 편집기사로 다시 영화계로 들어온다.

1935년 첫 장편영화 〈파리-도빌〉을 만들며 감독으로 데뷔한 그는 장 콕토가 '트리스탄과 이졸데' 이야기를 바탕으로 쓴 시나리오 〈영원한 회귀〉를 당대의 명배우 장 마레(Jean Marais), 마들렌느 솔로뉴를 주연으로 기용하여 연출, 그 능력을 인정받는다. 1946년에는 앙드레 지드의 원작, 미셸 모르강의 주연으로 〈전원교향곡〉을 만들어 그 해 칸영화제 그랑프리를 수상한다. 그는 역사물, 문예물, 종교극 등 매우 아카데믹한 대작들을 만들면서 당시 각종 국제영화제에서 프랑스를 대표하는 감독이 되었다.

그러나 전후 끌로드 오땅 라라 감독 등과 함께 프랑스의 질적 전통을 대표하는 감독으로서 누벨바그의 젊은 비평가, 감독들로부터 심한 비난을 사기도 했지만, 최근에는 그의 고전적이며 오서독스한 장인 으로서의 가치를 새롭게 조명받고 있다. 1966 〈암흑가의 태양〉, 1956 〈노트르담의 꼽추〉, 1952 〈애정의 순간〉, 1946 〈전원교향곡〉, 1943 〈비련〉 등의 작품이 있다.

▶ **지나 롤로브리지다**(Gina Lollobrigida 1927~): 우리는 그녀를 육체파 배 우로만 알고 있기가 쉽지만 사실은 배우 외에 사진기자, 조각가, 정치 에도 관심을 두었으며, 기부(寄附)도 많이 한 특별한 인물이다. 1950~ 60년대 초까지 유럽에서 가장 인기 있는 배우였다. 그녀는 이탈리아 수비아코(Subiaco)에서 가구제조업자의 딸로 태어났다. 대학에서는 조 각을 공부했고 모델도 좀 하다가 1947년 미스 이탈리아 대회에 나가 3 위를 차지함으로써 영화계와 인연을 맺었다.

1950년 할리우드의 하워드 휴즈(Howard Robard Hughes Jr.)의 초청 을 받았지만 거절하고 이탈리아 영화 〈빵, 사랑, 꿈(1953)〉과 〈빵, 사 랑, 질투(1954)〉라는 두 편의 '핑크 네오리얼리즘' 영화를 찍어 유명해 진다. 이어서 〈세상에서 가장 아름다운 여인(1956)〉에 출연해 영화의 제목이 그녀의 별명이 되었다. 1956년 버트 랭카스터, 토니 커티스와 공연한 〈공중 트라피즈(Trapeze)〉, 같은 해 〈노트르담의 꼽추〉, 율 브 린너와 공연한 〈솔로몬과 시바(1959)〉, 록 허드슨, 산드라 디, 보비 달 린과 찍은 〈9월이 오면(1961)〉으로 골든글로브 상을 받는다.

그녀는 영화 일과 함께 사진기자로도 두각을 나타낸다. 폴 뉴먼, 살 바도르 달리, 헨리 키신저, 오드리 헵번, 독일축구 대표팀 등의 사진 을 찍었고, 쿠바의 '피델 카스트로'와 독점 인터뷰를 함으로써 포토저

널리즘 분야에서 상당한 위치에 오른다. 1999년에는 정치에도 뛰어들어 고향 수비아코에서 이탈리아 유럽의회에 출마했지만 성공하지 못했다.

그녀는 1947년 슬로베니아인 의사 Milko Skofic와 결혼해 아들 하나를 두었지만 1971년 이혼하고, 그 후 조지 카프만, 크리스찬 버나드, 스페인 사업자 'Javier Rigau y Rafols'와도 사귀었다. 1949년 이래 시실리(시칠리아 Sicilia의 영어 이름)에 살았고, 그녀의 개인 박물관도 있으며 로마와 몬테카를로에도 집이 있다. 2013년 소더비 경매에 자신의 보석 콜렉션을 팔아 500만 달러를 만들어 '줄기세포를 통한 난치병 치료 요법' 연구기관에 기증하는 선행도 베풀었다. 롤로브리지다의 출연작은 2011 〈우디 앨런: 우리가 몰랐던 이야기〉, 1985 〈사랑과 욕망〉, 1968 〈애인관계〉, 1961 〈9월이 오면〉, 1959 〈솔로몬과 시바의 여왕〉, 1956 〈트래피즈〉, 〈노트르담의 꼽추〉, 1954 〈로마의 여인〉, 1953 〈비트 더 데블〉, 1952 〈팡팡 튤립〉 등이다.

▶ **안소니 퀸:** [29] 〈길〉 참조.

사형대의 엘리베이터

1957년 작. 프랑스 영화(누벨세디시옹). 88분. 흑백
원제: Ascenseur Pour L'echafaud, Frantic
감독: 루이 말
출연: 잔느 모로, 모리스 로네, 조르주 푸줄리, 리노 벤추라

▶ **리뷰:** 프랑스 추리소설 문학상을 받은 '노엘 갈레프'의 작품으로 25세의 '루이 말' 감독 데뷔작이다. 루이 말은 이 작품으로 '루이델뤽'(Louis-Delluc)상[85]을 받게 된다. 추리물이라 설명이 다소 길다.

(起): 플로랑스(잔느 모로)는 경제적으로 부유한 생활을 누리지만, 군인 출신의 완고한 남편 시몽과의 결혼생활은 지겹다. 시몽은 개척단계에 있는 회사를 일으키기 위해 군인시절 부하인 두뇌회전이 뛰어난 줄리앙 티베르니에(모리스 로네)를 기사로 채용한다. 줄리앙을 알게 된 플로랑스는 그와 열애에 빠진다. 「두 연인은 플로랑스의 남편 시몽(장 월)을 살해할 계획을 세운다. 줄리앙은 전쟁터에서 산전수전 다 겪고 돌아왔다. 그에게 살인은 그리 어려운 일 같아 보이지 않는다. 금요일 밤, 줄리앙은 여비서에게 늦게 퇴근하면서 알리바이를 세운 후 쇠갈고리에 건 줄을 위층으로 던져 사장 시몽 방으로 침입한다. 줄리앙은 시몽을 쏴죽이고 그의 손에 권총을 쥐어 놓고 자기 사무실로 돌아온다. 플로랑스는 단골 카페에서 기다리고, 시몽을 죽이고 내려올 때가

지만 해도 범죄는 완벽해 보인다.

그러나 여비서가 전화를 거는 바람에 모든 것이 꼬이기 시작한다. 전화벨 소리에 놀라 서두르느라고 사건의 유일한 증거물인 줄을 없애는 것을 깜빡 잊고 만다. 직원들과 퇴근한 후 밖으로 나와 차의 시동을 거는 순간 사무실 외벽에 대롱대롱 매달려 있는 줄을 본다. 줄리앙은 황급히 사무실로 돌아가기 위해 엘리베이터에 올라탄다. 도착하기 직전 직원들이 모두 퇴근한 것으로 생각한 경비원이 엘리베이터 전원을 꺼버린다. 줄리앙은 엘리베이터에 갇히고, 플로랑스는 오지 않는 그를 기다린다.

회사 앞 꽃집 아가씨 베로니크(요리 베르틴)는 줄리앙이 멋있다고 생각한다. 베로니크의 말을 듣던 그녀의 남자 친구 루이(조르주 푸줄리)는 시동 걸린 줄리앙의 차로 가서 제지하는 베로니크를 태운 후 차를 몰고 사라진다. 카페에 앉아 줄리앙을 기다리던 플로랑스는 줄리앙의 차에 꽃집 아가씨가 타고 가는 것을 목격한다. 자기를 기다리게 해놓고, 딴 여자를 태우고 가다니… 일이 잘못 돼가고 있다.

(承): 꽃집 아가씨 베로니크와 그녀의 남자 친구 루이는 차 속을 뒤진다. 마이크로 카메라와 권총까지 나온다. 뭔가 수상쩍다. 철부지에 불과한 남녀는 고속도로로 진입하고 고속으로 질주하는 메르세데스 벤츠와 속도 경쟁까지 벌인다. 결국 두 대의 차는 모텔 앞에 서고 여행 중인 독일인 부부와 만나게 된다. 루이와 베로니크는 줄리앙의 이름을 대고 모텔에 투숙한다. 플로랑스는 나타나지 않는 줄리앙을 기다리다 거리로 나선다. 단골집에 가봐도 줄리앙의 행방을 아는 사람은 없다. 설마 엘리베이터에 갇혀 있으리라고는 상상도 못한다. 그녀는 비 내리는 거리를 마냥 걷는다.

(轉): 새벽이 되자 루이는 벤츠를 훔치려 시도한다. 보안장치가 울리는 소리를 듣고 독일 남자가 권총을 들고 나오자 루이는 엉겁결에 그를 쏴버린다. 벤츠를 몰고 황급히 파리로 돌아온 두 사람은 베로니크의 집으로 가 신경안정제를 먹고 자살을 기도한다.

신분증을 갖고 나오지 않은 플로랑스는 불심검문에 걸리고 매춘부로 오인돼 경찰서로 연행된다. 강력계 반장 셰리에(리노 벤추라)는 그녀에게 남편의 동업자인(자기 애인) 줄리앙에 대해 묻는다. 줄리앙의 이름으로 투숙한 탓에 살인 혐의로 이미 수배령이 내린 것이다. 영문을 모르는 플로랑스는 몇 번 봤을 뿐이라고 시치미를 뗀다. 여전히 줄리앙은 엘리베이터에서 빠져나오려고 안간힘을 쓰고…

(結): 신문 1면을 장식하는 것은 줄리앙의 군대시절 사진이다. 줄리앙은 카페 주인의 신고를 받고 달려온 경찰에게 체포된다. 알리바이를 대지만, 밤새 엘리베이터에 갇혀 있었다는 변명으로는 설득이 되지 않는다. 꽃집에서 베로니크의 주소를 알아낸 플로랑스는 그녀의 집으로 간다. 줄리앙의 카메라로 찍은 사진을 모텔 사진관에 맡겼다는 이야기를 들은 베로니크의 남자친구 루이는 모텔로 가고, 플로랑스도 그의 뒤를 쫓는다.

그러나 모텔에는 이미 '셰리에' 반장이 기다리고 있다. 플로랑스와 줄리앙이 다정하게 찍은 사진이 막 인화되는 중이다. 연인들의 사련(邪戀)의 음모는 물거품이 되는 순간이다. 플로랑스의 독백이 흐른다. "나이 들고 삶은 짧아지겠지. 이제는 늙는 일 뿐… 어디선가, 함께 있겠지." 마일즈 데이비스(Miles Davis 1926/미국~1991)의 트럼펫 소리가 막막하게 허공을 가른다. 잔느 모로의 표정은 공허함이 가득하다. 루이 말은 애욕이 넘치는 범죄 드라마를 금요일 밤에서 토요일 아침에 이르는 시간 사이에 담아냈다.」[86] '프랑스 영화처럼'이라는 말 그대로 이 악(惡)의 스토리는 가차 없이 세련되게 'Fin'이 찍힌다.

▶ **루이 말 감독**(Louis Malle 1932~1995 프랑스): 1932년 프랑스 튐리에서 부유한 중산층 가정에서 태어났다. 파리고등영화학교를 졸업하고 소르본 대학에서 정치학을 전공하다가 'IDHEC'(프랑스 국립 영화학교)로 옮겨 영화공부를 한다. 로베르 브레송, 자크 이브 쿠스토의 조감독을 거쳐 1958년에 부친의 자금으로 〈사형대의 엘리베이터〉를 완성, 누벨 바그의 선구가 되었다. 이보다 조금 앞서 조감독 시절 만든 다큐멘터리 〈침묵의 세계〉는 칸 영화제 황금종려상과 아카데미 최우수 다큐멘터리상도 받는다. 프랑스와 미국을 오가며 개인 간의 관계와 계급 문제를 비판적인 시각으로 다룬 30여 편의 영화를 남겼다.

〈연인들(1958)〉로 베니스 영화제 심사위원 대상을 수상했다. 이 작품은 노골적인 성 묘사로 미국 등 국가에서 외설판단으로 상영금지된다. 〈지하철의 소녀(Zazie dans le metro 1960)〉, 〈도깨비불(Le Feu follet 1963)〉, 〈마음의 속삭임(Le Souffle Au Coeur 1971)〉은 엄마와 아들의 근친상간을 소재로 하였으며, 〈라콤 루시앙(Lacombe Lucien 1974)〉은 제2차 세계대전 중의 프랑스 비시 정부 하의 나치 정권의 몰락을 담아냈다. 이 영화는 아카데미 외국어영화상 부문에 노미네이트된다. 1978년에는 브룩 쉴즈가 주연한 〈프리티 베이비〉에서 10대의 성 매매춘을 다뤘고, 1992년 작 〈데미지〉에서도 아버지와 아들 사이에 한 여성의 파격적인 사랑을 묘사해 또 논란을 일으킨다. 그는 대체로 인간의 비정상적인 애정에 초점을 맞춘 경향을 보이고 있다. 그리고 〈굿바이 칠드런(Au revoir Les enfants 1987)〉으로 베니스 영화제 황금사자상과 세자르 상을 석권하며 건재함을 과시했다.

미국으로 가 〈애틀란틱 시티(1981)〉와 〈앙드레와의 저녁식사(1981)〉
로 호평을 받고 10년 만에 프랑스로 돌아와 만든 〈굿바이 칠드런
(1987)〉은 비평과 흥행에서 성공한다. 절제된 미장센, 감독 자기만의
특별한 카메라 연출, 배경음악 사용 등으로 개성적 감독이라는 평가
를 누렸다. 〈사형대의 엘리베이터〉에서는 마일드 데이비스의 재즈 음
악을, 〈지하철의 소녀〉에서는 프리 재즈를, 〈연인들〉, 〈굿바이 칠드
런〉, 〈블랙 문〉 등에서는 브람스, 슈베르트, 리하르트 바그너 등의
클래식을, 〈도깨비불〉에서는 천재 음악가 에릭 사티(Alfred Eric Leslie
Satie 1866~1925 프랑스 작곡가)[87]의 음악을 사용했다. 1980년 '캔디스 버
겐'과 결혼한 루이 말은 1995년 63세로 비버리힐즈의 자택에서 사망
한다. 그의 작품들이다.

• 1992 데미지 • 1987 굿바이 칠드런 • 1985 알라모의 총성
• 1981 앙드레와의 저녁식사 • 1980 애틀란틱 시티 • 1978 프리티
베이비 • 1975 블랙 문 • 1974 라콤 루시앙 • 1971 마음의 속삭임
• 1967 파리의 도적 • 1965 비바 마리아! • 1963 도깨비불 • 1960 지
하철의 소녀 • 1958 연인들 • 1958 사형대의 엘리베이터 ※한국 개봉
연도 미상

▶ **잔느 모로 & 니노 벤추라:** [31] 〈현금에 손대지 마라〉 참조.

해녀(海女)

1957년 작. 미국 영화(20세기 폭스). 컬러
원제: Boy On A Dolphin
감독: 진 네글레스코
출연: 앨런 래드, 소피아 로렌, 클리프톤 웹
※1957 한국 개봉

▶ **리뷰:** 이 영화는 1955년에 나온 역시 소피아 로렌이 주연한 하녀(河女)와는 다른 영화이다. 하지만 매우 흥미롭고 재미있는 이 〈해녀〉를 본 분들은 많지 않을 것으로 생각된다. 왜냐하면 한국 개봉은 제작년도인 1957년이고, DVD가 출시된 것은 2013년이기 때문이다.

➡ 그리스의 이드라 섬 풍차(風車) 집에서 미역을 따는 해녀 집시 아가씨 페드라(소피아 로렌)는 꾀돌이 동생 니코와 살고 있다. 페드라는 알바니아 불법입국자 리프(그녀의 애인)의 배에서 수중작업을 하다가 상처가 생겨 영국인 의사 호킨스 박사에게 치료받는 도중, 호킨스는 그녀의 허벅지에서 작은 못을 하나 뽑아낸다. 호킨스는 이것이 수천 년 전 난파된 '돌고래를 탄 소년'이라는 청동상과 관련이 있다는 지도를 그려오고, 그 물 속 지점을 알고 있는 가난한 페드라는 이것을 들고 아테네로 가 미국인 고고학자 짐 콜더(앨런 래드) 박사를 만나 동상을 건져 올릴 것을 의논한다.

그 사이 불법 유물 발굴업자 파멜라가 끼어들어 짐 콜더와 두뇌 싸움을 벌인다. 페드라는 돈과 선물의 유혹에 넘어가 악당 파멜라에게 가담해 짐 콜더를 청동상이 없는 바다 속으로 이리저리 끌고 다녀 기운을 뺀다. 파멜라의 지령에 따라 리프와 페드라는 청동상을 인양해 섬 동굴에 감춘다. 페드라는 자기의 잘못 때문에 콜더 박사 앞에서 갈등을 노정하고…, 파멜라 패들은 이 유물을 큰 배에 옮기려고 배에 밧줄을 묶고 (페드라도 뱃전에 손목이 줄에 감긴 채) 한밤에 이동 중 경찰의 검문을 받지만, 어찌된 일인지 유물이 없어 증거불충분으로 풀려난다.

콜더와 경찰은 허탈감에 가득 차 이드라 섬으로 돌아왔는데 섬은 비어 있다. 이때 축포가 터지고 어선들이 축하 페레이드를 하는데, 선두(先頭) 배에는 '돌고래를 탄 소년 청동상'이 실려 있는 것이 아닌가! 꾀돌이 동생 니코가 배 밑 바다 속을 잠수해 손칼로 동상의 묶인 밧줄을 끊어냈기 때문이다.

할리우드 영화는 대체로 해피엔딩인데 동상도 찾고 나쁜 일에 가담한 페드라도 갈등하던 참이었는데, 콜더 박사의 대시를 받고 둘은 쓰러져서 뜨겁게 입을 맞춘다. 앨런 래드는 165cm부터 175cm까지 고무줄 키라는 것이다. 오늘날 정설은 168cm이다. 상대 여배우와 키를 맞추기 위해 키높이 구두를 신고 촬영했다는데 소피아 로렌의 신장은 174cm이니 그림을 위해 그런 포즈를 취할 수밖에 없었을 것이다. 〈해녀〉는 그리스 섬들의 아름다운 풍광과 높은 산에서 밧줄에 매달린 궤짝을 타고 올라가야 하는 수도원, 당시 23세의 탱탱하고 육감적인 소피아 로렌이 사랑의 노래를 부르고 섹시하게 그리스 민속춤을 추는 장면들은 정말 볼 만하다.

▶ **진 네글레스코 감독**(Jean Negulesco 1900~1993/루마니아): 그는 루마니아 서남부의 크라요바에서 태어나 비엔나, 부쿠레슈티로 옮겨간다. 파리에서 화가로 일하다가 1927년 뉴욕에서 전시회를 열고 눌러 앉는다. 1934년 스케치 아티스트, 조감독을 거쳐 1941년 〈싱가포르 우먼〉, 1949년 제21회 아카데미 시상식에서 ☆제인 와이먼에게 오스카 여우상을 안겨준, 귀머거리에 벙어리인 소녀가 강간의 희생자가 되는 영화 〈조니 벨린더(Johnny Belinda 1948)〉와, 클라우데트 콜버트 주연의 〈세 명의 귀환자(Three Came Home 1950)〉를 감독했다.

1950년대에 처음으로 제작되는 시네마스코프 영화 〈백만장자와 결혼하는 법(1953)〉을 감독해 영국 아카데미상도 받는다. 프레드 에스테어가 출연한 〈키다리 아저씨(Daddy Long Legs 1954)〉를 만든다. 1960년대 스페인 마베야에서 살다가 심장마비로 93세를 일기로 숨을 거둔다. 1946년 Dusty Anderon과 결혼해 생을 마칠 때까지 해로한다.

▶ **앨런 래드**(Alan Ladd 1913~1964): 영국인 어머니는 아칸소에서 래드를 낳았고, 그가 네 살이었을 때 남편이 사망한다. 어머니는 오클라호마시티로 이사하고 Jim Beavers와 재혼해 북부 할리우드로 옮긴다. 래드는 학창시절 수영과 다이빙 선수로도 활약했으나 부상으로 좌절돼 유니버설스튜디오 연기학교에 다닌다. 햄버거 가게와 스튜디오 목수로 일하다가 '수 캐롤'(Sue Carol)이라는 에이전트가 그를 발견하여 스타로 키우기 시작했다. 〈시민 케인〉에서 단역을 맡고, 〈Joan of Paris〉에서 보다 나은 역을 받았다. 1942년에 두 사람은 결혼했다.

〈셰인(1953)〉에서, 잭 팰런스가 연기한 전문 총잡이 윌슨의 숙적이며 가죽 옷을 입고 다니는 주인공 셰인 역으로 스타덤에 진입한다. 푸른 눈과 빛나는 금발의 섹시한 인상 덕에 한동안 상당한 흥행 수익을 보장할 수 있었다. 서부극과 액션 영화가 그의 주 활동무대였다.

그는 1962년 11월 자살미수로 가슴에 총탄을 맞고 의식불명으로 발견된다. 그 후 팜 스프링스에서 1964년에 알코올과 약물과다복용으로 사망한다. 그는 두 번 결혼했는데, 고등학교 시절에 결혼한 Majorie Jane Harrold(1936~1941)과 Sue Carol(1942~1964)이 그의 부인들이다. 유명한 〈Star Wars Ep.4〉는 당시 20세기 폭스 사장이던 그의 아들 '앨런 래드 주니어'(배우 겸 제작자-첫 부인 해롤드의 소생이다)가 지원해 완성하고 대히트를 쳤다고 한다. 그의 출연작들은 〈딥 식스(1957)〉, 〈해녀(1957)〉, 〈산티아고(1956)〉, 〈창공에 지다(1955)〉, 〈셰인(1953)〉, 〈캘커타(1947)〉, 〈푸른 다알리아(1946)〉, 〈유리 열쇠(1942)〉, 〈백주의 탈출(1942)〉 등이다.

▶ **소피아 로렌**(Sophia Loren 1934~): 이 여배우를 언급함으로써 실바나 망가노, 지나 롤로브리지다와 함께 이탈리아의 여배우 삼성(三星)을 모두 소개하게 된다. 그녀는 건축 엔지니어인 아버지와 피아노 교사의 딸로 태어났다. 1950년 14살 때 미스 이탈리아 대회에 나가 최종심까지 올라갔다. 이로써 영화와 인연을 맺게 되는데 〈쿼바디스(1951)〉에서 노예 소녀(단역), 오페라를 영화화한 〈아이다(1953)〉에서는 주연으로 점프한다. 캐리 그랜트와 함께 나온 〈하우스보트(1958)〉, 말론 브란도와 함께 연기한 〈홍콩에서 온 백작부인(1967)〉 등 계속 성과를 내었다. 드디어 ☆〈두 여인(1960, 감독 비토리오 데 시카)〉으로 1962년 제34회 아카데미 시상식에서 여우주연상을 수상함으로써 세계적 배우가 되었다.

로렌은 1950년 15세에 37세인 영화제작자 카를로 폰티(Carlo Ponti 1912/이탈리아~2007)와 만나게 되고, 1957년(22세) 그와 결혼한다. 폰티는 첫 부인과 이혼의 문제가 생기자 프랑스로 가 퐁피두 대통령의 결재로 이혼을 승인받고 그들은 프랑스 시민이 된다. 이탈리아 관객이 가장 소중히 여기는 그녀의 역할은 〈나폴리의 황금(1954)〉(※2013년 가을 국내 DVD 출시)의 피자 장수와 마르첼로 마스트로얀니와 함께 출연한 〈사랑의 변주곡(1963)〉의 연기이다. 그녀의 마지막 영화는 로버트 알트만의 〈패션 쇼(1994)〉였다.

그녀는 자신의 아름다운 육체에 대해 아주 겸손했다. "여러분에게 보이는 이 모든 건 전부 스파게티 덕분이에요." 그녀는 2007년 카를로 폰티가 사망한 후, 인터뷰에서 "다시 결혼하지 않겠다"고 말했다. 그녀의 미모는 오늘날까지도 변함이 없고 손자는 4명이다. 〈더 휴먼 보이스(2014)〉는 아버지 카를로 폰티와 어머니 소피아 로렌의 아들인 영화감독 에도아르도 폰티(Edoardo Ponti)의 연출작이다. 다음은 그녀의 필모그래피이다.

• 2014 더 휴먼 보이스 • 2009 나인 • 1994 패션 쇼 • 1984 오로라 • 1980 스타 탄생 • 1979 리벤저 • 1977 카산드라 크로싱 • 1974 밀회 • 1970 해바라기 • 1967 홍콩에서 온 백작부인 • 1966 아라베스크 • 1964 이태리식 결혼 • 로마 제국의 멸망 • 1963 사랑의 변주곡 • 1961 두 여인 • 엘시드 • 1958 열쇠 • 1958 검은 난초 • 1957 자랑과 열정 • 1957 해녀(海女) • 1955 하녀(河女) • 1954 나폴리의 황금

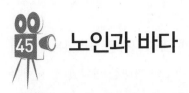

노인과 바다

1958년 작. 미국 영화(Warner Bros). 86분. 컬러
원제: The Old Man And The Sea
감독: 존 스터지스
출연: 스펜서 트레이시
원작: 헤밍웨이
※1961 한국 개봉

▶ **리뷰:** 파도치는 바다는 늘 외롭고, 노인은 누구나 언제나 슬프다. 이것은 동서고금의 진리이다. 산티아고(스펜서 트레이시) 노인은 멕시코 만에서 홀로 조각배를 타고 고기잡이를 하는 고독한 어부이다. 그런데 어쩌다 84일 동안 고기를 한 마리도 못 잡았다. 40일간은 동네 소년과 함께 배를 탔지만 그의 부모의 반대로 소년은 떠나고, 노인은 혼자서 배에서 지냈다. 그래도 소년은 빈 배로 돌아오는 노인을 마중 나가 도와준다.

산티아고 노인은 마르고 초췌하며 목에는 주름살투성이다. 뺨에는 기미가 가득 끼었고, 손바닥은 굳은살로 거칠지만 눈만은 형형(熒熒-광채가 반짝반짝 빛남)하다. 그리고 85일째 되는 날, 이른 새벽 또 바다로 나간다. 한낮이 되자 노인의 낚시줄에 힘이 가해진다. 보이지는 않았지만 대단한 놈인가 보다 하고 생각했다. 신자(信者)가 아닌 산티아고는 만약 고기를 잡을 수 있다면 '주기도문'과 '성모송'을 외우겠다고 하느님께 약속을 올릴 정도로 상대는 강력한 위력이 있었다.

이렇게 3일째 되던 날, 그 놈은 수면 위로 모습을 드러냈는데 노인의 배보다 더 커 보이는 1,500파운드 정도의 거대한 새치였다. 새치는 다랑어와 비슷한데 몸의 길이는 2~3미터, 몸무게 130kg 정도이다.(영어 명 Marlin) 노인과 새치의 사투가 계속된 지 한 시간여, 이 때 피 냄새를 맡은 상어 떼의 공격이 시작되고 노인은 작살로 대응하지만, 또 다른 상어 떼의 공격으로 새치는 머리통과 뼈만 남는다. 이렇게 새치와의 대결은 72시간(3일)만에 종료된다. 언덕 위의 판자 집에 돌아온 노인은 곧 잠든다. 그는 무슨 꿈을 꿀지….

이 영화는 같은 제목과 내용으로 1990년 개봉된 주드 테일러 감독, 안소니 퀸 주연의 〈노인과 바다〉와는 내용은 같더라도 다른 작품이라는 점을 유의할 필요가 있다.

▶ **원작:** 어네스트 헤밍웨이 [14] 〈누구를 위하여 좋은 울리나〉 참조.

▶ **존 스터지스 감독**(John Sturges 1911~1992): 미국 일리노이주 오크파크에서 태어났다. 1932년 필름 편집자로 영화계에 들어온다. 제2차 대전 당시에는 미국 공군의 기록영화를 다수 연출했다. 그는 서부극, 전쟁영화 등 남성적 영화연출에 특히 뛰어난 재능을 보였다. 1957년 서부영화의 걸작으로 꼽히는 〈OK 목장의 결투〉를 연출해 할리우드 최고 감독의 반열에 오른다. 1958년 〈노인과 바다〉로 다시 연타(連打)를 날린다.

그런데 이 〈노인과 바다〉의 경우에는, 서부극과 전쟁영화 전문 감독이라는 관점에서 보면 좀 그의 캐릭터와는 다르지 않는가 하는 생각도 하게 된다. 그의 전공은 인간, 적과의 대결이 핵심이다. 물론 〈노인과 바다〉는 인간과 대어(大漁)와의 치열한 싸움이라는 관점에서 보면 유사할 수도 있다. 그는 대단히 섬세하게 이 색다른 물고기와의 전쟁을 묘사하고 있다. 이 영화는 아바나와 쿠바 해변, 컬럼비아와 페루, 에콰도르, 갈라파고스 군도에서 실제로 올 로케 촬영으로 4분의 3 정도는 바다와 조각배에 탄 노인 장면을 리얼하면서도 서정적으로 처리했다. 그래서 제작비 500만 달러가 들어갔다.

코히마르(Cojimar)는 쿠바의 수도 아바나 동쪽 15km 떨어진 곳에 있는 작은 어촌으로 헤밍웨이가 여기서 취미로 청새치 낚시를 자주 하다가 영감을 얻어 〈노인과 바다〉를 쓰게 되었다고 한다. 실제 모델 또한 이 마을 주민이자 헤밍웨이의 오랜 낚시 친구였던 그레고리오 푸엔테스(Gregorio Fuentes)로 알려졌다.

일본의 '또 한 명의 천황'이라고도 불린 '구로사와 아키라' 감독의 〈7인의 사무라이(1954)〉를 스터지스 감독이 웨스턴 스타일로 꾸민 〈황야의 7인(1960)〉으로 대박흥행을 달성한다. 그는 구로사와 아키라 감독을 만난 적이 있는데, 아키라는 〈황야의 7인〉에 대해 좋은 평가를 내렸고, 스터지스에게 '사무라이 칼'을 선물로 주었는데 그는 감독생활 중 가장 자랑스러운 순간이었다고 회고했다.

1963년 탈출영화의 최고봉으로 자리매김한 〈대탈주〉(스티브 맥퀸, 찰스 브론슨, 제임스 코번, 제임스 가너, 리차드 어텐보로 출연)로 대미를 장식한다. 1976년 〈독수리 요새〉를 끝으로 은퇴해서 1992년 캘리포니아에서 폐기종으로 향년 82세를 일기로 사망한다. 그의 연출작들은 다음과 같다.

• 1976 독수리 착륙하다 • 1974 형사 맥큐 • 1968 제브라 작전

• 1967 OK 목장의 결투 2 • 1963 대탈주 • 1960 황야의 7인 • 1959 건 힐의 결투 • 1958 노인과 바다 • 고스트 타운의 결투 • 1957 OK 목장의 결투 • 1954 브라보 요새의 탈출

▶ **스펜서 트레이시**(Spencer Tracy 1900/미국~1967): 트레이시는 트럭 세일즈맨인 아버지와 어머니 사이에서 태어나 제1차 대전시 해군에 입대했고, 제대 후 연극무대로 들어간다. 존 포드 감독에 이끌려 찍은 〈교도소로 가다(1930)〉, 〈퀵 밀리언(1931)〉, 〈씽씽 교도소에서의 2만 년(1932)〉 등으로 경력을 쌓은 후, ☆〈용감한 선장들(1937)〉과 ☆〈보이스 타운(1938)〉으로 2년 연속 아카데미상을 수상함으로써 할리우드 골든 에이지의 중요 스타의 한 명으로 자리 잡았다.

1942년에 트레이시는 MGM 스타 캐서린 헵번과 〈여성의 해(1942)〉에서 공연한다. 남성적 기질이 강한 신문기자 트레이시가 스타 여기자(헵번)를 만나 결혼한다는 이야기인데, 이 영화를 계기로 두 사람 사이에는 실제로도 사랑의 불꽃이 튀었고, 이런 관계는 〈키퍼 옵 더 플레임(1942)〉, 〈스테이트 오브 유니언(1948)〉, 〈아담의 갈빗대(1949)〉, 〈팻과 마이크(1952)〉 등 9편의 영화를 같이 찍음으로써 더욱 깊고 공고해졌다.

1923년 여배우 Louise Treadwell과 결혼해 유부남이었던 트레이시는 25년 동안 부인과 이혼하지 않은 상태에서 헵번과의 관계를 유지했는데, 그의 아내와 헵번 모두 큰 불만이 없었던 것으로 알려지고 있다. 좀 특이한 경우이다. 그는 60대에 들어와 음주, 흡연, 약물복용으로 과(過)체중에 시달렸고, 심장병으로 병원신세도 졌다.

병세가 심해지자 헵번의 집으로 들어가 독서, 그림그리기, 음악을

들으면서 지냈다. 트레이시는 〈초대받지 않은 손님(1967)〉의 촬영을 마치고 17일 뒤인 1967년 6월 10일, 주방에서 심장마비로 죽는데, 헵번에 의해 발견된다. 추도미사에는 조지 큐커, 스탠리 크레이머, 프랭크 시나트라, 제임스 스튜어트, 존 포드 등이 참석했다. 헵번은 트레이시의 죽음에 너무 심한 충격을 받아 추도미사에 불참했고, 또 헵번은 〈초대받지 않은 손님〉을 끝내 보지 않았다는 이야기도 있다. 그녀는 트레이시를 정말 가슴 깊이 사랑했던 모양이다. 그의 필모그래피이다.

• 1967 초대받지 않은 손님 • 1961 악마의 4시 • 뉘른베르크의 재판 • 1960 침묵의 소리 • 1958 마지막 함성 • 노인과 바다 • 1957 사랑의 변주곡 • 1956 더 마운틴 • 1954 부러진 창 • 1953 여배우 • 1950 신부의 아버지 • 1949 아담의 갈빗대 • 1942 여성의 해 • 1941 지킬박사와 하이드 • 1930 교도소로 가다

 **벤허**

1959년 작. 미국 영화(MGM). 212분. 컬러 시네마스코프
원제: Ben-Hur
감독: 윌리엄 와일러
출연: 찰톤 헤스톤, 잭 호킨스, 스티븐 보이드, 휴 그리피스
원작: 류 월리스(Lew Wallace)의 소설 〈벤허: 그리스도의 이야기〉
음악: 마이클로스 로자
※1962 한국 개봉

▶ **원작자 류 월리스(Lew Wallace 1827~1905):** 이 작가는 인디아나 주 Brookville 출신으로 남북전쟁의 영웅이며 터키 대사와 뉴멕시코 주지사를 지낸 바 있는 정치인, 언론인, 퇴역 장군이다. 1890년에 쓴 〈벤허: 그리스도의 이야기〉를 영화화 한 것이 바로 이 작품이다. 저작 동기는 로버트 잉거졸(Robert Ingersoll)이라는 친구가 성경에 나오는 인물을 소재로 소설을 써보라는 권유 때문이었다고 한다.

그는 반(反) 기독교인으로 무신론자였는데, 성경의 불합리성과 비과학적 모순을 밝혀내 폭로하기 위해 성경을 비교·분석·탐구하기 시작했다. 그러나 성경을 파고들수록 놀랍고 신비한 사실들을 알게 돼 애초의 의도와는 달리 예수를 자기의 구세주로 모시게 된다. 이 소설은 1880년 출판과 동시에 200만부나 팔리는 베스트셀러가 되었고, 예수의 부정(否定)을 시도한 것이 여러 번의 영화화로 그리스도를 적극적으로 긍정(肯定)·홍보하는 결과를 낳게 된다.

또한 〈벤허〉는 1907년 칼럼영화사(Kalem Studios 시드니 올콧 감독)에

의해 15분짜리 무성영화(전차경주 중심)로 제작된 바 있다. 원작자 윌리스가 1905년 작고했기 때문에 〈벤허〉 출판사 '하퍼스 앤 브라더스'사와 원작자 유족이 저작권 소송을 냈다. 이에 미국 대법원은 소유권을 인정해 사용료로 윌리스 유족에게 2만5천 달러를 지불함으로써 오늘날 원작소설에 대한 판권료의 효시(嚆矢-맨 처음)가 되었다.

▶ **리뷰:** 3시간 32분의 긴 영화이기 때문에 간추려도 스토리는 길다.

영화의 배경은 서기 26년의 예루살렘이다. 유대를 지배하고 있던 로마 제국의 새 총독 그라투스(Valerius Gratus)가 부임하는데, 예루살렘의 부호인 유다(찰톤 헤스톤)의 어릴 적 친구 멧살라(스티븐 보이드)가 호민관(주둔군 사령관)으로 먼저 당도한다. 유다를 찾아와 유대인 반역자들의 명단을 알려달라고 말하자 유다가 그 부탁을 거절한다. 유다와 여동생 티르자(캐시 오도넬)가 신임총독의 축하 퍼레이드를 집 옥상에서 구경하던 중에 발을 헛디뎌 낡은 지붕의 기왓장이 총독의 말에 떨어지는 불상사가 발생한다.

총독은 "나의 부임에 대한 유대 민족의 악질적 반항"이라며 유다와 그의 어머니 미리암, 누이동생 티르자는 로마군의 감옥에 가둔다. 멧살라는 벤허 가족의 무고함을 알고 있었으나 가족 모두를 감옥에 보내고, 벤허는 쇠고랑을 찬 채 로마 전함 갤리선(galley船)[88]에 노 젓는 노예로 끌려간다. 사막을 거쳐 나사렛에 이른 벤허가 목이 말라 하자, 로마 병정이 주민들에게 물도 못주게 한다. 이때 귀티가 나는 사람이 벤허에게 물을 주는데 바로 예수다.(이 때는 잘 몰랐다) 병정들도 말리지 못한다.

당시 로마 해군의 전함은 동력이 없어 노예들이 교대로 노를 저어

움직이게 되어 있었고, 갤리선의 노예들은 너무나 혹독한 노동으로 3년 이상 버틸 수 없다는 것이 정설(定說)이다. 갤리선에서 노예로 3년쯤 지냈을 때 벤허가 탔던 배는 해적선 공격으로 화재가 발생해 대파되었으나, 벤허는 나무조각에 의지해 살아남았고, 배의 지휘관이던 집정관 퀸터스 아리우스(잭 호킨스) 제독을 구해준다. 함대는 마케도니아와의 해전에서 승리를 거두어 퀸터스는 로마에서 개선식을 하게 되었다. 벤허와 함께 개선마차를 탄 퀸터스는 황제(티베리우스)에게 벤허를 양자로 삼겠다는 청을 하여 허락을 받고 벤허는 집정관의 양아들이 된다.

귀족의 양아들이 된 벤허는 5년 동안 각종 무술을 연마하면서 전차경주에서 수차례 우승하는 등 로마에서 살지만, 어머니와 누이동생의 안부가 궁금하고 자기를 노예선에 보낸 멧살라(스티븐 보이드)에게 복수하기 위해 양아버지의 승인을 얻어 예루살렘으로 돌아온다.

예루살렘에 돌아와 보니 집은 폐가가 되어 있고, 집사이자 노예였던 시모니데스와 그의 딸 에스더가 살고 있었다. 아리우스(집정관)의 아들이라는 이름으로 벤허는 멧살라를 찾아간다. 멧살라에게 감옥에 갇혀 있었던 어머니와 누이동생을 찾아 달라고 요구한다. 그러나 그는 8년 전 안토니아 지하 감옥에 들어간 후 소식을 모른다고 딱 잡아뗀다.

예루살렘에서는 전차경주가 열리는데, 예루살렘으로 돌아오던 중에 만난 아랍인 일데림 족장(휴 그리피스)이 지원해준 네 마리 백마를 맨 마차를 이용해 벤허는 멧살라와 함께 전차경주에 출전한다. 멧살라는 바퀴 양쪽에 톱니 축을 댄 그리스식 전차를 타고 나와 출전선수들을 위협하고 전복시킨다. 멧살라는 벤허의 전차에 가까이 접근하여 벤허에게 채찍질을 하지만, 오히려 벤허는 그의 채찍을 빼앗아 반격하고 멧살라는 전차가 뒤집혀 추락해 패배한다. 빌라도 총독은 영웅을 상징하는 월계관을 벤허 머리에 씌워준다.

선인(善人)을 상징해서인지 벤허는 백마를 타고, 악인(惡人) 멧살라는 흑마(黑馬)에 올라 배경음악 없이 달리는 말의 발굽소리와 관중의 함성만으로 진행되는 '말마차 경주(Chariot race)' 액션은 어떤 공포영화나 스릴러보다 가슴이 뛰고 손에 땀을 쥐게 하는 박진감과 긴장감의 연속으로 지금 보아도 글자 그대로 압권(壓卷-가장 잘된 부분)이다.

전차전복 부상으로 죽음을 예감한 멧살라는 찾아 온 벤허에게 어머니와 여동생이 나병환자 계곡에 있다고 실토(實吐)한다. 모녀가 감옥에서 나병에 걸려 그들이 모여 사는 계곡에 버려졌다는 것이다. 벤허는 그 계곡으로 찾아가 거기서 어머니와 동생, 에스더(집사의 딸)를 만난다. 그는 에스더의 예수 그리스도가 행한 기적에 대한 설명을 듣고 어머니, 동생, 에스더와 함께 예수 그리스도를 찾아 예루살렘 성으로 간다.

그러나 그 날은 예수가 골고다 언덕에서 십자가에 못 박혀 처형되는 날이었다. 벤허는 오래 전 그가 갤리선의 노예로 끌려갈 때 나사렛에서 물을 떠주던 그 남자임을 알고 놀란다. 예수가 십자가에 못 박혀 숨을 거두자 갑자기 하늘에서 천둥 번개가 치고 기적이 일어난다. 어머니와 여동생의 나병이 깨끗이 나은 것이다.

〈벤허〉의 주제인 증오, 분노, 복수를 예수 그리스도로 인하여 사랑, 용서, 화해로 바꾸어 놓는다. 방대한 이 작품은 예술성, 종교적 측면, 오락성을 적절히 배합해 할리우드의 전략과 화력(火力)을 유감없이 발휘했다고 평가할 수 있다.

▶ **제작 에피소드:** 〈벤허〉는 1907년과 1925년에 이어 세 번째 영화이다. 4번째 〈벤허〉도 예정되어 있다.(미국 2016년 개봉, 감독: 티무르 베크맘베토브, 출연: 모건 프리먼, 잭 휴스턴, 토비 켑벨 등) 이 영화는 당시로는 흔치 않던 70mm 시네마스코프, 입체음향 포맷으로 제작되었다. 이 방식의 의미는 다음과 같다. 「시네마스코프는 와이드 스크린(wide screen)을 사용한 영화를 말하는데, 1950년대 할리우드가 영화산업에 닥친 위기를 돌파하기 위한 방안으로 고안했다. 애너모픽 렌즈(anamorphic lens)를 일반 렌즈 앞에 장착해 촬영한 후 화상을 옆으로 늘리는 원리를 이용한다. 시네마스코프 화면은 가로 세로의 비율이 2.35 : 1로, 표준 규격인 1.33 : 1에 비해 가로의 비가 훨씬 크다. 통상 '70mm 시네마스코프'라 하여 70mm 포맷과 함께 사용하는 경우가 많다.

시네마스코프 영화의 첫 작품은 1953년 제작된 할리우드 영화 〈성의(The Robe 1953)〉였으며 〈백만장자와 결혼하기(1953)〉가 크게 성공하자 스튜디오들은 앞다투어 이를 사용하기 시작했다. 〈벤허(1959)〉, 〈아라비아의 로렌스(1962)〉, 〈닥터 지바고(1965)〉, 〈2001 스페이스 오디세이(1968)〉 등 서사 스펙터클 영화에 주로 사용됐다.」(영화사전)

➡ 1958년 로마의 치네치타(Cinecitta) 스튜디오에서 〈벤허〉의 촬영이 시작됐을 때 1,500만 달러라는 천문학적 제작비를 놓고, 그 많은 돈을 들이고도 제작비를 회수하고 수익을 낼 수 있을까 하는 의견이 분분했기 때문에 제작사인 MGM의 상황은 매우 좋지 않았다. MGM은 〈쿼바디스〉를 제작했던 성서영화 전문가인 샘 짐발리스트(Sam Zimbalist 1904/New York~1958/Rome)를 제작총괄로 임명했는데, 그는

348

격무로 사망하는 불운도 겪게 된다.

이 초대작(超大作) 〈벤허〉를 성공시킨 윌리엄 와일러 감독은 무성영화 〈벤허프레드(니블로 감독, 1925)〉에서도 조감독으로 참여했다. '전차경주' 장면은 대형 스케일 신을 연출한 경험이 없는 와일러 감독 대신 〈지상 최대의 작전(1962)〉 감독 중의 한 명인 앤드류 마르턴(Andrew Marton 1904/헝가리~1992) 감독이 연출해 명장면을 완성했다. 13분 30초 동안 계속되는 벤허의 고대전차경기(차리오트 레이스 Chariot Race-1 인승 2륜 전차경기)는 촬영에 3개월이 소요되었고, 찰턴 헤스턴은 한 달간, 뒤늦게 캐스팅된 스티븐 보이드는 2주간 전차 모는 기술을 배웠다고 한다. 이 장면에만 제작비 100만 달러가 투입되었으며, 카메라 6대, 엑스트라 5만 명이 참여했으며 촬영기간만 5주가 걸렸다. 트랙에 15,000명의 엑스트라를 동원했다.

〈벤허〉는 준비기간 10년, 촬영기간 10개월, 이집트와 로마의 치네치타 스튜디오 외에도 세트 300개 이상, 100,000벌의 의상, 낙타 200마리, 말 2,500마리, 대사가 있는 출연자만도 496명, 엑스트라 10만명, 총제작비 1,500만 달러나 투입되었다. 상영시간 3시간 32분, 1년여 촬영 기간 동안 촬영한 필름 전체 길이가 '지구를 한 바퀴 돌고도 남을 정도로 필름을 소모했다'고 여러 자료들에 나오고 있다.

MGM 홍보팀은 'Ben-Hur'라고 새겨진 장난감, 수건 등 판촉물을 무려 300만 달러어치나 살포하는 마케팅 전투도 벌였다. 그 결과 전세계에서 8천만 달러의 거액을 벌어들였다.(투입액 1,500만 달러) 손에 땀을 쥐게 하는 스펙터클의 극치인 전차경주 등 명장면들에 힘입어 ☆1960년 제32회 아카데미 시상식에서 작품(샘 짐발리스트), 감독(윌리엄 와일러), 남우주연(찰톤 헤스톤), 남우조연(아랍부호 일데림 역 휴 그리피스), 촬영(로버트 서티스), 음악(마이클로스 로자), 미술, 의상 등 11개 부문에서 수상하는 소위 '상 벼락'을 맞는다. 2010년까지 11개 부문 수상은 〈벤허〉, 〈타이타닉(1997)〉, 〈반지의 제왕: 왕의 귀환(2003)〉 이렇게 세 편이다.

▶ **윌리엄 와일러 감독:** 그는 제32회 아카데미 시상식장에서 "오, 신이시여, 과연 이게 제가 만든 작품입니까?"라고 스스로 감탄했다고 한다. [8] 〈폭풍의 언덕〉 참조.

▶ **찰톤 헤스톤**(Charlton Heston 1924~2008): 일리노이 주 에번스턴에서 태어났고, 부모가 10살 때 이혼한다. 어머니가 Chester Heston과 결혼해 시카고 교외 고등학교에 다녔다. 1944년 노스웨스턴 대학 동창생이자 모델이던 Lydia Clarke와 결혼하고 공군에 입대한다. 1947년 연극 〈안토니우스와 클레오파트라〉로 브로드웨이에서 데뷔한 후, 텔레비전에서 셰익스피어의 〈맥베스〉, 〈안토니우스와 클레오파트라〉, 〈줄리어스 시저〉 등을 연기했다. 이때 TV 1호로 활동한 배우 중에는 율 브린너, 리처드 위드마크도 있다.

할리우드에서 〈다크 시티(1950)〉, 〈지상 최대의 쇼(1952)〉를 찍었고, 〈대통령의 여인(1953)〉에서는 앤드루 존슨 대통령 역을 맡았다. 190cm의 키에 건장한 체구, 굵은 목소리, 뚜렷한 윤곽의 남성적 풍모(風貌)로 당당한 스크린의 존재감을 보인 헤스톤은 세실 B. 드밀 감독의 〈십계(1956)〉에서 모세 역으로 가장 잘 알려졌다.

자신의 남우주연상을 포함하여 11개의 아카데미상을 휩쓴 〈벤허(1959)〉는 1925년 판 〈벤허〉의 리메이크로 제작된 것인데, 애초에 주연 후보는 말론 브란도, 록 허드슨, 버트 랭커스터, 폴 뉴먼, 로버트 테일러, 커크 더글라스 등 여러 명이 거론됐지만, 최종적으로 찰톤 헤스톤이 낙점되었다고 한다. 그가 서사적, 또 역사 드라마적 역할을 맡은 영화들은 〈엘 시드(1961)〉, 미켈란젤로 역의 〈고통과 황홀경(1965)〉, 세례자 요한으로 나온 〈일생에 가장 위대한 이야기(1965)〉 등이다. 1968년 서부영화 〈윌 페니〉, 〈혹성탈출〉에도 출연하였다. 〈줄리어스 시저(1970)〉와 〈안토니우스와 클레오파트라(1973, 자신이 감독을 겸함)〉에서 두 번이나 마르쿠스 안토니우스 역을 맡았다.

그는 1944년 동창생 Lydia Clarke와 결혼한 이래 64년 동안 83세로 비벌리힐스에서 사망할 때까지 그녀와 함께 했다. 할리우드에서는 매우 드문 경우라고 생각된다. 사회활동도 왕성하게 했는데, 미국 배우 조합(SAG) 회장(1966~1971)과 미국 영화연구소(AFI) 의장(1973~1983), 그리고 미국 총기협회(NRA) 회장(1998~2003)도 지냈다. 그의 필모그래피이다.

・1999 애니 기븐 선데이 ・1978 위기의 핵잠수함 ・1976 미드웨이 ・1974 에어포트 75 ・1973 안토니우스와 클레오파트라 ・1972 보잉707 비상착륙 ・1970 줄리어스 시저 ・1968 카운터포인트 ・혹성탈출 1 ・1966 카슘 공방전 ・1965 메이저 던디 ・1963 북경의 55일 ・1961 엘시드 ・1959 벤허 ・1958 빅 컨추리 ・1956 십계 ・1952 지상 최대의 쇼 ・1950 다크 시티 (※〈카운터포인트〉도 참 훌륭한 작품인데 DVD를 못 구하고 있다.)

▶ **잭 호킨스**(Jack Hawkins 1910/런던~1973): 출연작은 〈워털루(1970)〉,

〈로드 짐(1965)〉, 〈줄루(1964)〉, 〈아라비아의 로렌스(1962)〉, 〈벤허 (1959)〉, 〈콰이 강의 다리(1957)〉, 〈잔인한 바다(1973)〉 등이다.

▶ **스티븐 보이드**(Stephen Boyd 1931/아일랜드~1977): 출연작은 〈최후의 대 결(1977)〉, 〈킬 킬 킬(1972)〉, 〈샬라코(1968)〉, 〈비밀지령 K(1968)〉, 〈천 지창조(1966)〉, 〈징기스칸(1965)〉, 〈벤허(1959)〉, 〈존재한 적이 없는 사 나이(1956)〉 등이다.

▶ **마이클로스 로스자**(Miklós Rózsa 1907/헝가리~1995/미국): 이 작곡가는 독 일에서 훈련을 쌓고 프랑스, 이탈리아, 영국, 미국에서 활동하면서 거 의 100여곡의 영화음악을 만들었다. 1946년 미국 시민이 되었다. 〈쿼 바디스(1951)〉, 〈줄리어스 시저(1953)〉 등 사극으로 이미 명성을 얻었 고 ☆〈Spellbound(1945)〉로 1946년 제18회 아카데미, ☆〈A Double Life(1947)〉로 1948년 제20회 아카데미, ☆〈벤허(1959)〉로 1960년 제32 회 아카데미 시상식에서 3회나 음악상을 수상한 영화음악의 거장이었 다. 그는 특히 스펙터클한 장면들을 더욱 웅장한 느낌을 주도록 음악 을 작곡했고, 때로는 애절하고 슬픈 분위기를 만드는데 재능이 뛰어 난 음악가였다.

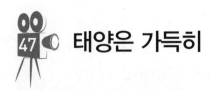

태양은 가득히

1959년 작. 프랑스 · 이탈이아 영화(파리 필름, 티타누스), 118분
원제: Plein Soleil, Purple Noon,
감독: 르네 클레망
출연: 알랭 들롱, 마리 라포레, 모리스 로네
원작: 파트리샤 하이스미스의 소설 〈리플리〉(TheTalented Mr. Ripley)
※1975 한국 개봉

▶ **리뷰:** 고등학교 동창인 필립(Philippe Greenleaf 모리스 로네)은 로마에서 놀면서 귀국하지 않자, 필립을 샌프란시스코 집으로 데려오면 5천 달러를 주겠다고 그의 아버지가 톰 리플리(Tom Ripley 알랭 들롱)에게 제안한다. 5천 달러를 벌고자 톰은 그를 만나지만 여의치 않고 돈 때문에 온갖 멸시를 받아가며 하인처럼 따라다닌다.

둘은 요트를 타고 나폴리로 와 필립의 애인 마르쥬(Marge Duval 마리 라포레)를 태우고 항해를 즐긴다. 필립은 톰이 두 사람의 방해물이라 생각해 사소한 시비 끝에 톰을 구명보트에 매달고 달리기도 한다. 톰은 햇볕에 심한 화상을 입고 마르쥬의 간호를 받는다.

필립에 대한 톰의 적개심은 무서운 증오로 변하고, 필립이 로마에서 즐긴 여자가 떨어뜨린 귀걸이를 이용해 필립과 마르쥬가 싸우도록 만든다. 그리고 파도가 치는 날, 톰과 포커를 치던 필립은 톰이 귀걸이와 재산을 가로챈다는 말을 계속하자 갑자기 톰이 필립을 찔러 죽인다. 톰은 필립의 시체를 우의(雨衣)에 싼 다음 밧줄로 묶어 바다 속에 던져버린다. 육지로 올라와 필립의 신분증명서를 위조하고, 그의 사인(sign)을 훈련하며, 목소리 흉내까지 연습한다.

이렇게 사기 수법으로 필립의 돈을 인출하고 숨어 살던 톰에게 필립을 만나러 온 그의 친구 프레디(Freddy Miles 빌 키어스)가 의문을 품자 프레디도 살해한다. 그리고 프레디의 살해범을 필립으로 위장시킨 뒤 재산을 모두 마르쥬에게 상속하는 유언장과 함께 그가 자살한 것처럼 꾸며 경찰을 따돌린다. 톰은 필립을 잃고 비탄에 빠진 마르쥬에게 접근하여 그녀를 범한다. 그러나 미국에서 필립의 아버지가 마르쥬를 만나기 위해 오게 되고, 그와 마르쥬는 요트를 팔기 위해 배를 육지로 끌어올린 순간 스크류에 감겨 와이어에 묶인 시체가 끌려 올라온다. 경찰은 톰이 있는 해변으로 가서 그를 불러 달라고 한다. '전화가 왔다'는 소리에 사실을 전혀 모른 채 일광욕을 즐기던 톰은 일어선다. 일확천금을 꿈꾸는 청년 톰의 살인행각은 산산조각난다.

'파트리샤 하이스미스'의 소설 '리플리'는 영화 리플리(The Talented Mr. Ripley)로 다시 만들어진 바 있다. 이 영화는 〈Silver Linings Playbook(2012)〉과 〈Nine(2009)〉, 〈더 리더 책 읽어주는 남자(The Reader 2008)〉, 〈잉글리쉬 페이션트(1996)〉 등의 감독인 안소니 밍겔라(Anthony Minghella) 감독 각색 · 연출로 1999년 다시 영화화 되었다.

▶ 르네 클레망 감독: [24] 〈금지된 장난〉 참조.

▶ 알랭 들롱(Alain Delon 1935년/프랑스~): 코르시카에서 태어난 그의 초년은 불행한 편이었다. 1939년 겨우 4살 때 부모가 이혼한다. 가톨릭

학교에 들어갔다가 퇴학당하는 등 중등교육을 마치고, 17세 때 해군에 입대해 제1차 인도차이나 전쟁에도 참여하지만 규율 위반으로 11개월이나 영창에 있었다. 제대 후 파리로 돌아와 돈이 없어 웨이터, 짐꾼, 외판원으로 일하다가 당시 여배우 브리지트 오버(Brigitte Auber)와 친구가 되어 칸 영화제에 여행을 간 것이 그의 인생을 바꿔 놓았다. 거기서 '데이비드 O. 셀즈닉'의 눈에 띄면서 프랑스 영화계에 진출해 이브 알레그레 감독의 〈여자가 다가올 때(1957)〉로 정식 데뷔하였다.

이어 르네 클레망 감독의 〈태양은 가득히(1960)〉, 루치노 비스콘티 감독의 〈로코와 그 형제들(1961)〉, 그리고 미켈란젤로 안토니오니 감독의 〈일식(1962)〉, 장 뤽 고다르, 장 피에로 멜빌, 조셉 로지 같은 명감독들의 작품에 출연했다. 이런 빠른 스타덤 진입으로 23세에 제랄드 필립, 장 마레, 미국배우 제임스 딘과도 비교될 정도였다. 그는 미국보다도 일본, 한국 등 동양에서 인기가 많았다.

미녀 여배우와 끊이지 않는 스캔들로도 유명하다. 또 자신의 보디가드 사망(말코비치 사건), 양성애자, 마약, 섹스 스캔들 등으로 세상을 시끄럽게 했다. 1960년 이래 모두 85편의 영화에 출연했고, 이중 82편에서 주연을 맡았다. 또 〈암흑가의 두 사람〉 등 24편의 영화를 직접 제작했으며, 〈최후의 방어선(1983)〉, 〈형사 이야기〉 등 2편의 영화에서 감독을 맡기도 했다.

앞에서 여배우들과 스캔들을 얘기했는데, 들롱도 사실 적은 편은 아니다. 그는 1959년 오스트리아 출신 배우 로미 슈나이더(Romy Schneider)와 약혼한다. 그들은 〈Christine(1958)〉에서 공연하다가 친해졌다. 그러나 약혼기간 중 1962년 독일 배우·가수·모델인 Nico와 관계가 생기고 그녀는 들롱의 아들을 낳는다. 1963년 들롱은 로미

슈나이더와 파혼한다.(슈나이더는 좌절에 빠졌고 다른 남자와 결혼 후, 1981년 14세 아들이 사고로 죽자 슬픔과 우울증으로 겨우 43세에 사망한다.) 그는 1964년 나탈리 들롱(나탈리 바르테르미-Nathalie Barthélemy)와 결혼하지만 1969년 이혼한다. 1968년 프랑스 여배우 미레유(Mireile Darc)와 다시 결혼해 1982년까지 15년간 결혼 생활을 유지한다. 1987년 이번에는 네덜란드 출신 모델 로잘리 반 브리멘(Rosalie van Breemen)과 만나 두 아이를 두었지만 그들은 2002년 갈라선다. 들롱이 바람기가 많기도 하지만 '남자 브리지트 바르도'라고 불릴 만큼 멋있게 생겨서 많은 여배우들이 그를 연모한 것이 아닌가 하는 생각이 든다. 들롱은 1999년에 스위스 국적을 취득하고 지금은 제네바 Canton의 첸 보우제리스(Chêne-Bougeries)에서 살고 있다. 필모그래피가 길다.

• 2012 파이널 컷-레이디스 앤 젠틀맨 • 2000 배우들 • 1992 카사노바 • 1990 누벨바그 • 1988 분노는 오렌지처럼 파랗다 • 1982 암살자 • 1979 에어포트 79 • 1976 부메랑 • 고독한 추적 • 1975 조로 • 1973 스콜피오, · 암흑가의 두 사람 • 1972 트로츠키 암살 • 1971 리스본 특급 • 레드 선 • 1970 볼사리노 • 암흑가의 세 사람 • 1968 아듀 라미 • 1967 한밤의 암살자 • 1966 로스트 코멘드 • 파리는 불타고 있는가 • 1964 노란 롤스로이스 • 검은 튤립 • 1963 레오파드 • 지하실의 멜로디 • 1962 태양은 외로워 • 1960 태양은 가득히 • 로코와 그 형제들

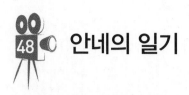

안네의 일기

1959년 작. 미국 영화(20세기 폭스). 170분. 흑백
원제: The Diary of Anne Frank
감독: 조지 스티븐스
출연: 밀리 퍼킨스, 조셉 쉴드크로트, 쉘리 윈터스, 에드 윈 외
※1960 한국 개봉

▶ **리뷰:** 1934년 여름 히틀러가 집권하자 안네(Anne Frank 밀리 퍼킨스) 가족은 프랑크프루트를 떠나 네덜란드 암스테르담에 정착하게 된다. 불안한 가운데에서도 한동안 평화로운 생활이 계속되지만, 1941년 나치의 네덜란드 침공으로 암스테르담에서의 유태인 검거와 처형의 횡포가 더욱 심해진다.

그로부터 1년 후, 안네의 언니 마르코프가 출두 명령을 받게 되고 다음 달, 안네의 가족을 비롯하여 반단 씨(Mr. Van Daan) 가족과 그의 아들이자 안네의 연인 피터(Peter Van Daan 리차드 베이머), 의사인 뒤셀 씨(Mr. Dussell) 등은 미리 준비해 두었던 비밀다락방 은신처로 옮겨 은둔생활에 들어간다. 언제 들킬지 몰라 공포에 떨며 숨죽여 생활하면서, 안네는 일기장을 선물로 받아 일기를 쓰게 된다.

하지만 식량을 공급해주는 동료가 군인들에게 붙잡혀가면서 식량이 부족해지고, 결국 내부 분열까지 일어나 상황은 점점 더 어려워진다. 그러나 2년이 넘는 은둔생활 중 게슈타포에 의해 발각되고 이들은 폴란드의 유태인 수용소를 전전하다가 그 다음해 안네의 아버지를 제외한 모든 사람들이 죽음을 당하게 된다. 세월이 흘러 독일이 패망한 후 안네의 아버지는 자신의 가족들이 독일군의 눈을 피해 숨어 지냈던 다락방에서 안네의 일기장을 발견하게 된다. 이 영화는 그의 일기장을 토대로 만들어졌다.

1947년 안네가 다락방에서 기록한 일기가 〈안네의 일기〉로 첫 출판되고, 1959년 만들어진 조지 스티븐스 감독의 〈안네의 일기〉가 탄생한다. 아카데미 3개 부문을 수상했고, 안네 역을 맡은 밀리 퍼킨스는 이 작품으로 스크린에 데뷔했으며, 〈젊은이의 양지〉에서 좋은 연기를 보여준 ☆쉘리 윈터스는 이 영화로 아카데미 여우조연상을 수상했다. 또 ☆윌리엄 C. 멜러(William C. Mellor)가 1960년 제32회 아카데미 시상식 촬영상을 수상했다.

또 최근 밝혀진 에피소드가 하나 있다. 「이 영화에 가장 먼저 캐스팅 제안을 받았던 스타는 바로 오드리 헵번이었다. 첫 주연작인 〈로마의 휴일〉 한 편으로 아카데미 여우주연상을 수상한 오드리 헵번은 당시 인기 절정에 서 있었고 캐스팅 제의는 당연한 수순이었다. 하지만 출연 제의를 받은 다음 날 제작사를 찾은 오드리 헵번은 "감동적이지만 난 할 수 없다"고 밝혔다. 모든 여배우가 바라던 캐스팅 제안을 거절한 것인데, 오드리 헵번은 이유를 설명하지 않아 제작사를 난감하게 했다. 알고 보니 오드리 헵번의 아버지 안소니가 나치에 적극 동조한 나치 당원이었기 때문이다.」[89]

▶ **조지 스티븐스 감독:** [23] 〈젊은이의 양지〉 참조.

▶ **밀리 퍼킨스**(Millie Perkins 1938~미국,뉴저지): 〈로스트 시티(2005)〉, 〈불의 수확(1966)〉, 〈의뢰인(1996)〉, 〈투 문 정션(1988)〉, 〈월 스트리트(1987)〉, 〈복수의 총성(1967)〉, 〈바람 속의 질주(1965)〉, 〈안네의 일기(1959)〉 등의 작품이 있다.

▶ **쉘리 윈터스**(Shelley Winters 1922/미국~2006): 그녀는 모델과 코러스 걸로 일해 번 돈으로 연기수업을 받았다. 한마디로 금발의 육체파 배우로 알려져 있다. 〈여인의 초상(1996)〉, 〈방문객(1979)〉, 〈포세이돈 어드벤처(1972)〉, 〈로리타(1962)〉, 〈안네의 일기(1959)〉, 〈젊은이의 양지(1951)〉, 〈윈체스터 73(1950)〉, 〈이중생활(1947)〉 등의 작품이 있다. 유태인인 그녀는 ☆1960년 제32회 아카데미 시상식에서 〈안네의 일기〉로 받은 여우조연상을 암스테르담에 있는 안네 프랑크 박물관에 기증했다고 한다.

49 일요일은 참으세요

1960년 작. 그리스 영화(멜리나필름). 91분. 흑백
원제: Pote Tin Kyriaki, Never On Sunday
감독: 줄스 다신
출연: 멜리나 메르쿠리, 줄스 다신, 조지 파운더스, 티토스 반디스
※1962 한국 개봉

▶ **리뷰:** 「미국 해군들이 군함을 정박하는 그리스 항구 피레우스에는 '일리야'라는 유명한 여자가 있다. 비록 매춘부지만 항구의 사내들에게 절대적인 사랑을 받으며 살아가고 있다. 사내들은 일리야를 단순한 매춘부가 아니라, 그들의 친구이자 여신(女神)처럼 떠받든다. 그녀는 매춘을 할 때도 돈보다는 사람을 보고 고르고, 일주일에 한 번씩 친구들을 초대해서 파티를 열 정도로 자유분방하며, 정기적으로 그리스 비극을 보러 갈 만큼 지적 호기심도 넘치는 여자이다.

어느 날 이 항구마을에 미국인 '호머'가 찾아온다. 미국의 물질만능주의에 회의를 느끼고 문화의 근원을 찾아보겠노라고 그리스를 찾아온 그는 일리야를 보고 호기심을 느낀다. 하지만 누구보다 아름답고 지적인 여성이 '매춘'을 한다는 것은 그에겐 견딜 수 없는 고통이다. 그때부터 호머는 일리야를 교화시켜 보려고 무던히 애를 쓰지만 그녀는 번번이 그의 제안을 거절한다.

그리고 호머 자신은 뜻하지 않게 마을 주민들과 자꾸 마찰을 빚게

된다. 결국 그녀를 교화시키겠다는 계획은 수포로 돌아가고 본국으로 돌아갈 결심까지 하게 된다. 그런데 술집 아가씨들을 상대로 부동산 임대업을 하는 '얼굴 없는 남자'가 그에게 접근해온다. 그는 뒷돈을 대줄테니 일리야를 교화시켜 매춘부 생활을 청산시키라고 한다. 여기에 응한 호머는 수많은 책, 클래식 레코드, 피카소의 그림까지 사와 그녀의 방을 장식하면서, 그녀의 교양화(化)에 집중하고 일리야 역시 여기에 따른다. 그러나 창녀 친구 한 명이 부동산업자인 얼굴 없는 남자(선글라스로 얼굴을 늘 가린다)에게 한 달 방값 180드라크마를 깎아달라고 찾아갔다가 호머가 그로부터 돈을 받아 교화시킨다는 것을 일리야에게 말하면서, 그녀의 반발로 호머의 교화 작업은 중단된다.

그때 미국 군함이 입항해 수많은 해군이 매춘부들이 사는 2층 건물에 모여들어 환호작약(歡呼雀躍)할 때, 그녀들은 각종 물건들을 내던져 그들을 쫓아내고 경찰에 집단으로 구금된다. 그러자 얼굴 없는 남자의 변호사가 찾아와 월세 180드라크마를 80드라크마로 대폭 감해주고서야 그녀들은 방면된다. 호머가 미국으로 돌아가면서 마을 남자들과 술집에서 독한 우조 술을 막 마시면서 Never on Sunday를 부주키(bouzouki)[90] 반주에 맞추어 즐겁게 떼 지어 춤 잔치를 벌인다.

얼핏 매춘부를 교화시키는 과정에서 발생하는 해프닝을 그린 영화로 보이지만 실상은 아주 독특하고 의미심장한 작품이다. 문명의 발상지이자 찬란한 문화유산을 꽃피우고 인류 최초의 민주주의 국가를 건설했던 그리스, 하지만 20세기에 이르러 그리스는 빈국으로 불리는 처지이다. 매춘부 일리야는 그리스의 현주소를 대변하고 있다. 그녀는 자본주의의 거대한 물결에 밀려 매춘부가 됐지만, 결코 누구에게 소유되지 않는 독립적인 자아를 가지고 자신만의 삶을 살아가는 여인이다. 반면 호머는 미국으로 대표되는 자본주의를 상징한다. 자본주의의 폐해(弊害)에 지쳐 그리스를 찾은 그는 일리야의 모습에서 고대 그리스의 순수와 열정을 발견하고 그녀에게서 연민과 희망을 동시에 찾아낸다. 그래서 의미심장하다.」(ebs 영화)

좀 더 신랄한 해석도 있다. 「일리야는 '신체의 자본화'를 추구하는 창녀로서 가장 친자본주의적인 인물이면서도, 동시에 화대에 관계없이 맘에 드는 고객을 직접 선택함으로써 이윤추구라는 매춘업의 기본을 무시한 반(反)시장주의적인 인물이다. 손님이 몰려드는 주말에는 항상 아크로폴리스에서 열리는 그리스 고전극을 보기 위해 임시 휴업을 할 만큼 자유로운 일리야는 마을 남성들에게 여신과도 같은 존재이다.

영화에는 그런 그녀를 사랑하는 세 명의 남자가 등장한다. 본능에 충실한 육체파 남자 '토니오', 얼굴 없는 남자로 통하는 악랄한 임대업자, 그리고 미국에서 건너온 자칭 아마추어 철학자 호머. 이 셋은 다른 방식으로 일리야를 사랑한다. 토니오는 강렬한 육체적 매력으로 그녀를 가지려 하고, 얼굴 없는 남자는 자본력으로 그녀를 굴복시키고자 하며, 호머는 지식으로 그녀를 설복시키고자 한다. 그런데 문제는 일리야를 타락한 창녀로 본 호머가 그녀를 구원한다는 명목 하에 얼굴 없는 남자의 더러운 돈과 결탁한다는 데 있다. 육체적 쾌락을 경멸하며 교양과 지식의 덕을 말하는 호머는 자본의 쾌락에 굴복당하는 위선자가 되고 만다. 그리고 호머에게 이끌렸던 일리야는 모든 사실을 안 후 그리스인 본연의 자유로운 모습을 되찾는다.」[91] 아마추어 철학자 미국인 '호머'의 작명도 고대 그리스의 작가이며, 서사시 〈일리아스〉와 〈오디세이아〉의 저자인 보통 호머로 약칭되는 '호메로스'를 연상시키게 하는 짓궂은 작희(作戲)도 보인다. 영화는 즐겁고 애교스럽고 시니컬하다. 아마도 동서고금을 막론하고 있을 수 없는 이야기를 줄스 다신은 만들어 영화의 환희를 주지만, 또한 우리를 혼란시킨다.

▶ **줄스 다신**(Jules Dassin 1911~2008): 미국 코네티컷 주에서 러시아 유태계 이발소 집 여덟 명의 자녀 중 하나로 태어난 줄스 다신 감독은, 1940년 RKO 영화사에서 알프레드 히치콕의 〈해외특파원〉 조감독으로 영화에 입문한다. 2년 후인 1942년 〈나치 요원(Nazi Agent)〉으로 감독 데뷔했다. 그러나 1934년 뉴욕에서 사회주의 연극단체인 'Arbeter Teater Farband'에 들어가 활동했고, 공산당에도 입당했으나, 소련이 히틀러 나치 정권과 조약을 맺는 것에 반대해 1939년 공산당을 탈당한다. 이미 블랙리스트에 올랐고, 1951년 '반미활동조사위원회'의 소환을 피해 1952년 유럽으로 망명한다.

유럽으로 건너간 다신 감독은 〈밤 그리고 도시(Night and the City 1950)〉, 〈리피피(Du rififi chez les hommes 1955)〉 등을 연출하며 재기에 성공했다. 그의 최고 성공작은 칸 국제영화제 작품상 수상작 〈일요일은 참으세요(Never On Sunday 1960)〉다. 줄스 다신은 그리스 신화 〈피그말리온의 전설〉을 읽고 나서 인간의 인성이 교육으로 바뀌지 않는다는 생각으로 시나리오를 썼다고 한다. 이 영화로 그리스 출신의 여주인공 멜리나 메르쿠리는 칸 영화제 여우주연상을 수상하고, 다신은 미국 아카데미 감독, 각본상 후보에 오른다. 이후 그는 〈일요일은 참으세요〉의 여주인공 멜리나 메르쿠리와 재혼에 성공한다. 2008년 3월 31일 감기가 악화돼 96세의 나이로 그리스 아테네의 한 병원에서 사망했다. 전처와의 사이에서 태어난 아들 조셉 다신은 프랑스에서 유명한 가수였다. 그의 작품들이다.

• 1980 화가와 숙녀 • 1970 새벽의 약속 • 1964 토프카피 • 1962 페드라(한국명: 죽어도 좋아) • 1960 일요일은 참으세요 • 1955 리피피 • 1950 밤 그리고 도시 • 1948 네이키드 시티 • 1947 잔인한 힘 • 1942 마드모아젤 프랑스

▶ **멜리나 메르쿠리**(Melina Mercouri 1920/그리스~1994): 「아테네의 명문가에서 태어났다. 할아버지 스피로스는 제정시대에 30년간 아테네 시장을 역임했다. 아버지 스타마티스 메르쿠리는 내무부장관과 국회의원을 지냈다. 고교 시절부터 연극에 심취했지만 17세 어린 나이에 사랑에 빠져 부호의 아들과 결혼했지만, 영국으로 건너가 케임브리지 대학에서 연극을 공부했다. 그녀의 '끼'는 살림 사는 일에 흥미를 느끼게 하지 않았다. 너무 이른 결혼을 후회하며 이혼을 하고 아테네로 돌아와 여배우를 지망하고 영화 출연을 꿈꾸었다.

마침 미국에서 매카시 선풍이 불어 사상이 의심스러운 사람은 다 국외로 추방을 시켰다. 이때 그리스로 쫓겨온 줄스 다신 감독은 〈숙명(1956)〉과 마르첼로 마스트로얀니, 지나 롤로브리지다, 이브 몽탕 등이 출연한 이탈리아·프랑스 영화 〈The Law(원제 La Legge 1959)〉에 메르쿠리를 연속 출연시키면서 그녀와 사랑에 빠져 두 사람은 동거에 들어간다. 〈집시와 신사(1958)〉, 〈계율(1958)〉 등의 영화는 성공을 거두지 못하였지만, 줄스 다신이 1960년에 만든 〈일요일은 참으세요〉는 메르쿠리에게 칸 영화제 여우주연상을 안겨준다. 두 사람은 1966년에 정식으로 결혼한다. 그녀의 명성이 유럽과 미국 전역으로 퍼져나가게

한 〈페드라〉도 1962년에 만든 줄스 다신의 역작이었다.

메르쿠리는 1960년대 말, 그리스 군사정권에 반기를 든다. 국외로 추방되어 몇 해 동안 망명생활을 하다 1974년 군사정권이 무너지자 귀국, 남편을 위해 〈The Rehearsal〉이란 영화의 프로듀스 역할을 해 성공작을 만든다. 그녀는 결코 절세(絶世)의 미인은 아니지만 염문을 뿌리고 이혼을 거듭하는 할리우드 배우들과는 차원이 달랐다. 독기가 서린 날카로운 용모는 지적인 인상을 풍겼고 박력이 넘치는 연기력은 그녀의 성격에서 나오는 것이기도 했다.

새 공화국은 1981년, 그녀에게 문화부장관을 제의하고 그녀는 이를 수락한다. 그녀가 장관 재임 시절, 가장 신경을 쓴 것이 영국이 가져 간 문화재 반환 문제였다. 멜리나 메르쿠리는 영국 정부에 '엘진 마블스'(Elgin Marbles)를 돌려줄 것을 요청했다. 엘진 마블스는 그리스 파르테논 신전의 벽면에 붙어 있던 대리석 조각을 말한다. 17세기 초 그리스는 오스만터키의 지배를 받고 있었다. 영국의 '엘진' 경은 오스만 술탄의 허락 아래 신전의 반을 해체해 영국으로 가져간다. 현재 영국 박물관에 소장되어 있다.

멜리나 메르쿠리는 반환을 위해 범세계적으로 캠페인을 전개하는 등 유럽의 여론몰이에 나서기도 했다. 당시 영국 정부는 반환에 응하지 않았다. 대신 멜리나 메르쿠리는 1985년 야당이던 영국 노동당이 집권하게 되면 엘진 마블스를 반환하겠다는 약속을 얻는다. 그러나 1997년 여당이 된 영국 노동당은 약속을 지키지 않았다.

엘진 마블스는 그리스로 돌아오지 못했지만, 멜리나 메르쿠리는 문화재 반환 문제를 국제 사회의 화두로 등장시키는 데 성공했다. 이에 힘입어 세계 곳곳에서 문화재 반환을 요구하는 목소리가 터져 나오기 시작했다. 그녀의 사후, 그리스에서는 이 업적을 기념하여 그녀의 얼굴을 넣은 우표를 발행하고, 그녀의 조각상을 세웠다. 그녀는 그리스를 대표하는 영화배우였고, 그리스를 위해 헌신한 문화부장관이었다. 1994년 3월 6일에 미국 뉴욕에서 사망했다.」[92] 그녀의 출연작이다. 〈새벽의 약속(1970)〉, 〈시카고 시카고(1969)〉, 〈맨 콜드 겟 킬드(1966)〉, 〈토프카피(1964)〉, 〈페드라(1962)〉, 〈일요일은 참으세요(1960)〉, 〈스텔라(1955)〉

▶ **마노스 하치다키스**(Manos Hadjidakis 1925/그리스): 하치다키스는 〈일요일은 참으세요〉(그리스어 제목: 피레우스의 아이들)의 주제가를 작곡하고 그리스어 가사를 만든 사람이다. 이 노래로 1961년 제33회 아카데미에서 ☆주제가 상도 받는다. 영어 가사는 빌리 타운(Billy Towne)이 지었고 Connie Francis가 노래해 세계적 인기를 얻는다. 영화 중반부, 달 밝은 밤 창문에 커튼을 치고 피레우스 축구 대표팀 사진을 보면서 주제가를 부르는 장면은 매우 서정적이다.

> 창가에 서서 키스를 보내네 한 번, 두 번, 세 번, 네 번
> 항구에는 새가 날아다니고 한 마리, 두 마리, 세 마리, 네 마리
> 나는 여러 명의 아들을 갖고 싶어요 한 명, 두 명, 세 명, 네 명
> 그 애들이 모두 크면 피레우스의 자랑이 되겠지
> 전 세계를 다 다녀봐도 이런 항구는 찾아볼 수 없네
> 마법 같은 일이 가득한 내 고향 피레우스
> 땅거미 지면 항구에선 노랫소리 울려 퍼지고
> 젊은이들의 노랫소리 메아리 되어 피레우스를 가득 채운다네

난 맞을 준비가 다 되어 있으니 항구에서 오는 낯선이여 어서 와요

전 세계를 다 다녀봐도 이런 항구는 찾아볼 수 없네

마법 같은 일이 가득한 내 고향 피레우스

땅거미 지면 항구에서 노랫소리 울려 퍼지고

젊은이들의 노랫소리는 메아리 되어 피레우스를 가득 채운다네

처녀의 샘

1960년 작. 스웨덴 영화(스벤스크 필름인더스트리 AB). 89분. 흑백
원제: Jungfrukallan, The Virgin Spring
감독: 잉마르 베리만
출연: 막스 본 시도우, 버지타 발베르그, 건넬 린드브롬 외
각본: 울라 이삭슨(Ulla Isaksson)

▶ **리뷰:** 신(神)을 주제로 작품을 만들다니 얼마나 어려운 영화인가? 「스웨덴 북부에 독실한 기독교도인 지주(地主) 퇴레와 아내 마레타, 아름답고 순결한 딸 카린이 산다. 카린이 아침식사 기도에 늦자 퇴레는 회개(悔改)를 위해 촛불을 켜러 교회에 갔다 오라고 한다. 마지못해 교회로 가던 카린은 삼형제 양치기에게 강간당한 뒤 살해되고, 하녀 잉게리는 이 장면을 목격하지만, 카린에 대한 질투와 어린 시절의 복수심 때문에 지켜보기만 한다.

악당(惡黨) 삼형제가 우연히 퇴레의 집에 쉴 곳을 찾아오자 아무것도 모르는 부부는 그들을 친절하게 대해주지만, 곧 형제들이 팔려고 내놓은 피 묻은 옷이 바로 자기 딸의 옷임을 알게 된다. 하녀 잉게리로부터 진상을 전해들은 후, 퇴레는 신을 원망하면서 그들을 잔인하게 죽인다. 그리고 카린의 시체가 누워 있던 땅에서 샘이 솟자, 하늘의 계시(啓示)로 받아들인 퇴레는 신에게 용서를 구하며 교회를 세우기로 한다.

14세기 중세 스웨덴에 구전되던 전설에서 영감을 얻어 제작한 영화로서, 다양한 길이의 버전으로 나와 있다. 신의 침묵에 분노하는 인간의 절규(絶叫)를 잘 그려내고 있는데, 개봉 당시 잔혹한 강간 장면으로 논란이 일었다. 그러나 우울하고 신비로운 북유럽의 분위기와 그로테스크한 화면, 시적인 대사 등으로 인해 수작으로 평가된다. 1961년 제33회 아카데미에서 ☆외국어영화상을 수상하였고, 1960년 칸 영화제에서 잉마르 베리만 감독이 비평가연맹상을 받는다. 1972년, 이 작품을 바탕으로 1970년대의 가장 공포스러운 영화로 꼽히는 〈왼편의 마지막 집〉(Last House On The Left 웨스 크레이븐 감독)이 나오기도 했다.」(두산백과)

▶ 잉마르 베리만(Ingmar Bergman 1918~2007/스웨덴): 그는 볼보 자동차, 그룹 아바(Abba)와 함께 '스웨덴의 3대 발명품'이니, '스크린의 형이상학자'라는 닉네임도 있다. 「1918년 7월 14일 스웨덴 웁살라에서 엄격한 루터교 목사의 아들로 태어난 베리만은 유년 시절의 많은 시간을 교회에서 보냈고, 아버지가 주관하는 장례식과 결혼식, 탄생의 예식 등을 보면서 자연스럽게 생과 사에 대한 감각을 익혔다. 또한 교회의 중세벽화에 그려져 있는 신비스러운 신과 죽음의 모습들, 악마에 사로잡혀 있는 비참한 인간의 모습은 어린 베리만의 기억 속에 강하게 각인되어 후에 그의 작품세계를 지배하게 된다.」(〈가을 소나타〉 보도자료 중) 청년기 연극에 심취했던 베리만은 1946년 〈위기〉로 감독에 데뷔했다. 〈모니카와의 그 여름〉, 〈한여름 밤의 미소〉가 칸 영화제 '시적 유머상'을 수상함으로써 어려운 영화라는 이유로 여러 번 퇴짜를 맞았던 〈제7의 봉인〉의 제작비를 겨우 마련하게 된다.

1957년 〈제7의 봉인〉이 개봉되자 유럽 영화계는 신의 존재에 의문을 제기하며 죽음과 맞대결을 선언한 이 전대미문의 작품에 경악을 금치 못했다. 최초로 영화가 철학적 사유(思惟)의 매체가 될 수 있음이 알려진다. 〈제7의 봉인〉에서 신학적 주제를 담았다면 〈산딸기〉에서는 죽음의 문제를 파고들었다. 과거와 현재, 꿈과 현실, 환상과 실제를 부드럽게 넘나드는 이 영화의 스타일은 베리만 후기작들의 전형을 보여주었다. 1960년대 초반, 베리만은 '신의 침묵' 3부작(〈어두운 유리를 통해〉, 〈겨울 빛〉, 〈침묵〉)을 통해 자신의 영화 세계를 집약해냈다. 이 작품들은 실존주의 철학과 궤(軌)를 같이 한다고 평론가들은 말한다.

「그는 1968년 '시네마토그라프 프로덕션'이라는 영화사를 설립하고 〈결혼의 풍경〉을 발표하여 광범위한 대중적 성공을 얻는다. 그러나 1973년 베리만은 그의 명성에 오점을 남기는 커다란 사건을 맞게 된다. 연극 공연 중에 경찰이 찾아와 그를 탈세혐의로 체포해 간 것이다. 그 후로 베리만은 조국 스웨덴에 대한 불신감과 실망으로 인한 깊은 딜레마에 빠져 정신병원에 입원하는 등 정신적인 어려움을 겪다가 뮌헨으로 망명한다. 그리고 1976년에는 다시 미국으로 건너가 할리우드에서 영화를 만든다. 이 시기의 작품들로는 모차르트의 오페라를 영화화한 오페라 영화 중에서 가장 뛰어난 걸작으로 불리는 〈마술 피리(1975)〉, 그리고 정치적인 색채가 강한 〈뱀의 알(1977)〉 등이 있다.

1978년 다시 조국으로 돌아온 베리만에게 스웨덴 정부는 백배 사죄했으나 그는 쉽게 용서하지 않았고, 결국 몇 년 후에 베리만이 다시 조국으로 돌아온 것을 기념하는 '베리만 상'을 제정했을 때에야 비로소 그의 분노는 가라앉았다. 그 후로 정부는 매년마다 스웨덴의 우수한 젊은 신인 영화감독을 선발하여 이 상을 수여하고 있다.」(〈가을 소나

타〉 보도자료)

〈페르소나(1966)〉, 〈악마의 삼부작〉(〈늑대의 시간〉, 〈수치〉, 〈정열〉), 〈외침과 속삭임(1972)〉 등에 이어 잉그리드 버그만의 유작인 〈가을 소나타(1978)〉 역시 어머니와 딸의 뼈아픈 재회를 소재로 만들었고, 〈화니와 알렉산더(1982)〉를 끝으로 영화계를 공식 은퇴했다.

그는 인간의 고통과 폭력에 대해 신으로부터 구원을 갈망했으나 번번이 좌절되는 것으로 보였고, 따라서 그의 영화들은 '스크린 위에 쓴 형이상학'이라고 운위된다. 2007년 7월 30일, 발틱 해 연안의 파로 섬의 자택에서 향년 89세로 사망한다.

수상경력이 매우 화려하다. 1955년 칸 영화제 시적 유머상(한여름 밤의 미소), 1956년 칸 영화제 심사위원 특별상(제7의 봉인), 1957년 베를린 영화제 금곰상(산딸기), 1958년 칸 영화제 감독상 여우주연상(생명에 가까이), 칸 영화제 비평가연맹상(처녀의 샘), 1961년 아카데미 외국어 영화상(처녀의 샘), 1972년 ☆아카데미 촬영상, 칸 영화제 고등기술위원회상(외침과 속삭임), ☆1984년 제56회 아카데미 외국어영화상(화니와 알렉산더), 촬영상, 미술상, 의상상 등등이다. 진정 대단한 영화작가이지만 그만큼 일반 영화 애호가들이 접근하기에는 참으로 어려운 작품들이 많아 그 중 그래도 쉬운 〈처녀의 샘〉을 소개한다. 그의 작품 연보이다.

• 1982 화니와 알렉산더 • 1978 가을 소나타 • 1977 베를린의 밤 ('뱀의 알' The Serpent's Egg) • 1975 마술피리 • 1972 외침과 속삭임 • 1968 늑대의 시간 • 1966 페르소나 • 1963 침묵 • 1960 처녀의 샘 • 1957 제7의 봉인 • 산딸기 • 1955 한여름 밤의 미소 • 1953 모니

카와의 여름

▶ **막스 본 시도우**(Max Von Sydow 1929/스웨덴~): 어떻게 보면 이 배우는
잉마르 베리만 감독과(科)에 속한다. 함께한 작업들로 명성을 얻기 시
작했다. 〈제7의 봉인(1957)〉에서 죽음의 신과 체스를 두고, 〈산딸기
(1957)〉에서 환하게 웃는 자동차 수리공, 〈마술사(1958)〉에서 약장수
마술사, 그리고 〈처녀의 샘(1960)〉은 딸의 복수를 위해 살인하는 아버
지이다. 〈위대한 생애(1965)〉에서 예수 역, 그리고 〈엑소시스트(1973)〉
와 〈엑소시스트2(1977)〉 등 많은 영화에 출연한다. 1986 〈한나와 그 자
매들(우디 앨런 감독)〉, 1983 〈네버 세이 네버 어게인〉, 1981 〈승리의
탈출〉 등이 있다. ※한국 개봉 연도 미상

애정(哀情)의 쌀

(※국내에는 DVD, 비디오가 없음. 그래서 번외임)

1949년 작. 이탈리아 영화(룩스). 108분. 흑백
원제: Riso amaro, Bitter Rice
감독: 주세페 데 산티스
출연: 비토리오 가스만, 도리스 도울링, 실바나 망가노, 라프 발로네
※1957 한국 개봉

▶ 리뷰: 〈애정의 쌀〉은 노스텔지어 영화로서 대단한 가치가 있는 작품이지만 1957년 우리나라에게 잠시 개봉된 후 사라지고, 이후 DVD 출시도 안 되었기 때문에 이 영화를 본 분들도 그리 많지 않을 것으로 추측된다. 그 이유는 다음의 신문기사로 미루어 짐작할 수 있다.

> 경향신문 1957년 7월 20일 기사: '적색영화' 단속에 박차를 가하고 있는 서울시 경찰국 사찰과에서는 19일, 앞서 상영된 〈애정의 쌀〉의 검열 경위를 수사하기 시작했다. 이날 오전 동 사찰과 모 간부가 영화 〈애정의 쌀〉은 '적성(赤性) 영화'로 볼 수 있으며, 따라서 수입업자와 동 영화를 검열한 문교부 직원을 소환하여 조사해 보겠다고 말함으로써 적성외화 단속이 표현화 되었다.

지금부터 58년 전, 엄혹한 시절의 일이다. 소련의 붕괴로 동서냉전이 자취를 감추자 이념 장사꾼들이 도처에서 나서고 소위 사회적 영

화들이 우후죽순처럼 나오고 있다. 그러나 선대(先代)들이 당국에 불려 다닌 '고통스러운' 이야기를 들어서인지, 또는 그런 영화는 재수가 없다고 결론을 내린 것인지 번개불처럼 나타났다 사라진 〈애정의 쌀〉은 돌아올 줄 모른다. '영화는 영원하다'는데 결코 그러하지 않은 모양이다. 조속히 〈애정의 쌀〉이 수입 개봉되고 DVD도 출시되기를 기대한다.

〈애정의 쌀〉은 그러나 소위 '네오리얼리즘' 경향의 영화로 높은 가치가 있고 더욱 실바나 망가노의 무르익은 관능미는 마릴린 먼로나 브리지트 바르도와는 또 다른 농염한 영상을 제공하고 있어 그리운 필름의 하나이다. 실바나 망가노가 19살에 찍은 작품으로 그녀의 풋풋함과 열정적인 자태가 화면을 압도한다.

➡ 스토리: 1948년 5월의 어느 날 아침, 이탈리아 북부 피어몬테(Piemonte)의 수전지대(水田地帶)로 모내기 품팔이를 떠나는 여자들이 토리노 역에 모여든다. 월터(Walte, 비토리오 가스만)라는 건달의 꾐에 빠져 근무하던 호텔에서 보석 목걸이를 훔쳐낸 프란체스카(도리스 도울링)는 그와 도피하고자 역에서 만나는데 이미 경찰들은 깔려 있다.

월터는 형사의 눈을 피해 프란체스카를 품팔이 가는 여자들 틈에 끼워 넣는다. 동행중에는 실바나(실바나 망가노)라는 요염한 처녀도 있다. 처음부터 그녀는 월터와 프란체스카의 거동을 수상쩍게 생각한다.

일행은 기차에서 내려 군대가 머물고 있던 농가에 도착한다. 실바나는 그곳에서 보병상사 마르코(라프 발로네)라는 사나이를 만난다. 한편 프란체스카는 몰래 감춰뒀던 목걸이가 없어진 것을 알고 당황한다. 이러는 사이에 모내기 일이 시작된다. 프란체스카는 '무계약

374

패'(임시직) 여자들의 선봉에 나서서 열심히 일을 한다. 미리 계약을 하고 온 여자들보다 일을 많이 하면 자기네들과도 반드시 계약을 맺어주리라고 믿기 때문이다. 그러나 이미 보장받은 일을 침해당하지 않으려는 '계약 모내기' 여자들이 들고 일어나는 바람에 큰 싸움이 벌어진다. 실바나는 이 사건의 주모자가 프란체스카라는 사실을 알고 폭로한다.

여자들의 분노를 산 프란체스카는 도망치다가 마침 그 근방에서 사격연습을 하던 마르코 상사를 만나 도움을 받는다. 마르코 상사는 흥분한 여자들을 설득하여 서로 화해시키고 고용주에게 '무계약 패' 여자들도 일할 수 있도록 교섭한다. 하지만 기고만장한 실바나는 문제의 목걸이를 꺼내 보이며(그녀가 목걸이를 프란체스카로부터 훔쳤다) 프란체스카를 도둑년이라고 마구 욕설을 퍼붓는다.

마르코 상사는 목걸이를 프란체스카에게 돌려주라고 실바나에게 설득한다. 프란체스카는 실바나에게 부자들의 생활을 부러워하고 월터(비토리오 가스만)를 좋아한 나머지 유혹에 빠져 죄를 짓게 된 것이라고 고백한다.

어느 날 밤 숲속에서 모내기 여자들의 놀이마당이 선다. 실바나도 여느 여자들처럼 춤을 춘다. 그때 토리노 역에서 보았던 월터(비토리오 가스만)가 나타나고 둘은 눈길이 교환되자 부기우기 춤을 질탕하게 추어댄다. 그러다 마르코 상사가 실바나의 목걸이를 보자 달려들어 강제로 떼어낸다. 월터와 마르코 간 격투가 벌어지고 굴복한 월터가 프란체스카에게 그 목걸이가 가짜라는 사실을 말하고 그래도 프란체스카는 쫓겨온 월터를 큰 쌀 창고에 숨겨 준다. 그러나 월터는 매혹적인 실바나에게 빠지게 되고, 실바나가 월터와 몰래 만나는 것을 안 프란체스카는 반대로 마르코를 차츰 좋아하게 된다. 체인징 파트너인 셈인데 실바나는 적극적으로 대드는 월터에게 몸도 내준다.

40일 간의 모내기가 끝나고 여자들은 고향으로 돌아가게 된다. 송별 파티가 열리고 창고에는 모내기 여자들에게 노임으로 줄 쌀이 가득 쌓여 있다. 들뜬 분위기를 이용해 월터는 세 명의 부하를 모아 쌀 창고를 털 계획을 세운다. 월터는 실바나를 시켜 우선 수문(水門)을 열게 한 후 혼란 속에 쌀을 도둑질할 속셈이다. 물이 쏟아지자 놀이마당은 엉망진창 아수라장으로 변한다.

월터의 소행임을 알게 된 프란체스카는 마르코에게 이 사실을 알리자 마르코는 월터와 실바나가 숨은 고기 저장창고로 내달린다. 권총을 꺼내는 마르코(라프 발로네)에게 월터가 던진 칼이 마르코의 어깨에 꽂힌다. 프란체스카는 마르코의 권총을 받아들고 월터를 향해 발사한다. 상처를 입고 두 사나이는 비틀거리다 벽에 기대 앉는다. 마르코는 실바나를 향해 간절히 부르짖는다. "당신은 잘못이 없어. 지금이라도 마음을 돌리면 우리가 돕겠소."

대답을 못하는 실바나에게 월터는 어서 자기 권총의 방아쇠를 (마르코를 향해) 당기라고 재촉한다. 뒤늦게 속은 것을 깨달은 실바나는 상처를 입은 채 달아나는 월터를 조준해 방아쇠를 당긴다. 그리고 송별 파티장 옆 높은 철탑 위로 올라간 실바나는 프란체스카의 제지도 아랑곳없이 땅으로 뛰어내려 스스로 목숨을 끊는다.

다음날, 고향길로 떠나는 모내기 여자들은 실바나의 시체 위에 배급받은 쌀을 한 줌씩 뿌리며 조문(弔問)하고 슬퍼한다. 허벅지까지 덮이는 관능적인 검은 스타킹과 검정 셔츠로 1950년대 젊은 관객들을 뇌쇄시켰던 실바나 망가노의 풍만한 볼륨도 이들이 뿌리는 쌀 무덤

376

속에 불꽃처럼 허무하게 사그라져 간다.

하루 일하면 1kg의 쌀을 받는 여자들, 비가 와서 놀면 1kg을 손해 본다. 40일을 일해 40kg-한국식 계산으로는 반 가마니다. 우리나라에도 '보릿고개'가 있었고, 필자가 인도에 갔을 때 1970년대인데도 신문에는 아사자(餓死者) 명단이 게재되었던 기억도 새롭다. 주세페 데 산티스 감독은 가난, 부자가 되고 싶은 허상, 그리고 남녀의 정염(情炎)을 혼합해 큰 불꽃을 만들고 무참히 꺼지는 결말을 매우 우울하게 제시한다.

▶ **주세페 데 산티스 감독**(Giuseppe De Santis 1917/이탈리아~1997): 그는 이탈리아 Lazio에서 태어났고, 이탈리아 공산당원으로 제2차 세계대전 때 로마에서 반 나치 레지스탕스로 싸웠다. 처음에는 대학에서 철학과 문학을 공부하다 영화잡지 기자로도 일했다. 1947년까지 스크립터와 조연출로 일하다가 Caccia Tragica(Tragic Hunt)라는 작품으로 데뷔한다. 그의 세 번째 작품인 〈애정의 쌀(1950)〉로 성공해 'Best Original Story' 부문에서 아카데미상에 노미네이트 되기도 한다.

산티스 감독은 1997년 80세에 심장마비로 로마에서 별세했다. 이탈리아에서는 그를 위해 '애도의 날'을 선포하고, 사후 부인과 친구들은 그의 이름을 딴 재단을 설립했다. 그의 작품들은 이탈리아 어를 다시 영어로 바꾼 것이기 때문에 한국어로의 정확한 제목은 알기 어렵다.

• 1947 Tragic Hunt • 1949 애정의 쌀 • 1950 올리브 나무 아래 평화는 없다 • 1952 로마 오전 11시 • 1953 A Husband for Anna • 1954 사랑의 날들 • 1956 늑대들 • 1965 공격과 후퇴

▶ **실바나 망가노**: [33] 〈율리시스〉 참조.

▶ **비토리오 가스만**(Vittorio Gassman, 1922/이탈리아~2000): 그는 이탈리아의 연극배우, 영화배우, 감독이다. 제노아에서 독일인 아버지와 유태인 어머니 밑에서 태어났다. 그는 로마로 이사해 국립 아카데미아 예술학교를 다닌다. 〈오셀로〉 등 많은 연극에 출연하는 등 활동을 벌이지만 〈애정의 쌀〉로 각광을 받는다.

미국 여배우 쉘리 윈터스와 만나고 미국으로 건너가 그녀와 결혼한다. 하지만 그녀와 이혼 후 이탈리아로 돌아와 왕성한 출연을 하면서 〈라이온 킹〉에 이탈이아어 더빙을 하기도 했다. 윈터스 등 세 명의 여배우와 결혼하나 말년에는 가정생활도 순탄하지 못해 우울증을 앓다가 2000년 77세의 나이로 로마 자택에서 심장마비로 사망한다. 출연작들이다.

〈템페스트(1982)〉, 〈전쟁과 평화(1956)〉, 〈맘보(1954)〉, 〈Rhapsody(1954)〉, 〈안나(1951)〉, 〈애정의 쌀(1949)〉 등. 비토리오 가스만은 키 크고 잘생긴, 또 연기력도 훌륭한 배우이지만 〈애정의 쌀〉, 〈전쟁과 평화〉에서처럼 교활하고 간악한 캐릭터로만 우리에게 각인되어 있다.

| 에필로그 |

　우리는 지금까지 모두 51편의 작품을 비록 글이지만 구경하고 그 족보들을 찬찬이 들여다보았다. 할리우드 영화들은 대체로 흥미진진하고, 프랑스 작품들은 날렵하고 재치에 넘친다. 영국 출신의 감독과 배우들이 언어가 같고 자본이 넘치는 할리우드로 스카우트되어 특별한 전통이 수립되지 않았다고 영국 평론가들은 비판한다. 한편 이탈리아 영화는 심도가 있고 현실비판적인 측면이 강조되어 소위 작가주의적 작품들이 많다. 앞으로 계속되는 다른 장르의 영화에서 이런 특성들을 더욱 주의깊게 살펴볼 예정이다. 할리우드 영화들이 많아 미국의 제국주의적 '문화 침략'이라고 비판하는 분들도 있겠지만 그들이 여러 측면에서 영화를 잘 만들었으니 시비걸기 어렵다. 또 세계적인 배급망도 갖추었으니 더 할 말이 부족하다.

　51편의 이야기 중 남녀 배우들의 스캔들을 세세히 소개했는데 염문(艶聞)의 속성상 나름대로 정확한 자료를 찾기 위해 노력했지만 그 근거와 소스가 부정확할 수 있다는 점에 대해 독자 여러분의 이해가 있

379

기를 부탁드린다. 또 혹자는 배우들의 연애담이 무슨 소용이 있겠는가? 하고 의문을 제기할 분들도 계실 줄로 생각된다. 대부분 세상을 등진 배우들이 많지만 그들의 애정행각은 공연히 흥미가 있다는 점도 부정하기 어렵다. 일종의 눈과 머리를 위한 관음증이라고 할까. 이런 특히 유명배우들의 스캔들은 세계적으로 가장 핫(hot) 아이템이기 때문에 외면하기도 쉽지 않다는 고충을 말씀드린다. 독자들께 죄송하고 송구스럽다는 필자의 생각을 전한다.

영화는 극장에서 자주 보고 또 집에 있는 DVD를 손쉽게 감상하기 때문에 집필이 무의식적으로 그리 힘든 대상으로 여겨지지 않은 것은 사실이다. 그러나 '영화 DVD' 이야기를 글로 써서 표현하는 일은 결코 쉽지 않았다. 보통 90분에서 120분 정도의 스토리를 축약 정리하는 것도 어려운 일이었고, 감독, 배우 등 영화의 주인공과 스태프에 관한 에피소드, 또 영화의 시대상황 등 덧붙여야 할 내용들이 수두룩했다. 그러나 각종 자료들은 집필자의 성향과 방향이 따로 있고, 또 할리우드 영화 위주로 묘사되었기 때문에 필자가 추구하는 '노스탤지어 영화'의 회고와 잃어버린 기억력의 복구, 또 영화들의 '콘사이스 적 접근'은 정말 힘에 부칠 정도로 어려움이 많았다. 특히 유럽 영화와 배우들의 자료는 희소(稀少), 그 자체였다.

일반적으로 영화에 대한 서술은 매우 현학적(衒學的-학식이 있음을 자랑하는)이거나 소피스트케이티드하게(Sophisticated- 도시적인 느낌, 인공적으로 다듬어진 세련미, 지성미와 교양미를 표출하려는) 표현되는 경우가 많다. 또 잘 알기 어려운 프랑스어가 자주 나오고 평론적 측면도 넘친다. 관객이 영화를 보고 나서의 느낌과는 차원이 많이 다르다. 영화를 그렇게 어렵게 해석할 필요가 있을지 의문이 생길 때도 있다. 그래서 되도록 쉽게 기술하고자 노력했지만 전문가들 스타일이 전염되어서인지 그 쪽으로 기울어진 경우도 없지 않다. 인용문들은 독자들의 이해의 심도를 높이기 위해 꼭 필요한 내용들만 부득이 자료 출처를 밝히고 삽입하도록 애썼다.

51편의 영화 DVD의 소개에서도 특히 강조되는 부분들이 있다. 영화는 '별'(Star)들의 세계이고 그들의 일터와 놀이터라 해도 과언이 아니다. 필자가 만들어 낸 말이지만, 감독은 제왕별(Emperor Star), 남자배우는 왕별(King Star), 여자배우는 여왕 꽃별(Queen Flower Star)이다. 왕별은 찰리 채플린, 장 가뱅, 로렌스 올리비에, 리처드 버튼, 험프리 보가트, 게리 쿠퍼, 몽고메리 클리프트, 그레고리 펙, 안소니 퀸, 커크 더글라스, 말론 브란도, 제임스 딘, 윌리엄 홀덴, 율 브린너, 폴 뉴먼, 스펜서 트레이시, 찰튼 헤스톤, 알랭 들롱 등등이다.

또 비비안 리, 잉그리드 버그만, 데보라 카, 엘리자베스 테일러, 마릴린 먼로, 오드리 헵번, 그레이스 켈리, 브리지트 바르도, 제니퍼 존스, 잔느 모로, 소피아 로렌, 지나 롤로브리지다, 실바나 망가노, 멜리나 메르쿠리 등등은 '여왕 꽃별'이다. 이 여왕 꽃별들의 주가(株價)는 늘 상종가이다.

제왕별은 줄리앙 뒤비비에르 감독을 비롯해서 마르셀 카르네, 윌리엄 와일러, 존 포드, 마빈 르로이, 비토리아 데시카, 캐롤 리드, 구로사와 아키라, 존 휴스턴, 엘리아 카잔, 페데리코 펠리니, 알프레드 히치콕, 르네 클레망, 루이 말, 로제 바딤, 줄스 다신, 잉마르 베리만 등등으로 많다.

위의 영화인들에 대해서는 참 할 말이 많은 인물들이다. 이들의 이야기를 캐내기 위해 애를 썼지만 한계가 있음을 자인한다. 영화는 우리가 작품성으로 일반적인 판단이 가능하지만 그렇게 흥미롭지는 않다. 영화를 만드는 감독이나 배우들은 대부분 그들의 삶은 진짜 영화보다도 더 영화 같은 경우가 많다. 가까운 예로 최은희 씨와 신상옥 감독은 영화보다 더 진짜 영화와 같은 삶을 살았다고 모두들 생각하지 않는가? 감독·배우들의 비하인드 스토리, 인사이드 스토리는 상당히 걸쭉하고도 찐하다. 그래서 그 가지들에 매달렸으나 소기의 성과를 못 거둔 것으로 자평한다.

이 책 〈영화 DVD의 추억, 그 오디세이〉에 이어, 제2권 〈로맨틱 필름=러브스토리+에로틱 필름〉, 제3권 〈워 필름-전쟁의 포화 속에서 (또는 '전쟁영화가 궁금할 때')〉+〈서부영화 열전〉, 제4권 〈작가주의 영화, 문제작 시리즈〉 등 4부작으로 구성·집필할 예정이다. 아마도 원고를 모두 완성하려면 최소 2년여가 소요되지 않을까 예상한다. 비전문가가 영화이야기를 쓰는 것은 분명 외도(外道)이기는 하다. 그러나 오늘날은 아마추어 시대, 이상한 개성이 판치는 세상이 아닌가? 이번 〈영화 DVD의 추억, 그 오디세이〉도 하루 거의 5시간 정도 100여 일을 컴퓨터 자판과 씨름해 왔다. 정신은 그럭저럭 괜찮은데 목과 어깨가 아파오고 몸이 무거운 것이 걱정이다. 푸른 하늘을 보면서 걷는 산책이 필요할 것 같다. 아무리 IT가 넘치고 첨단기술이 진화해도 "영화는 영원하다"는 주장이 옳다는 신념이 있기 때문에 그 종착역이 어디인지 모르지만 보다 가까운 결승점을 향해 기필코 달려갈 생각이다.

시인은 고독하고 외롭다는 이야기를 들은 적이 있지만, 원고를 쓰는 작업 또한 외롭다는 것을 점점 더 실감하게 된다. 나이 탓일까? 원고의 완성과 함께 이것도 극복해야 할 또 하나의 대상이다. 미국의 〈타임〉 지는 2014년 1월 2일 "미국에서 DVD·블루레이 플레이어는 영화 등 동영상 서비스업체 넷플릭스 하나 때문에 '종말'을 맞이하고 있다"며 "넷플릭스가 앞으로 초고화질 4K(Full HD 4배 화면) 스트리밍 서비스로 접근성과 서비스의 질을 개선시켜 나갈 계획이어서 DVD 플레이어는 비디오카세트리코더(VCR) 옆에 놓일 좋은 소장품 중 하나가 될 것"이라고 비관적으로 예견했다. 그러나 이 시스템의 대중화는 5년이 걸릴지 10년이 될지 잘 모르는 일이다. 그 때까지 나온 영화 DVD를 실컷 보면 된다. 이런 전망에 기죽을 필요 없다. 다음에 나올 세 권의 책을 성공적으로 완성하기 위해 스스로에 대해 건투를 다짐해본다.

| 참고자료 |

1) 조선일보, 2014. 12. 8

2) 동아일보, 2014. 4. 5

3) 조선일보, 2007. 5. 24

4) 한국언론진흥재단

5) 〈대중문화의 이론과 현장〉, 최양묵 지음, W미디어, 2011, p.220~221

6) 〈대중문화와 문화연구〉, 존 스토리 저, 박만준 역. 경문사, 2004, p.165~166

7) 〈철학으로 대중문화 읽기〉, 박영욱 지음, 이룸, 2003, p.196~199. 요약

8) 영화사전, 2004. 9. 30

9) 〈영화란 무엇인가〉, 토마스 소벅, 비비안 C. 소벅 지음. 주창규 외 번역, p.192
~193 요약

10) 두산백과

11) 〈영화란 무엇인가〉, 토마스 소벅, 비비안 C. 소벅 지음. 주창규 외 번역,
p.194

12) 〈찰리 채플린, 나의 자서전〉, 류현 옮김. 김영사, p.297~298

13) 〈대중문화의 이론과 현장〉, 최양묵 지음, W미디어, 2011, p.227~228

14) 〈찰리 채플린, 나의 자서전〉, 류현 옮김. 김영사, p.506.

15) 채플린과 부계(극작가 유진 오닐)의 재능을 이어받아서인지 '제랄드 채플린'은
〈그녀에게(2003)〉, 〈사랑과 슬픔의 볼레로(1981)〉, 〈갈가마귀 기르기(1976)〉,
〈닥터 지바고(1965)〉에 출연한 명배우이다. 또 어머니 오나 오닐은 1941년 16
세 때 〈호밀밭의 파수꾼〉으로 유명한 소설가 샐린저의 첫사랑 상대이기도 했
다. 오나 오닐의 어머니 아그네스 불턴도 유명 소설가였다.

16) Donor Party는 짐마차를 타고 캘리포니아에 온 미국 개척민 그룹을 말한다. 그들은 여러 가지 사고와 재난이 겹쳐 1846~47년 눈 덮인 시에라네바다 산에서 겨울을 보내게 된다. 그 중 일부는 사람고기를 먹고 생존한 사람도 있고, 나머지는 병들거나 얼어 죽었다.

17) 〈죽기 전에 꼭 봐야 할 영화 1001〉, 스티븐 제이 슈나이더 책임편집, 정지인 역, 마로니에북스, p.60

18) La traviata는 주세페 베르디가 작곡한 3막 오페라이다. 뒤마의 소설 〈동백꽃 여인(La Dame aux Camelias)〉을 기초로 프란체스코 마리아 피아베가 이탈리아 말로 대본을 완성해 1853년에 초연했다. 라 트라비아타는 '타락한 여인', 또는 '방황하는 여인'의 뜻이다.

19) 1911년(辛亥年)에 일어난 중국의 민주주의 혁명으로 쑨원을 대총통으로 하는 중화민국이 탄생했다. 이 혁명으로 청나라가 멸망하고 2000년간 계속된 전제정치가 종식하게 된다.

20) 시각적인 특수효과(Visual FX-VFX)를 말한다. 실제 촬영이 불가능하거나 돈이 많이 드는 장면을 구현하는 특수기법이다.

21) (주)피디엔터테인먼트

22) 〈대중문화의 이론과 현장〉, 최양묵 지음, W미디어, 2011, p.288

23) 1917년 창설된 퓰리처상은 1911년 사망한 헝가리 출신 미국 저널리스트 조셉 퓰리처(Joseph Pulitzer, 1847~1911)의 유언에 의해 제정되었다. 뉴스·보도사진 등 14개 부문, 문학·음악 등 7개 부문을 대상으로 그 해 가장 탁월한 업적을 이룬 인물을 추천받아 수여한다.

24) 〈오! 인천〉은 〈007 위기일발〉의 테렌스 영 감독이 인천상륙작전을 연출한 전쟁영화로 당시 제작비 4,400만 달러가 들어간 블록버스터이다. 할리우드에서 완성도 되기 전에 이슈가 되었던 작품이다. 하지만 5년의 제작기간을 거쳐 만들어진 〈오! 인천〉은 제대로 개봉을 하지 못하고 1982년도 골든 레즈베리상 '최악의 영화상' 등 5개 부문에 걸쳐 수상하는 오명을 남겼다. 로렌스 올리비에(맥아더 장군 역), 재클린 비셋, 일본배우 토시로 미후네, 우리나라 배우 남궁원, 이낙훈, 윤미라 등이 출연해 화제가 되었던 불운의 영화이다.

25) 오슨 웰스가 주연·감독한 〈시민 케인(Citizen Kane 1941)〉에서 '팬 포커스'라는

촬영기술을 고안, 카메라로부터 동일선상에 있는 원근 2개의 대상을 정확하게
초점면을 파악하여 극적 효과를 화면에 부여하는데 성공하였다. 〈폭풍의 언덕
(1939)〉으로 아카데미 흑백촬영상을 받았다.

26) 영화사전, 2004

27) 네오리얼리즘 계열의 영화들

28) 그녀의 출연작품으로 유명한 것은 〈블루 벨벳(1986)〉이 있고, 1983~96년까지
랑콤 전속모델로 활약했다. 2010년 8월 제61회 베를린 국제영화제 심사위원장
을 역임한 바 있다. 또한 1979년 9월 30일 미국의 마틴 스콜세지 감독이 〈성난
황소〉를 촬영하는 기간에 스콜세지와 결혼했다. 그녀는 첫 결혼이었고, 스콜
세지는 3번째. 부부의 결혼기간은 1979~83년까지였다.

29) 스웨덴은 인구 약 900만 명 정도의 크지 않은 나라이지만 '그레타 가르보, 잉
그리드 버그만, 잉마르 베리만 등을 배출한 영화인 강국의 나라다.

30) 〈대중문화의 이론과 현장〉, 최양묵 지음, W미디어, 2011, p.272~273

31) 프랑스의 월간 「역사」

32) 1936~1939년에 스페인에서 일어난 내전으로, 1936년 2월 총선거에서 인민전
선(정부군 측 공화파)이 승리하자 여기에 대항해 프랑코 장군의 반정부군이 반
란을 일으켜 승리하게 됨으로써 파시즘 정권이 탄생한다. 파시즘은 무솔리니,
프랑코, 히틀러가 추종한 국수주의 · 권위주의 · 반공주의적 이념을 말한다.

33) 그 후 닐은 〈허드(Hud 1963)〉에 앨머 브라운 역으로 출연해 1964년 제36회 아
카데미상 여우주연상을 수상했다. 1965년 39살의 나이에 뇌졸중으로 쓰러져
걷는 법과 말을 다시 배워야 했다. 닐은 자신이 자란 녹스빌에 '파트리샤 닐 재
활센터'를 설립해 뇌 손상으로 거동이 불편한 이들의 재활을 후원했다. 2010년
사망한다.

34) 월간조선, 2013년 1월호. 할리우드 키드 안정효의 '별들이 빛나는 이야기,
p.473

35) 신정환 토마스(한국외대 스페인어 통번역학과 교수)

36) 시사상식사전, 박문각

37) 두산백과

38) 〈대중문화의 이론과 현장〉, 최양묵 지음, W미디어, 2011, p.243~244

39) 치터(Zither) - 오스트리아, 남독일, 스위스 등지에서 널리 쓰는 현악기. 평평
한 공명상자 위에 30~45개의 현이 달려 있으며, 이를 오른손의 엄지손가락에
낀 픽과 다른 손가락으로 튕겨 연주한다.

40) 〈위대한 영화〉, 로저 에버트 지음, 최보은 · 윤철희 옮김, 을유문화사, p.442

41) 〈대중문화의 이론과 현장〉, 최양묵 지음, W미디어, 2011, p.261. ▶ 미장센
(mise-en-scene)이란 '장면화'라는 뜻의 프랑스어에서 나온 연극 용어로, 〈카
이에 뒤 시네마〉에서 프랑수아 트뤼포와 평론가 앙드레 바쟁(Andre Bazin)이
몽타주 이론(어떤 장면을 감독의 시선으로 재현하는 것)에 반하는 미학적 개념으로
사용한 후, 영화의 공간적 측면과 이에 따른 리얼리즘의 미학으로 정착되었다.
바쟁은 특정한 장면을 촬영해 자신의 관점을 제시하기보다는 여러 사물을 배
치해 그 안에 감독의 의도가 녹아 있기를 바랐다. 즉 관객이 보는 스크린 속에
내재된 공간 구성이 바로 미장센이다. 감독은 미장센을 통해 자신의 감각과 사
유를 반영하고자 애쓰지만 미장센을 강조하다보면 서사(스토리)보다는 이미지
에 치중하게 되는 결과가 나올 수도 있는 약점도 있다. ▶ 미장센은 카메라 앞
에 있는 모든 영화적인 요소들, 즉 연기, 분장, 무대장치, 의상, 조명, (음악까
지도), 영화나 텔레비전에 삽입되는 자막까지도(완제품 단계에서이지만) 등을 장
면화(場面化 또는 場面畵)하여 적절한 미학적 결과를 낳았는지를 검토하는 것으
로, ▶ 〈화면 내의 모든 것이 연기한다〉는 관점을 말한다. 영화를 만들거나 비
평, 또는 관람하는데 있어 대단히 중요한 평가항목으로 생각된다.

42) 위키백과

43) 에스파냐 발렌시아 출생의 귀족가문이다. 르네상스 시대에 교황 칼리스투스 3
세와 알렉산데르 6세를 배출했다. 이 가문은 이탈리아 정치에 큰 영향력을 행
사했고, 이 가문의 악명 높은 인물은 체자레이다. 그는 마키아벨리에 의해 현
실주의적인 군주의 본보기로 삼아진 인물로 권력 확대를 위해서는 어떠한 수
단도 가리지 않았다고 한다.

44) 〈위대한 영화〉, 로저 에버트 지음, 최보은 · 윤철희 옮김, 을유문화사, p.443
~447 요약

45) 출처: 로저 에버트의 글 p.447과 같음

46) 〈위대한 영화2〉, 로저 에버트 지음, 최보은 · 윤철희 옮김, 을유문화사,

p.105~106

47) 동아일보, 1998. 9. 7

48) 'long take'는 카메라의 셔터를 작동시켜 정지될 때까지 하나의 화면을 찍는 것
을 말한다. 따라서 롱 테이크는 1~2분 이상 한 번에 길게 촬영된다.

49) 아사히신문, 2010. 6. 16

50) 소설학사전: 이 용어는 '다르게 말한다'는 그리스의 allegoria라는 말에서 나온
것으로 이중적 의미를 가진 이야기 유형을 지칭한다. 즉 말 그대로의 표면적인
의미와 이면적인 의미를 가지는 이야기의 유형이 그것이다.

51) 인포피디아 USA, 2004, 미국 국무부

52) 〈대중문화의 이론과 현장〉, 최양묵 지음, W미디어, 2011, p.328~330

53) 〈대중문화의 이론과 현장〉, 최양묵 지음, W미디어, 2011, p.330~331 및 추고

54) 동아일보, 이기우

55) 〈대중문화의 이론과 현장〉, 최양묵 지음, W미디어, 2011, p.284~290

56) 아카데미상 수상의 하나로, 오랜 기간 영화산업 전체의 발전에 현저한 공적이
있는 인물에게 수여되는 상이다. 덴마크 출신의 배우로 영화계 사람에게 도움
을 주는 Motion Picture & Television Fund의 회장을 18년 지낸 진 허숄트를
따서 명명되었다. 수상자는 일반 부문과 마찬가지로 오스카상을 받게 된다.

57) 마켓가든 작전(1944년 9월 17일~9월 25일)은 제2차 세계대전 당시 벨기에와 알
자스-로렌 지역까지 진격한 연합군이, 보급 문제로 진격이 정체되자 북쪽 네
덜란드에서 전력이 약화된 것으로 믿은 독일군을 단숨에 돌파하여, 바로 라인
강을 건너 전쟁을 크리스마스 전에 끝내자는 욕심으로 벌인 작전이다. 라인 강
에 있는 아른헴 다리 확보를 못하고, 영국 1공정사단이 독일군 반격으로 말미
암아 괴멸하면서 결국 실패했다. 독일이 서부전선에서 거둔 최후 승리로 평가
된 전투였다. 영화 〈머나먼 다리(1977)〉의 실제 무대인데 이 다리 이름은 그냥
'아른헴 다리'였는데 종전 후, 이 다리에서 싸우다 전멸당한 영국군 1공정사단
2대대 지휘관 존 프로스트 중령을 기려 'John Frost Bridge'로 불린다.

58) 〈오드리 헵번-스타일과 인생〉, 푸른솔, 2004

59) 〈대중문화의 이론과 현장〉, 최양묵 지음, W미디어, 2011, p.290~297

60) 김재범cine517@2014. 6. 24(뉴스웨이)

61) 월간조선, 2012년 9월호, 안정효, p.479

62) 〈대중문화의 이론과 현장〉, 최양묵 지음, W미디어, 2011, p.271

63) 〈위대한 영화2〉, 로저 에버트 지음, 최보은·윤철희 옮김, 을유문화사, p.495

64) 로라 멀비는 옥스퍼드대학에서 역사를 전공하고, 1970년대 초 영화감독과 영화이론가가 되었다. 2007년 현재 런던대학 버크 백 칼리지 교수로 재직하고 있고, 저서로 〈1초에 24번의 죽음〉, 〈시각과 그 밖의 쾌락들(1989)〉, 〈시민 케인(1992)〉, 〈패티시즘과 호기심(1996)〉 등이 있다.

65) 〈대중문화의 이론과 현장〉, 최양묵 지음, W미디어, 2011, p.276~278

66) 앞의 책, p.484~485

67) 앞의 책, p.265~266

68) htto://blog.naver.com/movie_boxer/30009971436

69) http://www.theplace.ru/archive/grace_kelly/img/kelly_grace_04_g.jpg

70) 〈그레이스(Grace)〉 로버트 레이시(Robert Lacey) 지음. 내용 중 일부임

71) 이 술집은 요즘의 나이트클럽 같은 곳으로 춤도 추고 서커스 등 볼거리를 공연했다. 특히 에두아르 마네의 〈폴리-베르제르의 주점〉(1884~1882)은 매우 유명한 작품이다.

72) '새로운 물결'이라는 뜻의 이 용어를 처음 쓴 것은 1957년 10월 3일자 〈렉스프레스〉지였다. 프랑수아즈 지루는 '젊은이들에 관한 보고서'라는 기사에서 누벨바그라는 말을 처음 사용했다. 그 특징들을 보면, ①사르트르나 카뮈 같은 실존주의 철학에 기초를 두고 있다. ②이야기 구조의 느슨함과 개방성이다. 극적이라기보다는 서술적이며, 상승하는 클라이맥스를 가지고 있는 전통적인 드라마트루기(극작술, 연극이론, 연출법)는 파기되고, ending은 더 이상 산뜻하게 마무리되지 않았다. ③누벨바그 영화들은 과거에 비평가로 일한 경험이 있는 사람들이 감독이나 제작자로 참가해 자신들이 추구하는 것을 자유자재로 다룰 수 있었다. ④젊은 배우를 기용한 동시대의 스토리를 주로 다루었다. ⑤신속한 촬영을 도모했으며, 스튜디오보다 자연광을 이용한 야외촬영도 선호했다. ⑥저예산, 소수인원의 제작방식을 추구했다.

73) 황태자의 첫사랑/The Student Prince, 김제건, 2005. 12. 3

74) Homeros는 고대 그리스의 작가이며, 서사시 〈일리아스〉와 〈오디세이아〉의

저자이고, 일설에 따르면 시각장애인 음유시인이라고도 한다.

75) 〈501 영화배우〉, p.388

76) 국민일보 쿠키뉴스팀, 2012. 4. 8

77) 아시아투데이, 홍순도, 2012. 11. 4

78) MD 저널, 박주헌, 2009. 11. 1

79) 월간 PA, 이미라

80) 엘르(Elle)는 1945년에 창간된 프랑스의 패션 잡지이다. 프랑스를 포함하여 세계 60개국에서 43판이 발행된다. 세계 최대의 패션 잡지다. 잡지 이름 엘르는 프랑스어로 "그녀"를 의미한다.

81) 동아일보, 1994. 4. 1

82) Paul Joseph Goebbels. 독일 나치스 정권의 선전장관. 국회의원, 당 선전부장으로 새 선전수단 구사, 교묘한 선동정치로 1930년대 당세 확장에 크게 기여했다. 국민계발선전장관 등으로 문화면을 통제, 국민을 전쟁에 동원했다.

83) 2012년 5월 27일(현지시간) 제65회 칸 국제영화제에서 황금종려상을 수상한 바 있으며 유러피언 필름어워즈에서는 작품상, 감독상, 남우주연상, 여우주연상을 수상하였다. 〈타임〉 지는 〈아무르〉를 2012년 최고의 영화로 선정했으며, 2013년 1월 5일(현지시간) 전미비평가협회(NSFC: National Society of Film Critics)에서는 작품상, 감독상, 여우주연상을 수상하는 등 3관왕을 차지하였다. 그리고 ☆2013년 2월 24일(현지시간) 열린 아카데미 시상식에서는 외국어영화상을 수상하였다.

84) 두산백과

85) 프랑스 아방가르드 유파 추종자들이 추진력과 새로움이 넘치는 영화인 델뤽의 요절을 추모하기 위해 1937년 루이델뤽 상(Prix Louis-Delluc) 이라는 영화상을 제정해 헌정했다. 프랑스 영화계의 공쿠르 상(Prix Goncourt)이라고 불리는 이 영화상은 흥행성보다는 예술성에 주목하여 작품을 선정한다. '루이델뤽 상'은 2000년에 '1등 영화를 위한 루이델뤽 상'(Prix Louis-Delluc du premier film)으로 명칭을 개정했다.

86) 한국영상자료원, 2011. 9. 14

87) 프랑스 근대의 독특한 작곡가이다. 해운업자의 아들로 옹프루르에서 태어나,

1878년에 파리 음악원에 입학했으나 아카데믹한 교풍을 싫어하여 중퇴한 다음 안데르센 동화를 탐독하였다. 1888년에 피아노곡 《3개의 짐노페디》를 발표하였고, 1890년에는 조표(調記號)와 마딧줄(小節線)을 폐지한 《3개의 그노시엔느》를 작곡했다. 이것은 드뷔시나 라벨에게도 큰 영향을 주었다. 그는 몽마르트르의 카페에서 피아노를 쳐서 생계를 꾸려 나가면서 장미 십자단이라는 종교단체에 들어가 〈별의 아들(1891)〉이나 〈가난한 사람들을 위한 미사(1895)〉를 작곡했다. 1898년에 파리 교외의 빈민가 아르퀴유−카샹으로 거주를 옮겨 동회 일과 아동복지를 위해 힘쓰는 한편, 밤에는 몽마르트르의 흥행장에서 일하면서 수많은 샹송을 작곡했다(음악사 대도감).

88) 노를 주로 쓰고 돛을 보조적으로 쓰는 반갑판(半甲板) · 단갑판(單甲板)의 군용선. 그리스 · 로마시대부터 지중해를 중심으로 사용되었다.

89) MBC 신비한 TV 서프라이즈 − 2014. 4. 13 − 뉴스엔, 조연경

90) 만돌린 형태의 라운드 백 몸체와 긴 네크를 가진 겹줄 3~4코스의 현악기이다.

91) 정선영, 자유기고가, startvideo@hotmail.com

92) 멜리나 메르쿠리의 생애/그리운 명우, 이승하, 2011. 3. 27

영화 DVD의 추억, 그 오디세이
– 다시 보고 싶은 고전영화 51편

지은이 | 최양묵
펴낸이 | 박영발
펴낸곳 | W미디어
등록| 제2005-000030호
2쇄 발행 | 2015년 12월 3일
주소 | 서울 양천구 목동서로 77 현대월드타워 1905호
전화 | 02-6678-0708
e-메일 | wmedia@naver.com

ISBN 978-89-91761-83-4 03680

값 15,000원